兰山历史文化通览

中共兰山区委　兰山区人民政府　主编
周忠元　学术主编

齊魯書社

《兰山历史文化通览》编委会

《兰山历史文化通览》编审人员

前 言

兰山区位于山东省东南部，总面积83900公顷，其地理位置优越，是鲁南、苏北的交通枢纽，同时也是联结长三角、环渤海经济圈的重要枢纽，具有重要的战略地位，自古就有“齐鲁襟喉”之称。

兰山区历史悠久，早在远古时代，这里就有人类活动。西周时期，此地为鄅国国都所在。春秋时期，属鲁国地，域内有中丘、启阳等邑。秦汉时期，初置启阳县，属东海郡，后为避汉景帝刘启讳，易启阳为开阳，东汉又置琅琊国国都于开阳。三国、西晋时期，属徐州琅琊国。东晋时期，属徐州琅琊郡。南朝宋时境内仅存即丘县，属徐州琅琊郡。北周时期，改北徐州为沂州。隋大业初年，将开阳、临沂、即丘三县合并为临沂县，治所设在今临沂城。北宋时期，属沂州琅琊郡。金、元、明、清几朝，皆沿用沂州之称。清雍正十二年，沂州改称府，府治周围地区设县，名为兰山县。1913年，撤销沂州府建制，兰山县恢复临沂县之称。1958年，为临沂市（县级）。1963年，为临沂县。1983年，为临沂市。1994年，撤县级临沂市而设兰山区，兰山区成为临沂市的三个县级行政区之一，并且是临沂市委、临沂市人民政府所在地。

兰山区历史底蕴深厚，现存多处历史文化遗址，如小城后遗址、朱保遗址、后明坡遗址、小谷城遗址、西西蒋遗址、琅琊王墓葬、银雀山汉墓、金雀山汉墓、洗砚池晋墓、诸葛祖茔等。在相关遗址的出土文物中，发现了大量旧石器文化、细石器文化及新石器文化的痕迹。作为曾经的鄅国国都、鲁国边城、楚国北疆、琅琊治所，其文化遗存、历史名人、文物典籍在中国历史上都具有重要的文化地位和影响力。作为“书圣”王羲之、“至孝”王祥、著名书法家及军事家颜真卿、“笃圣”闵子骞等历史文化名人故里的兰山，有着“鲁南古城秀，琅琊名士多”的美誉；银雀山汉墓出土的《孙子兵法》《孙膑兵法》等竹简，被誉为“中国20世纪100项考古大发现”之一；“尽善尽美”的书法名作《兰亭序》，被誉为“天下第一行书”；备受历代推崇的《颜氏家训》，被誉为“古今家训，以此为祖”。无论是汉魏六朝时期文化的百花齐放、宋金元时期官学与儒学的繁荣发展，还是明清时期官学与儒学的复兴、佛教思想的传播等，都彰显了兰山区一贯的多元化文化特质，以及兰山区文化重心的时代变迁与更迭。

20世纪20年代以来，兰山区成为红色文化和沂蒙精神的重要发源地和传承地。革命的种子在这里传播，革命的圣火在这里点燃。兰山人民踊跃参军、支前，投身革命事业，做出了巨大的牺牲和贡献。抗日战争爆发后，中国共产党领导军民在兰山地区积极创建抗日根据地及抗日民主政府。解放战争时期，兰山曾是中共华东局、山东省政府驻地，陈毅、粟裕等开国元勋在此留下了战斗的足迹。改革开放后，历经地摊式农贸市场、西郊大棚底、专业批发市场、临沂批发城、现代国际商贸城五代市场的变迁，兰山成为享誉全国的市场名城、物流之都，商贸物流城崛起，是山东省庆祝改革开放40周年最具影响力的事件之一。从远古文化、孝悌文化、书圣文化，到今天的红色文化、商贸文化，它们共同构建了兰山独特的文化体系，立体呈现了兰山独特的文化魅力。

毫无疑问，丰富多彩的“兰山文化”是齐鲁文化和沂蒙文化的重要组成部分。近年来，兰山区委、区政府高度重视文化建设，着力打造文化之城，不断提升兰山区的文化影响力。为此，兰山区委宣传部精心组织、全力以赴，聘请省内外著名专家学者精心论证、耐心打磨，共同构建了本书的架构体系，并把具体的撰写工作交由临沂大学文学院课题组负责。课题组全体成员通过反复论证、研讨，大量访谈、实地考察等，数易其稿、几经雕琢，历时两年撰写完成；在广泛查阅资料的基础上，通过系统整理、筛选、鉴别，厘清了兰山文化的发展脉络，挖掘了兰山文化的品牌内涵，提炼了兰山文化的地域特征。

通览该书，其编纂具有以下特点：

其一，鲜明的历时性特色。本著作从历时性角度，按照历史的发展线索展示兰山文化的无穷魅力。全书共九章，分别为远古与先秦时期、秦汉时期、魏晋南北朝时期、隋唐时期、宋金元时期、明清时期、晚清至民国初期、抗日战争时期、解放战争时期，分章脉络清晰、篇幅匀称、详略得当、重点突出，纵览远古时期到解放战争时期兰山文化的发展轨迹，重点挖掘兰山文化丰厚的历史积淀。通览历史，两汉魏晋南北朝时期和抗日战争时期、解放战争时期是临沂和兰山历史上最为辉煌的时期；而宋金元时期是兰山乃至整个临沂文化最为黯淡的时期，在这一时期，兰山地区极少出现在中国历史上具有重要影响的人物或成果。但本书第五章“宋金元时期”在资料十分匮乏的情况下，分五节分别阐述了这一时期的行政区划与军制、宋代农民起义、官学与儒学、文化艺术及宗教、文物古迹，内容充实，脉络清晰，使得这一时期的兰山文化没有出现断层或空白，对历时性地梳理兰山文化具有重要意义。

其二，填补地方志的空白。明代文学家、蒙阴人公鼐说：“有是地而无文献，生是地者之耻也；有文献而无纪载，官是地者之任也。”其文中之义，指有形胜之地而没有相应的文献，是生长在此地的人们的耻辱；有相应的地方文献而没有官方的具体记载，是地方官员的失职。事实上，唐末五代以来，兰山乃至临沂战乱频仍，官方文献极少且没有得到妥善的保存。最早的《沂州志》产生于明朝嘉靖时期，清代乾隆时期有了《沂州府志》，直到1916年才出现第一部《临沂县志》，且三部府志和县志多记载明清以来的历史，这种状况就使兰山历史文化留下了诸多空白。全书九章内容中，明清以前有五章，约占全书的九分之五，其中对兰山地区六朝文学的梳理、琅琊王氏家族书法成就的梳理、唐代颜氏家族科举进士的梳理等，在许多方面填补了《沂州府志》《临沂县志》和兰山地方文献记载的空白。

其三，理论性与实用性相得益彰。梳理兰山文化的发展脉络、归纳兰山文化的主要特征是本书的主要任务之一。通过梳理、挖掘兰山文化渊源，本书概括出了兰山文化的四大特征：一是仁智敦厚、勇于任事的进取精神；二是兼容并包、崇尚民生的学术思想；三是深谋远虑、经世致用的文化品格；四是家族为主、旁系共生的文化传承。从这个角度讲，兰山文化是兰山人民最宝贵的精神财富，也是万千沂蒙人民宝贵的精神财富，更是中华民族优秀文化的重要组成部分。本书不仅有严谨的理论阐述，还有生动具体的描述，努力追求理论性与实用性的统一。如山东省政府进驻兰山、华东局在兰山成立、新四军军部进驻兰山、地方党政机构的重建、地方工作的恢复、临西县的设置、国民党占领临沂城、坚持武装斗争、收复临沂城、土地改革、踊跃参军、全力支前、干部南下等内容，串联起来，基本上就是一部兰山区的抗日战争简史。

其四，博采众长，严谨规范。30余万字的书稿不是凭空产生的，而是在博采群书及原始资料的基础上形成的。本书广泛借鉴了已经出版的地方史志和文史资料，如《沂州府志》《临沂县志》《临沂地区志》《临沂文化通览》《临沂历史大观》《临沂文史集粹》《沂蒙大观》《沂蒙地区古地名研究》等。在广泛借鉴现有文史资料时，体现出严谨的学术规范：严格遵守学术道德，参考他人的成果时，均标注相关的版权信息。这既体现了对他人学术成果的尊重，也能够有效避免学术纠纷。

其五，图文并茂，雅俗共赏。本书语言文字通俗易懂、简明生动，并插入大量珍贵图片，图文并茂地对发生在兰山大地上的重要历史事件、重要历史人物、重要历史遗迹、非物质文化遗产等做了简要、准确的反映和再现，可读性与可藏性并存。

由于受资料占有、编写时间、总体设计、编者水平等诸多因素的影响，《兰山历史文化通览》还存在一些小的瑕疵和不足。例如，因参与本书撰写工作的人员较多，大家在语言风格及对文化的认知方面存有一定的差异，所以不同章节的写作风格不完全统一。又如，本书定位于历史文化，重点突出了兰山历史文化的历时性特征，但对其共时性特征的梳理和挖掘显得有些薄弱，因而对文化共时性的展现不够开阔。此外，还有个别历史人物难以与整个文化脉络兼容，故而单设章节，造成一定的突兀游离之感；还有一些很难按照时代划分的文化分支，如街巷文化、民俗文化、民间文化、非物质文化遗产等，在处理上只能列于附录之中，这便显得整个兰山历史文化还不够立体丰满。这些不足，都有待日后进一步修订完善。

目　录

绪　论

临沂市兰山区文化底蕴深厚，历史悠久，距今已有3000余年的历史。其驻地临沂城始建于鲁哀公三年（前492），初名启阳，现处于沂蒙老区政治、经济、文化、商贸、交通等中心地位，是鲁南地区著名的省级历史文化名城。兰山既是一个钟灵毓秀、鸾翔凤集的风水宝地，也是“笃圣”闵子骞、“书圣”王羲之、“至孝”王祥、书法家及军事家颜真卿的故里，所以自古就有“鲁南古城秀，琅琊[①]名士多”的美誉。兰山境内还有鄅国古城、琅琊王陵、银雀山汉墓、王羲之故居、王祥卧冰处、金代孔庙、百年天主教堂等名胜古迹，它们是兰山文化的象征。尤其1972年在银雀山汉墓出土的《孙子兵法》《孙膑兵法》竹简，被誉为“中国20世纪100项考古大发现”之一。这些人文历史、名胜古迹及文献资料等，充分证明了兰山具有深厚的历史文化底蕴。抗日战争、解放战争时期，兰山是鲁南革命根据地的重要组成部分，兰山人民在中国共产党的领导下浴血奋战，为中国革命的胜利做出了巨大的牺牲和贡献。当代，随着社会环境及经济环境的变化，兰山区以原有的历史文化底蕴为基础，大力发展商贸，现已成为引领国内潮流且影响世界的著名商贸物流城。

一、位置面积

临沂市兰山区位于山东省东南部、临沂市境中部，是中共临沂市委、临沂市人民政府驻地。兰山区地处东经118°06′—118°20′，北纬35°03′—35°23′，它与河东区隔沂河相望，西邻费县，南接临沂高新技术产业开发区、罗庄区，北连沂南县，总面积83900公顷。2017年末，全区常住（户籍）总人口136.14万人，除汉族外，有回、满、朝鲜、蒙古、维吾尔、苗、壮、布依、

① 琅琊：古今文献著述有不同写法，古代写作琅邪，后亦写作琅琊、琅琊。本书在引用文献时遵从原文写法，其他表述大致统一为“琅琊”。

土家、彝、傣、黎等35个少数民族。少数民族人口总数为11313人，其中回族6977人。[①] 在兰山区，各族人民互相尊重彼此的文化，互爱互敬，融洽相处。

兰山区地理位置优越、战略地位重要，是鲁南、苏北的交通枢纽，也是连接长三角、环渤海经济圈的新欧亚大陆桥东桥头堡枢纽，自古就有“齐鲁襟喉”之称。它交通便利，国道327、国道205、国道206和数条省际干道纵横交织，京沪高速公路、日东高速公路、兖石铁路在其境内穿过；境内建有临沂长途汽车站、临沂火车站、京沪高速公路义堂和汪沟出入口等大型交通枢纽设施。城区距离临沂机场3千米，距岚山港110千米、日照港150千米，距济南市280千米、北京市723千米。

二、建置沿革

兰山区由县级临沂市析置而成，历史悠久。西周时，临沂境内有鄅国及鲁国启阳、中丘[②] 等邑。鄅国为周代子爵封国，距今有3000多年的历史。启阳建于鲁哀公三年（前492），春秋末期属鲁国，战国后期归楚国。秦时为启阳县，属郯郡。西汉时，为避景帝刘启名讳，启阳易名为开阳；元封五年（前106），在今城北白沙埠镇境内的诸葛城置临沂县，与开阳县均属徐州东海郡。东汉建初五年（80），置琅琊国都于开阳。南朝宋时属即丘县。北魏中期，琅琊国改作琅琊郡；永安二年（529）又为北徐州治所。北周宣政元年（578），改北徐州为沂州。《北周地理志》载：“沂州，后魏置北徐州，北周改曰沂州。”[③] 又据《太平寰宇记》载，周武帝宣政元年改北徐州置沂州，以州城东临沂水，因以名之。隋开皇十六年（596），分即丘县置临沂县；大业初年（605），并即丘入临沂；大业二年（606），临沂为沂州（琅琊郡）治所。唐武德四年（621），在今罗庄区褚墩镇西南部兰山脚下置兰山县；武德六年（623）撤兰山县，其辖境并入临沂县。北宋时属沂州琅琊郡。金、元、明、清几朝，皆沿用沂州之称。元代沂州属益都路，后省州治临沂县入州。明洪武元年（1368）属济宁府，五年（1372）属济南府，七年（1374）十二月属青州府，十八年（1385）属兖州府。清雍正二年（1724），升沂州为直隶州；

① 兰山区地方史志办公室：《兰山年鉴（2018）》，方志出版社2018年版，第50页。

② 中丘：古地名。初为“中丘”，后为避孔子名讳改为“中邱”。本书在引用文献时遵从原文写法，其他表述大致统一为“中丘”。

③ 王仲荦：《北周地理志》，中华书局1990年版，第726页。

十二年（1734）改沂州为沂州府，设附郭兰山县。1913 年，撤销沂州府建制，改兰山县为临沂县。抗日战争时期，中国共产党成立临沂县抗日民主政府，抗战胜利后改为临沂县政府。1958 年 12 月至 1963 年 3 月改临沂县为临沂市，后复为临沂县；1983 年 9 月恢复临沂市，为山东省辖县级市。1994 年 12 月，设立地级临沂市，原县级临沂市分为兰山、罗庄、河东三个县级行政区，均隶属地级临沂市，兰山区辖区包括临沂城在内的原县级临沂市西北部。

三、行政区划

根据2017年的统计数据，兰山区时设兰山、银雀山、金雀山、柳青4个街道，白沙埠、枣园、半程、李官、义堂、汪沟、方城 7 个镇，以及 1 个兰山经济开发区，共有行政村（社区）322 个，其中城市社区 38 个、农村社区 92 个、行政村 192 个。[①]

2017 年兰山区行政区划一览表

序号	镇　街道	城市社区	农村社区	行政村	小计
1	兰山街道	15	12	20	47
2	银雀山街道	8	5	—	13
3	金雀山街道	13	—	—	13
4	柳青街道	2	8	20	30
5	白沙埠镇	—	10	23	33
6	枣园镇	—	19	17	36
7	半程镇	—	12	20	32
8	李官镇	—	10	—	10
9	义堂镇	—	13	—	13
10	兰山经济开发区	—	—	12	12
11	方城镇	—	—	53	53
12	汪沟镇	—	3	27	30
合计		38	92	192	322

① 兰山地方史志办公室：《兰山年鉴（2018）》，方志出版社 2018 年版，第 47–48 页。

四、自然资源

地质地貌。兰山区地处鲁中南山地的南缘及临郯苍平原上，地貌以平原为主，丘陵次之。北部、西部为丘陵，属鲁中南山地的南缘，海拔 80—250 米。中部及东南部为山前冲洪积平原，海拔 80—150 米。整个地势西北高、东南低，倾斜度 3° —5° 。兰山区地质构造复杂，北部和西部山前地带均被第四系沉积物覆盖，地层发育包括前震旦系、震旦系、寒武系、奥陶系等。

山脉。兰山境内北部、西部多山，大小山头共 10 余座，均为沂蒙山脉的余脉且大致可分为三支：北支起自蒙山，入境后为芒山、铁山、尖山、磨山、桃花山、凤凰山、茶山等；西支与费县、兰陵县山脉相接，自北而南为艾山、铁牛山、卧虎山、雾平山等；南支为金雀山、银雀山，向南与罗庄区的铁矿山、太云山、大柱山连成一脉。其中，西部艾山为全区最高峰，海拔 254.6 米；东南部的金雀山和银雀山海拔 88 米，因山石呈赤色，曾名“赤石山”。

河流水文。兰山域内水网密布，水量充足，有沂河、祊河、涑河、柳青河、孝河、陷泥河等大小河流 10 余条，均属淮河流域沂沭泗水系，流向为自北向南或自西向东。沂河又称沂水，是临沂人民的母亲河，发源于沂源县西北部的松山北麓，流经沂源、沂水、沂南、兰山、河东、罗庄、兰陵、郯城等县区，由郯城入苏北平原，经新沂河注入黄海。其境内流长 34.9 千米，流域面积 6493 公顷，河口最宽处 1540 米。沂河属山洪河道，历史上经常发生水患。祊河得名于古代祊邑，是沂河最大的支流，流经义堂、枣园、柳青等镇（街道），于临沂城东北隅注入沂河。其境内流长 26.7 千米，流域面积 3230 公顷。涑河发源于费县，在兰山街道的南郭庄分成两支，南支称为南涑河，北支称为北涑河。南涑河为涑河南流之故道，流经罗庄区的盛庄、马厂湖、岑石、罗庄、傅庄等地，至郯城县境注入武河，全长 41.2 千米，流域面积 24918 公顷，境内长 9.9 千米，洪峰流量 416 立方米 / 秒。北涑河为明代嘉靖年间泾王朱祐橓集民众开凿的人工河，其引涑河之水直达临沂城，于城北注入沂河，全长 30 千米（南郭庄以上河段长 30.4 千米除外），流域面积 12677 公顷，洪峰流量 529 立方米 / 秒。孝河古名胜水，又称孝感河、王祥河，因晋朝王祥事继母孝而得名。它源于城北白沙埠镇，至柳青街道朱高村入沂河，河道全长 10.5 千米，流域面积 1550 公顷。柳青河因两岸多柳而得名，民国《临沂县志 · 山川》载：“柳青河有二源：

一出茶芽山前云北湖，西南流；一出费县石汪，东至郯家庄入县境。又东南会半城、枣沟各湖之水与东支会，又东南至岔河村入于沂。”[①] 柳青河全长 34 千米，流域面积 24000 公顷；兰山境内长 20.75 千米，流域面积 21880 公顷，洪峰流量 531 立方米 / 秒。

气候土壤。兰山区属暖温带季风区半湿润大陆性气候，光照充足，雨量充沛，气候适宜，四季分明。春季回暖迅速，少雨多风，空气干燥；夏季温高湿大，雨量集中，为全年降水最多的季节；秋季气温下降迅速，降水变率较大；冬季寒冷干燥，雨雪稀少，严寒期较长。兰山区年平均降水量 790—920 毫米；年平均气温 13.3℃，7 月最高，1 月最低，地面温度历年平均为 15.3℃；年平均日照时数 2357.5 小时，日照百分率为 55%；年平均无霜期 202 天。春季多东北风，夏季多东风和东南风，秋季与冬季多北风和东北风，年平均风速 2.6 米 / 秒。风力大于 8 级的大风，每年平均出现 20 天。土壤以潮土类为主，分为潮土、水稻土、褐土、砂姜土、棕壤土 5 个土类 11 个亚类，适宜发展优质、高产、高效农业和林牧果业。

矿产。兰山区矿产资源较为丰富，截至 2017 年，区内已探明的矿产资源有 14 种，分为金属、非金属两大类。金属矿产有金、铁、铜、铅、锌，矿体规模较小。非金属矿产有石灰岩、白云岩、砖瓦黏土、陶瓷土、石英砂岩、煤、河沙等。其中煤为小型矿床，石英砂岩、陶瓷土为大型矿床，石灰岩、砖瓦黏土、河沙等储量丰富。

五、旅游资源

兰山区历史悠久，文化底蕴深厚，自然旅游和人文旅游资源都比较丰富。区境内名胜古迹有华东革命烈士陵园、金雀山银雀山汉墓群、“笃圣”闵子骞故里、王羲之故居、洗砚池晋代墓群、天主教堂、临沂滨河景区、孝河风景区、临沂人民广场、临沂人民公园、镇山风景区等，它们是兰山区灿烂文化和厚重历史的见证。

近年来，兰山区旅游局开拓思维，创新机制，总体规划，重点布局，抓特色抓亮点，主动作为，充分利用现代发达的宣传媒介加大宣传力度，做大做强

① 陈景星等：《临沂县志》，台湾成文出版社 1968 年版，第 79—80 页。

旅游产业，着力发展红色旅游、文化旅游和生态旅游，取得了令人瞩目的成绩。截至 2017 年，已有银雀山汉墓竹简博物馆、王羲之故居、茶山旅游区、临沂滨河景区、万兴都国际商业公园、临沂海洋世界主题公园等 A 级景区 10 处，省级旅游休闲购物街区（商店）6 家，省级旅游强乡镇、工（农）业旅游示范点、精品采摘园等 100 余家。兰山区的旅游事业正在蓬勃发展，也彰显出巨大的发展潜力。目前，旨在弘扬书法文化的中国临沂书圣文化节成为中国最具发展潜力的文化盛宴之一，为兰山区经济文化的繁荣注入了新的活力。

六、文化特征

早在 1 万—2 万年前，先民已在沂河两岸繁衍生息、辛勤劳作，创造了本地区早期的人类文明。独特的自然和人文地理环境，也为兰山个性文化形态的形成提供了有利的外部条件。这些个性文化中，东夷文化独具特色。兰山人不但较早地接受了儒家学说，而且吸收了齐、鲁、楚、吴越等周边文化的精华，最终形成了一种以东夷文化为核心、多边文化交相融合的独特文化形态，呈现出兰山地区特有的文化风韵。

东夷部落是汉族最早的来源之一，东夷文化可以上溯至新石器时代的后李文化，距今约有 8300 年的历史，是古老华夏文明的重要来源之一，也是东方文化的重要组成部分。纵观历史，兰山文化具有如下四方面的特征：

第一，仁智敦厚、勇于任事的进取精神。兰山地区既古老、富饶，又开放、灵活。处在山水之间的兰山人，早已深知“乐山”“乐水”的奥妙。他们不尚浮华、不慕富贵，求真务实、宽厚善良，敢于进取、勇于担当。兰山人的精神特质中既有儒家的仁爱智慧、敦厚奋进，又有齐文化的尚功利、求革新，同时还有鲁文化的重伦理、尊传统。其将鲁文化的“好儒备于礼”与齐文化的“宽缓阔达而足智”兼收并蓄，而楚文化的“豪放”和筚路蓝缕的奋斗精神亦被吸收其中。

夷，《说文解字》：“平也。从大，从弓。东方之人也。”《说文通训定声》云：“东方夷人好战，好猎。”可见勇武剽悍、拼搏进取是东夷文化的特征之一。在此文化的影响下，兰山文化呈现出豪放、执着、坚韧不拔的外在特质，兰山人也表现出淳朴敦厚、谦恭仁爱、洞察时局、始终以天下为己任的精神风貌。他们积极入世、奋力开拓，投身于政治、军事、艺术等各领域的活动中，取得了辉煌成绩，使兰山文化中敦厚而多智的特质得以发扬光大，同时也使兰山出现了一大批彪炳千秋的历史人物，琅琊王氏、颜氏家族众人便是其中杰出的代表。

第二，兼容并包、崇尚民生的学术思想。兰山文化是在东夷文化的基础上吸收齐、鲁、楚、吴越文化而形成的，同时抛弃了齐俗的“夸奢朋党，言与行缪，虚诈不情”、鲁俗的“俭啬爱财，趋商贾，好訾毁，多巧伪”，因此呈现出阔大、开放、包容、自由的特点。西汉时期，汉武帝“罢黜百家，独尊儒术”政策的实施，使得儒家经典《诗》《书》《易》《春秋》《礼》《孝经》《论语》等在兰山地区迅速传播，兰山因此出现了许多著名的经学家，王吉、王骏父子便是其中杰出的代表，二人对《春秋》《论语》有着深入的研究。

兰山主流文化是儒家文化，早在金代就建立的孔庙，成为目前鲁东南地区保存最为完好的古建筑群落。此外，兰山还出现了以王祥为代表的孝文化群体。尽管如此，兰山地区并不排斥其他学术思想和文化的交流与传播，如源自齐文化的黄老思想在兰山广泛传播，由黄老思想和阴阳五行及楚地巫术相结合的道教也在民间流传，兵家、法家亦流行于坊间。王羲之之所以徘徊在出世与入世之间，与他既接受儒家思想又信奉五斗米教有着密切关系。

第三，深谋远虑、经世致用的文化品格。兰山人为人处世都善于作深层次的思考，在宏观决策上常常表现出深谋远虑的文化品格，在具体行动上讲究谨慎稳妥、不尚空谈、不图虚名、求真务实、经世致用。自汉晋以来，兰山人便积极入世，在政治上具有高瞻远瞩的洞察力，关键时刻可以扭转乾坤，体现出谋略的深远与细密、行动的果敢与谨慎。

兰山人的智慧与他们的综合性思维方式有关，这些思维方式又与历史上易学之风的盛行分不开。古琅琊人王同、梁丘贺对易学研究精深，影响深远。易学主张将自然界和人世间的一切事物联系起来，并从中探讨发展演变的规律。受此文化氛围的影响，历代兰山人不仅浸染了《易》的文化精华，而且养成了识大体、顾大局的文化品格。在易学思想的影响下，兰山人处事谨慎，讲究静中寓动、以静求动、动静结合，做事坚定稳重而又灵活机动。历史上王旷、王导兄弟辅助琅琊王司马睿摆脱困境、成就帝王大业，并使东晋王朝得以在江南地区建立，正是这种文化品格的体现。

第四，家族为主、旁系共生的文脉传承。两汉以来由于士族门第兴起，形成了世家豪门世代传习学术的传统，使学术研究、文化传承高度集中，同时也推动了文学艺术、思想文化的传播和交流。兰山名门望族以王氏和颜氏为代表。临沂王氏家族自王吉始，其子王骏除精通《鲁论》外，还跟从梁丘贺学《易》；其孙王崇亦通晓五经，并以此显扬朝野。临沂颜氏家族自颜回第二十三世孙颜盛开始，家族内亦人才辈出。两大家族在文学、史学、书法、绘画等领域成就卓著，对中华优秀传统文化的丰富和发展做出了杰出贡献，出现了书圣王羲之、颜体创始人颜真卿等书法天才。此外，王廙工书画、善音乐，号称“江东书画第一”；王珣时称“草圣”，其书《伯远帖》，与王羲之《快雪时晴帖》、王献之《中秋帖》共称“三希”珍品；王僧虔在齐代书坛堪称“第一”，其子王志，梁代即称“书圣”。魏晋南北朝时期是兰山文化史上最为光辉灿烂的岁月：王戎、王微、王僧达、王俭、王融、王筠、王籍、王规、王褒、王准之、王韶之、王逡之、王珪之、颜延之、颜竣、颜协、颜之推等成为这一时期的佼佼者。颜氏家族在文字学、家训方面同样成就非凡，《颜氏家训》被称为中华民族历史上第一部内容丰富、体系宏大的家训。

综上所述，从文化源流上讲，兰山有着深厚的东夷文化因子，同时又较早接受了儒家学说，它们都对兰山人的文化品格产生了深远影响。兰山人仁智敦厚又不乏进取精神，谋略深远又讲究谨慎稳妥，刚直重义又勇于无私奉献。到了近现代革命战争时期，兰山人敢于牺牲、无私奉献的文化品格则表现得更为明显，成为沂蒙精神的重要组成部分；到了社会主义建设时期，这些优秀的文化品格得到了进一步的升华和发展。它们虽跨越了久远的时光，但历久弥新，并且深刻影响着兰山人民的价值取向和社会实践，是兰山人民最宝贵的精神财富。

第一章 先秦时期

兰山区作为临沂市的主城区，在一定意义上可以说是沂蒙文化的发祥地，也可以说是山东古人类的发祥地之一。从文化变迁来看，兰山境内比较完整地经历了旧石器、细石器、新石器三个阶段的石器文化，所以境内石器时代文化遗址众多。兰山境内多处遗址被列为省、市级文物保护单位，其中小谷城遗址还被列为国家级文物保护单位。兰山境内石器时代文化遗址中出土了一些陶器、石器、骨器等，其中最具艺术价值的当属蛋壳陶高柄杯，制作工艺已相当精湛。部分遗址还呈现了不同历史时期的文化堆积，这对于研究文化变迁具有非常重要的意义。兰山文化历史悠久，故国城邑数量众多，郾国古城的发现把整个临沂的历史向前推进了500多年。“笃圣”闵子骞以“孝”称贤，不仅是兰山更是整个临沂的文化名片。先秦时期的兰山经济主要以农业为主，建筑业、手工业等商业经济都有一定程度的发展。

第一节 先秦文化

文化的产生历来是和自然环境密切相关的，兰山悠久的历史文化是由沂蒙地区的自然地理环境所决定的。兰山境内地貌类型丰富、气候适宜、河网发达，为人类的繁衍生息创造了良好的物质基础和生存条件，先民在这优越的环境中创造了灿烂的石器文化。兰山境内的石器文化对临沂史前文化史、中华文明发展史的研究具有重要意义。

一、旧石器文化

兰山境内的旧石器文化与整个临沂地区的旧石器文化密切相关。从地质年代来看，整个临沂地区的旧石器文化覆盖了更新世的中晚期[①]，兰山旧石器文化只是临沂地区旧石器文化的一部分，但从整体来看又具有华北地区旧石器文化的特征。兰山境内旧石器文化遗址并不多，但仅从银雀山遗址这一处文化遗存中也可以看出其具有与临沂地区相似的文化特征，主要表现为：文化遗存多在旷野地点，其分布规律主要是沿河的走向或在靠近河流岸边或山谷的坡地上；石器原料主要来自附近山坡、河床或海滨的砾石层；石器以石片石器为主，且以小型者居多，缺乏大型的砾石工具；石器加工技术具有中国旧石器文化的一般特征，打片技术以硬锤打击为主；石制品中的石核主要是单、双、多台面的锤击石核，石片多由锤击法获得，总体上规整的石制品不多见；石器类别以形式多样的刮削器占绝对优势，大型的砍砸器较少。[②]

总体上看，临沂地区旧石器时代的石制品较为粗糙，尤欠深度加工的精品。虽然晚期技术的进步对此有所改观，但传统的影响是深远的，以至于该地区细石器文化面貌都略显粗糙。兰山旧石器文化总体上显示出与临沂地区旧石器文化较统一的风格和一脉相承的特点，但文化面貌又显示出相对独立的倾向。

银雀山为汉代重要墓地，但早在汉代以前此地就是古人类活动的重要场所。在1980年文物普查工作中，此地发现了大量石制品。这些石制品主要是一些废品和半成品，从类别来看主要有石核、石片、石器。仔细辨别会发现这些石制品的原料源于金雀山、银雀山附近的沙砾层。石制品加工粗糙，组合简单，刮削器是主要工具，打片和修理技术仅见锤击法，并以向背面单向加工为主。银雀山遗址出土的旧石器文化遗存不多，由于后来在银雀山文化遗址中又出土了大量汉代墓葬及一些后期文化遗存，银雀山旧石器文化为后期灿烂的文化光芒所掩盖，被世人淡忘。现在世人只知道《孙子兵法》《孙膑兵法》在银雀山出土，而不知此地早已有旧石器文化。但仅有的这些旧石器文化遗存足以证明，旧石器时代的先民在此生活并创造过灿烂的文明。

二、细石器文化

细石器文化同旧石器文化一样辉煌灿烂，因其是以细小的打制石器为最突

① 汲广运：《临沂文化通览》，山东人民出版社2012年版，第19页。
② 临沂市政协文史资料委员会：《临沂历史大观·先秦时期卷》，黄河出版社2012年版，第17页。

出特征的一种文化，故称“细石器文化”；又因细石器文化属于旧石器文化向新石器文化过渡的时期，故又称“中石器文化”。目前，全国发现很多细石器文化遗址，但每个地区出土的细石器文化所代表的具体时间不完全一致。兰山细石器文化明显地代表了山东地区从旧石器时代晚期向新石器时代早期过渡的一种文化，即中石器时代文化。细石器文化的石器技术工艺分为以楔形石核技术类型为主和以船底形石核技术类型为主两大系统，而沂沭河流域的细石器工业属于后者，相对来说是一种比较原始的工艺技术。兰山境内的细石器文化既具有中国细石器文化的典型特征，又具有自身的鲜明特征，主要表现为：石制品原料来自河边和山上的砾石层，石料主要有燧石、石英、脉石英、玛瑙、水晶等，数量较其他地区多；石核组合中，船底形石核最多，加工技术纯熟，成为山东细石器文化中的代表性器类；石叶及石叶工具不多见，普通石片数量较多，说明直接打击法在这一时期仍然很重要；石器主要以直接打击获得的普通石片作为器胚，然后利用压制技术进行第二步加工做成，也有部分用厚石片、石块与石核制作的石核式石器。①

金雀山遗址是继河东区凤凰岭文化遗址后，另一个临沂乃至山东细石器文化遗址的代表。目前金雀山遗址的细石器文化是兰山境内唯一的细石器文化，对研究细石器文化具有重要意义。沂沭流域和汶泗流域细石器的发现填补了山东旧石器时代晚期到新石器时代早期这一段历史的空白，也填补了我国细石器文化在地理分布上的空白。②总的来看，金雀山遗址发现了自中更新世至全新世地层连续堆积剖面与文化三叠层的遗物，这个发现在华东地区尚属首次，对研究我国东部第四纪地层、古人类的石器工业发展水平、古环境与古气候的变迁，都具有重要意义。

1997 年 4—6 月，山东省临沂市文化局组织考古队对金雀山遗址进行了发掘。该遗址位于临沂城南、银雀山之东、沂河之西。金雀山海拔 88 米，山体由石灰岩、紫色页岩构成，因此地盛开金黄色草花而得名，与银雀山东西对峙。该遗址的发掘报告对文化堆积的时代做了详细分析，指出该遗址的文化层剖面自上而下可分 8 层，且通过多年来对沂沭河流域第四纪地层的研究及与其他遗址剖面的对比，指出该文化层第 1 层为近代堆积与扰乱层，第 2—3 层为风成

① 汲广运：《临沂文化通览》，山东人民出版社 2012 年版，第 32 页。
② 逄振镐：《东夷文化研究》，齐鲁书社 2007 年版，第 26 页。

堆积，第 4 层为短暂流水冲积，第 5 层为风成堆积，第 6 层为河流漫滩堆积，第 7—8 层是残坡积；其中第 1—3 层为全新世形成，第 4 层是介于全新世和晚更新世之间的过渡层，第 5 层于晚更新世晚期形成，第 6 层于晚更新世中期形成，第 7 层于中更新世晚期形成，第 8 层应为中更新世中期形成。[①] 发掘报告比较清楚地指明了该遗址有旧石器、细石器、新石器三个文化叠压层，而细石器文化层位于第 5 层堆积的上部。遗址发现的文化遗物主要有 1 件典型的船底形细石核和一些用软锤技术生产的小长石叶、石核等，这些石核表面的片疤很浅薄而且很平远，其制作原料则以当地不常见的黑灰色或灰白色硅质岩为主。这些石器与 1982 年凤凰岭发现的细石器从工艺技术水平到原料都非常相似。金雀山细石器文化同样为后期汉代文化遗存的光芒所遮蔽，世人只知金雀山汉墓帛画，而不知金雀山细石器文化的灿烂。金雀山遗址和临沂境内其他细石器文化遗存一样，都是细石器文化比较典型的代表。

三、新石器文化

新石器文化是兰山漫长历史文化长河中的重要组成部分。新石器文化在蒙山和沂沭河流域的遗址非常丰富，有 500 余处，以大汶口文化中后期和龙山文化时期的遗址为多。兰山境内的文化遗存也非常多，主要分布于沂河、涑河及其支流两岸。我们对兰山新石器时代各个时期的文化遗址进行了整理，主要遗址如下：

兰山新石器文化遗址一览表

名称	位置	面积（m^2）	采集典型标本	文化时代
小城后	兰山街道小城后村南 100 米	200000	钵口沿、鼎足、鼎口沿、高柄杯、豆、黑陶壶	北辛、大汶口、龙山
小庄	李官镇小庄村北 50 米	87500	鼎足、鼎口沿、觚形杯底、石锤、石斧、半月形石刀	大汶口、龙山、岳石
小谷城	义堂镇前城子村西南相邻	300000	鼎、瓶、碗、足、器钮、器口沿、石斧、石镰	大汶口、龙山、岳石

① 徐淑彬：《临沂金雀山首次发现旧石器细石器遗存》，见《中国文物报》1998 年 7 月 8 日。

（续）

名称	位置	面积（m^2）	采集典型标本	文化时代
东孝友	白沙埠镇东孝友村南 300 米	400000	鼎足、足、器把、方孔石铲	大汶口、龙山、岳石
堰西	义堂镇堰西村南 1000 米	90000	凿形鼎足、鬼脸形鼎足、足、钵口沿、杯底、石铲	大汶口、龙山
乾沂庄	义堂镇乾沂庄村东北 100 米	20000	凿形鼎足	大汶口、龙山
小坞埠湖	义堂镇小坞埠湖村北相邻	40000	凿形鼎足	大汶口
朱保	义堂镇朱保村西南相邻	119000	背壶、豆、盆、高柄杯、蛋壳陶、石铲、石镞	龙山
苏家埠	李官镇苏家埠村北 1500 米	45000	足、器盖、盆口沿	龙山
呼家墩	李官镇三官庄村南 200 米	30000	足、罐口沿、纺轮	龙山、岳石
小河口	李官镇小河口村东北 100 米	90000	夹砂红陶片、残石斧	龙山
张家寨里	李官镇张家寨里村南相邻	750000	夹砂黑陶罐底、黑陶杯把	龙山
后沙汀峪	半程镇后沙汀峪村西北 20 米	90000	足	龙山
中沙汀峪	半程镇中沙汀峪村西北 20 米	20000	夹砂黑陶罐残片	龙山
乔家湖	白沙埠镇乔家湖村东北 200 米	100000	石铲	龙山
余粮	白沙埠镇余粮村东南 200 米	30000	夹砂灰陶	龙山

（续）

名称	位置	面积（㎡）	采集典型标本	文化时代
义合官庄	白沙埠镇义合官庄村东北 100 米	15000	石斧	龙山
大里庄	柳青街道大里庄村东南 100 米	60000	鬼脸形鼎足、把、黑陶片	龙山
后明坡	柳青街道后明坡村东北相邻	60000	鬼脸形鼎足、罐口沿、器盖、器钮	龙山、岳石
中王庄	柳青街道中王庄村东南 300 米	34000	鼎足、足、器盖、盆口沿、罐口沿、口沿	龙山
化沂庄	义堂镇化沂庄村西北 20 米	90000	鼎足、石斧	龙山
东楼	义堂镇东楼村东南 100 米	60000	黑陶罐残片	龙山
富衣庄	义堂镇富衣庄村西南 500 米	250000	鬼脸形鼎足	龙山
杜家朱许	兰山街道杜家朱许村西北 100 米	150000	鼎足、白陶足、把、口沿	龙山
南道	兰山街道南道村西南 100 米	90000	鼎足、器盖、罐口沿	龙山
小官路	兰山街道小官路村北 100 米	100000	罐口沿、黑陶片	龙山
曹家王坪庄	兰山街道曹家王坪庄村西北 50 米	100000	罐口沿、盆底、器盖	龙山
韦家屯	兰山街道韦家屯村西南相邻	10000	鬼脸形鼎足、黑陶片	龙山
砚台岭	兰山街道砚台岭村东南 100 米	30000	口沿、黑陶片	龙山

（续）

名称	位置	面积（m²）	采集典型标本	文化时代
李家彭庄	李官镇李家彭庄村西北 400 米	40000	夹砂黑陶罐残片	龙山
王花村	枣园镇王花村西 100 米	10000	夹砂黑陶罐残片	龙山
西西蒋	方城镇西西蒋村西北约 260 米	13200	夹砂黑陶壶、夹砂白陶残片、磨光黑陶残片、蛋壳黑陶残片及石铲、石斧、石凿等	龙山

（**注：**表中未注明材质的，均为陶器。）

从以上 32 处新石器时代文化遗址中可以发现，兰山境内新石器文化主要分为三个时期：北辛文化时期、大汶口文化时期、龙山文化时期。

北辛文化距今约 7400—6400 年，分为早中晚三期。北辛文化遗址与蒙山及沂沭河流域密切相关，兰山境内发现的北辛文化遗址只有小城后一处，因文化遗存零星而无法确定其确切的文化层，仅采集到一些具有该文化典型特征的陶、石器，如垂腹鼎粗大的锥状足、小口双耳陶罐、石磨盘及石磨棒等。

大汶口文化距今约 4500—2500 年，学术界有过三期、四期等划分，获得普遍认可的是分为早中晚三期。大汶口文化早期遗址在临沂大部分县区都有发现，但数量较少，兰山境内主要有 7 处，最有代表性的为小城后、东孝友、乾沂庄。大汶口文化早期特征以红陶圆锥形和扁凿形鼎足等标本表现最为明显，这一时期的典型陶器有钵形鼎、釜形鼎、饰圆孔的圈足豆、实足带流罐、漏器及彩陶钵、彩陶盆等[①]；石器方面主要有磨制不精的石斧、锛、刀、凿及少量磨制较精的穿孔石铲和石镰，另外有一些渔猎工具。大汶口文化中期制陶技术与早期相比有显著变化，灰陶成为主要材质，红陶减少，且出现了火候较高、质地细密的灰白色陶器；陶器上出现了方格形、波折形、十字形及菱形等几何纹样。大汶口文化晚期制陶技术显著进步，出现了用轮制技术制作的大型器物，陶器以灰黑陶为主，磨光黑陶占一定比例，陶器上的纹饰以篮纹较多；玉石器方面出现了礼器化的玉钺、石钺。

① 徐淑彬：《临沂地区大汶口文化研究综述》，载《临沂师专学报》1994 年第 2 期。

龙山文化距今约4800—4300年，也分为早中晚三期。龙山文化遗址在临沂各县区都有发现，分布较为普遍，主要有临沂大范庄、化家村、湖台、后明坡等。这一时期是临沂史前文化最繁荣的时期，也是出现大型遗址数量较多的时期，临沂市范围内面积在10万平方米以上的龙山文化遗址有30余处，其中超过40万平方米的有5处。兰山境内已发现的龙山文化遗存主要属于鲁东两城类型，这一类型的龙山文化还保留大汶口文化的部分特征，如流行敞口浅盘豆、觯形壶。龙山文化最典型的是黑色陶器群，陶器壁薄且均匀，造型规整，一般都采用轮制法制作；器身多素面磨光，纹饰以弦纹、划纹、竹节纹为主，少有镂孔纹；陶器上还出现了乳钉、盲鼻等附加装饰。

岳石文化距今约3900—3600年，由龙山文化发展而来又早于商文化，属于新石器时代晚期的文化。岳石文化主要分布在山东胶东、潍坊、淄博、济宁、临沂地区，江苏赣榆一带也有发现，与中原地带的夏文化时代相当。兰山境内已发现的岳石文化遗址有小庄、小谷城、东孝友、呼家墩、后明坡5处。岳石文化生产工具多为石质，有长方孔舌形石铲、半月形双孔石刀。[①]从出土的文化遗存来看，岳石文化以灰陶为主，红褐或黄褐陶次之，泥质黑皮灰胎陶是典型特征，器胎厚，大部分素面磨光，纹饰有凸棱纹（竹节纹）、压印纹、划纹等，一部分有彩绘出现；砂质陶器大部分加饰泥条，上面再装饰划纹或圆圈纹等。岳石文化典型器物有尊形器、簋、三足皿、三足罐、敞口深腹盆、高裆大袋足甗、舟形器、瓮、蘑菇钮器等。岳石文化与龙山文化相比总体上显得衰落，首先表现在遗址数量的大量减少：与龙山文化遗址数量相比，岳石文化的遗址数量明显减少。[②]岳石文化是一种铜石并存的文化，在其他地区的岳石文化遗址中有青铜锥的出现，兰山岳石文化遗址中暂时没有发现青铜类遗物。

总体来看，兰山境内新石器时代文化遗存的特征主要有：文化遗址多位于高台或土堆上，而且都在靠近河流的区域，其中以沂沭河流域分布最为广泛；文化遗物多是一些采集品，没有出土层位，缺乏共存关系；北辛文化遗存相对较少，大汶口文化遗存较多且特点都非常鲜明，龙山文化遗址最多，出土遗物非常丰富；北辛文化、大汶口文化、龙山文化的文化遗物之间具有很多相似之

① 段小强、杜斗城：《考古学通论》，兰州大学出版社2007年版，第101页。
② 高华中：《鲁东南全新世环境演变与古文化发展》，山东人民出版社2015年版，第121页。

处，有些出土遗物的确切时代需要进一步考证；岳石文化遗存不多，但具有划时代意义。兰山岳石文化遗存的发现，说明先民在公元前 17 世纪后期就与商王朝展开了斗争与融合之路。

临沂新石器文化正是史载的东夷人的文化，这一时期的先民摆脱了单纯的渔猎游牧生活，开始了原始的农业生产活动，过上了相对稳定的定居生活。兰山作为临沂主城区，具有悠久的历史、灿烂的文明，比较完整地经历了旧石器、细石器、新石器三个时期，文化遗存也遍布各处。每个时期的兰山先民都创造了灿烂的文化，丰富了中华文化宝库。

第二节　文化遗址

兰山境内文物保护单位众多，如小谷城遗址、防城故城遗址、鄅古城遗址、中丘故城、启阳城等。迄今为止，兰山境内已知的先秦时期各类文物保护单位共 32 处，其中国家重点文物保护单位 1 处，省级重点文物保护单位 6 处，市、县级重点文物保护单位 25 处。在 1992 年 6 月 12 日公布的山东省第二批省级文物保护单位名单中，兰山境内文化遗址有 2 处，分别为小城后遗址（新石器时代，兰山街道小城后村）、鄅古城遗址（新石器时代、夏商，柳青街道鄅古城村）。在 2006 年公布的第三批省级文物保护单位中，兰山境内先秦时期遗址有 3 处，分别为防城故城遗址、中丘故城和小谷城故城。

一、小城后遗址

小城后遗址亦称“城后遗址”，现位于兰山区兰山街道小城后村南邻。遗址东 3000 米处为北涑河，西 1500 米处有南涑河，两河都为自北向南流向。小城后村始建于元至正年间，因位于魏代即丘城后而得名，又因村庄较小，与另外一个较大村庄分别名为“小城后”和“大城后”。此地大片区域土壤肥沃，水系发达，最早可以探寻到大汶口时代的文化遗迹，历经数代延续至今，可谓活的遗址。该遗址保护标志碑上的名称是“城后遗址”，而在山东省人民政府 1992 年 6 月 12 日公布的山东省第二批省级文物保护单位名单中却作“小城后遗址”。这可能是因为该遗址附近有小城后村与大城后村两个村庄，所以被命名为“城后遗址”；又因为该遗址紧靠小城后村，所以又被称为“小城后遗址”。[1]经考证，小城后遗址属于新石器时代大汶口文化，大城后遗址则属于汉、隋唐文化。

图 1–1　城后遗址标志碑

小城后遗址位于今小城后村南 100 米处的一片高地上，东西长约 500 米，南北宽约 400 米，总面积约 20 万平方米，文化层厚约 1 米。据村民追忆称，过去在地表常可采集到零星的汉代陶片。1981 年 12 月，文物工作人员在此地调查，于遗址中的南北大路西侧路沟边采集到一些陶器，有豆（图 1–3，3）、壶（图 1–3，7）、筒形杯（图 1–3，1）、高柄杯（图 1–3，2）、碗（图 1–3，9），还采集到陶钵（图 1–3，8）、鼎口沿（图 1–3，4）、鼎足（图 1–3，5）等，该遗址至今尚未进行正式发掘和清理。

图 1–2　小城后遗址标本

① 王志民：《山东省历史文化遗址调查与保护研究报告》，齐鲁书社 2008 年版，第 730 页。

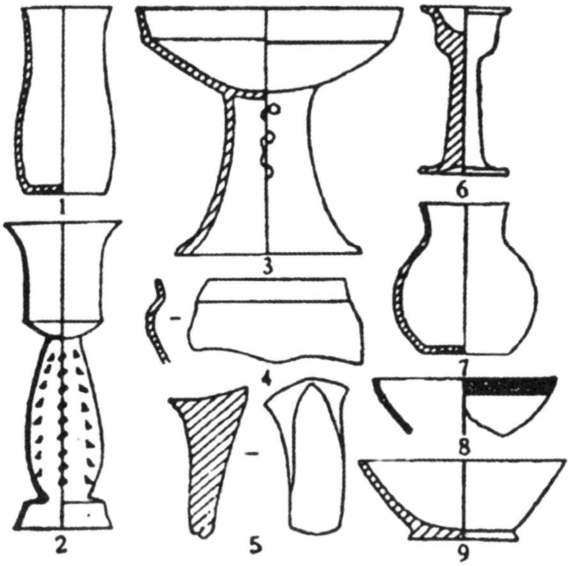

图 1-3　小城后遗址陶器[①]

此外，在小城后遗址还采集到较多残片。从采集到的文化遗物来看，此遗址属于典型的大汶口时期文化遗址。

小城后遗址的发现对于研究大汶口文化、龙山文化、商周秦汉文化、隋唐文化都具有重要意义，它向人类展示的是历经数千年而依然鲜活的遗迹。

二、朱保遗址

朱保遗址位于兰山区义堂镇朱保村西南，属于市级重点文物保护单位。遗址紧靠朱保村，其西、北、东三面环水，中间有涑河的支流（当地人称“蔡河”）贯穿。遗址为一高出地面的土堆，东西长约 350 米，南北宽约 340 米，总面积约 11.9 万平方米。前些年，遗址地表暴露处常可见零星陶片，从河边断崖处可以看见清晰的文化层堆积层，厚 1.5—2 米。相传此地为春秋郚邑祭坛（另一说法是春秋郚邑祭坛位于临近的东埠村）。1980 年文物普查时，在该遗址西北侧、蔡河边上发现一座残墓，墓内出土器物 18 件，内有蛋壳黑陶镂孔高柄杯 5 件，另有白陶鬶、黑陶豆、黑陶壶、黑陶盆等，墓葬附近采集有石铲、石镞等。

根据出土的文化遗物判断，该遗址的文化遗存具有明显的龙山文化早期特

① 冯沂：《山东临沂新石器时代遗址调查简报》，载《考古》1992 年第 10 期。

征。龙山文化是新石器时代晚期的一种文化，其最典型的代表就是蛋壳陶高柄杯。蛋壳陶高柄杯一般由盘口、杯部、器柄、底部四部分组成，以其独特的大盘口为主要特征。其陶质细腻，制作精巧规整，色泽漆黑光亮，器壁均匀薄如蛋壳，最薄处仅0.2—0.3毫米，有的器物表面饰以凹凸弦纹或纤细的镂孔花纹。由于这类陶器胎薄如蛋壳，习称之为"蛋壳陶"[①]。

研究发现，蛋壳陶高柄杯并不是一次成型，其在杯、柄处有明显粘接痕迹，有的柄部甚至分为上下两节。蛋壳陶深受考古界重视，代表了龙山文化的面貌。朱保遗址中出土的龙山文化时期蛋壳陶，表明4000多年前的制陶业已高度发展，揭示了当时的制陶技术已经达到高峰。

三、后明坡遗址

后明坡遗址位于兰山区柳青街道后明坡村东北，沂河和祊河三角形交汇夹角地带。遗址为圆丘状，中心隆起较高，面积约6万平方米，历经龙山文化、岳石文化时期，延续时间较长。

后明坡遗址所在处原为高地，其南部边缘被村宅和村小学教室占压，但当地居民长期在此取土，已经将遗址上部夷去1米左右，发掘前此地为茔地。1987年9月，山东大学考古专业结合研究生实习，对后明坡遗址进行了考古挖掘。考古挖掘工作于遗址中心偏南、小学教室东北处开始，由北向南依次开探方三处。通过试掘发现此处地层堆积较厚，共分为4层。第1层为耕土层，厚约20厘米，夹杂少量陶瓷片；第2层为宋元层，厚20—40厘米，有少量岳石文化陶片和宋元时期瓷片；第3层为岳石文化层，厚25—45厘米，出土文物有罐、盖钮等；第4层为龙山文化层，厚0—15厘米，缺少堆积，出土文物有鼎、三足盘、罐、器盖等。

后明坡遗址的考古发现对于临沂周围龙山文化、岳石文化的研究具有一定的参考价值。《山东临沂市后明坡遗址试掘简报》中详细记载了此次试掘中龙山文化、岳石文化相关遗存的出土情况。从简报公布情况来看，此次试掘未发现龙山文化遗迹，所得龙山文化遗物主要是一些夹砂和泥质的陶器，器形有鼎、三足盘、罐、器盖等，基本残缺不全，但有一部分可以复原。而发现的最明显

① 杜在忠：《试论龙山文化的"蛋壳陶"》，载《考古》1982年第2期。

的岳石文化遗迹是一条沟，沟为东北—西南走向，形状不规则，剖面略呈“V”形，宽窄不等，深浅不一，口部及底部无加工迹象，上宽1.5—2.75米，深0.5—0.8米，用途不明。出土的岳石文化遗物只有陶器，而且多不能复原，器形有盒、圈足尊、子母口罐、器盖钵等，质料有夹砂和泥质两类，胎厚，多轮制，造型比较规整，色泽多样化，流行凸棱纹和子母口。

后明坡遗址试掘所得关于龙山文化、岳石文化的遗物并不多，而关于岳石文化的完整遗物更少，但这些仅有的少量遗物特征明显，性质明确。特别是陶胎普遍较厚、色泽多样化、流行子母口等特征，是岳石文化陶器的典型特征。后明坡遗址的考古发现再次证明了以往人们对龙山文化、岳石文化地层叠压关系认识的正确性。

由近几年的考古发现可知，兰山境内新石器时代文化遗存非常丰富。旧石器时代文化遗存与新石器时代文化遗存在兰山境内的发现，证明兰山先民早在先秦时期就创造了无比辉煌的文化。

四、小谷城遗址

小谷城遗址位于兰山区义堂镇前城子村西南、义堂镇政府北约1500米处。遗址北面约1500米处为小涑河，自西北向东南流经。清初，此地名为城址村，当地人称“土城子”。民国初年，城址村以村中一条沟为界分为两村，沟前为前城子，沟后为后城子。小谷城遗址历经大汶口文化、龙山文化至商周秦汉，延续时间长，且至今仍有村民居住，被称为活的遗址。该遗址系1956年文物普查时发现，1960年著名历史学家、考古学家刘敦愿先生来此进行过考察。1983年，小谷城遗址被列为县级文物保护单位，2006年又被公布为省级重点文物保护单位。2013年5月，国务院印发

图1-4　小谷城遗址标志碑

了《关于核定并公布第七批全国重点文物保护单位的通知》，临沂市兰山区小谷城故城遗址被公布为第七批全国重点文物保护单位。

小谷城故城遗址分大城和小城两部分。大城东西长约1100米，南北宽700米，总面积77万平方米。城墙多被夷为平地，仅西南角上有一段残存，长350米、宽13米、高2.5米，当地称之为“罗圈子”。小城位于大城东半部的中部，即今前城子村西南之高台遗址。高台遗址南北现长约270米，东西宽约170米，高约5米，台南北各留有通道一处，当地称高台为“土城子”。

图1-5　小谷城故城遗址采集的东周石器、陶片

考古学家根据小谷城城壁中的残片及土层，判定其文化层为三层：大汶口、龙山文化层，岳石文化层，商周秦汉文化层。最上部为商周秦汉文化层，出土遗物主要有汉代泥质灰陶筒瓦、板瓦残片等。中部为岳石文化层，遗物主要有夹砂灰陶甗残片、泥质灰陶豆。下部为大汶口、龙山文化层，主要为大汶口、龙山文化堆积，采集的遗物有属于大汶口文化的鼎、瓶、碗等，陶片以夹砂灰陶为主；属于龙山文化的陶片以泥质黑陶和灰陶为主，夹砂灰陶为次，纹饰有附加堆纹、弦纹、划纹等，可辨器形有鼎、罐、盆、钵、杯、豆、鬶、器盖等。此外还采集有斧、锛、凿、刀、镰、镞等石器。

关于小谷城的史料记载最早可以追溯到春秋战国时期，《左传》中记载庄公三十二年春“城小谷，为管仲也”。乾隆《沂州府志》中也有齐鲁大将军管仲在此积谷的相关记载。这些记载都指明，鲁庄公在位期间为了防备相邻的齐国，特地建设“小谷”这座城池来囤积粮草，后来齐、鲁相争，小谷城最终成为管仲堆积粮草之处。

小谷城遗址记录了从大汶口文化时期到秦汉时代的变迁，向世人展示了一个历经6000年仍然鲜活的遗迹，它的发现对于研究大汶口文化、龙山文化、岳石文化、商周秦汉文化都具有重要意义。

五、西西蒋遗址

西西蒋遗址位于兰山区方城镇西西蒋村西北约 260 米处。遗址呈现出自新石器时代龙山文化至商周时期的多层古文化面貌。遗址中部地势隆起，南高北低，基本呈正方形，东西约 200 米，南北约 240 米，遗址总面积约 1.32 万平方米，为重点保护范围，范围内文化堆积厚度 3—5 米。以文物保护标志为坐标点，向东 280 米，向西 145 米，向南 250 米，向北约 210 米为一般保护范围，总面积 19.55 万平方米。该遗址于 1979 年被公布为县级文物保护单位，1992 年 6 月被公布为省级重点文物保护单位。

图 1-6　西西蒋遗址标志碑

该遗址是 1972 年修建提水站挖水渠时发现的，但所挖掘文物基本损坏。后经文物部门考察，确定了遗址保护范围。据相关人员回忆，现在村内提水站位置即为当年遗址的发现地，目前仍为一条深水沟，横穿村庄北部。早年水沟两边断崖暴露出的遗迹有灰坑、窑址，早年地表采集的标本有石刀、石斧、石铲、夹砂黑陶鼎足、夹砂白陶鬶足和泥质磨光黑陶杯等；文物调查中采集到的标本有夹砂红褐陶鬲足、夹砂黑陶口沿和器底、红褐陶附加堆纹器壁以及泥质黑陶罐口沿等。该遗址属于典型的龙山时期文化遗址，具有很高的历史与考古价值。

图 1-7　西西蒋遗址灌溉渠干渠[①]

目前该遗址保存情况一般，深沟两侧被冲刷痕迹明显。遗址文物保护标志位于石砌渠道之上。为引水方便，引水渠和灌溉渠道都沿着隆起部分向前延伸，渠道两侧原为农田，周围现已建设了一些村民住房和工业用房。

第三节　古国与城邑

兰山区历史文化悠久，早在先秦时期就是政治、经济、文化中心。据史料记载，兰山境内的古城有多处，其中以鄅国古城、防城故城、中丘故城和启阳城最为有名。鄅国为周代子爵封国，距今有 3000 多年的历史，现仅有古城台遗址存于兰山区柳青街道。防城故城遗址留有大量新石器时代文物，据史料记载，该遗址可追溯到春秋时代。中丘故城始建于公元前 716 年，遗址现位于兰山区白沙埠镇北。启阳城即今临沂古城，始建于公元前 492 年。

一、鄅国古城

鄅国古城遗址位于兰山区柳青街道鄅古城村东南部、北城新区西安路与沭河路交会处以东，当地人简称其村落为“古城村”。鄅古城村现与周围的夏村、戴城子、刘庄、新官庄合并为“古城社区”。遗址保留于原鄅古城村东的公路旁，为平原地貌，地势微隆，东邻沂河，西至鄅古城村，北部紧邻村居，南部紧邻

① 王志民：《山东省历史文化遗址调查与保护研究报告》，齐鲁书社 2008 年版，第 744 页。

村耕地，遗址向北约1500米为外环路。遗址面积约20万平方米，大体呈长方形，并存有“鄅国古城遗址”文字的石碑。石碑为1992年6月临沂市人民政府竖立，碑文中对其历史记载如下：

鄅国，是周代初期（约前11世纪）“大封诸侯”时的封国之一，距今三千余年的历史。《春秋》昭公十八年有“邾人袭鄅”的记载。该遗址面积约20万平方米，尚存部分城基，采集有龙山文化石斧、黑陶器盖、罐口、周代灰陶罐、汉代铁锛等遗物，在我市历史上是见于文字记载中最早的国家。

图1-8　鄅国古城遗址标志碑

鄅国的建立和西周初年的分封制度密切相关。相传鄅国国君为夏禹的后裔，被封为四等子爵，国号“鄅”，国君称“鄅子”，鄅与鄟、路、逼阳等国都属于妘姓国。鄅国与邾国同为子爵，两封国隔沂河相望，但实力悬殊。鲁昭公十八年六月，鄅子遵循鄅国传统，带少许随从出城督耕，被尚武强悍的邻国国君邾子发现，邾子于是趁机发兵攻占鄅国城池，掠夺宗庙重器、奇珍异宝，还掠走了鄅子的夫人、女儿及大批宫娥。鄅子无家可归，于是自己也投降于邾国。邾子留下鄅子的女儿，放他夫人跟随他回国，夫妻二人边行边哭到了宋国。《左传·昭公十八年》载“鄅人藉稻，邾人袭鄅。鄅人将闭门，邾人羊罗摄其首焉，遂入之，尽俘以归”[①]即此。此文清楚地记载了当时的情形。

① 杨伯峻：《春秋左传注》，中华书局1990年版，第1397页。

鄅子是宋国重臣向戌的女婿，向戌看到女儿及女婿无家可归，发誓为他们报仇，于是向宋国国君汇报了此事。宋国借此机会开始伐邾；第二年，宋国伐邾成功，邾国被迫归还从鄅国掠夺的俘虏及相应物品，鄅子得以复国。大鼎、编钟和其他宗庙礼器也陆续被奉还，但已遭邾人破坏，鄅国对已毁坏的编钟、铜鼎等进行修复后才重新使用。后来向戌的儿子向宁在宋国发动兵变夺权，最终失败出逃。向氏家族被株连，鄅国也就失去了宋国的保护，最后被邾子趁机一举吞并。鄅国灭亡后，鲁国又攻打邾国，邾国无力抗衡，邾子就割鄅国故土沂河以西的田地给鲁国，于是鄅国被并入鲁国。《左传·哀公二年》就记载了鲁国“伐邾，取沂西之田”。民国《临沂县志·古迹》载：“临沂县北十五里即鄅故国，今古城村南有鄅子林，盖鄅子墓云。”即今鄅古城村南的林子，相传为鄅子的墓地。

近年来，随着临沂城区的不断扩建，鄅国古城遗址被纳入临沂北城新区范围内，引起人们对临沂城建城时间和历史沿革的新思考。因鄅国古城的建城时间比启阳城早了 500 多年，这就将以启阳城为标志点的临沂城的建城时间向前推进到以鄅国古城为标志点的时间节点，临沂城的历史也就由距今 2500 多年推进到距今 3000 多年，其历史沿革也将改为源于鄅国古城。

二、防城故城

防城故城遗址位于兰山区方城镇驻地北 2000 米处古城里村，地处平原，其北约 5000 米处为蒙山，方城河自故城东侧顺流南下。遗址北半部地势隆起，现基本被民房及板皮厂、蔬菜大棚覆盖；南部被官庄村、方城镇驻地覆盖。该遗址城墙平面呈不规则椭圆形，东西长约 440 米，南北宽约 370 米，面积约 16 万平方米。该地东临方城河，西临诸满河，北靠蒙山东段余脉，地势开阔平坦，加之村西有一华泉，水资源丰富，可谓山清水秀。该城址历经新石器时代大汶口文化时期、龙山文化时期、岳石文化时期、东周及汉代，是重要的古文化遗址。2006 年，防城故城遗址被公布为省级重点文物保护单位。

现古城里村内仍有史前时期遗址一处，东西长 1200 米，南北宽 1500 米，总面积 180 万平方米，遗址内出土了大量新石器时代龙山文化遗物。历年来，遗址内出土的文物有石凿、石斧、石刀、石铲、夹砂白陶器、夹砂红褐陶壶、夹砂黑陶缸、夹砂黑陶鼎、夹砂红褐陶绳纹鬲、泥质灰陶豆、泥质灰陶盂、泥质灰陶缸、黄釉瓷缸、铜壶、铜剑、铜箭镞以及错金莽币“一刀平五千”等。防城故城遗址以龙山文化中晚期遗存较为丰富，并发现了当时的夯土城墙，填补了鲁东南地区的空白。

据史料记载，防城故城始筑于公元前665年，史称“防邑”，是鲁国的东疆重镇。《左传·隐公九年》载：“公会齐侯于防。”杜预注：“防，鲁地，在琅邪华县东南。”此江防也，世为臧氏食邑，襄公二十三年，臧纥自邾如防即此。春秋时期山东境内另有一处称“防”的地方，在今山东济宁市金乡县西，为鲁取宋地。《左传》又有“败宋师于菅。辛未，取郜。辛巳，取防”的记载，杜预注：“高平昌邑县西有西防城。”从以上两条注释可知，兰山区之“防”为东防、江防。现在的方城镇就因驻此地而得名，方城是取“防”音，加通名“城”而来。现在的古城里也以防城为参照，即居于其内里位置，这也符合“沂蒙古地名的命名基本都是以原有自然实体或村落为参考物”[①]的特点。古城里依山傍水，适合居民聚集，东汉时在此置华县，属东海郡；晋属琅琊郡，称华城，是东晋颜含、曹魏臧霸故里；南朝刘宋年间废。《左传》《沂州府志》《费县志》等对此均有记载。《中国古今地名大辞典》记载，琅琊为“临沂县，汉置。南朝宋省。后魏复置。北齐省。故城在今山东临沂县北五十里”。据实地考察和1992年版《费县志·方言》证明，费县东北部方城、诸满、古城里和汪沟一带，不管从地理位置还是从语音系统、风俗习惯来看，都和今临沂市西北部半程、李官一带相同，说明这一地域自古形成的人缘、地缘关系是根深蒂固的。[②]2004年，古城里村与官庄村合并，更名为华城村；2011年1月，经山东省政府批准划

图1-9　防城故城遗址标志碑

① 苗守艳：《沂蒙地区古地名研究》，九州出版社2016年版，第139页。
② 黄忠、韩忠勤主编：《沂蒙大观》，山东大学出版社2007年版，第460页。

归兰山区管辖。

古城里村西北有一眼华泉，历史悠久。据光绪《费县志·山川》记载："华泉在古华城北，一名'养正泉'，绕至城东，多生蒲苇，南流入防城河。"又据黄恩科在《华夏文明的源头在鲁南》中考证，伏羲氏出生于华胥国，华胥国的都城就是汉代华县城。华县城也叫"华墟""华丘"，城北一里许有一百多眼清泉喷突而出，如百花争艳，遂被称为"华泉"。[①]"华"是"花"的本字，"华"的篆体犹如一朵盛开的鲜花，上部似花瓣，中部如花萼，下部是花茎。古汉语中无"花"字，而山东境内也无花泉，可证实华泉的唯一性。据探测，蒙山前有丰富的地下水，华泉和上冶玉泉、汪沟筱泉，由西北到东南属于同一条地下水系，泉水喷涌而出，形成荫河流淌。1970 年当地居民在此砌池蓄水，建立电灌站浇灌田地。

三、中丘故城

中丘故城遗址现位于兰山区白沙埠镇驻地东北 6 千米、兰山区政府东北 20 千米处，遗址大部分为诸葛城村所占据，故城原有的古城墙已被夷为平地。诸葛村处于茶山东南、沂河西岸，依山傍水，交通便利，为临沂城北重镇之一。1992 年中丘故城遗址被列为市级重点文物保护单位，2006 年 12 月 7 日被列为省级文物保护单位。遗址内有临沂市政府所立石碑，碑文记载如下：

> 中丘故城位于临沂市兰山区白沙埠镇后隅村和诸葛城村内，主要是春秋时期和汉代文化遗存。据记载，原存东南角城墙长约 100 米，宽约 200 米，高 1.5 米，黄褐土夯筑，夯层厚 0.25—0.4 米，中有夹棍孔。现城墙已被夷平，护城河也被填平。城内现存文化堆积厚约 1.5 米。现故城上方北部约 1/3 的部分被后隅村叠压，南部约 2/3 的部分被诸葛城村叠压。保护范围：以中丘故城碑刻处测点（35°11′51.4″N，118°26′02.1″E）为基点，向北约 990 米，向南 20 米，向西 515 米，向东 315 米。建筑控制地带：保护范围四周外扩 50 米。

① 黄忠、韩忠勤主编：《沂蒙大观》，山东大学出版社 2007 年版，第 317 页。

图 1–10 中丘城遗址标志碑

中丘城始建于公元前 716 年，由鲁国所筑。《左传·隐公七年》载：“夏，城中丘。”杜预注曰：“中丘在琅邪临沂县东北。”现遗址系高出地面 2—3 米的平台，周长约 4500 米，规模与临沂老城基本相同。其东西两面存有护城河遗址，东南角存有一段城墙，上有明显的夯土层及棒洞。遗址内还采集到东周时期的鬲、豆及汉代砖、瓦等残片。

中丘城亦名诸葛城，现有多条史料均对诸葛城有详细记载。乾隆《沂州府志·古迹》载：“诸葛城，亦名中邱城，在县东北三十里。隐公七年夏，城中邱，《后汉志》琅邪临沂县有中邱亭，即此，后诸葛亮来居于此。”《太平寰宇记》：“临沂县，本汉旧县也，属东海郡，东临沂水，因以为名，后汉改属琅邪国。”民国《临沂县志·古迹》汉临沂县条注：“今治北迤东三十五里俗呼诸葛城者是。”《山东省古地名辞典》记载：临沂县，汉置，属徐州东海郡，遗址在沂河西岸、白沙埠镇诸葛城村，后汉属徐州琅琊国，此地是临沂县治所。其北距阳都城（今沂南砖埠镇孙家黄疃村）25 千米，南距琅琊国开阳县（今临沂古城）15 千米。南齐撤销临沂县复入即丘县，隋开皇十六年（596）改即丘县为临沂县，属沂州琅琊郡，并为州、郡治所。同年，徙治汉开阳故城，遗址即今临沂城。原汉临沂县逐渐衰废。至于汉临沂县何时更名为诸葛城，史料均无明确记载。根据史料以及诸葛城的地理位置两方面的考证，可证实现在诸葛城确为汉代临沂县。

四、启阳城

启阳是现在临沂城的最早的称谓，故城遗址在今兰山区金雀山街道东关居委、东北园居委处，地处平原，地势平坦。城址东部紧邻沂河，西部紧邻临沂老城区，南部紧邻金雀山和银雀山，北部紧邻涑河。启阳城始建于春秋鲁哀公三年（前492），至今已有2500多年历史。《左传》中也有“季孙斯、叔孙州仇帅师城启阳”的记载。据考证，启阳城址即春秋之启阳城，旧址在今城区东北隅。古城“前距高岗，却背金庸”，即面山（金雀山、银雀山）背水（沂河），占地面积约1640平方米，是春秋时期鲁国在东南方修建的防邑。西汉时，为避景帝刘启的名讳改为开阳。公元80年，琅琊王刘京迁都至开阳，自此开阳也称琅琊。

启阳城城墙原为夯土筑成，明洪武元年（1368）始筑砖墙。明万历十五年（1587）始整修四门，添建城楼。清康熙七年（1668）地震，“东门城楼仅存，余俱坍毁”，几经增修，才恢复旧观。万历《沂州志·城池》记载：启阳城为砖城一座，周围9里，高2丈5尺，阔1丈，垛口3782.5个，城堡50座，炮台4座，城内马道阔8尺，城外壕深1丈、阔1丈6尺，城楼四座，除南门楼为大楼三层又小楼两座外，其余东、西、北三门均系大楼两层又小楼一座。四门名称：南曰望淮，东曰镇海，西曰瞻蒙，北曰宗岱。近几年，伴随着城市建设步伐不断加快，人们的生产生活需求急剧增长，于是在城址上建房修路，城址慢慢被覆盖，未能得到妥善保存。现由于挖地基建高层，启阳城城墙再次暴露在人们的视线中，其城墙为砖石结构，城基清晰可见，护城河也清晰可见。

此前，人们对启阳城遗址存有争议，有两说：一说其为郾国古城遗址，《汉书·地理志》《后汉书·郡国志》《水经注》《太平寰宇记》《沂州府志》均持此说；另一说认为汉开阳县本名启阳，即临沂城，民国《临沂县志》持此说。后一种说法证据有三：（一）地理位置。《水经注》载：“治水又东南流，注于沂；沂水又南，径开阳县故城东。”《太平寰宇记》在记“开阳县城在县北十五里”的同时，又记“周武帝宣政元年改北徐州置沂州，以州城东临沂水，因以名之”。据这些文献所载，两河交流之处，又“东临沂水”，只有现在临沂城才具备此地理位置。（二）考古发掘资料。临沂城内曾出土大量文物，如陈逆簠、素鋗等周代金属文物，陈德残碑、田君碑等汉代碑刻及其他造像碑，以及汉代瓦当等。其中出土的汉代“长生无极”瓦当和“万岁”圆瓦当，均系汉代宫廷建筑之构件。此外，现临沂城内还有琅琊王陵一处。这些均可证明琅琊国京都与开阳相吻合，故其建成于春秋时代更为合理。（三）史料分析。从“郳人入鄅”（前 524）到鲁“取沂西田”（前 493）、“帅师城启阳”（前 492）已逾 30 年，鲁国获得鄅国故地之后在废墟上重建启阳城不太符合实际，而另选城址于祊、沂汇流处似乎更符合当时条件。反之，如果鄅国为启阳的话，隋代所分置的临沂县是在汉代大量墓群之上，也不符合逻辑。综上所述，启阳是比开阳更早的旧称。

第四节　经济与儒学

先秦经济可分为远古与春秋战国两个时期。远古时期兰山先民的经济活动又可分为两个阶段：旧石器与细石器时代生产力低下，主要以采集和渔猎为主，开始种植各类粮食作物；新石器时代兰山先民开始改变原始生产模式，向家畜饲养业及金属业发展，同时建筑业、手工业也有很大程度的发展。春秋战国时期，在农业经济快速发展的同时，商业经济也快速发展，特别是齐国刀币的出现为商业经济发展提供了便利条件。先秦时期兰山境内的主流文化为儒家文化，儒学思想在兰山境内得到迅速、广泛的传播，并孕育了众多历史文化名人，而闵子骞是此时杰出的代表之一，被称为“笃圣”。

一、远古经济生活

旧石器时代属于原始社会，人类生产能力非常低下，经济生活主要以采集和狩猎为主。采集一直是先民赖以生存的、比较稳定的生产活动，而狩猎只是辅助性、偶然性活动。但狩猎活动的出现促进了工具的发明，当时最主要的狩猎工具是木棒和石器。因为采集和狩猎都是比较简单的生产活动，所以劳动成果很少；而没有剩余的劳动产品，也就没有商品交换。即使到了细石器时代，人类生产能力仍比较低下，只是稍有进步。其中最明显的进步是各类精制的石器开始出现，狩猎工具也变得丰富起来，而剩余劳动产品仍然不多，也就谈不上商品经济的发展。总体来说，旧石器和细石器时代的兰山先民以简单的渔猎游牧生活为主。

新石器时代生产力比起旧石器、细石器时代有了明显进步，兰山先民逐渐走下山岗，进入河谷平原地带，摆脱过去简单的渔猎游牧的生活方式，开创了原始农业，过上了稳定的定居生活。新石器时代农业已经从刀耕火种的原始生产模式，发展为较先进的锄耕模式，并成为先民获取生活资料的主要方式。兰山地区新石器时代农业发展分为北辛、大汶口、龙山三个小的时期。

北辛文化时期，先民已经开始种植粟类粮食作物，这从出土的陶钵底部有粟糠印痕就可推知。生产工具的质料也开始多样化，主要有石、骨、角、牙及少量贝壳。从早期遗址中发现随葬的猪或狗可知，此时已经存在以养猪为主的家畜业，且家畜业成为当时经济生活中不可或缺的部分。

大汶口文化时期仍以原始农业为主，采集和渔猎为副，但农业工具的制作技术有了很大进步，从出土的文化遗存可知石铲、石镰、牙刀等工具通体磨光、棱角分明，特别是刃部非常锋利。出土的文化遗存中还可见整猪、半只猪或猪头、狗等，且数量比较多，这些事实证明，家猪的饲养业已经比较普及。手工业在大汶口文化时期有所发展，而且成为社会经济的重要组成部分，特别是制陶业得到迅速发展。制陶业中出现了轮制技术，陶器制作工艺已经比较高超。生产力的发展带来了劳动剩余产品，从墓葬出土情况可知此时已经开始出现比较明显的贫富分化[①]，商品经济开始萌芽。

龙山文化时期的社会经济比大汶口文化时期又有长足发展。这一时期虽仍以农业为主，但渔猎业及家畜业都非常发达，各类手工业开始大量出现。龙山文化时期农业生产工具以石、骨、蚌等质料为主，类型有石铲、石刀、石镰、骨铲、蚌铲、蚌刀、蚌镰等；种植的农作物主要有粟、黍和水稻。渔猎业发达的证据是文化遗址中出土的大量石镞、骨镞和鱼骨、螺壳、蚌壳等骨骼。从出土的一些文化遗存可推知，当时的狩猎对象主要有鹿、兔、鸟等；而家畜饲养数量越来越多，以家猪为主。龙山文化时期的手工业以制石业、制陶业及纺织业为主。制石业以磨制石器为主，也偶有打制石器存在。磨制石器的工序一般为先制毛坯，再经琢制，最后再在砾石上磨制成器，工序虽简单却带来生产力

① 临沂市政协文史资料委员会：《临沂历史大观·先秦时期卷》，黄河出版社 2012 年版，第 45 页。

的快速发展。龙山文化时期的制陶业可谓达到了整个石器时代的顶峰，如陶器成型方法就有手制和轮制两种，其中手制法又有捏塑法、泥条盘筑法、模制法等多种。从出土的文物可见，以轮制法制作的陶器器形规整，器壁厚薄均匀，里外表面多有平行密集的轮制痕迹，器底外部多有线割的偏心纹，由此可以推测当时制陶业的发达。制陶业的出现和兴起一方面推动了生产力的发展，另一方面促进了人类定居生活的发展。纺织业在这一时期也有所发展，在出土的文化遗存中可见一些石、陶质纺轮，一些陶器底部有布纹印痕。另外从出土的龙山文化遗存来看，在距今5000年以前，兰山地区的先民就已掌握了酿酒技术，并使用砭石治病。由此可见，龙山文化时期的社会经济已经发展到以农牧业为主，建筑业、手工业等均有所发展的状态。

二、先秦商业萌芽

夏、商、西周奴隶社会时期，经济仍以农业为主，土地归天子所有；畜牧业已发展到较高阶段，传到后世的家畜，在当时就基本全有了；手工业已逐渐发达，大批的奴隶被送入手工作坊，分门别类从事手工生产，当时比较重要的手工业就是青铜制造业。当时，商业经济已随着各类产品的丰富而快速发展起来。春秋时期，兰山主要为鲁国地，社会经济出现了繁荣景象：随着人口的大量增加，农业、手工业都有了相当大的发展，商业经济也更加兴盛，官府商业和私人商业都得到发展。战国时期，兰山地区先后归属齐国、楚国。齐国因实行“相地而衰征”的土地制度以及“均地分民”与“民民分货”的政策，极大地促进了农业生产的发展。农业生产水平的提高、生产工具和技术的进步，带动了交通的发展，使商业经济也得到广泛的发展。

有学者认为，齐鲁商业文化肇始于商周，形成于战国，成熟于两汉，在之后的不同历史阶段又有所发展与完善。[①] 从出土遗物来看，兰山的商业经济发展经历了商周、战国的萌芽时期后，最终成熟于两汉。

总之，先秦时期的经济发展有了飞速提高，较远古时代大为进步，而随着经济的发展及人们之间交易的需要，各种形式的货币也就出现了。货币的出现是商品交换日益扩大的结果，也是商业兴起的最好证明。

① 李刚、宋娟：《大话鲁商》，陕西人民出版社2009年版，第3页。

三、齐国刀币

齐国刀币是春秋战国时期商品贸易中使用的定型金属铸币。春秋战国时期，各诸侯国采用的货币互有异同，金属货币造型多样：有状似海贝的贝币，有仿自农具的布币，还有一种模仿刀的货币——刀币。齐国地处东部，商工鱼盐之业发达，商品经济的繁荣促进了货币文化的发达。齐国最早通行的是贝币，后来随着商业的发展，出现了铜铸货币，且造型非常精美。齐国以刀币为主币，成为东方刀币流通区的主要代表。

1989 年 3 月，临沂兰山大城后村一次性出土了刀币 2100 余枚，完整的有 1536 枚。这批刀币是大城后村村民在村东 1000 米处挖土时，于地表 1 米深处发现的。此处土质干燥，刀币盛放在一个大陶盆里，所以出土时保存完好、摆放整齐、无锈蚀现象，这批刀币属于当时尚未使用的新币。2100 余枚刀币中，藏于临沂市博物馆的有 1801 枚；藏于银雀山汉墓竹简博物馆的约有 300 枚，重约 16 公斤。藏于临沂市博物馆的 1801 枚刀币中，“齐返邦长法化” 8 枚、“安阳之法化” 55 枚、“即墨之法化” 60 枚、“齐之法化” 66 枚、“齐法化” 1612 枚。

齐国刀币简称“齐刀”，据考证，其始铸年代不晚于春秋桓公首霸时期。[①] 齐国刀币的出现，虽与齐国经济发达密切相关，但最终要归功于管仲。管仲认为货币是流通手段，要求君主通过对货币的控制，掌握粮食等重要商品，以影响其他商品的交易，从而进一步搞好经济调控。国君掌握了粮食、货币的权衡，天下就可以长治久安。齐桓公采纳了管仲的建议，在齐国设置“轻重九府”，调剂物价的贵贱，铸造和管理货币，以达到通货积财、增加国库收入的目的。

齐国刀币一般通长 18—19 厘米，重 40—60 克，造型十分精美。齐刀币基本形制是环首、直柄、凹刃、尖峰、弧背，分为铸铭刀和无文刀两类，铸铭刀刀面有三字（如“齐法化”）、四字（如“齐之法化”）、五字（如“即墨之法化”）、六字（如“齐返邦长法化”）之分；每类刀币币面文字的字形字体亦有变化，背面上方多三横线（亦有二线），并铸有铭文和符号。无文刀至今仅出土两件，面背皆无文，形制如同齐刀，应属齐刀的范畴。

① 山东省教学研究室：《山东历史》，中国地图出版社 1997 年版，第 42 页。

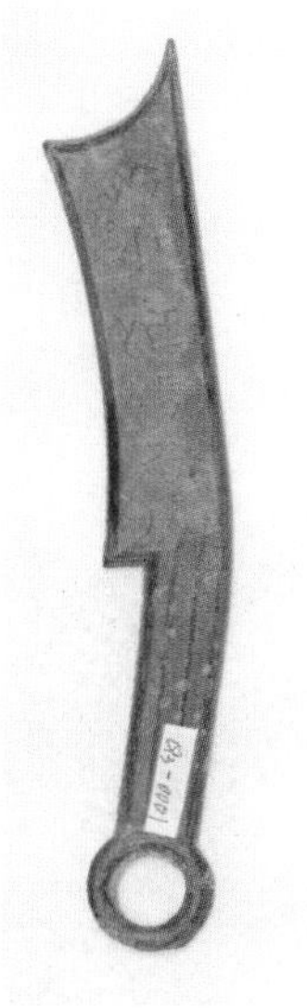

图 1–11 “齐法化”刀币背面

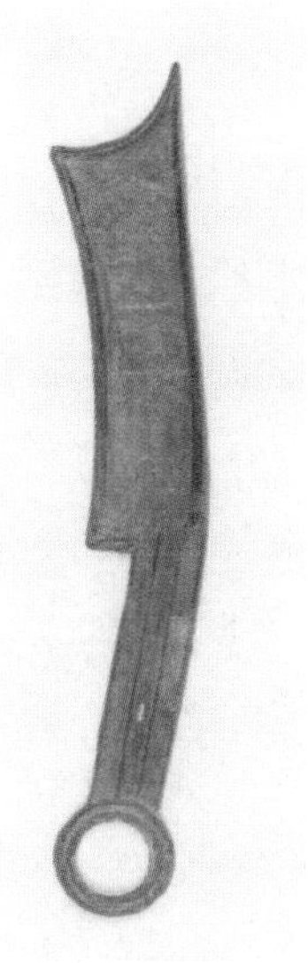

图 1–12 “齐法化”刀币正面

刀币在莒县、兰山、兰陵、郯城、费县、滕州、兖州均有出土，与当时齐之莒邑、祝丘、店阳、丘城、费县、薛邑等南部城邑有关。根据上述齐刀币的出土地点，大致可以勾画出齐刀币的使用地域范围：它以齐国故城临淄为中心，东至荣成、牟平、福山、长岛、蓬莱、龙口、即墨、崂山一带；北至无棣、阳信一带；西至济南历城、长清一带；南至兖州、滕州、蒙阴、费县、兰山、郯城、莒县、莒南、日照、胶南一带。这与战国威宣时期的齐国疆域范围基本吻合。

齐刀在中国钱币史上占有重要地位，是中国货币史上的一颗璀璨明珠。从精美的齐刀造型中，我们不仅可以看到齐刀币文化的灿烂，而且可以看到其背后齐国商品经济的繁荣和国力的强盛。刀币文化也是我国古代文化的重要组成部分，随着考古发掘的深入，刀币文化的宝库将会日益丰富。

四、“笃圣”闵子骞

闵子骞（前 536—前 487），名损，字子骞，被尊称为闵子。闵子骞为春秋末年鲁国（今山东曲阜）人，后迁徙至兰山境内。元代邵显祖在《重修费公闵子祠记》中说：“详览《费志》，邑之东北六十里许有其故宅，乃遇桓魋之乱，长子沃盈迁于此而卜居焉。”即闵子骞故居在费县东北 60 里处（今兰山区汪沟镇）。光绪《费县志》称，闵子骞故里名为“闵家寨”，闵氏一姓在此繁衍甚盛，闵氏祠堂正阳门上“笃圣祠”三个金光大字为清乾隆帝所书。

据《闵氏家乘》记载，闵子骞于正月出生，其父夜里梦见文魁星身披五彩斑斓的服饰，手持玉符宝玺，与福、禄、寿三星一起站在床前。当闵父醒来时，屋内兰香绕室漂浮达三个时辰，接着子骞便出生了。“此婴‘表相乃奇嬴二气盈成，夫日中则移，月满则亏也’，故名‘损’。”[①] 传说中闵子骞的出生方式就如此与众不同。

图 1–13　闵子骞单衣顺母[②]

历史上关于闵子骞言行的记载并不多，仅知道他做过很短时间的费宰，以及他“单衣顺母”的故事。元代郭居敬编纂的《二十四孝》及明朝编纂的《二十四孝图》中，都将闵子骞孝亲的故事放在了重要位置，题为《单衣顺母》，也就是家喻户晓的《鞭打芦花》。故事大略为：闵子骞的母亲去世后，父亲娶了后母，后母又生了两个儿子。子骞小时候经常被后母虐待，冬天里，后母用芦花给子骞做棉衣，用棉絮给自己亲生的两个儿子做棉衣，子骞的棉衣比弟弟的棉衣厚实很多，但因芦花不保暖就常常喊冷。有一次子骞与父亲一起出门拉货物，子骞被冻得瑟瑟发抖。父亲不知实情，以为子骞偷懒，就用鞭子抽打子骞，导致子骞衣服破损，芦花四处乱飞。闵父发现后母做棉衣的秘密后，后悔没有照顾好子骞，同时非常生气子骞后母的所作所为，想把后母赶走。子骞跪地求情说：“母在一子寒，母去三子单。”其父这才饶恕了后母。从此以后，后母对

---

① 杨洪彬：《闵子骞系列考》，载《春秋》2009 年第 4 期。
② 图片引自周殿富主编《二十四孝图绘本三种》，安徽人民出版社 2013 年版，第 10 页。

待子骞如同己出，全家和睦。后人称赞道：闵氏有贤郎，何曾怨后娘；车前留母在，三子免风霜。对待冷漠苛刻的后母，闵子骞尚能单衣顺之，因而其孝行被传颂至今，时时教导、影响着后人。

《论语·雍也》记载，季氏使闵子骞出任费宰，闵子骞曰：“善为我辞焉。如有复我者，则吾必在汶上矣。”《辞源》“汶上”条目里也有闵子骞拒绝季氏聘他做费宰的记述。大意就是季氏凭借霸权多行不仁不义之事，闵子骞很瞧不起他，后来闵子骞在老师孔子的劝说下还是出任了费宰。闵子骞在费邑行仁政，施德治，刚正不阿，忠于职守。他从政后崇尚节俭，当鲁国要扩建新库房时，他说：“原来的库房就很好，为什么要劳民伤财去改造呢？”对于季氏想要凭借权势私吞百姓上缴的官税一事，闵子骞愤懑至极。他原以为自己全心全意治理费邑是为国家效力，没想到却在为私人谋福利，于是就以尽孝道为由毅然辞官归乡。

闵子骞是孔子七十二贤弟子之一，比孔子小 15 岁。在孔门中闵子骞以德行与颜回并称，以孝为世人所称道。《论语·先进》载：“德行：颜渊，闵子骞，冉伯牛，仲弓。言语：宰我，子贡。政事：冉有，季路。文学：子游，子夏。”由此可知四科之中，德行为先，而德行中闵子骞仅次于颜渊，名列第二，可见在孔子心目中，闵子骞是一个德行高尚的弟子。闵子骞性格沉静寡言，为人恭谨端正。《论语·先进》记载他侍奉孔子时“訚訚如也”，即在孔子身边保持恭敬端庄的情态，不轻易乱作言语，给人以沉静寡言的印象。但他一旦发表意见，又总能一语中的，孔夫子也称赞他“夫人不言，言必有中”。后世儒家学者对闵子骞评价也很高，孟子的弟子公孙丑曾言：“昔者窃闻之：子夏、子游、子张皆有圣人之一体，冉牛、闵子、颜渊则具体而微。”这就是说，闵子骞与颜渊等人一样，都大体上接近孔子的水平而稍微显弱。

闵子骞提倡并践行儒家的孝悌精神，他单衣顺母，在自己饥寒之时换位思考，心系兄弟，宽容后母的过错，这对于我们弘扬家庭美德、构建和睦家庭具有极好的借鉴意义。[①] 闵子骞对儒学传播的另一个贡献是他对孔子以德治国主张的推行。据《孔子家语·执辔》记载，闵子骞曾问政于孔子，请教如何治理国家的问题。孔子回答：“以德以法。夫德法者，御民之具，犹御马之有衔勒

① 赵彦志、王宇峰：《论闵子骞孝行及构建和谐社会的现实意义》，载《宿州学院学报》2012 年第 1 期。

也。君者，人也；吏者，辔也；刑者，策也。夫人君之政，执其辔策而已。”孔子所说的“法”与现代所说的“法”意义有所不同，孔子所说的“法”主要指儒家治国的礼仪制度。

我国素以“礼仪之邦”“文明古国”著称，善待父母、宽以待人、热爱祖国是每一个中华儿女义不容辞的责任和义务，是让人自豪的传统美德。这也是闵子骞留给我们的宝贵的精神财富。

为纪念闵子骞，闵氏后人建立了“闵子祠”，亦称“笃圣祠”，为闵氏后裔祭祀、供奉祖先和续谱之处。闵子祠的始建年代不详，一般认为在唐代之前。因历代封建王朝皆尊崇儒家，闵子祠先后修葺达 12 次。闵子祠遗址内东北角处放置有一幢高 0.67 米、宽 0.43 米、厚 0.2 米的石碑，上书宋真宗皇帝命集贤殿大学士王旦赞：“子骞达者，訚訚成性，德冠四科，孝先百行。人无间言，道亦希圣。公衮增封，均乃天庆。”清乾隆年间对闵子祠进行了大规模重修，将其由当初的 3 间庙堂扩建为具有一定规模的建筑群，占地面积 1.4 公顷。20 世纪 60 年代，闵子祠遭受破坏。2003 年，闵氏后人又捐资对闵子祠进行了重修。

第二章　秦汉时期

秦汉时期是兰山城市、文化、商业等大发展的时期。这一时期，郡国开始形成，琅琊郡和琅琊国建立，同时开阳城修建完成。这一时期，兰山地区历史文化名人辈出，家族文化发展，形成以王氏家族为代表的琅琊望族文化，在文化艺术等方面对后人影响很深。同时，兰山境内手工业快速发展，漆器的制作工艺更加精良。兰山地区很早就有商业经营行为，手工业的发展带动了以货币交换为标志的商业的发展。这一时期的墓葬文化则体现出希望来世复活成仙的特征，以刘疵墓的发掘和考察为代表，其金缕玉衣造型独特，为全国仅见。银雀山汉墓的发掘则澄清了长期以来世人对《孙子兵法》和《孙膑兵法》的模糊认识。总之，这一时期的兰山，各个方面都具有自己的特点。

第一节　琅琊郡与琅琊国

琅琊郡和琅琊国的形成有着一个逐渐演变的过程。最早提到琅琊的是《管子·戒》。琅琊有时又指琅琊台、琅琊邑。春秋时期，齐国置琅琊邑。秦朝时期，琅琊作为郡登上历史舞台。琅琊作为国名，则与东汉光武帝刘秀有关。如今兰山境内的临沂城，当时为琅琊国的开阳县城，临沂启阳故城则始建于公元前 492 年。

一、琅琊郡

琅琊作为郡，于秦朝开始登上历史舞台。秦统一全国后，在地方实行郡县制，将全国分为 36 郡，琅琊郡就是其中之一。36 郡的名称并不见于《史记》本文，南朝宋裴骃的《史记集解》认为 36 郡指三川、河东、南阳、南郡、琅琊、齐郡等 35 郡与内史。后又置闽中、南海、桂林、象郡 4 郡，共 40 郡。

以上记载说明，秦朝将战国时期的齐国一分为二，分为齐郡和琅琊郡。琅琊郡附置琅琊县，治所均在琅琊。关于琅琊郡的具体位置及所辖区域，《汉书·地理志》及颜师古注指出，琅琊郡于秦朝设置，王莽时改为填夷郡，隶属徐州，有228960户、1079100人、51县。由此可以看出，秦朝琅琊郡治琅琊县（治所在山东青岛琅琊镇夏河城），辖今山东省东南部。西汉时期，琅琊郡曾治东武（今属山东诸城），领51县，包括今山东半岛东南部的临沂市区以东、海阳、即墨、崂山、胶县、胶南、沂水、莒南、日照、五莲、赣榆及黄岛等地，属徐州刺史部（今临沂郯城）。东汉建武十七年（41），光武帝封子刘京为琅琊王，改琅琊郡为琅琊国，都于莒（今山东莒县城阳镇）。建初五年（80），琅琊国移都开阳（今临沂市区），领13县。建安二十一年（216），曹操杀琅琊王刘熙，国除为郡。今临沂兰山、青岛黄岛等地尚拥有较多琅琊文化遗存，现在琅琊已成为山东省临沂市的别称。秦至两汉期间，琅琊郡、县地域广大，人口众多，披山衔海，地处要冲，先后封藩建国于琅琊郡地的有20多个藩国，使得该地成为当时最为繁华富庶的郡县之一。秦朝琅琊郡的设立以及两汉琅琊郡的延续，对于琅琊地区政治、经济发展具有划时代意义，造就了琅琊文化空前的繁荣发展。

二、琅琊国

琅琊作为国名，则与汉光武帝刘秀有关。公元25年，光武帝刘秀建立东汉王朝后，分封藩王，改郡为国。建武十五年（39），刘秀封子刘京为琅琊公；十七年（41），晋升刘京为琅琊王，改琅琊郡为琅琊国，建国都于莒，遗址在今山东省莒县城阳镇莒国故城。至此，“琅琊”一词由县名演变为郡名、国名。而建初五年琅琊国迁都开阳，则使“琅琊”成为临沂古地名中最响亮的一个，从中可以体会到历史变迁的色彩。[①]

最初，作为琅琊国属县之一的开阳县城，因依山傍水、山清水秀、物阜民丰而民聚，俗敦礼让，人无争斗，犹有古风，深得琅琊王刘京的钟爱。同时，当时的琅琊国国都虽然宫殿豪华、富丽堂皇，但琅琊王刘京很迷信求神问卜，几次到景王祠去求签问卜，得到的回答都是都城宫殿的选址风水不好，住在里

① 苗守艳：《沂蒙地区古地名研究》，九州出版社2016年版，第181页。

面不吉利。于是在东汉章帝建初五年，琅琊王刘京上书章帝，请求将国都迁到开阳，情愿以琅琊国所属的华、盖、南武阳、厚邱、赣榆5个县，换取当时属东海郡的开阳和临沂（今兰山诸葛城）。经过章帝恩准后，刘京迁都开阳。至此，琅琊作为古地名来到了开阳，开阳城成为琅琊国的国都，从刘京至刘容，共传六世。二世琅琊夷王刘宇，建初七年继位，建初二十年薨；三世琅琊恭王刘寿，永初七年继位，永初十七年薨；四世琅琊贞王刘遵，延光二年继位，延光十八年薨；五世琅琊安王刘据，永和五年继位，永和四十七年薨；六世琅琊顺王刘容，初平元年继位，初平八年薨。141年，国绝。献帝建安十一年（206），曹操复立刘容之子刘熙为琅琊王；又过了10年，刘熙被诛，国除。从刘京受封至最后国除，共177年，从迁都开阳算起共136年，时间不算短暂。在此期间，“琅琊”成为临沂的专称。

图2-1　琅邪相印章[①]

第二节　世家大族与文化名人

琅琊的世家大族，在汉唐之间要数王氏家族。东汉末年，琅琊王氏打破沉寂，重新崛起。作为官宦大族的代表，琅琊王氏显然深刻懂得从政可以获得俸禄，以解决生活和生存的实际问题，同时又可以通过治国安民，实现其修身齐家治国平天下的人生价值这一道理。王祥是琅琊王氏的标志性人物之一，他历经汉、魏、晋三朝，处三公之位，权高位重，但为人谨慎，从不骄奢。

① 图片引自韩天衡著《韩天衡刻印》，上海人民美术出版社2001年版，第30页。

一、世家大族

如前所述，琅琊世家大族，在汉唐之间要数王氏家族。这个家族奠基于西汉王吉，以服务社会政治为第一要务，以王氏青箱学为特有家学和处世哲学，将家族与国家命运结合在一起，与时卷舒，从而在汉唐间鼎盛一时。

琅琊王氏比较早的代表有秦代王翦。王翦一生武略过人，征战无数，战胜攻克，勇而多谋，是位不可多得的军事奇才。更为可贵的是，他在杀伐无度的战国时代能够始终保持清醒的头脑，以仁义为怀，力避暴虐。也正是因为这一点，他一直为世人所尊崇，是战国名将中最有成就的人。

王翦之子王贲及孙王离承启家业，继续为秦国服务。但是，王氏家族中的人有着深刻而清醒的认识：武将虽能保家卫国，但毕竟以杀伐为业，充满血腥，正所谓一将功成万骨枯；而且，少有常胜善终之人，要么死于征战之中，大将不离阵头亡，要么狡兔死走狗烹。就王翦而言，虽然当世功成名就，但其子孙难逃战败被俘的厄运，甚至王离之子王元不得不避乱琅琊。

汉初，王元在政治上难有作为，但王氏家族并没有故步自封，而是默默地奋斗积累，随着汉代社会的安定和制度的逐渐完善，王元四世孙王吉迁到临沂。他因好学明经而被郡吏举孝廉，官至谏大夫。其子王骏、孙王崇继承家学传统，百尺竿头更进一步，皆封侯并荣登三公之位。由此可以看出，王氏家族痛定思痛，一改祖先王离的从武之路，选择文职，以经学起家，这就为琅琊王氏埋下了重文轻武的种子。

西汉末年，王莽篡权，王崇为避政祸，辞大司空而就封国，一年后被侍婢毒死。其后，贤达文士多退隐山林，故整个王氏家族陷入百年的低潮期。

东汉末年，琅琊王氏打破沉寂，重新崛起。王仁官至青州刺史，其子王睿为荆州刺史。但此时的王氏仍旧重文轻武，后来由于王睿被害，他们才不得不重新思考武职在乱世中的价值，开始谋取兵权，王雄即如此。《三国志》载王雄“天性良固，果而有谋，历试三县，政成人和”，其子王浑任凉州刺史，王乂任平北将军。从此，琅琊王氏开始了在仕途上文武并重的选择取向。

琅琊王氏深刻地懂得从政可以获得俸禄，以解决生活和生存的实际问题，同时又可以通过治国安民，实现其修身齐家治国平天下的人生价值这一道理。因而，能否在国家政权体制内获取官职、履行职责，关系到其作为官僚家庭和世家大族能否继续拥有自己已经取得的地位并不断向更高处发展。琅琊王氏能够绵延近千年并在险恶的仕宦道路中屡建辉煌，就在于他们廉洁从政，从不或很少利用权力为自己谋取个人私利。他们将为政经验世代传承，并不断加以研究和深化，逐渐形成了独特的“王氏青箱学”。琅琊王氏不断地将这种学说发扬光大，进而利用在仕宦实践之中。这一家族清俭持家，安贫守素，对钱财得之有道、取之有义，可以得可以不得则不得，可以取可以不取则不取，即使对君主的赏赐也尽可能不取。正是这种优良的家风，使他们在官场中形成了廉洁奉公的行政风格，这显然也是保持其家族长盛不衰的重要秘诀。

二、文化名人

琅琊王氏的奠基人王吉（？—前48），字子阳，西汉著名的经学家。王吉少年时就十分好学，通晓五经。据传，西汉时解释《春秋》的经文著作《邹氏传》被称为“有书无师”，而王吉是唯一能讲《邹氏传》的人。汉宣帝时，王吉被征为博士谏大夫。他一生廉洁清正，年轻时举孝廉，视不义之财如粪土。他少时在长安学习，邻居家有一棵枣树延伸到他家院里。有一次，他的妻子摘取了邻居家的枣子给他吃，他非常生气，便要休妻。他的邻居得知此事，要砍枣树，被人劝阻，而王吉被人几经劝说才接回妻子，因此当时流传着“东家有树，王阳妇去，东家枣完，去妇复还”的佳话。汉昭帝时，王吉充任昌邑王中尉，他为官清廉，敢于直谏。昌邑王刘贺贪酒好色，喜欢游猎，不问政事，百姓怨声载道，王吉经常直言劝谏。后来，即帝位仅27天的刘贺被废时，只有王吉和龚遂因为忠谏免于死罪。他为官清廉，又“好车马衣服”，《汉书·王吉传》称其“及迁徙去处，所载不过囊衣，不畜积余财。去位家居，亦布衣疏食。天下服其廉而怪其奢，故俗传‘王阳能作黄金’”[①]。

王骏（？—前14），王吉之子，早年由父亲介绍，随梁丘贺学《易》，对《鲁论》有很深刻的研究，著有解释《鲁论》的《鲁王骏说》二十篇。因才能出众，经光禄勋匡衡推荐而出仕，历任谏大夫、赵内史、幽州刺史、司隶校尉、少府、京兆尹、御史大夫等职。任职期间，王骏逐渐显露名声。赵广汉、张敞、王尊、王章都曾担任过京兆尹，而且都颇有政绩，所以当时京师流传：“前有赵张，

①〔东汉〕班固：《汉书》卷七十二，中华书局1962年版，第3068页。

后有三王”。王骏秉承清素家风，亦以清廉闻名。他辞官还家时，家产不过一箱衣物；居家生活时，他厉行节约，不厌糟糠，布衣蔬食，其廉洁令天下人信服。王骏有两个儿子：王崇和王游。其中王崇在汉哀帝时任御史大夫。

王祥（185—269），琅琊王氏的标志性人物之一。他历经汉、魏、晋三朝，处三公之位，权高位重，但为人谨慎，从不骄奢。史载他高洁清素，甚至到了家无宅宇的地步。晚年时，王祥乞骸骨，致仕以归，留下了著名的《戒子孙遗令》，被后世子孙奉为家训，世代遵守。遗令中反复嘱咐子孙对待他的丧事要俭约，不要有烦琐的送葬仪式，不要铺张浪费，不要过分悲伤，更不要以行孝为名招摇撞骗、欺世盗名。他在遗令中还立下了著名的“五德”，即“言行可覆，信之至也；推美引过，德之至也；扬名显亲，孝之至也；兄弟怡怡，宗族欣欣，悌之至也；临财莫过乎让。此五者，立身之本”，要求子孙牢记且遵守。这种优良的家风，对后代影响很大。王氏后人认真执行王祥的遗嘱，严格按遗嘱办丧，以至于门无杂吊之宾。王氏后人都将“五德”作为安身立命的原则和处世哲学，这就是琅琊王氏家族长盛不衰的秘密。特别是面对钱财“让于他人而不占有”的教导，使琅琊王氏族人深谙“廉洁从政”的价值，从而形成代代相传的家风，最终成就了家族的辉煌。

第三节　商业发展

秦朝统一前，历经春秋战国时代，各诸侯国分裂割据，征战不已。秦朝统一后，全国各地遭受秦王朝残酷的政治压迫和经济剥削，临沂兰山也不例外。汉朝建立后，经济开始发展，兰山地区在漆器制造、陶器制作等方面都有了长足发展，且商业经济开始繁荣，逐步形成了商业城市。

一、秦王朝时期的社会经济

春秋战国时期，各诸侯国分裂割据，战乱断断续续500余年，民众生活在水深火热之中，困苦不堪。因此，统一中国是民心所愿。公元前221年，强大的秦国终于灭掉六国，统一了中国，这一举动完全符合社会历史发展的要求，代表了广大人民的愿望。秦统一中国后，广大人民终于看到了摆脱无休止的封建割据战争的美好希望，他们期待着减轻兵役、徭役负担，能够有一个安定的社会环境发展生产，过上幸福美好的生活。但是，统一后的秦朝，并没有像人们所期待的那样给人们带来安定祥和与幸福，相反，秦王朝的残暴政治却把人们推入更加深重的水深火热之中。这方面的文献记载非常多，如《史记·淮南衡山列传》记载："昔秦绝圣人之道，杀术士，燔《诗》《书》，弃礼义，尚诈力，任刑罚，转负海之粟致之西河。当是之时，男子疾耕不足于糟糠，女子纺绩不足于盖形。遣蒙恬筑长城，东西数千里，暴兵露师常数十万，死者不可胜数，僵尸千里，流血顷亩，百姓力竭，欲为乱者十家而五。又使徐福入海求神异物……于是百姓悲痛相思，欲为乱者十家而六。又使尉佗逾五岭攻百越……于是百姓离心瓦解，欲为乱者十家而七。"[①] 又云："往者秦为无道，残贼天下。兴万乘之驾，作阿房之宫，收太半之赋，发闾左之戍，父不宁子，兄不便弟，政苛刑峻，天下熬然若焦，民皆引领而望，倾耳而听，悲号仰天，叩心而怨上。"[②] 董仲舒则认为，秦用商鞅之法，改帝王之制，除井田，民得买卖，富者田连仟佰，以至于贫者无立锥之地。人民既要负担秦朝规定的各种苛捐杂税，同时还要从事无休止的劳役，参与各种内外战争，导致经济停滞、生产破坏、民生一片萧条，更不用说从事什么商业活动。基于以上社会政治经济背景，当时兰山境内的经济也十分萧条。

二、汉代的商业发展

汉代兰山的商业发展首先得益于汉王朝的建立、社会的趋于安定以及手工业的发展。自西汉武帝开始，政府根据各地出铁量的多少，设置铁官进行统一管理和买卖，实行盐铁专营制度。当时兰山隶属琅琊郡，政府在该郡设置铁官一处，统一管理、经营琅琊铁器的制造和销售。这反映了当时兰山地区产铁量之多和冶铁业之兴盛。

秦汉时期，有不少官僚地主建立庄园，在庄园内经营农业，同时还进行其他的手工业和商业活动，其中就包括纺织业。例如，1974 年临沂兰山区金雀山九号汉墓中出土了一幅长 200 厘米、宽 42 厘米的帛画，帛画内容分为五组。从对帛画内容的解读来看，这应该是墓主对死后世界生活状态的设想。帛画中第四组共画有 6 人，右边一人身穿左衽上衣，正在操作一辆纺车，右

①〔西汉〕司马迁：《史记》卷一百一十八，中华书局 1959 年版，第 3086 页。
②〔西汉〕司马迁：《史记》卷一百一十八，中华书局 1959 年版，第 3090 页。

手用力运转，左手执一工具扬起抽纱，对面的两人正在看其操作，显然这是纺织场面。[①]画中的纺车，基本结构与使用方法同近代民间使用的木纺车非常相似。由于该汉墓是贵夫人墓，墓中所画既是墓主对未来冥灵世界的设想，又是墓主人生前生活的写照。帛画中的纺织场面展示了当时纺织手工业作坊的一个生产工序，说明当时的地主阶层应该经营着比较大的手工业纺织作坊。该场景中所使用的纺织工具比较先进，说明当时临沂兰山一带有着较为发达的手工纺织业。

图 2-2　金雀山九号汉墓帛画局部（临摹）[②]

汉代，临沂兰山的私营漆器业获得很大发展。武帝以后，政府设置工官对各种手工业进行管理和收税，这同时包括漆器制造业。1972 年，银雀山一号和二号汉墓出土了一系列漆器，其中有木胎、夹纻胎等；[③]1973 年，银雀山 4 号汉墓出土漆器 28 件，其中木胎 24 件，夹纻胎 4 件；[④]1976 年，金雀山九号汉墓出土木胎漆耳杯 2 件；[⑤]1978 年，金雀山 6 座周氏墓中出土漆器 74 件，其中木胎 73 件，夹纻胎 1 件。[⑥]

出土的漆器有木胎、夹纻胎等，说明汉代兰山地区制造漆器的材质的多样化。不仅如此，兰山出土的汉代漆器制作精致。例如，银雀山 4 号汉墓出土的双层七子奁，分盖、上层、下层三部分，可依次套合，盖直径 31 厘米，

① 刘家骥、刘炳森：《金雀山西汉帛画临摹后感》，载《文物》1977 年第 11 期。
② 刘家骥、刘炳森：《金雀山西汉帛画临摹后感》，载《文物》1977 年第 11 期。
③ 吴九龙、毕宝启：《山东临沂西汉墓发现〈孙子兵法〉和〈孙膑兵法〉等竹简的简报》，载《文物》1974 年第 2 期。
④ 蒋英炬、吴文棋：《临沂银雀山四座西汉墓葬》，载《考古》1975 年第 6 期。
⑤ 临沂金雀山汉墓发掘组:《山东临沂金雀山九号汉墓发掘简报》, 载《文物》1977 年第 11 期。
⑥ 沈毅：《山东临沂金雀山周氏墓群发掘简报》，载《文物》1984 年第 11 期。

奁通高 20.5 厘米，器外表施黑漆，里面施红漆，在红底上衬托出黑色漆面，红黑对比，格外醒目；器盖等部分以花纹装饰，这些花纹主要有针刻云气纹，附以成排的短线或针刺点纹，在针刻线纹的布局上用彩笔勾点，整个花纹如同云气翻腾；奁盒边有针刻的菱形、三角形或曲线组成的几何图案，线条流畅，生动活泼。奁功能多样，上层放铜镜，下层在原木底板上刻出七个凹槽，可以放置不同的东西。[①] 由此可以看出，这批漆器的制造非常讲究，制作非常精致。

兰山还有一种特殊的髹漆器物——漆衣陶器。1973 年，银雀山 4 号汉墓出土了漆衣陶器 21 件，其器胎是经过淘洗的泥质灰陶。由于火候充足、材料特殊，制作的陶器颜色纯灰、质地坚硬。烧成后，在器物的表面髹红褐色漆，以区别于木、麻等胎质的漆器，称为漆衣陶器。这种陶器，器形多样，有鼎、盒等，形制规整匀称，色泽鲜艳明亮。[②] 这反映了汉代髹漆业的发展水平，同时，手工业的发展也必将极大地促进商业经济的成熟与繁荣。

总之，兰山地区出土的漆器，制作水平高，工艺精美，大都有精致的花纹和图案，且画面布局讲究对称，但又交错勾连，在整齐中有着变化。[③] 漆器工人能根据不同的器形和种类，髹以不同的颜色，并选择适当的花纹图案加以精工描绘等，从而使器、漆、纹三者有机结合为统一的整体，制造出精美珍贵的漆器。

汉代兰山地区的制陶业也很发达。汉代陶器的制作方法有轮制、模制和手制三种，凡属圆形的陶器或陶器的圆形体部分，一般采用轮制的方法，如前述几座银雀山汉墓出土的陶器都以轮制为主。[④] 另有极少的器物附件以及一些小模型器，采用模制或手制的方法，如银雀山一号和二号汉墓出土的陶鼎的足、耳及陶俑等，都是手制或模制。[⑤] 这些陶器体现出较高的工艺，如临沂银雀山 4 号汉墓出土的挂漆衣的泥质灰陶，火候充足，颜色纯灰，质地坚硬。当时的“制陶手工业者已经掌握了釉料成分的人工配方技术，能够运用自如地根据釉料成分配方的不同而烧制出所需要的颜色。这是西汉中期以后，我国劳动人民制陶

① 蒋英炬、吴文棋：《临沂银雀山四座西汉墓葬》，载《考古》1975 年第 6 期。
② 蒋英炬、吴文棋：《临沂银雀山四座西汉墓葬》，载《考古》1975 年第 6 期。
③ 蒋英炬、吴文棋：《临沂银雀山四座西汉墓葬》，载《考古》1975 年第 6 期。
④ 逄振镐：《汉代山东制陶业的发展》，载《齐鲁学刊》1987 年第 5 期。
⑤ 吴九龙、毕宝启：《山东临沂西汉墓发现〈孙子兵法〉和〈孙膑兵法〉等竹简的简报》，载《文物》1974 年第 2 期。

技术的一大发明”[①]。

总之，手工业的发展和繁荣，极大地促进了商业的发展与成熟。这从秦汉时期铸钱业比较发达的情况中可以得到印证。汉初铸钱多用石范和铜范两种。兰山地区出土汉代钱币较多，如临沂银雀山一号汉墓、二号汉墓等皆出土汉代半两钱。这充分说明，临沂兰山在秦汉时期就有着较为完善的商业活动。

第四节　墓葬文化

丧葬制度是人类社会发展到一定阶段的产物，墓葬文化是中国古代文化中非常重要的组成部分。在古人眼中，墓穴代表着先辈死后在地下的住所，因而从墓葬的位置、面积、形制、陪葬品等方面均能折射出很多文化元素。秦汉时期，兰山地区的墓葬既有自己的特点，又有当时整个国家的时代特征。临沂兰山金缕玉衣的发现，更明确地印证了这一点。

一、琅琊王陵

琅琊王陵位于山东省临沂市兰山区琅琊王路和水田路交会处，王陵南北长约 55 米，东西宽约 25 米，面积约 1400 平方米，为地上汉墓，砖式结构，是现今保存较为完整的地上汉墓之一。墓地封土残高约 5 米，直径约 15 米，由黄土夯筑而成，周围散布大量的汉代泥质灰陶罐、筒瓦、板瓦残片等。该地原有一条东西走向的龙脉土岗，土岗上分布有 5 座高大封土的古墓，现仅存位于中间位置的琅琊王陵，其他古墓早年即遭毁坏，土岗已被夷平。

1997 年，因修筑临西七路（琅琊王路），对墓地进行了抢救性发掘。墓地出土的随葬品主要有金缕、铜缕玉衣片 2000 余片，玉琀 1 件；罐、壶、尊、盘、案、耳杯、薰炉、圈、仓、井等陶器 40 余件；西汉五铢、新莽布泉、东汉早中期五铢等钱币 50 余枚；其他还有车马明器軎、衔等铜构件，漆木器鎏金铜饰件，漆器盘、耳杯残片及龟骨等。

① 逄振镐：《汉代山东制陶业的发展》，载《齐鲁学刊》1987 年第 5 期。

图 2-3　琅琊王陵

由于此墓被盗掘严重，没有明确纪年和确定墓主身份的遗物，墓葬的年代与墓主的身份“只能根据墓葬形制和随葬品的时代特点、墓葬所在的地望并结合有关文献予以推断”[①]。根据墓葬规格并结合文献记载推断，该墓主为东汉中晚期一对琅琊王夫妇。“据《后汉书》记载：光武帝建武十五年（39 年）封子刘京为琅琊公，建武十七年（41 年）晋爵为王，建都于莒。章帝建初五年（80 年）刘京迁都开阳（即今临沂故城）。从迁都开阳至汉末献帝建安二十一年（216 年）国除，历经 136 年，共传七代，依次为京、宗〔宇〕、寿、遵、据、容、熙。其中，除刘京死后葬于东海即丘（今河东区汤河一带）广平亭有明确记载外，余均葬地不明，但均当葬在

图 2-4　青铜铺首

① 黄忠、韩忠勤主编：《沂蒙大观》，山东大学出版社 2007 年版，第 478 页。

开阳周围。其中死于东汉中期的有宇、寿、遵三王，而该墓中恰有寿龟随葬，故该墓有可能即是琅琊王刘寿夫妇合葬之墓。”[①]

琅琊王陵的发掘对研究临沂汉代琅琊国历史具有重要意义。临沂市政府于1998年对该墓室进行了修复，该墓已经成为对外展示临沂市丰厚历史文化的重要窗口。

二、诸葛祖茔

诸葛祖茔位于兰山区李官镇茶山东麓的石屯村。民国《临沂县志·古迹》曾记载，诸葛武侯先茔在兰山县北茶芽山东，其坟砌以碎石，灌以铁汁。这就是诸葛家传的武侯祖母墓。光绪三十年（1904）清明节，临沂诸葛氏于墓前立石碑一通，并刻“诸葛武侯先茔”。

诸葛祖茔所在地茶山，古称嵯岈山，又名茶芽山、茶叶山，位于临沂城北约23千米处，在沂河西岸，孤峰秀出。山体海拔227.1米，方圆1平方千米。据民国《临沂县志·山川》记载，茶芽山距县城四十五里，是临沂之镇山，“上建文昌宫，古松千章，苍黝隐然，山阴有石洞。其东麓为诸葛城，旧有诸葛书院，久废矣。茶芽山之南为桃花岭，孝河源出于此，又南为八字山”。茶芽山附近有诸葛祖茔等古迹，相传这里就是诸葛城，乃诸葛亮故里。该古城遗址周长4.5千米，今存残碑及银杏树1株。诸葛城原为中丘城，由鲁国建造，《左传·隐

图2-5　诸葛祖茔

① 黄忠、韩忠勤主编：《沂蒙大观》，山东大学出版社2007年版，第479页。

公七年》曾有“城中丘”的说法。隐公七年即公元前716年。西汉元封五年（前106），此地成为临沂县治，《水经注》《太平寰宇记》等对此曾有明确记载。随后，中丘城则因诸葛亮来居于此，易名为诸葛城。诸葛城旧有武侯祠，碑文记载诸葛家族来此避兵乱等事，历代文人墨客将诸葛城当作诸葛故里，留下诸多诗文。例如，明朝大臣陈玉《诸葛武侯祠》诗云：“鹿走人间汉鼎移，南阳山色草庐低。卧龙不起扶江表，瞒贼长驱到陇西。渭水古川春雨滑，丈原垒高阵云迷。年来独有祠前柏，岁照笼葱越鸟啼。”明万历进士周京《诸葛城》诗云：“三分筹策已茫茫，鱼腹千秋战垒黄。马上欲寻卧龙处，空城斜日下牛羊。”①

三、全家墓群

全家墓群位于兰山区银雀山街道全家红埠寺村南200米处，地处平原地貌，地势较高。墓群东部紧邻临西十一路和村耕地，西部紧邻全家红埠寺村居，南部紧邻村耕地，北部紧邻兖石铁路。墓群东西长约300米，南北宽约200米，基本呈长方形，面积约6万平方米。现墓群由三个单墓组成，一号墓位于墓群北部；二号墓面积较大，位于墓群中心偏东位置；三号墓面积最小，位于墓群南部。由于常年遭受风雨腐蚀，全家墓群封土流失严重，保存状况一般。全家墓群是临沂市现存最大的一处汉墓群，对于研究汉代民间葬俗文化具有重要的参考价值。

四、金缕玉衣

金缕玉衣也称玉匣、玉柙，是汉代皇帝和高等级贵族死后穿的殓服，外观与人体形状相同。古人认为玉是山岳精英，因此，将玉置于人的九窍之中，人的精气就不会外泄。他们天真地认为这样就可以使尸骨不腐，从而有来世再生的可能，所以就汉代而言，用于丧葬的玉器在汉玉中占有重要的地位。

玉衣的起源可以追溯到东周时期的缀玉面幕、缀玉衣服。金缕玉衣大致出现在西汉文景时期。《西京杂记》记载，在汉代，玉衣的穿戴有着严格的等级之分，皇帝和一些近臣的玉衣以金线穿结而成，形如铠甲，叫作金缕玉衣，而其他贵族则使用银线或铜线结成，称为银缕玉衣或铜缕玉衣。因此，金缕玉衣

① 两诗皆引自刘占召《王羲之与魏晋琅琊王氏》，凤凰出版社2013年版，第3页。

是身份等级的象征。到目前为止，全国共发现玉衣20余件，其中中山靖王刘胜及其妻窦绾墓中出土的两件金缕玉衣，年代最早、做工最精美。

由于金缕玉衣是帝王贵族身份等级的象征，它的制作有非常严格的要求。汉代统治者专门设立所谓的东园，从事玉衣的制作。工匠们首先要对玉片进行选择、打孔和抛光等加工，经过十几道工序后，再将玉片按照人体不同的部位加工成不同的形状，用线联结。一件中等型号的玉衣，其费用相当于当时100户中等人家的家产总和。非常可笑的是，金缕玉衣不仅没能帮助穷奢极欲的皇室贵族实现复活成仙的愿望，反而由于其价格昂贵，招来盗墓毁尸的厄运——汉氏诸陵无不遭遇盗掘，乃至玉匣金缕被焚毁，骸骨并尽。玉衣制度太过于奢侈浪费，所以到了三国时期，魏文帝曹丕下令禁止使用玉衣。

图2-6 金缕玉衣

在临沂兰山区柳青街道洪家店村也发掘出了汉代墓葬。根据碑文可知墓主为刘疵，故此墓也被称为刘疵墓。刘疵身着玉衣，墓内随葬有玛瑙印章一枚，还有三把铁剑和两件铜弩。根据《史记·高祖功臣侯者年表》和《汉书·高惠高后文功臣表》记载，奚涓曾随刘邦起兵于沛，入咸阳后，官拜郎中，后为将军。汉高帝六年（前201），以军功封鲁侯，食邑4800户。奚涓死后无子，其母疵继承侯位，在位10年后（前183）薨，封除。刘疵，很可能就是奚涓之母。整个墓葬为石椁、木棺、单葬形式，石椁用块石垒成，垒砌方式不规则。因为年久淤积，随葬的木漆器等已经腐烂，仅残存漆片、奁、盘、耳杯等器物。棺盖北端放置一块玉璧，这和汉代的墓葬形式大体一致，但玉璧已被盖石压毁。

第五节　竹简与兵书

临沂银雀山汉墓中出土了大批文物，其中以《孙子兵法》和《孙膑兵法》为代表的文献资料，填补了国内学术界的空白，澄清了长期以来学术界对某些问题的模糊认识，其学术意义是巨大的。

一、银雀山汉墓竹简

1972 年，山东临沂银雀山一号和二号汉墓中出土了一批竹简，也就是后来所说的银雀山汉墓竹简。后经竹简整理小组整理，1985 年 9 月，文物出版社出版了《银雀山汉墓竹简（壹）》八开精装版，该书收录了《孙子兵法》《孙膑兵法》《尉缭子》《晏子》《六韬》《守法守令等十三篇》《元光元年历谱》等先秦古籍及佚书。这为研究中国历史、哲学以及古代兵法、历法、古文字学、简册制度和书法艺术等内容，提供了可贵的资料。

这批竹简中，完整简、残简加上残片，共编 7500 多号。银雀山竹简的长度有三种：一种长 69 厘米，约合汉尺三尺，共 32 枚；一种长 27.6 厘米，约合汉尺一尺二寸，共 4000 多枚；还有一种复原长度 18 厘米，约合汉尺八寸，共约 10 枚。

汉简的不同长度，反映了汉代礼制。编联竹简的丝绳早已朽断，从简上留下的编痕可知有 2 道和 3 道两种编联方式。从编痕处留下的空白可看出，竹简是先编联成册，然后再书写的。

从出土的钱币和二号墓中的《元光元年历谱》来看，一号墓的下葬时间应该不早于公元前 140 年，其下限应该不晚于公元前 118 年。二号墓的下葬年代应该不早于公元前 134 年，其下限应该在公元前 118 年。竹简的抄写年代应早于下葬时间。由此可以推定，银雀山汉墓竹简的写定时间大致在公元前 140 年至公元前 118 年之间。

简文墨书，字体为早期隶书，每简字数不等，27.6 厘米长的一般书写 35 个字左右。文章篇末多有计数，标明本篇字数。书写格式有三种：（一）汉简的上下两端各留 1—2 厘米的空白，《孙子兵法》《孙膑兵法》《晏子》《尉缭子》均属此种。（二）汉简的上下两端不留空白，《六韬》《守法守令等十三篇》均属此种。（三）图表形式。图表系 12 简编联而成，从图中心向四方绘 8 条朱红色线，代表 8 种风。一年十二个月分成四组，于图四角由内向外呈放射状排列。

竹简篇题的书写形式有三种：一种是写在第一简的简首正面，正文自第二简开始书写；一种是写在第一简的背面；还有一种是写在篇末最后一简。

图 2-7　汉墓竹简发掘现场

银雀山一号汉墓出土的竹简中包括传本书籍和古佚书。传本书籍有《孙子兵法》及其佚篇《地形》。传本《孙子·九地》前一篇为《地形》，竹简本《九地》篇题前有《□形》。故《□形》当即《地形》。所以，竹简本《孙子兵法》应是十三篇足本。传本不存的佚篇有四篇，《吴问》记载了吴王与孙子关于军事、政治制度的问答，《黄帝伐赤帝》《四变》《地形二》则分别是对《行军》《九变》《九地》部分内容的解释与发挥。

《尉缭子》有五篇。竹简本与传本《尉缭子》的《兵谈》《政权》《守权》《将理》《原官》五篇文字相合。

《太公》共 14 组，可分三类。1—7 组为第一类，见于传本《六韬》者，《文韬》4 组，《武韬》3 组；8—13 组为第二类，均为《群书治要》《通典》《太平御览》等书曾加称引而传本所无；14 组为第三类，是一些零散残简，其简式、字体与第一、第二类相似，简文又提及文王或太公望，据此当属简本《太公》残简。

《晏子》有十六篇，散见于传本八卷之中。其中传本分别将竹简本第十、第十一篇析为两篇。

佚书类有《孙膑兵法》，《汉书·艺文志》称其为《齐孙子》，竹简本有十六篇。第一篇至第四篇记载孙子与齐威王、田忌的问答，确定是孙膑书。第五篇至第十五篇均有“孙子曰”字样，但其文体、风格与《孙子兵法》及其佚篇不一致，“孙子”指孙膑的可能性较大，亦定为孙膑书。第十六篇《强兵》记孙膑与齐威王的问答，但可能不是孙膑书的本文，故暂附在书末。

还有《守法守令等十三篇》。其中，《守法》《守令》两篇很难划分，合为一篇。《上篇》《下篇》只有篇题，疑即简本《六韬》，但是没有证据，故这两篇暂缺。《守法》的内容与《墨子》的《备城门》及《号令》篇相似。《要言》多韵语，可能是格言的汇编。《库法》《市法》《田法》《委法》分别讲述土地、市廛、库藏、赋税等制度。《王兵》的内容比较复杂，多见于今《管子》的《参患》《七法》《兵法》《地图》等篇之中。《李法》记述对官吏的惩罚。《王法》记述为王之大道。《兵令》的简式与《守法》同，内容与传本《尉缭子》的《兵令》篇相合。

此外还有见于《汉书·艺文志》兵阴阳家下的《地典》，以及唐勒、宋玉论驭赋（疑为宋玉赋佚篇）等作品。而《十官》《五议》《务过》《为国之过》《起师》等篇则论政兵，《曹氏阴阳》等篇则论阴阳、时令、占候等。

银雀山二号墓边箱南端底部出土竹简 32 枚，为汉武帝《元光元年历谱》，每简长 69 厘米，宽 1 厘米，厚 0.2 厘米，基本完整。《元光元年历谱》以十月为正月，是中国迄今发现的最早、最完整的古代历谱。

《六韬》《尉缭子》《晏子》等书，自唐宋以来一直被疑为伪书。银雀山汉墓竹简的意义就在于，证实这些书并非伪书。更重要的是，《孙子兵法》与《孙膑兵法》的同时出土，证实了《史记·孙子吴起列传》有关孙武、孙膑的记载，澄清了世人对两部兵法的模糊认识，这是中国文化史上的一件盛事。

二、《孙子兵法》

《孙子兵法》的汉代竹简抄本，1972 年出土于临沂兰山区，是迄今所见最早的版本。长期以来，学界对《孙子兵法》和《孙膑兵法》的认识一直纠缠不清，而这批竹简的发现使这一问题得以明晰。《孙子兵法》又称《孙子》《孙子兵书》《孙武兵书》《孙武兵法》《吴孙子兵法》，是世界上最早的兵家经典军事著作，被誉为兵学圣典，由春秋末年著名军事家孙武所著。它成书于专诸刺杀吴王僚之后至阖闾三年（即前515—前512）之间，是孙武初见吴王的见面礼。司马迁《史记》曾记载，孙武是齐国人，曾以兵法见吴王阖闾，阖闾对孙武说，你的著作我已经全部读完了。《汉书·艺文志》记载“吴孙子兵法八十二篇”，现在所见为十三篇。《孙子兵法》总结了各国相战的经验，概括了战略战术的一般规律，内容博大精深，思想深邃，逻辑严谨，是中华优秀传统文化的重要组成部分，也是中国古代军事思想精华的体现。

《孙子兵法》第一篇至第三篇讲战略运筹。第一篇《计》中说：“兵者，国之大事，死生之地，存亡之道，不可不察也。”把战争放在与国家存亡相关的位置上，是孙子卓越军事思想的高度浓缩和精辟概括。他从宏观角度，着眼于政治问题来考察战争的胜负，用“五事七计”作为最基本的要素，来预测战争的发展进程和胜负结局。他认为，“兵者，诡道也”，既是诡道，就要强调用兵的要领，在战争中要运用智谋。他用“诡道十二术”来强调用兵前需周密谋划，并认为这对于战争的胜负具有决定性作用。将战争作为国家的生死存亡之道，是孙子慎战的体现，这是孙子指导战争实践的基本主张。这些思想，都是我国古代最早的战略概念，属“庙算”的具体内容。第二篇《作战》讲战争动员及取用于敌，也就是说，在胜敌之后，己方的力量会更加强大。孙子继《计》篇之后，在慎战思想原则指导下，着重分析了战争与经济的关系。他认为，战争依赖于经济，但是会消耗经济建设的成就，而且会对经济造成一定程度的破坏。第三篇《谋攻》讲攻城，这是具体的战术问题，强调用智不用力，也就是说，要达到“不战而屈人之兵”的结果。孙子认为，战争不能仅使用武力，而要采用各种手段使敌人投降，从而最大限度地减少伤亡，降低战争的成本。第四篇至第六篇讲战斗力的强弱、战争的物质准备、兵力的配置、士气的勇怯对战局的影响，强调在运动中通过分散集结、包围迂回等战术，造成预计会战地点上的敌我力量的对比，从而达到以多胜少的目的。第七篇至第九篇讲战场机变，第十篇至第十一篇讲军事地理。

《孙子兵法》对后世的影响很大，很多著名的历史人物都高度评价《孙子兵法》。曹操在《孙子略解》的自序中曾认为，在他所读过的众多兵书战策之中，孙子所著是最为深刻的。唐太宗李世民则认为，在他所阅读过的诸多兵书中，没有谁能超过孙武之书。在与其他兵法之书的比较中，曹操和唐太宗都认为，《孙子兵法》是最优秀的，其论述战争的战略和战术问题是最深刻的。明代茅元仪在评价孙子及其著作时说：“前孙子者，孙子不遗；后孙子者，不能遗孙子。”他认为，在孙子及其以前的军事家中，孙子是集大成的人物；而在孙子之后的军事家中，又没有任何一个人能够将孙子忘记。这是从历史的纵向比较中来评价孙子的伟大成就。孙中山曾说过：“就中国历史来考究，二千多年的兵书，有十三篇，那十三篇兵书，便成立中国的军事哲学。所以照那十三

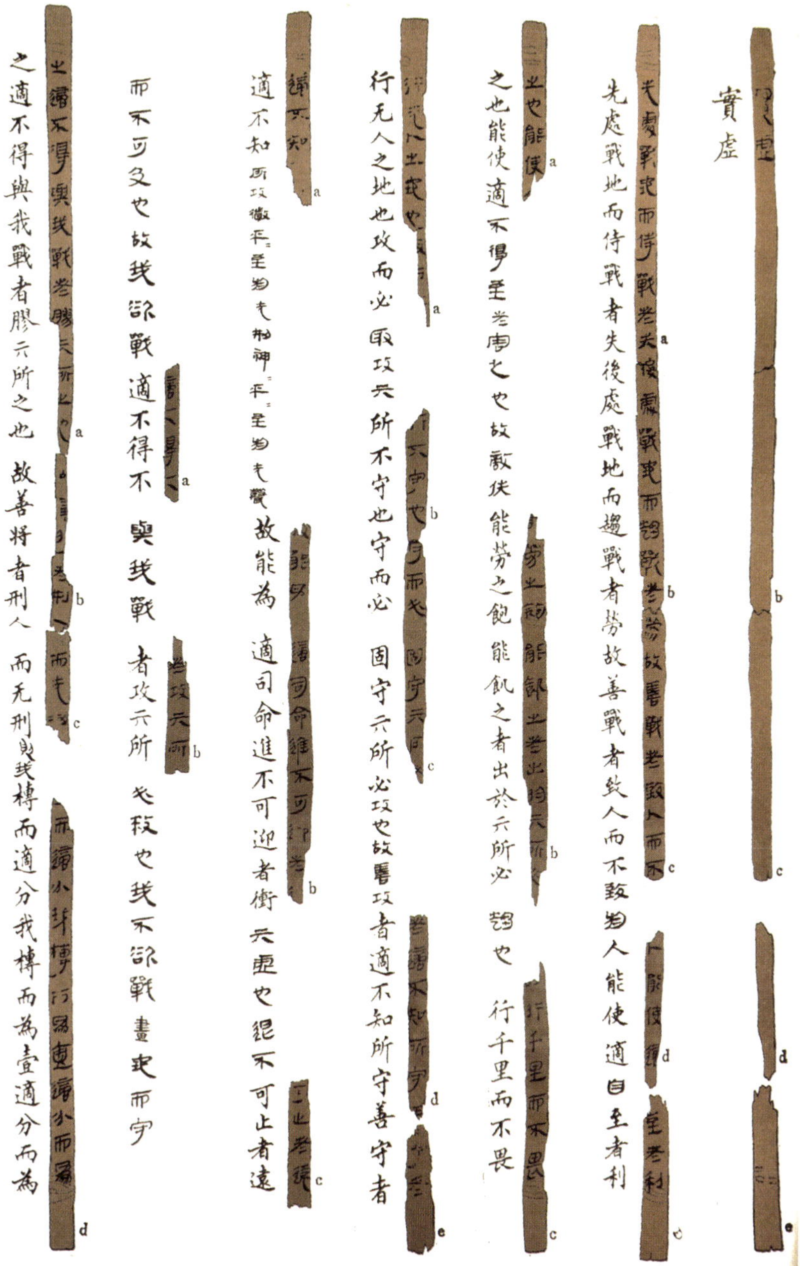

图 2–8　银雀山汉墓出土《孙子兵法》竹筒

篇兵书讲，是先有战斗的事实，然后才成那本兵书。”他认为，《孙子兵法》是对以前的战争艺术的高度总结。孙中山先生显然是从战争的实践与理论的关系着眼，来看待《孙子兵法》的价值的。毛泽东同志评价《孙子兵法》说：“中国古代大军事家孙武子书上‘知彼知己，百战不殆’这句话，是包括学习和使用两个阶段而说的，包括从认识客观实际中的发展规律，并按照这些规律去决定自己行动克服当前敌人而说的；我们不要轻看这句话。”同时又指出孙子的“知彼知己，百战不殆”乃至今天仍是科学真理。“知彼知己，百战不殆”是孙子对待战争各要素之于战争结果的深刻认识，也是毛泽东最欣赏的一句话。

三、《孙膑兵法》

《孙膑兵法》是中国古代著名的军事著作，是战国时期兵家思想的代表作，又名《齐孙子》，作者为孙膑。

最早记载《孙膑兵法》的是《史记》，随后《汉书·艺文志》称《齐孙子》“八十九篇”，曹操在《孙子略解》中有“孙膑曰：兵恐不投之死地也”，唐朝赵蕤《长短经》卷九也提到“孙膑曰：兵恐不可救”，杜佑所著《通典》卷一四九有“孙膑曰：用骑有十利”一段。《隋书·经籍志》以后，《孙膑兵法》不见于记载。可以说，《孙膑兵法》的散佚大概在唐代以前。

1972年，临沂兰山区银雀山一号汉墓出土了竹简本的《孙膑兵法》，至此，关于《孙子兵法》与《孙膑兵法》的争论便告一段落。但由于年代久远，竹简已经残缺不全，后经银雀山汉墓竹简整理小组的努力，1975年，文物出版社出版了竹简本的《孙膑兵法》，收录竹简364枚，分上、下两编，每编各十五篇。学界认为，上篇当属原著，系孙膑弟子整理辑录的孙膑著述和言论；下篇在编撰体例上与上编不同，不能充分证明是孙膑及其弟子所著，但是也不能据此否定是孙膑学派的作品。1985年，文物出版社出版《银雀山汉墓竹简（壹）》一书，收录《孙膑兵法》十六篇，依次为：《擒庞涓》《见威王》《威王问》《陈忌问垒》《选卒》《月战》《八阵》《地葆》《势备》《兵情》《行选》《杀士》《延气》《官一》《五教法》《强兵》。

孙膑的军事思想集中于《孙膑兵法》。《孙膑兵法》非常重视“道”的作用，它提及“道”的地方很多。《威王问》载：“孙子曰：‘明主、知道之将，不以众卒几功。’孙子出而弟子问曰：‘威王、田忌臣主之问何如？’孙子曰：

‘威王问九，田忌问七，几知兵矣，而未达于道也。’”孙膑认为，作为统治者，必须了解用兵之道，只有达于道才能掌握战争的规律，从而灵活地运用战争的战略战术。在《篡卒》篇中，孙膑认为，“恒胜有五”“恒不胜有五”，其中“知道”和“不知道”各占其一。这就意味着，在孙膑看来，决定战争胜负的不是人数的多寡、物质资料是否丰富、战争装备是否精良，而在“道”。这种“道”，就是战争的各种客观规律，而战争的决策者们只有掌握了这些规

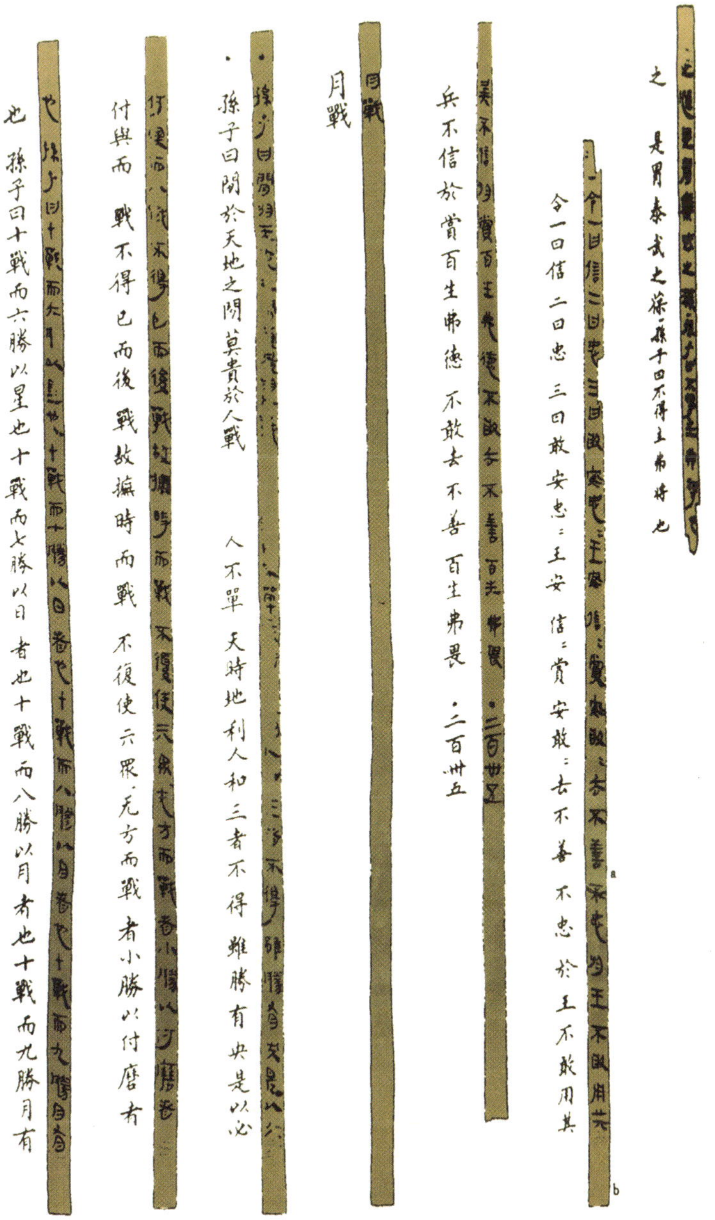

图 2-9 银雀山汉墓出土《孙膑兵法》竹简

律，才能够攻无不克、战无不胜。

《孙膑兵法·见威王》载："夫兵者，非士恒势也。此先王之传道也。战胜，则所以在亡国而继绝世也。战不胜，则所以削地而危社稷也。是故兵者不可不察。然夫乐兵者亡，而利胜者辱。"也就是说，战争是先王传道的一种手段，先王要创造社会的和平环境，单靠教育是做不到的，所以才会使用战争的手段，这就是所谓的以战止战，用战争创造和平。但战争毕竟是流血牺牲的一种非常规手段，是政治斗争的工具和政治手段的延续，所以不到万不得已是不会使用的。对待战争，要"不可不察"，慎之又慎。胜利的一方不能骄横跋扈、忘乎所以，而要戒骄戒躁，居安思危，保持谦逊低调，懂得好战必亡的道理；而失败的一方极有可能削割土地，甚至国家灭亡。所以，一定要慎重地对待战争。

孙膑特别重视道，他治国、治军以及治敌等各个方面都能看到"道"的影响。孙膑认为，驱使百姓走向战场，必须顺应百姓的性情，然后才能做到令行禁止。如果违背民性，即使有很重的赏罚也不一定有作用。他认为，顺应民性就是合乎"道"，这充分反映了《孙膑兵法》的哲学思想。

道家主张清静无为，但并非与政治和兵学毫无瓜葛，原始的道家有些内容与兵学密切相关。例如道家认为，"以道佐人主者，不以兵强天下"，"夫乐杀人者，则不可以得志于天下矣"。老子又说："善为士者不武，善战者不怒，善胜敌者不与，善用人者为之下。"这是老子对善战者的认识和要求。《老子》中还载有"用兵有言，吾不敢为主而为客，不敢进寸而退尺。是谓行无行，攘无臂，扔无敌，执无兵"。由此可见，道家并不反对战争，而是强调对战争要保持一种知雄守雌、后发制人的态度。所以说，作为先秦著名的学派，道家之"道"的观念自然会影响古代兵学。

道家"有无相生，难易相成，长短相较，高下相倾，音声相和，前后相随"的对立统一理念具有朴素的辩证法思想，对孙膑的兵学思想也有深刻的影响。如《积疏》篇详细论述了积疏、盈虚、径行、疾徐、众寡、佚劳六对矛盾的对立统一关系，《奇正》篇探讨奇正的相互关系及变化，揭示了事物的本质，显示了道家思想的痕迹。

孙膑还继承和发展了孙武"任势"的军事理论，总结出因势而利导的作战原则。对于这一点，《吕氏春秋·不二》篇就明确说"孙膑贵势"，"势"就是战场的形势，是双方军事力量的布局，它包括双方的兵力、武器装备和后勤的物资供应等诸多因素。孙武早在十三篇中就已提出贵势的军事思想，他要求战争的指挥者必须能够驾驭战场的态势，综合考量战场的各种因素，以便灵活机动地打击敌人，歼灭敌人的有生力量。孙膑继承了这一思想，提出指挥者要尽可能利用并因地制宜、因时制宜地创造各种有利的作战态势。他在《威王问》中指出，指挥士兵作战，应当创造优势条件。如果敌我两军实力相当，阵势和作战堡垒都很坚固，较好的办法就是先派少量袭扰部队试探、攻击，然后把敌人引入主力部队事先准备好的阵势之中，从侧翼攻击敌军主力；应付比自己强大的敌人时，要避开敌人锋芒，隐蔽实力，在运动中打击敌人。也就是说，要充分利用敌我双方的各种条件，综合运用天时、地利、人和，创造有利于我方的战场态势，以达到保存力量、歼灭敌人的目的。

总之，《孙膑兵法》是战国时期战争实践的理论总结，是优秀的、集大成的军事理论成果，在中国军事思想史上占有重要地位。

第三章　魏晋南北朝时期

魏晋南北朝时期，朝廷更迭频繁，社会矛盾和民族矛盾重重，战乱不断，甚至出现了遍地是白骨、千里无人烟的现象，兰山境内亦民不聊生。但如其他朝代一样，在动荡不安的社会政治环境中，受苦的只是普通民众，而那些身处高位之人，如门阀集团中的家族，尽管也受到了一定的冲击，但是他们的根本生活不会受影响。门阀制度起源于东汉时期的九品中正制，到了魏晋南北朝时期，门阀制度鼎盛一时，门阀中的各大家族在垄断社会资源的同时，也从政治、经济、文学等各个方面为魏晋南北朝的发展做出了巨大贡献。就临沂地区而言，兰山境内的琅琊王氏、颜氏是门阀中的两个非常重要的家族，也是魏晋南北朝时期临沂地区贡献突出的代表家族。

第一节　衣冠南渡与文明南迁

永嘉五年（311），战乱不断，人民流离失所，整个社会处于一种无序状态。刘渊之子刘聪派刘曜、石勒及王弥 3 人率兵在今河南鹿邑西南一带歼灭 10 万晋军之后，攻下洛阳，俘虏晋怀帝，并杀害洛阳王公士民 3 万多人，史称“永嘉之乱”。长江以北随之进入“五胡十六国”时期，此时北方社会几乎不能居住。《晋书·食货志》翔实地描述了当时的社会惨象：“至于永嘉，丧乱弥甚。雍州以东，人多饥乏，更相鬻卖，奔迸流移，不可胜数。幽、并、司、冀、秦、雍六州大蝗，草木及牛马毛皆尽。又大疾疫，兼以饥馑，百姓又为寇贼所杀，流尸满河，白骨蔽野。”[①] 公元 317 年，当时的琅琊王司马睿在建康称帝，开启东晋时代。此时，北方官僚、士族等也纷纷南迁，形成了魏晋南北朝时期独有的大族南迁现象，史称“衣冠南渡”。在这次南迁大潮中，兰山境内的琅琊

①〔唐〕房玄龄：《晋书》卷二十六，中华书局 1974 年版，第 791 页。

颜氏和琅琊王氏两大家族亦加入了“南渡”大军，在某种意义上为南北文化的交流做出了重要贡献。

一、琅琊大族南迁

在东晋南迁的家族中，琅琊颜氏、琅琊王氏和兰陵萧氏皆出自临沂，其中琅琊颜氏和琅琊王氏又出自临沂兰山。这些家族在东晋王朝的历史上具有举足轻重的地位，甚至可以说，若在东晋南迁的家族中，没有琅琊颜氏和琅琊王氏等临沂地区诸大家族的参与，东晋王朝不可能在短时间内得以迅速发展。

（一）南迁的琅琊颜氏家族

据张守富、王汝涛、刘锡山在《颜真卿志》中所言，琅琊颜氏本居住于鲁国（今曲阜）的陋巷，东汉灵帝时，颜盛被任命为青州刺史，他所在的颜氏一支随之迁徙到青州临淄。魏文帝时，颜盛又被任命为徐州刺史，其家族成员随他迁往琅琊，从此在琅琊定居。经过四代人的努力，到西晋时期，颜氏家族已经成为琅琊望族。虽然其祖籍不在琅琊，但是其家族在琅琊得以兴盛发展，所以史称琅琊颜氏家族。

任何家族的崛起与仕途的发展，都必定有最初的首领人物。就琅琊颜氏而言，其最初的首领人物当属颜斐和颜盛，因为从他们开始，琅琊颜氏家族成员开始陆续走入仕途，整个家族开始崛起，且其发展势头一直延续到隋唐时期。

从颜盛开始，琅琊颜氏每代都会有人做官，如颜盛的儿子颜钦是给事中，颜钦的儿子颜默任汝阴太守，颜默之子颜含为司马参军。颜含随司马睿南渡后，仕途更为亨通，先后担任东阳太守、黄门侍郎、散骑常侍、大司农等官职，可见在当时颜含很受司马睿器重。个人的才华兼以皇帝的重视，让颜含得以为颜氏家族官路的开辟做出贡献。从颜含开始，琅琊颜氏家族在仕途上也一直保持畅通的状态，如颜髦、颜谦、颜约、颜綝、颜颐等都在其时代担任了重要官职。但与一直和皇室联姻的琅琊王氏相比，琅琊颜氏的官职自然比较低。

（二）南迁的琅琊王氏家族

司马睿南迁时，作为魏晋南北朝时期的山东头号门阀，右族琅琊王氏家族自然也要南迁。南迁后的琅琊王氏，之所以能够在东晋王朝迅速确定自己的政治地位，与其家族重要成员王导有着密切关系。

据史书记载，王导和南迁前的晋元帝司马睿关系密切，早在司马睿为琅琊王时，王导就为其出谋划策；在其南迁后，更是从政治、经济、文化、教育等各个方面全力辅佐晋元帝司马睿及其后的两代皇帝。在家族利益和皇族利益、国家利益发生冲突时，王导坚定地站在皇族一边，如当其族兄王敦叛乱时，他趁王敦生病之际，率领族内众弟子诈称王敦已死，为后来晋皇朝战胜王敦提供了契机。非但如此，王导还率领族内众弟子向晋元帝请罪，请求降职等处分。也正是他的这种立场坚定的行为，使琅琊王氏家族没有受到王敦叛乱的影响，得以在东晋王朝继续拥有超然的政治和经济地位。

与琅琊颜氏家族一样，琅琊王氏原居地也不是琅琊。宋代欧阳修在《新唐书·宰相世系表二》中指出，琅琊王氏的祖先为周灵王，即琅琊王氏为周代皇族后裔，此说虽不可尽信，但反映出琅琊王氏家族具有悠长深厚的历史底蕴。在迁徙至琅琊之前，王氏家族成员虽多有为官者，但世人对此并不了解。所以，琅琊王氏家族之所以能够在魏晋南北朝时期成为显族，正在于其迁徙到琅琊后所取得的一系列成就。

琅琊王氏在仕途中的成功，王导等领袖型人物的付出是一个重要因素。而另一个重要因素是，他们与皇室保持联姻。政治联姻是大家族保住自己在门阀集团中地位的重要举措，而琅琊王氏在这一点上做得尤为出色。从东晋到魏晋南北朝期间，琅琊王氏家族走出了 8 位皇后，分别是：王献之之女为东晋安帝皇后，王偃之女为宋孝武帝皇后，王僧朗之女为宋明帝皇后，王慈之女为齐海陵王妃，王俭之女为齐和帝皇后，王骞之女为梁简文帝皇后，王佥之女为梁敬帝皇后，王固之女为陈废帝皇后。一个家族，能够连续有 8 位女性成为南北朝时期不同朝代帝王的皇后，这在显示其强大的政治经济地位的同时，也表明该家族决意通过政治联姻不间断地提升、巩固自己社会地位的家族发展理念。优越的政治、经济生存环境，使得琅琊王氏家族子弟获得了良好的教育条件，在政治、经济及书法等领域都取得了很好的成绩。

中国文化中一个很重要的传统就是重祖籍，所以对于跟随司马睿南迁或者后来不得不南迁的家族而言，即便南迁后获得了超然的地位，也无法改变其客居的事实，因此他们始终对故乡存有一定的情感。甚至到了隋朝时期，这种情感依然存在，如颜之推《观我生赋》云“去琅邪之迁越，宅金陵之旧章”。

二、琅琊地域文化的影响

文化具有地域性，同时又和人有着密切的关系，特别是当具有某种独特家族文化的整个家族迁移时，其所具有的地域文化、家族文化，就会自然而然地随其迁移。也就是说，琅琊颜氏及琅琊王氏的南迁，将其所具有的琅琊地域文化也带到了南方，进而使琅琊地域文化得到传播，对南方文化也产生了一定的影响。

就家族文化特征而言，颜氏家族和王氏家族带往江南的文化不尽相同。颜氏家族注重做人准则，主要表现为颜之推的《颜氏家训》，这本书堪称中国家训的典范，对我国家训文化、教育文化的发展都做出了极大的贡献。王氏家族主要是书法文化、孝文化。纵观中国书法史，琅琊王氏家族的书法水平难以超越，而其家族中的孝文化更是源远流长，代表人物为“卧冰求鲤”的王祥。

琅琊王氏家族和颜氏家族同处琅琊，又同在仕途，自然少不了交流。如王导就曾和颜含探讨过如何为政的问题，颜含明确陈述了自己的为政观点：“王师岁动，编户虚耗，南北权豪竞招游食，国弊家丰，执事之忧。且当征之势门，使反田桑，数年之间，欲令户给人足，如其礼乐，俟之明宰。”[①] 这种忠君为国的政治思想，无疑源自颜氏家族一贯秉持的清正思想。

琅琊地域文化是中华民族文化的重要组成部分，故颜氏家族和王氏家族对琅琊地域文化的传播，不单是对自己家族文化和琅琊地域文化的传播，也是对中华民族文化的传播和弘扬。

另外，对东晋王朝历史产生影响的还有琅琊人孙恩。孙恩（？—402），字灵秀，东晋末年江南农民起义的领袖。因与其叔父孙泰密谋反晋被会稽王司马道子发现，故起义失败，流亡于海岛。晋安帝隆安三年，孙恩率兵登陆，攻克上虞；又攻占会稽后，孙恩自称征东大将军。他领导的起义前后持续 12 年，为长江以南地区第一次大规模的农民起义，给予士族和东晋王朝沉重的打击。

① 〔唐〕房玄龄：《晋书》卷八十八，中华书局 1974 年版，第 2286 页。

第二节　琅琊王氏家族

兰山境内琅琊王氏家族十分显赫，是中国古代顶级门阀士族之一、晋代四大盛门“王谢袁萧”之首，是魏晋南北朝时期中原最具代表性的名门望族。这一时期，琅琊王氏家族名家辈出，还涌现出一大批书法大家如王羲之、王献之、王导等。梁代书法理论家庾肩吾对琅琊王氏家族中王羲之、王献之等人的书法进行了品评：王羲之为“上之上”，王献之为“上之中”；王珉、王僧虔为“中之上”；王导、王洽为“中之下”；王荟为“下之上”，王籍为“下之中”。[①]庾肩吾的这种分类，既说明早在魏晋南北朝时期，琅琊王氏就重视家族的书法修养，也说明琅琊王氏书法水平之高，尤其王羲之，更是无人可超越。梁武帝在《评书》中指出，王羲之的字具有雄强的气势，甚至像正在跳天门的龙、正在凤阙安卧的老虎。而这种与众不同的笔势、笔意，正是王羲之书法被历代奉为书法宝典的原因。从这个角度看，琅琊王氏的书法是以王羲之为代表的，其书法及理论基本代表了琅琊王氏的最高水平。

一、家族渊源

兰山琅琊王氏家族历史悠久，底蕴深厚。据史料记载，其始祖可追溯到东周周灵王的太子晋即王子晋。琅琊王氏从太子晋开始，其家族就有很多才能杰出的成员，如太子晋之子宗敬的八世孙王错为魏国将军，王错之子王贲位居魏国中大夫，王贲之子王渝为上将军，王渝之子王息为司寇，王息之子王恢为伊阳君。王恢之子王元及王元之子王颐都曾被朝廷召为中大夫，但是他们没有去任职。后来，王元之子王翦、王贲、王离都成为秦国名将。秦末汉初，王离的长子王元为了躲避战乱，率领族人从频阳东乡（今陕西富平县美原镇）迁居到琅琊皋虞（今山东青岛市即墨区温泉镇东皋虞村）。后王元四世孙、著名的经学家王吉从谏大夫一职退休后，率领族人迁居到今天的临沂市兰山区白沙埠镇孝友村。

迁居到临沂后，琅琊王氏一脉秉承了之前的家族荣耀，人才辈出。王吉之

① 〔唐〕张彦远：《法书要录》，上海书画出版社 1986 年版，第 51—56 页。

子王骏为御史大夫，王骏之子王崇为大司空、扶平侯，王崇之子王遵为后汉时中大夫、义乡侯，王遵之子王音为大将军掾，王音之子王融生王祥和王览。王祥和王览在兰山琅琊王氏真正发展起来并最终成为魏晋南北朝时期著名门阀的过程中，起到了非常重要的作用。

二、著名书法家王羲之

（一）王羲之的书法成就

王羲之字逸少，据王汝涛考证，其生于公元 303 年，卒于公元 361 年。身为琅琊王氏中的一员，王羲之也曾为官，任右军将军、会稽内史等职，世人多称其为王右军。

图 3-1　王羲之

王羲之一生比较坎坷，尤其童年生活并不幸福。他在《誓墓文》中称自己不为天所佑，生活多磨难，自幼没有得到父亲的教导。13 岁时，王羲之拜访当时的名士、礼部尚书周𫖮时，因周𫖮对他的特别照顾，为时人所瞩目。王羲之的才能，也引起了其家族重要成员王敦、王导的重视，他们的推崇以及王羲之本人所具有的高超书法水平，使其书法迅速为当时人所注意。

王羲之擅长隶书、行书、楷书等多种字体，并且每种字体都能够自成一家，于千变万化间体现出登峰造极的书法水平。但相对而言，在所有书体中，王羲之最擅长的还属行书，如其代表作《兰亭序》被称作“天下第一行书”，甚至被书法界奉为万世楷模。董其昌在《画禅室随笔》中认为，王羲之《兰亭序》中的字大小随意，但其随文意而变，符合书写法则，堪称书法界的神品。他的这种观点，是对王羲之行书水平的至高评价。

王羲之行书代表作除了《兰亭序》，还有《平安帖》《丧乱帖》《姨母帖》《快雪时晴帖》等；楷书代表作有《乐毅论》《黄庭经》等。王羲之的章草和今草水平也很高，其章草代表作有《豹奴帖》，今草代表作有《初月帖》《十七帖》《远宦帖》等。

王羲之的书法作品被世人推崇备至，上至帝王将相，下至黎民百姓，无不为其所折服。唐太宗就极为推崇王羲之，甚至特地为他写传，在《王羲之传论》

中对王羲之的书法作了高度评价："所以详察古今，研精篆、素，尽善尽美，其惟王逸少乎！观其点曳之工，裁成之妙，烟霏露结，状若断而还连；凤翥龙蟠，势如斜而反直。玩之不觉为倦，览之莫识其端。心慕手追，此人而已；其余区区之类，何足论哉！"① 从唐太宗的评价中，可以看出王羲之书法为世人所喜爱的原因，正在于他书法中独特的笔势、笔意。

从古到今，学习书法的人很多，书法家也不少，但很少有人能达到王羲之的水平。就王羲之而言，其书法成就不独因其刻苦的练习。他之所以能够形成自己的书法风格且令后人无法超越，与他既能够虚心学习前辈的书法，又能有一定的创新有着密切关系。即在学习书法时，王羲之能改变学习单一书法的行为，始终坚持观摩诸多书法名家的作品，研究其笔势和笔意，所以最终形成了独属于自己的书法风格。

王羲之一家的书法水平，不仅体现在他和儿子王凝之、王徽之、王献之身上，还体现在其家族女性成员身上，如王羲之夫人郗璇被自己的兄弟郗愔、郗昙称为"女中笔仙"，虽然这一称号是她的家人所封，难免有所夸张，但这种由家人命名的外号能够流传于世，间接证明郗璇确实具有较高的书法水平。

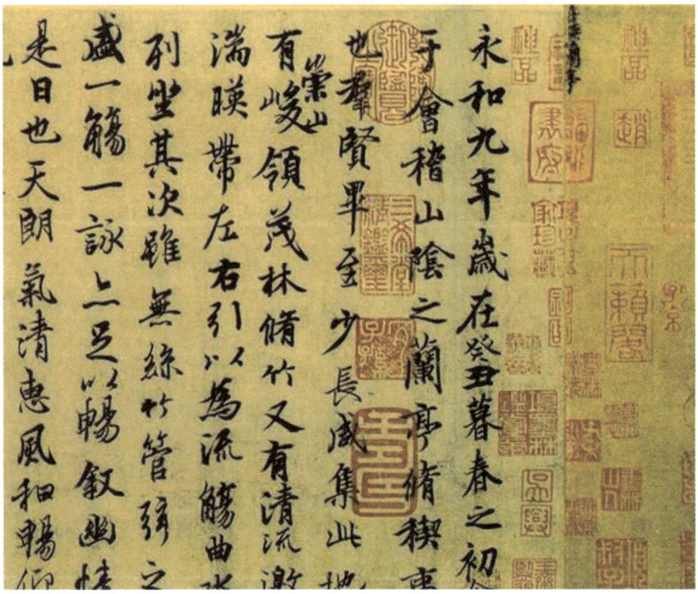

图 3-2 兰亭序

① 华东师范大学古籍整理研究室：《历代书法论文选》，上海书画出版社 1979 年版，第 122 页。

（二）王羲之的书法理论

王羲之对中国书法史的贡献，不仅在于他创作了诸多举世无双的书法作品，还在于他提出了独特的书法理论。他从自己的书法实践出发，提出了一系列书法理论，为其同时代及后代的书法创作提供了理论依据。

在《记白云先生书诀》中，王羲之系统地阐释了自己的书法理论："书之气，必达乎道，同混元之理。七宝齐贵，万古能名。阳气明则华壁立，阴气太则风神生。把笔抵锋，肇乎本性。力圆则润，势疾则涩；紧则劲，险则峻；内贵盈，外贵虚；起不孤，伏不寡；回仰非近，背接非远；望之惟逸，发之惟静。敬兹法也，书妙尽矣。"[①] 可以看出，王羲之将自己超然物外的处世态度，融入书法创作中。这种融入，其实就是王羲之讲究笔意的体现。在不同的文章中，王羲之多次直白地提出了书法要讲究笔意的观点，他认为书写任何一个字，即便是写了很多次的字，每次落笔之前都应认真思考它的结构、笔法等，因为书写者每次的心境不同，笔意也必定不同，如此写出的字自然也不同。所以，在《书论》中，他再次用自己的创作实践强调了笔意的重要性，指出书法创作应该讲究书意，字的每一笔都有其意所在，至高书意是语言所不能描述的，若能抓住书法中的书意，自然就能体会到书法的妙处。要做到这一点，书写时就要内心沉静，保证在书写之前就具有书意，长此以往，就能形成自己的书法特色，具有自己的书意。

在书法创作中，王羲之不但强调笔意，还强调笔势，他在《书论》中指出：

> 夫书字贵平正安稳。先须用笔，有偃有仰，有敧有侧有斜，或小或大，或长或短。凡作一字，或类篆籀，或似鹄头；或如散隶，或近八分；或如虫食木叶，或如水中科斗；或如壮士佩剑，或似妇人纤丽。欲书先构筋力，然后装束，必注意详雅起发，绵密疏阔相间。每作一点，必须悬手作之，或作一波，抑而后曳。每作一字，须用数种意，或横画似八分，而发如篆籀；或竖牵如深林之乔木，而屈折如钢钩；或上尖如枯秆，或下细若针芒；或转侧之势似飞鸟空坠，或棱侧之形如流水激来。作一字，横竖相向；作一行，明媚相成。第一须存筋藏锋，灭迹隐端。用尖笔须落锋混成，无使

① 华东师范大学古籍整理研究室：《历代书法论文选》，上海书画出版社 1979 年版，第 37—38 页。

毫露浮怯，举新笔爽爽若神，即不求于点画瑕玷也。为一字，数体俱入。若作一纸之书，须字字意别，勿使相同。[①]

显然，王羲之赋予了书法作品生命，他将表意性的文字与世间万物的生命以及自己的胸臆结合，最终创造出了一笔一画都含有独特气势的书法作品。

当然，王羲之的笔意和笔势理论之所以能形成，并能够体现在他的书法作品中，形成笔势飘逸、笔意超然的书法特征，与他的人品和豁达心胸有着密切关系。宋代著名理学家朱熹认为王羲之笔意从容衍裕、气象超然，既不受书法规则的限制，又没有完全脱离书法要求，所有的字都是从他的心中流出的。元代赵孟頫曾指出："右将军王羲之，在晋以骨鲠称，激切恺直，不屑屑细行。议论人物，中其病常十之八九，与当道讽谏无所畏避。发粟赈饥，上疏争论，悉不阿党。凡所处分，轻重时宜，当为晋室第一流人品，奈何其名为能书所掩耶！"[②] 赵孟頫对书法与人品关系的见解与传统文化中强调的"字如其人"有着异曲同工之妙，其见解也是对王羲之的最大肯定。

王羲之追求书法的至善境界，随着年龄的增长，他的心境逐渐由旷达转为玄妙。为此，他辞去官职，与友人一起游览山河，以垂钓为乐。非但如此，他还与许迈等人一起修道服丹，甚至不远千里采摘药石。在此期间，他也顺便游遍了东中诸郡。王羲之非常满意自己的这种生活状态，甚至发出了"我卒当以乐死"的感慨。

三、琅琊王氏家族其他书法家

琅琊王氏家族中除了王羲之，还有很多擅长书法且水平很高的家族成员，如唐代武则天时期，王氏家族后人王綝（即王方庆）将家族先人书法作品整理后献给了武则天，其中包括王导、王珣、王洽、王昙首、王僧绰、王仲宝、王骞、王规、王褒、王献之等共计 28 人的作品。宋代岳珂将其称作《万岁通天帖》。虽然 28 人的数量已经很可观，但实际上琅琊王氏家族中的书法家远不止这些，如还有王徽之、王凝之、王珉、王敦等。一个家族前后几代人一直致力于书法

① 华东师范大学古籍整理研究室：《历代书法论文选》，上海书画出版社 1979 年版，第 28 页。
② 刘正成主编：《中国书法全集 44　元代编　赵孟頫卷二》，荣宝斋出版社 2002 年版，第 492 页。

艺术，且能够取得其他家族所不能超越的成绩，这在为其奠定书法世家地位的同时，也说明家族文化具有传承性。

（一）王衍及其书法

王衍（256—311），字夷甫，西晋大臣。初为太子舍人，迁尚书郎，入为中庶子、黄门侍郎，后任中书令、司徒、司空等职。王衍从小聪颖，少时为山涛所称赞。他推崇始倡玄学的何晏和王弼的立论，擅长谈论明理，多有庄子、老子思想的痕迹。其根本思想是“贵无”，认为“天地万物皆以无为本”，所论义理有所不安，随即更改，世号“口中雌黄”。出补元城令时，他“终日清谈”，不问政务。可以说晋代文人喜欢清谈的风气，正是因为王衍的倡导。

王衍还是西晋著名的书法家。就书法而言，王衍擅长行书、草书，宋代《宣和书谱》评价他的书法“初非经意，而洒然痛快见于笔下，亦何事双钩、虚掌、八法、回腕哉？其自得于规矩之外，盖真是风尘物表脱去流俗者，不可以常理规之也”[①]。《宣和书谱》有其作品《尊夫人帖》，另传有《麦秋帖》。

（二）王导父子及其书法

王导（276—339），字茂弘，琅琊王氏家族中的全才。他不仅在政治、经济、文学方面有很高的成就，在书法方面也颇有建树。他擅长草书，代表作品有《省示帖》《改朔帖》。唐代窦臮在《述书赋》中评价他的草书风格为“风棱载蓄，高致有余。类贾勇之武士，等相惊之戏鱼”[②]，说明王导的书法不但有风骨，而且呈现出动态美。但《宣和书谱》认为王导的书法就像疏疏落落的树枝，伸展出去又回收枝节，间架结构太密，虽具有一定的秀气，但笔意不足。

王导有王悦、王恬、王劭、王洽、王协及王荟六个儿子，除了在仕途上皆有所作为，王恬、王劭、王荟等在书法艺术上也有所成就。

王恬（344—386），字敬豫，擅长草书、隶书，唐代张怀瓘认为他的书法水平可称为当时第一人。而《宣和书谱》则认为王恬虽然擅长隶书，但其草书更为出众，即便是当时以书法著称的张翼，在评论家眼中也不如王恬，由此可见王恬书法水平之高。然而可惜的是，其作品只见《淳化阁帖》所收录的《得示帖》，其他未见于世。

---

① 王群栗校注：《宣和书谱》，浙江人民美术出版社 2012 年版，第 67 页。
② 华东师范大学古籍整理研究室：《历代书法论文选》，上海书画出版社 1979 年版，第 242 页。

在王导的儿子中，王洽的书法为世人所了解得最多。王洽（323—358），字敬和，王导第三子，东晋著名书法家。王洽历官散骑中书郎、司徒左长史、建武将军、吴郡内史。因其曾任领军将军一职，故也被称作“王领军”。王洽自幼聪慧好学，多才多艺，尤其在书法艺术方面不苟成见、不囿成法、博采众长、广学博纳，熟悉各种书体，擅长隶书、行书。他曾与王羲之一起研究书体，变章草为今草，因今草韵媚婉转而为时人所仿效、赞赏，故兄弟二人开创了中国书法史上的新纪元。王羲之认为王洽的书法水平不比自己低，其后人王僧虔据此指出，王洽的书法变古制今，古今书法唯数王右军、王领军，可见王洽书法水平之高。唐代张怀瓘也在《书断》中指出王洽擅长各种书法，其中又以草书最为出色，其草书笔意潇洒中见风骨，有郢匠成风之势。然而王洽盛年去世，殊为可惜。《淳化阁帖》中收其行草《得告帖》、今草《辱告帖》。

王洽的儿子王珣和王珉也是琅琊王氏家族中有名的书法家。王珣（350—401），字元琳，官至尚书令，擅长草书、行书，时人称其为“草圣”。他的书法作品《伯远帖》，与王羲之《快雪时晴帖》、王献之《中秋帖》共称“三希”珍品。因为晋武帝喜欢文献典籍，于是王珣有机会结识当时的名士殷仲堪、徐邈、王恭、郗恢等人，并凭借自己的文章、文采为晋武帝所喜。王珉（351—388），字季琰，擅长隶书、行书、草书等多种字体，且水平高于其兄王珣，与王献之齐名，王献之为大令，他为小令。其书法作品有行书《此年帖》《何如帖》，草书《十八日帖》《欲出帖》。

王劭（生卒年不详），字敬伦，王导第五子。王劭为东晋大臣，死后被追赠车骑将军。书法方面，王劭擅长草书，传有刻本《夏节帖》。

王荟（生卒年不详），字敬文，王导第六子。王荟擅长行书、草书，传世作品有《疖肿帖》、摹本《翁尊体贴》。

（三）王廙及其书法

王廙（276—322），字世将，是王羲之的叔父、王导的弟弟。王廙多才多艺，好学能文，工书画，晓音律，对射御、博弈、杂艺等也无所不通。其《中兴赋》虽多歌功颂德之语，但辞采温韵，足以宣扬盛美，深得帝王喜爱。且晋明帝司马绍幼年时曾从他为师学习绘画、书法，对他十分尊敬。他去世后，司马绍就像自己的亲朋好友去世一样，哀痛万分。他的遗体从外地运回京都后，司马绍亲自到他家祭拜，拜祭时所用礼仪就像对待自己的家人一样。此外，司马绍还追赠王廙侍中、骠骑将军等称号，另赠谥号“康”。

对于王廙的书法艺术和绘画艺术，历来有很多评价，其中大多赞誉他博学多识，在艺术上造诣精深，称其为“江东书画第一”。其后人王僧虔在《论书》中评价他“自过江东，右军之前，惟廙为最。画为晋明帝师，书为右军法”[①]。作为西晋时期著名的书法家，王廙擅长多种字体，其中又以草书、隶书、飞白见长，其书法风格有卫瓘、张芝遗风。尤其他的飞白，更是有上古风范，有雕鹗垂翅静立之势，也有旌旗或卷或舒的动态之美。他的书法代表作有楷书《两表帖》、草书《廿四日帖》《七月十三日帖》《嫂如何帖》等。

（四）王敦及其书法

王敦（266—324），字处仲，与王导同时代，是王导的堂兄。《晋书》本传说王敦“眉目疏朗，性简脱”[②]，且精习《左传》，喜欢清谈，从不提及财利。王敦娶晋武帝之女襄城公主，拜驸马都尉，任太子舍人。在官场上，王敦和族弟王导共同辅佐司马睿，获得了威望，并培植起了属于自己的军事和政治势力。掌握重兵后，王敦竟然想要把持朝政，所以引起晋元帝司马睿的嫌恶和畏惧。永昌元年（323）闰十一月，司马睿忧愤而死，明帝司马绍继位，王敦阴谋篡位，曾威胁明帝下诏征他入京辅政。最终，王敦之乱被平定，朝廷对王敦剖棺戮尸，悬首示众。虽然王敦在政治上走了弯路，但他在书法方面的成就是值得肯定的，如《宣和书谱》认为其书法来源于家族传统，笔势雄健，笔意中见豁达。王敦的书法作品有今草《蜡节帖》，收录于《淳化阁帖》中。

（五）王昙首及其书法

王昙首（394—430），王珣幼子、王弘之弟，曾为琅琊王大司马属。王昙首为人清廉，与兄弟分家时，只要图书。宋武帝非常欣赏他，甚至对宋文帝说王昙首具有辅相之才，让宋文帝遇事要咨询王昙首。作为一名臣子，能够得到皇帝如此赏识，可见王昙首具有出众的才能。自身的才华以及梁武帝在宋文帝面前的推荐，让王昙首在宋文帝时先后任侍中、太子詹事。《南史·王昙首传》则更为详细地描述了王昙首的品性及特点：富有谋略，平时喜怒不形于色，家庭和睦；注重节俭，即便是家中的富有资产，女眷们也不能将其打造为饰品和小玩意；只接受皇帝赏赐的东西，对别人给予的财物，一概不接受。王昙首清

① 华东师范大学古籍整理研究室：《历代书法论文选》，上海书画出版社 1979 年版，第 58 页。
②〔唐〕房玄龄：《晋书》卷九十八，中华书局 1974 年版，第 2566 页。

廉的品质获得了朝野的一致尊重。所以，他逝世时，梁文帝哭着说，他的去世是国家的损失。梁文帝追赠王昙首为左光禄大夫，后又追封其为豫宁县侯，并赐谥号“文”。孝武帝即位后，又为其配飨文帝庙庭。

像其他王氏家族成员一样，王昙首的书法水平也很高，《宣和书谱》指出，他的草书虽然不能和古人并驾齐驱，但自成一派。王昙首作为名臣，所行所言千古流传，具有这样品行的名臣，其书法自有可观之处。王昙首传世的草书作品有《余念帖》。

（六）王羲之诸子及其书法

王羲之有七个儿子，其中书法成就突出者有二子王凝之、五子王徽之、六子王操之、七子王献之。他们虽为王羲之的儿子，但书法风格与王羲之有所不同，并各自学到了王羲之书法的不同特点。据宋代黄伯思《东观余论·晋宋齐人书》所言，王凝之的书法具有王羲之书法的神韵，王操之学到了王羲之书法的笔体，王徽之学到了王羲之书法的笔势，王涣之学到了王羲之书法的外形，王献之则学到了王羲之书法成功的原因。

王凝之（334—399），字叔平，曾任会稽内史，东晋书法名家。其书法有王羲之书法的神韵，黄庭坚《山谷题跋》评价其“字法最密”，但其作品鲜见于世，《淳化阁帖》收有《庾氏女帖》。

王徽之（338—386），字子猷，历任大司马桓温车骑将军、车骑桓冲骑兵参军、黄门侍郎。他擅长楷书、草书，书法以韵见长，水平在王羲之、王献之之间，书法作品有《得信帖》。

王操之（生卒年不详），字子重，历任侍中、尚书、豫章太守，东晋著名书法家，擅长草书、隶书，其字的形体像王羲之，传世作品有行草《婢女帖》。

王献之（344—386），字子敬，在王羲之的七个儿子中排行最末，他的书法成就却最高，世人常将其与王羲之并称“二王”。但其书法神韵与王羲之有明显不同，虞龢在《论书表》中评价他“笔迹流怿，宛转妍媚，乃欲过之”[①]。羊欣与之看法类似，认为王献之的隶书以清新俊逸为主，在风骨及气势上不如王羲之。但也正是这种独有的神韵，让王献之的书法在南朝宋、齐盛行一时，陶弘景称：“比世皆高尚子敬。子敬，元常继以齐名。贵斯式略，海内非惟不

①〔唐〕张彦远：《法书要录》，上海书画出版社 1986 年版，第 31 页。

复知有元常，于逸少亦然。”[①]

南朝梁武帝对王羲之父子做了中肯的评价，他认为王羲之的书法笔势雄壮间见飘逸，就像正在跳跃天门的龙、在凤阙安卧的老虎，所以历代都奉他为书法界的楷模；而王献之的书法则冠绝当时，没有人能够比得上。梁代袁昂将王羲之、王献之父子与张芝、钟繇并列，认为张芝书法令人叹为观止，钟繇特色鲜明，王羲之则达到了书法的顶端，至于王献之，则在其时代可谓冠绝一时。不同时代的人对书法风格的爱好不同，如晋宋之间，世人看重的是王献之的书法，而王羲之的书法并不为当世所喜，直到南朝齐、梁之后，王羲之的书法才逐渐为世人所喜所贵。

（七）王僧虔及其书法

王僧虔（426—485），南朝宋、齐间著名的书法家，是王昙首的儿子、王珣的孙子、王洽的曾孙、王羲之的族孙，可谓出身名门。王僧虔在宋文帝时，始任秘书郎、太子舍人，后历任御史中丞、吴兴太守、会稽太守、吏部尚书。入齐后，历任侍中、左光禄大夫、湘州刺史，开府仪同三司，谥号“简穆”。王僧虔广学博闻，多才多艺，特别擅长书法，其书法作品丰厚淳朴而有气骨，为当世所推崇，并对唐宋书法家产生一定的影响。

王僧虔擅长楷书、行书，他不仅具有较高的书法水平，而且具有很高的书法理论水平，被称为当时书坛第一人。《古今书人优劣评》中，梁武帝萧衍认为王僧虔的书法就像王谢家族其他子弟一样，即便书法水平不是很高，但自带风骨。唐代张怀瓘也认为王僧虔的书法源自王献之，古朴质直，虽然清肃且风味不够，但有自己的风格。王僧虔的书法以《王琰帖》最为著名。王僧虔的书法理论作品主要有《论书》《答齐太祖论书启》《笔意赞》等，他还作有《书赋》一篇。此外，《书林纪事》也载有他的言论和事迹，表现了他的书法风貌。

王僧虔的儿子王慈和王志也具有很高的书法水平。王慈，字伯宝，擅长行书，有正书字帖《御史帖》《陈情帖》传世。王志，字次道，擅长草隶，在梁代被称为“书圣”。另外，王僧虔的孙子王筠书法水平也很高。王筠擅长行书，但是他性格弘厚，不喜欢把自己的才能展示于世，所以他的书法作品鲜见于世。

①〔唐〕张彦远：《法书要录》，上海书画出版社 1986 年版，第 41 页。

四、琅琊王氏家族其他名贤

魏晋南北朝时期，兰山琅琊王氏家族除了在书法艺术方面成就突出，在政治、经济等方面也有所成就。

（一）王祥

王祥（185—269），字休徵，三国曹魏及西晋时的大臣。王祥的曾祖为汉代谏议大夫王吉，祖父为青州刺史王仁，父亲为王融。王祥早年不曾为官，和母亲、弟弟隐居近三十年。50多岁时，当时的徐州刺史吕虔邀请他为官，但是王祥坚决推辞，同父异母的弟弟王览极力劝说，并为他把牛车都准备好了，王祥才不得不接受吕虔的邀请。纵观王祥一生，虽然他曾隐居多年，但其令名在世，故其仕途经历也很丰富。他先是被推荐为秀才，后又被任命为温州县令，升迁至大司农。高贵乡公曹髦即位后，王祥为其出谋划策，被封为关内侯，拜光禄勋，又转为司隶校尉。后来跟着征讨毌丘俭，获得增邑四百户，迁太常，封万岁亭侯。武帝司马炎即位，王祥拜为太保，晋爵为公。不久，王祥以自己年老多病为由辞职，武帝不许。但由于王祥坚持辞官回乡，武帝只得下诏同意其以睢陵公的身份逊位，地位和太保、太傅一样，在三司之上，俸禄赏赐与辞官前一样。

王祥以孝为世人所知，而他的孝主要表现在他对待继母的态度上。王祥幼年时母亲去世，继母朱氏对待王祥非常苛刻，常在王祥父亲面前说王祥的坏话。如此多次之后，王祥父亲不再喜欢王祥，经常让王祥打扫牛栏。王祥在父母面前却更加的恭顺、谦谨，每逢父母身体不适，王祥总是衣不解带地照顾他们，所有的汤药一定自己试过冷热之后才给父母喝。朱氏未被感动，还想害王祥，王祥却从不放在心上，一如既往地孝顺她。天寒冰冻时，继母想吃鲜鱼，王祥便脱下自己的外衣，躺在冰块上，以身体的热度融化冰块化后，有两条鲤鱼主动跳出，王祥便拿着鲤鱼回家为朱氏熬汤喝。朱氏后来又想吃烤黄雀，于是王祥设网逮黄雀，满足了继母朱氏的愿望。虽然这两件事都有神话元素在里面，却深刻地反映出王祥是一个至孝的人。另外，王祥抱丹柰树哭泣的故事，也说明了他对继母的孝顺。

尽管王祥对继母朱氏如此孝顺，也没有令朱氏感动。朱氏有一次半夜拿刀杀王祥却未得逞，王祥知道她遗憾不已，于是跪到朱氏面前请求朱氏杀了自己。

从此之后，朱氏才彻底被王祥感动，幡然醒悟，像对待自己的亲生儿子般对待王祥。

王祥不但至孝，而且在官场中能够始终坚守高洁的品格，从不趋炎附势。晋武帝司马炎为相国及晋王时，王祥与荀𫖮前往拜见，荀𫖮对王祥说司马炎身份尊贵，何曾都已经向其表示自己的敬意，他们现在也应该对其行跪拜礼才对。王祥表示司马炎身份的确尊贵，但他是魏国的宰相，而自己是魏国的三公，三公和王侯之间仅有一个品级的差别而已，而上朝时礼仪都是一样的。所以，没有朝廷的三公轻易跪拜别人的道理！若真的跪拜了司马炎，一定会给魏国的声望带来不好的影响，进而败坏司马炎的德行。君子以礼节爱护别人，所以他不会跪拜司马炎。见到司马炎后，荀𫖮行跪拜礼，王祥独自施以长揖礼。王祥这种讲究礼仪、时刻维护晋王声名的行为，是被晋王看重的原因之一。

与孝行、为官之德相呼应的，是王祥的节俭。他曾留遗言给其子孙要求薄葬，指出死亡是自然之道，说自己已经活了 85 岁，即便是死去，也没有遗憾了。又说自己在末世出生，由于多次被举荐，才得以展示自己的才华，但是一生并没有辅佐帝王的功劳，朝廷对他的恩遇，他死后也无法报答，所以他死了之后，子孙只需给他洗手洗脚，不用给他洗发洗身，也不要用新的绸布缠裹他的身体，把他平时穿的旧衣服洗干净后给他穿上即可；至于皇帝赐给他的各种物品，都不能作为随葬品；不可用砖石为他砌坟，也不要坟堆，墓穴深两丈即可，椁不宜过大，只要能放进棺材就可以；不要设灵堂、大摆宴席、放置书箱镜奁等物品，只需在棺材前放上床榻，上面放上干饭、干肉各一盘、薄酒一杯，作为早、晚两次祭奠时的祭品；家里所有人都不能为他送葬，一周年和两周年忌日时，只可用牛作为祭品。并且一再叮嘱，要求子孙牢记且遵守他的遗命。

图 3-3　王祥卧冰处

（二）王览

王览（206—278），字玄通，与王祥同父异母，生有王裁、王基、王会、王正等六个儿子，是东晋名臣王导的祖父。王览曾先后任司徒西曹掾、清河太守，立五等爵位后，被封即丘子，食邑六百户。泰始末，除弘训少府，职省，转太中大夫，禄赐与卿同。

王览和王祥是同父异母的兄弟，虽然他的母亲朱氏经常虐待王祥，但他与王祥兄弟情深。童年时，每当看见母亲鞭打王祥，王览就会抱住王祥哭泣。少年时，王览经常劝解母亲不要虐待王祥，朱氏也因此略有收敛。后来，每当朱氏对王祥提出不合理要求，王览总是和王祥一起去完成。当朱氏虐待王祥妻子时，王览的妻子就会紧紧跟随王祥的妻子，与之一起承受。王祥父亲死后，王祥的名声逐渐为世人所知，朱氏嫉恨王祥，担心他影响自己儿子的前程，于是打算用毒酒毒死王祥。王览知道后，直接拿起毒酒要喝。王祥怀疑有毒，就与之争酒。也正是从此之后，每当朱氏赐吃的东西给王祥，王览都要先尝一下，朱氏怕伤到王览，加之被王祥的孝心感动，于是停止了用毒加害王祥的行为。应该说，正是王览这种爱戴王祥的行为，帮助王祥逃脱了朱氏的虐待与毒害。他们兄弟友爱的故事也永载史册，为后人所敬佩、学习。

（三）王导

王导（276—339），字茂弘，晋元帝司马睿时期的重要谋士，对东晋的发展做出了重要贡献。晋元帝时，王导担任丞相一职；晋明帝、晋成帝时，又先后担任司徒、太傅，称得上是东晋数一数二的政治家。司马睿称帝时，邀王导和他坐在一起受百官朝拜，故当时有“王与马，共天下”的说法。王导去世后，成帝举哀于朝堂，遣使追赠谥号“文献”。

王导对东晋王朝的贡献，早在东晋建立之前就已经开始。据《晋书·王导传》记载，在晋元帝司马睿为琅琊王时，王导就和他关系非常好。当时，天下已经陷入混乱，在这种社会背景下，王导对司马睿倾心相交，司马睿同样非常器重他，把他看作自己的好朋友。特殊的社会背景兼两人的密切关系，使得王导在司马睿面前能够直言，所以早在司马睿身处洛阳时，王导就一直劝他到封地去。后来，司马睿任命王导为安东司马。凡是军国大事，王导都积极筹划，为其出谋划策。由此可见，当时的王导已经成为司马睿权力集团中的核心人物。

王导政治立场坚定，全心全意辅佐东晋皇帝，因此在自己的族兄王敦谋反时，他坚决站到了皇帝这一边。面对王敦率领军队攻打东晋王朝、所有人都惊恐害怕的严峻形势，王导并没有失去判断力。他在王敦生病的时候，抓住时机，率领族内子弟做出一副哀痛万分、王敦病重不可医治的样子，使人误以为王敦必死无疑。东晋士兵于是士气大涨，在和王敦率领的叛军作战时英勇奋发，为东晋王朝最终战胜王敦叛军提供了契机。其实，王敦叛乱之初，王导就率领自己家族内的堂兄、堂弟、儿子、侄子等二十余人，每天早上到朝廷外面等着晋元帝降罪。王导这种不以同晋元帝交好为凭恃，当家族中有人叛乱时又主动请求晋元帝降罪的行为，在解除晋元帝怀疑的同时，自然也赢得了晋元帝的信任。

王导的经济才能超群。苏峻叛乱后，国库空虚，财政吃紧，王导提出了利用名人效应销售国库内积压丝绸的方法，以至于当时的士人都纷纷以穿用丝绸制成的衣服为荣，最终这批丝绸的价格也逐渐攀升，王导让负责的人乘机卖掉，每匹丝绸甚至卖到了一金。

王导不但政治才能、经济才能突出，其文学才能、书法水平也很高。王导年轻时就跟从钟繇、卫瓘学习书法，比较擅长行书、草书。清代王夫之曾高度评价王导："内戢强臣，外御狄患，暇则从容谈说，自托风流。"①

王导的人品也非常高洁。当洛阳被攻破、中州人避难江南时，王导以敏锐的政治视角，劝说晋元帝接纳贤人君子，同他们共商国是。而当荆州、扬州等地社会稳定、百姓生活富足时，王导并没有安逸地享受生活，而是认为治理政务最要紧的是清静有为，于是他经常劝晋元帝克己厉节，同时辅助晋元帝治理国家，可见王导对晋元帝有着始终如一的臣子之心。王导劝导晋元帝节俭寡欲，他自己也是如此，作为辅佐东晋三代皇帝的权臣，王导并不讲究穿着，家中也没有储粮。

王导对东晋的教育也很关心。东晋建立初期无暇设立学校，于是王导上书晋元帝，指出社会风俗清正、民风朴实的根本在于使人伦符合正统；而要想让人们懂得人伦，就要设立学校。他还指出，如果晋元帝能够按照前人的方法，令朝廷大臣的子弟入学，选择既有渊博知识又懂礼仪的士子为师教授他们的话，

①〔清〕王夫之：《读通鉴论》，中华书局1975年版，第485页。

良好的社会秩序和风俗很快就能形成。所以说，东晋的教育事业能够及时兴起并发展，正得益于王导的这次上书。

（四）王准之

王准之（378—433），字元曾，曾祖父王彪之，祖父王临之，父亲王讷之。王准之先后任刘宋王朝桓玄大将军行参军、尚书祠部郎、丹阳丞等，后被封为都亭侯。王准之精通《礼》《传》，并撰写《仪注》，这都得益于他的曾祖父王彪之。王彪之博闻多识，熟悉朝廷礼仪，熟谙江左旧事，所录规仪藏于青箱，王氏家族世代相传，人称“王氏青箱学”。

（五）王弘

王弘（379—432），字休元，幼年即好学，以清悟为世人所知。20 岁时，被会稽王司马道子辟为骠骑参军主簿，历任镇军谘议参军、太尉左长史、尚书仆射、彭城太守。王弘为人大方，其父王珣喜欢集财，产业遍及国内，等他去世后，王弘把所有的债券都烧掉，将之前别人欠的债一笔勾销；至于父亲留下来的其他产业，他都给了自己的弟弟。魏晋南北朝时期，“王、谢子弟，浮华矜躁，服用奢淫，而能仍世贵显者，盖其门风孝友，有过他氏，马粪乌衣，自相师友，家庭之际，雍睦可亲。谢密、王微，尤为眉目，三代两汉，如两人者，亦不多得，读其佳传，为之叹想”[①]。这种即便如此奢侈，家风仍比当时其他家族强的现象，充分说明琅琊王氏的优良家风具有深刻影响。

（六）王韶之

王韶之（380—435），字休泰，曾祖父王廙，祖父王羡之，父亲王伟之。王韶之根据父亲抄写的诏命表奏，撰写了《晋安帝阳秋》，朝廷因此授他为著作佐郎，后迁尚书祠部郎。后又担任刘宋朝的侍中、祠部尚书、吴兴太守等职。

（七）王僧绰

王僧绰（423—453），王昙首之子，幼年时就表现出非凡的才华，熟识他的人认为他将来必成大器，能位极人臣。王僧绰不但聪明过人，而且非常好学，对朝廷所有的政策法律都非常熟悉。王僧绰在仕途上也有所作为，袭封豫章县侯，娶宋文帝长女东阳献公主。初为江夏王义恭司徒参军，后又为尚书吏部郎，掌管天下人才的选举。其识人能力非凡，分配官职时能够人尽其才。虽然王僧

①〔清〕李慈铭：《越缦堂读书记》，中华书局 1963 年版，第 411 页。

绰能力超群且身居高位，但他为人很是内敛沉稳，从不恃才自傲。

（八）王肃

王肃（464—501），字恭懿，初仕南朝齐武帝萧赜，历任著作郎、太子舍人、司徒主簿、秘书丞。其父为齐武帝所杀后，王肃逃往北魏，被魏孝文帝任命为辅国将军、大将军长史等。王肃之所以成为北魏名臣，是因为他不但帮助北魏制定了典章礼仪制度，而且在北魏改革官制，《魏书·王肃传》指出："自晋氏丧乱，礼乐崩亡，孝文虽厘革制度，变更风俗，其间朴略，未能淳也。肃明练旧事，虚心受委，朝仪国典，咸自肃出。"[①] 因其为北魏做出了突出贡献，故其死后，宣武帝元恪为其举哀。

第三节　琅琊颜氏家族

琅琊颜氏源远流长，是魏晋南北朝时期的名门望族。琅琊颜氏家族人才辈出，成就卓著，他们在家训、哲学、文学、史学、文字学、书法、绘画等领域都做出了突出贡献，丰富和发展了中华优秀传统文化，具有深远的影响。魏晋南北朝时期，琅琊颜氏家族的代表人物主要有颜延之、颜竣、颜腾之、颜炳之、颜协、颜之仪、颜之推等。

一、家族渊源

关于琅琊颜氏家族的起源说法不一，唐代林宝在《元和姓纂》卷四中就收录了三种说法："颛顼之后。陆终第五子曰安，为曹姓。裔孙挟，周武王封邾。至武公，字颜，《公羊》谓之颜公，子孙因以为氏。出圈称《陈留风俗传》及葛洪《要字》。又王俭《谱》云：出自鲁侯伯禽支庶，食采颜邑，因氏焉。"[②] 其中以颜氏起源于邾仪父的字为公认观点，唐代颜氏家族的重要成员颜师古对这一观点做了更为详细的论述："颜氏本出颛顼之后。颛顼生老童。老童生吴回，为高辛火正，是谓祝融。祝融生陆终。陆终生六子，其五曰安，是为曹姓，周武王封其苗裔于邾，为鲁附庸，在鲁国邹县，其后，邾武公名夷父，字曰颜，故《春秋公羊传》谓之颜公，其后遂称颜氏，齐、鲁之间，皆为盛族。

①〔唐〕李延寿：《北史》卷四十二，中华书局 1974 年版，第 1540 页。
②〔唐〕林宝撰，岑仲勉校记：《元和姓纂》，中华书局 1994 年版，第 519 页。

孔子弟子达者七十二人，颜氏有八人焉。四科之首，回也称为德行。《韩子》称儒分为八，而颜氏处其一焉。”[①] 乾隆二十四年曲阜《颜氏族谱·颜氏宗传总论》曰：“颜氏之传自复圣祖以下单传者二十二世，至二十三代祖敫公乃有二子，曰斐、曰盛。斐公二子鲁、欢失传。自是之后，颜氏子孙皆盛公之后矣。盛公传至三十三代有七公，唯见远子协公有传，余具失传。自是之后，颜氏子孙皆协公之后矣。协公有子四，之仪、之推、之奇、之善。之奇失传，之仪二子諟、昶失传，之善二子颐隋、偲失传。自是之后颜氏子孙皆之推公之后矣。”颜真卿书《世系谱序》中指出：“颜氏之先，出自黄帝之孙安为曹姓，其裔邻武公，名仪父，字伯颜。子友，别封郳，为小邾子，遂以颜为氏，世为鲁国卿大夫。”[②]

但颜氏家族中也有以颜回为其祖先的说法，如颜之推在《颜氏家训·诫兵》中指出自己的祖先起源于邹鲁，其中一部分后来分到齐境，世代以文学著称，堪称儒学大家。颜之推称颜回为祖先，是因为颜回人品、文采非常高，在孔子弟子中是相当出色的一个人物。《论语·雍也》中，孔子也称赞“贤哉回也！一箪食，一瓢饮，在陋巷，人不堪其忧，回也不改其乐。贤哉回也”。29岁的颜回去世时，孔子极为痛苦，说：“天丧予！天丧予！”可见颜回在孔子心中的地位之高。颜回为七十二贤及四大贤人之首，后世帝王感其品德，封其为“先师”“充国公”“复圣公”“复圣颜子”等。由此，颜之推等人将颜回看作自己的祖先，就成为自然而然的事情。此外，1987年沂南县常桑杭村发现的乾隆三十三年四月初五日《颜氏谱碑》序文之后的颜氏谱系中，也将颜回看作他们的祖先。

但不论琅琊颜氏以谁为始祖，显然都继承了颜回清廉的品质，如颜斐为京兆太守时，其治内百姓生活富足，家家都有丁车、大牛，以至于当颜斐升迁为平原太守时，京兆地区的官吏和百姓哭泣着夹道相送，导致颜斐的车子走一步停一步，十多天才走出他原有的治所区域。一个官员政绩的好坏，很多时候不是靠上级的评定，而是靠百姓的评定，颜盛离开治所时，百姓的反应，正是对他为官清廉、一心为民的官德的最高认可，也是对其政绩的最好证明。颜斐之所以能够有这样的官德和政绩，和当时讲究门风的琅琊颜氏家族成员有关，正

① 管振邦译注：《颜注急就篇译释》，南京大学出版社2009年版，第33页。
② 王利器撰：《颜氏家训集解》，中华书局1993年版，第67页。

如钱穆先生所说：“一个大门第，决非全赖于外在权势与财力，而能保泰持盈达于数百年之久；更非清虚与奢汰所能使闺门雍睦，子弟循谨，维持此门户于不衰。”[①] 这大抵也是颜之推制定《颜氏家训》的重要原因。

二、琅琊颜氏家族名贤

兰山琅琊颜氏家族在魏晋南北朝时期涌现出一批成就卓著的人物，主要有颜含、颜髦、颜竣、颜之仪、颜腾之、颜炳之等。[②]

（一）颜含

颜含（约264—约356），字弘都，其祖父颜钦为给事中，父亲颜默任汝阴太守。颜含品行高洁，不仅孝顺父母，对自己的兄嫂也非常好。他的哥哥颜畿卧病在床，颜含十三年足不出户，全心全意地照顾他；后来，颜含的二嫂眼睛失明，他不仅督促家人尽心照顾，而且每天都要亲自检查嫂子的药和食物并询问嫂子的病情，直至她康复。

颜含在仕途上秉持了他一贯高洁、刚正不阿的品质，在西晋和东晋两个朝代都曾为官。西晋惠帝时，东海王司马越先是任命他为太傅参军，后来又补任闿阳令。到晋元帝镇守下邳时，他又再次被任命为参军。东晋成立后，他被任命为上虞令，后来又被任命为王国郎中、丞相东阁祭酒，最后任东阳太守，补太子中庶子。晋明帝时，颜含官职升高，被任命为黄门侍郎、本州大中正，历任散骑常侍、大司农。晋成帝时，因讨伐苏峻有功，被封为西平县侯，拜侍中，除吴郡祭酒。后又除国子祭酒，加散骑常侍，迁光禄勋。至此，颜含的仕途达到了顶峰，后以年迈逊位。

（二）颜髦

颜髦（生卒年不详），颜含长子，字君道，生子颜琳、颜纶、颜畅。颜髦仕途畅达，历任太尉西阳王散骑将军、尚书都官郎中大夫、中正给事、黄门侍郎，袭爵西平县侯，加给事中、晋陵临川太守、侍中、本州大中正，加秩中二千石，光禄勋。颜髦熟习儒家礼仪，《北堂书钞》卷五八引《颜含别传》称其“形仪严整，风貌端美”。颜髦以孝著称于世，其父亲颜含老年时，他就辞职回家侍奉左右。父丧，停殡在家，邻居家突然失火，颜髦与弟弟颜谦、颜约抱着父亲

① 钱穆：《国史大纲（修订本）》，商务印书馆1996年版，第309页。
② 颜氏家族以文学成就突出者如颜延之、颜竣、颜协、颜之推等，在本章第四节有介绍。

的棺材痛哭不已，结果从邻家蔓延过来的火焰立马就停止了，当时的人都认为是颜髦的孝行感动了天地，才会出现这样的异象。

（三）颜竣

颜竣（？—459），字士逊，颜延之的儿子。颜竣是南朝宋孝武帝刘骏的重臣，在刘骏讨伐弑父篡权的刘劭时，颜竣写了一篇笔力雄健、气势磅礴的檄文，为全国响应刘骏奠定了基础。《宋书·颜竣传》中特意描写了颜竣这篇檄文的影响之大："先是，子竣为世祖南中郎谘议参军。及义师入讨，竣参定密谋，兼造书檄。劭召延之，示以檄文，问曰：'此笔谁所造？'延之曰：'竣之笔也。'又问：'何以知之？'延之曰：'竣笔体，臣不容不识。'劭又曰：'言辞何至乃尔。'延之曰：'竣尚不顾老父，何能为陛下。'劭意乃释，由是得免。"[1]由此可见，连刘劭本人也意识到了颜竣这篇檄文的作用。颜竣能够不顾及尚在刘劭王朝为官的父亲，而同刘骏一直站在刘劭的对立面，与其和刘骏的关系亲厚有关。颜竣最初为太学博士、太子舍人，后来任世祖抚军主簿，很受刘骏喜爱，颜竣感谢他的知遇之恩，也倾心对之。甚至当刘骏病重的时候，颜竣能代刘骏颁布命令却不为他人所怀疑，这在表现出颜竣和刘骏关系密切的同时，也体现出颜竣的高智商。然而刘骏荒淫骄奢的本性决定了其在登基后不会一直如此对待颜竣，如刘骏服丧期满后大兴土木，颜竣多次进谏劝阻，言辞恳切且不知避讳，刘骏为此十分不满，所以很少采纳颜竣的建议。颜竣觉察到皇帝的疏远，于是请求外出任职。

颜竣具有敏锐的经济头脑，对当时的货币政策具有一定的见解。刘骏即位后，面对当时货币盗铸严重的现实，铸造了孝建四铢。孝建三年（456），刘骏听从尚书右丞徐爰的建议，从民间收取铜原料，甚至犯罪者可以用铜赎刑，导致民间大量私铸钱币，甚至在铸钱时掺杂铅、锡等原料，导致钱币的质量不高。后来又有人损坏古钱，取其中所含的铜原料铸造钱币，所铸钱币比官方钱币薄且小。针对这种社会现实以及其他大臣的意见，颜竣做了一番中肯的建议。但有些大臣认为铜原料难得，故建议将四铢钱改为两铢钱，颜竣认为此举虽能暂缓社会危机，但是带来的长期社会不良影响是严重的。这体现出颜竣不但具有敏锐的经济头脑，而且具有长远的眼光。

---

①〔南朝梁〕沈约：《宋书》卷七十三，中华书局1974年版，第1903页。

（四）颜之仪

颜之仪（523—591），字子升，颜含九世孙。北周明帝时任麟趾学士、司书上士，宣帝时迁上仪同大将军、御正中大夫，封平阳县公。隋文帝开皇五年（585），拜集州刺史。颜之仪是颜之推的兄长，非常聪明，三岁时就能够通读《孝经》。为官期间，颜之仪以刚直不阿著称。因无法容忍北周宣帝越来越昏庸的行为，颜之仪经常“犯颜骤谏”，虽然宣帝经常不采纳他的建议，但他坚持进谏，即便明知宣帝痛恨他这种行为，他也没有停止。颜之仪的“犯颜骤谏”是对他所具有的刚正不阿品性的生动诠释。后来，隋文帝杨坚称帝，颜之仪得封新野郡公。

颜之仪的文学才能也较突出，据《周书》本传记载，其有文集十卷，但已佚。

（五）颜腾之

颜腾之（生卒年不详），字弘道，曾任巴陵太守、度支校尉。颜腾之是南朝宋著名的书法家，擅长草书、隶书，其书法自成一派。梁武帝在《草书评》中称其“贺道力并便尺牍，少行于代”。

（六）颜炳之

颜炳之（生卒年不详），颜腾之的儿子，字叔豹，历官辅国江夏王参军，奉朝请，员外散骑常侍。与其父亲颜腾之一样，以书法著称当世。

第四节　六朝兰山文学

魏晋南北朝时期实行门阀制度，“上品无寒门，下品无士族”，但是能够进入门阀集团的，并非仅具有政治经济才能，还需要具有文化才能。魏晋南北朝时期，琅琊王氏和琅琊颜氏家族在文学上的成就不亚于仕途上的成就，他们与其他兰山文人共同架筑起了魏晋南北朝时期的兰山文学。需要着重指出的是，魏晋时期社会动荡，临沂士族大多南迁，南北文化碰撞、交融，文学作品呈现出新的精神风貌。“虽然有新的变化，但他们的创作依然带有原籍风土人情、思想观念影响的烙印，带有其本土文化因素，特别是魏晋南北朝时期的沂蒙作家，这种特征表现得尤其明显。”[①] 综合而言，这一时期的兰山文学，创作主

① 徐玉如：《文学地理视野下的沂蒙文学研究》，山东人民出版社 2017 年版，第 163 页。

体以两大家族的精英为代表，创作内容丰富多彩，文学风格绮丽多姿，传世佳作迭出，文学成就斐然。

一、兰山文学代表人物

兰山文学在魏晋南北朝时期集中于琅琊王氏与颜氏家族，充分体现出政治地位、经济地位对家族文化发展的促进作用。

（一）琅琊王氏代表人物

这一时期，琅琊王氏在文学方面的代表人物主要有王戎、王微、王僧达、王俭、王融、王籍、王褒、王筠等。沈约甚至在《南史·王筠传》中提出，自开天辟地以来，从来没有一个家族像琅琊王氏一样，既能在仕途上爵位蝉联，又能在文采上代代相承。

除了书法成就，王羲之的文学成就也很高。元末明初陶宗仪指出，西晋的文学，出色的只有陶渊明的《归去来兮辞》、李密的《陈情表》、王羲之的《兰亭序》。刘大杰也对王羲之的诗歌创作尤其山水诗给予了高度评价，指出“陆运的《逸民赋》《逸年箴》，王羲之的《兰亭诗》……在魏晋文学中，这类作品是最优秀的”[①]。王羲之在兰亭集会上曾赋诗：“三春启群品，寄畅在所因。仰望碧天际，俯磐绿水滨。寥朗无厓观，寓目理自陈。大矣造化功，万殊莫不均。群籁虽参差，适我无非新。”[②]三月上巳日，天朗气清，惠风和畅，诗人们畅游于青山绿水之间，畅叙幽情，惬意非常。诗歌以景写起，以理结尾，文笔优美，意境阔大，特色鲜明。虽也有谈玄说理的成分，但其折射出的精神状态是积极向上、畅达明朗的。

王戎（234—305），字濬冲，西晋大臣。历任吏部黄门郎、散骑常侍、河东太守、荆州刺史。后迁豫州刺史，加建威将军，受诏伐吴。平定吴国后，得封安丰县侯。惠帝时，先后任尚书令、司徒。随着政局日趋混乱，王戎也逐渐随波逐流，“为我”思想、“保身”哲学日渐明显。卒后谥号“元”。王戎是西晋文学家，与嵇康、阮籍、山涛、向秀、阮咸、刘伶友善，常宴集于竹林之下，世称“竹林七贤”。

王微（415—453），字景玄，南朝宋文学家、画论家，其“少好学，无

① 刘大杰：《中国文学发展史》，中华书局1941年版，第176页。
② 沈文凡：《汉魏六朝诗三百首译析》，吉林文史出版社2014年版，第117—118页。

不通览，善属文，能书画，兼解音律、医方、阴阳术数”，16 岁州举秀才，起为司徒祭酒，转主簿，继任宋文帝次子始兴王刘濬后军功曹、记室、参军，后任南平王刘铄右军谘议参军，终官中书侍郎。王微有画论《叙画》五篇，是中国美术史上比较重要的绘画理论著述。另外，王微也善于写诗，钟嵘《诗品》称“其源出于张华，才力苦弱，故务其清浅，殊得风流媚趣”[①]。王微有文集十卷，已佚，从《宋书·王微传》所收《与江湛书》《报何偃书》《告弟僧谦灵书》中，可以看出“其文立意深邃，说理透辟，善用典故，语重情浓，写得潇洒不落俗套”[②]。

王僧达（423—458），南朝宋文学家，历任宣城太守、太常卿、中书令，大明二年（458），因遭诬陷，被赐死。据《隋书·经籍志》载，他有文集十卷，均已散佚。钟嵘在《诗品》中评价王僧达的诗歌时，认为他才力不足，所以其诗重在清新、浅白，但他也因此具有了风流媚趣的诗歌风格。

王俭（452—489），字仲宝，是王僧绰之子，但其出生时，王僧绰遇害，故王俭被叔父王僧虔养大。王俭从小就很爱学习，文名早成。成年后，王俭娶了宋明帝的女儿阳羡公主，拜为驸马都尉。王俭 18 岁时即为秘书郎，后历任太子舍人、秘书丞、司徒右长史、侍中、尚书令，领国子祭酒，开府仪同三司，封南昌公，死谥文献公。任秘书丞时，王俭根据《七略》写了《七志》四十卷，并将其装裱后献给宋明帝。王俭的文学成就非常突出，是南朝齐国目录学家、文学家，也是南齐中期之前琅琊王氏的代表人物。《隋书·经籍志》有《王俭集》五十一卷，已散佚。今存其诗八首，歌辞五首，文四十多篇。明人张溥辑有《王文宪集》，收入《汉魏六朝百三家集》。

王融（467—493），字元长，南朝齐政治家、文学家，与谢朓同为当时文坛的代表人物。王融曾跻身“竟陵八友”，获得文学领袖竟陵王萧子良的赏识，写了不少侍宴诗，并参与了神灭与神不灭之争；后通过翻译佛经，对中国诗歌的声律有所体悟。王融的文学作品特征鲜明，善于用典，讲究形式。其散文大多陈述政见，诗歌注重声律，与沈约等人同为“永明体”代表作家。王融曾就施政诸事进行深入的论辩，所上奏疏给当时苟安的江左带去了生气，同时给当

① 常振国、绛云编著：《历代诗话论作家（上）》，湖南人民出版社 2013 年版，第 87 页。

② 临沂市政协文史资料委员会编：《临沂历史大观·秦汉至隋唐时期卷》，黄河出版社 2009 年版，第 355 页。

时的文坛输进了新风。据《隋书·经籍志》记载，他曾著有文集十卷，已散佚。今天所能看到的王融作品，散见于《南齐书》《文选》《玉台新咏》等书中。严可均《全上古三代秦汉三国六朝文》收有王融文集两卷六十六种，逯钦立《先秦汉魏晋南北朝诗》收有王融诗歌一百零一首。

王籍（生卒年不详），字文海，不但好学，而且有才气，是南朝梁著名的诗人。王籍的诗受谢灵运的影响较大，有王羲之、谢安等避居东山恣情山水的遗风，并以《入若耶溪》一诗奠定了自己在中国文学史上的地位。其中“蝉噪林逾静，鸟鸣山更幽”一句，将山林的幽静置于蝉的鸣叫、鸟的喧动之中，动静结合，这种辩证的艺术创作手法对唐以后的诗歌影响深远。除诗歌外，王籍兼工草书。萧绎曾辑其文十卷，已散佚。今存诗两首，被逯钦立辑入《先秦汉魏晋南北朝诗》中。

王褒（约513—576），字子渊，北周诗人、书法家。王褒识量渊通，志怀沉静，美风仪，善谈笑，博览史传，善作草书。梁元帝时，曾任吏部尚书、右仆射。晚年，王褒曾出任宜州刺史，并于任职期间去世。王褒原为南朝的宫廷文人，所写乐府诗，在南朝梁时就具备一种清新刚健之气，如他的《燕歌行》曾被广泛传诵和模仿，《北史·王褒传》称其“妙尽塞北寒苦之状”。王褒的诗歌现存四十余首，多是到北方后所作，受北方生活风俗的影响，诗歌内容较过去充实，主要书写羁旅之情、故国之思和边塞风情，风格雄健，一洗南朝宫廷文人的脂粉气，如《渡河北》《出塞》等。王褒的诗文，《隋书·经籍志》有著录，已散佚。明人辑有《王司空集》。

王筠（482—550），字元礼，南朝梁文学家，王僧虔之孙。王筠对文学史具有突出的贡献，他首创了“一官一集”的文集体例，即以仕历为断限，按作者担任官员的先后顺序编定系列文集，代表作有《洗马》《中书》《中庶》《吏部》《左佐》《临海》《太府》各十卷，《尚书》三十卷，共一百卷。王筠的诗歌以应合酬唱为主，重对偶、用典，句式整齐，不够灵动，但他也有《侠客行》这类充满豪情的诗。王筠是永明文学中的代表人物，他的诗歌以声韵见长，诗歌风格和内容是对当时主流文学的反映，具有一定的研究价值。

（二）琅琊颜氏代表人物

琅琊颜氏自颜斐时代就以文采著称，如颜盛之子颜钦精通《诗》《礼》《易》

《尚书》，当时的学者都以其为师。其后，琅琊颜氏诸代均有富有才学之人出现。就魏晋南北朝时期而言，琅琊颜氏在文学方面获得一定成就的有颜延之、颜竣、颜协、颜之推等人。

颜延之（384—456），字延年，南朝宋著名文学家，宫廷文学的代表人物。世人将其与谢灵运合称为“颜谢”，与鲍照、谢灵运合称为“元嘉三大家”。颜延之虽为琅琊颜氏成员，但其家庭经济条件并不好。据《宋书·颜延之传》载，他从小家境贫苦，居住在陋巷之中。然而他人穷志不穷，从小喜欢读书，涉猎广泛，所写文章文采斐然，可称得上冠绝当时。颜延之喜欢喝酒且不拘小节，又兼以贫穷，所以他虽有文采，但直到30岁还没有结婚。但颜延之并不因自己贫穷就依附权贵，如他的妹妹嫁给东莞刘穆之的儿子后，刘穆之听说他才华横溢，打算任命他官职，但想先见他一面，然而颜延之并没有前往。显然，《宋书》不但肯定了颜延之的文采，对其人品也极为推崇，并举例说明颜延之坚持操守、甘于贫穷的高洁品格。颜延之的儿子颜竣地位尊贵，权倾朝野，但是他给颜延之的物品，颜延之都没有接受。颜竣为官后，颜延之所使用的还是颜竣为官之前的器具，所穿便服也是颜竣为官之前的衣服，住宅也没有扩建、装修。颜延之出门的时候，经常坐着瘦弱的牛拉的车，在路上碰到颜竣出行的仪仗队，就闪在道旁躲避。颜延之是一个性情中人，比较喜欢骑马，经常骑着马在大街小巷游玩，遇到好友故知时就停住马，向对方要酒喝，喝酒后就会颓放不羁。颜延之经常对颜竣说自己一辈子不喜欢见达官贵人，结果不幸成了颜竣的父亲。颜竣建房子时，颜延之告诉他要好自为之，不要让后人笑话他的拙劣。颜延之在生活中的这些小事，看似是一种无为的生活态度，实则显示出他喜欢清静、不受约束的精神境界。颜延之所具有的这种超然文采及高洁品质，使其文学作品风骨颇佳，为时人及后人所推崇。

颜延之一生作品很多，代表作有《纂要》，但已散佚。就目前所存文献资料而言，对其作品收录较为具体的则是南朝梁萧统的《文选》。《文选》收颜延之诗文二十三篇，萧统将其分为咏史、公宴、游览、赠答、行旅、郊庙、哀伤七大类。

虽然时人将其与谢灵运并称，但是颜延之诗歌风格与谢灵运不同，如鲍照说谢灵运的诗歌就像刚要绽放的芙蓉，自然清新、唯美可爱，而颜延之的诗歌则如铺锦列绣，重在雕刻装饰。无独有偶，钟嵘在《诗品》中也认为颜延之的文章精深难懂。颜延之这种“铺锦列绣”“雕缋满眼”的诗歌风格的形成，在于他遵循六朝作家的共同创作理念，即调弄音律，雕琢章句。究其根源，这与其写诗主要是为了表达个人情感也有一定关系。但颜延之的诗歌风格并不单一，在雕琢中也多有清新之作，如叶矫然《龙性堂诗话初集》中就曾指出，颜延之虽然擅长雕琢字句，但是他的《秋胡行》《五君咏》等诗，像芙蓉出水一样，有天然自成的韵味。

除了写情感，颜延之也多借诗歌写事，如宋代张戒在《岁寒堂诗话》中认为，在诗歌中写事，始于颜延之，鼎盛于杜甫。用诗写事，使得颜延之的诗歌具有了现实主义精神，这种精神指他的作品随着其人生经历的变化而变化，从早期诗歌中表现出的恃才傲物、愤世嫉俗的人生态度，到后期诗歌中表现出的明哲保身、顺势而为的精神，清晰地体现出了在乱世中求生存的文人的无奈。

颜延之文采斐然，其作品体裁多样，几乎涉及中国古代所有的文体，如赞、颂、书、表、诔、状、答问、序、赋、诗等。他的文学创作和文学理论对后代影响颇大，大明泰始年间，出现了“祖袭颜延”的诗人团体；明屠隆《文论》指出：“由建安下逮六朝，鲍、谢、颜、沈之流，盛粉泽而掩质素，绘面目而失神情，繁枝叶而离本根，周、汉之声，荡焉尽矣。然而秾华色泽，比物连汇，亦种种动人。譬之南威、西子，丽服靓妆，虽非姜、姒之雅，端人庄士，或弃而不睨，其实天下之丽，洵美且都矣！”[①]

颜延之的儿子颜竣（？—459），文学才华也颇高。据《新唐书》载，颜竣有《诗例录》两卷；据《隋书·经籍志》载，颜竣有《颜竣集》十四卷并目录，但今已散佚。《全上古三代秦汉三国六朝文》存其文八篇、《先秦汉魏晋南北朝诗》存其诗四首。

颜协（498—539），字子和，为颜含的第七代孙。颜协是南朝梁时书法家，但因其父母早亡，故从幼年时即由其舅父抚养。据史籍记载，颜协幼时即博览群书，以才识气度非凡为世人所知。至于书法方面，则擅长草、隶、飞白，当时荆楚一带的碑碣都是颜协所写。因其书法出众，湘东王出镇荆州的时候，聘请他为记室。就为人而言，颜协注重孝道及礼仪，其舅父去世时，他以对待伯

① 郭绍虞主编：《中国历代文论选》中册，中华书局1962年版，第356—357页。

叔的礼仪居丧。他虽然家庭贫寒，但非常注重礼节，出门时不但要庄重修饰仪容，甚至没有车马就不出门，无时无刻不在维护自己作为一名文人的形象。正是由于这种为人风格，当他去世时，元帝萧绎非常惋惜，并为其作《怀旧诗》，可见对其重视程度。

颜之推（531—590以后），字介，文学家、教育家，被誉为公元6世纪“最博学而有思想”的学者。颜之推一生坎坷，饱受战乱之苦，可谓命途多舛。他入仕较早，19岁就为湘东国左常侍，同时为镇西墨曹参军，后又为南朝梁散骑侍郎。梁灭亡后，为北齐黄门侍郎，再为周之御史上士。隋开皇年间，被太子召为文学。这种经历对富有文学情怀的他而言，是一种巨大的精神折磨，在其《观我生赋》中不难看出这一点：“向使潜于草茅之下，甘为畎亩之民，无读书而学剑，莫抵掌以膏身，委明珠而乐贱，辞白璧以安贫，尧舜不能荣其素朴，桀纣无以污其清尘，此穷何由而至，兹辱安所自臻？”[①] 颜之推著有文集三十卷，但已散佚；所著《颜氏家训》一书，是他的传世名著，也是北朝后期重要的散文作品，全书有教子、治学、勉学、风操、养生等二十篇，事例生动，论述精到。另外，颜之推还著有一部志怪小说《集灵记》，但现已散佚。他还与陆法言等讨论音韵学，参与编纂著名的音韵学著作《切韵》等。

二、兰山文学特点

文学具有时代性，魏晋南北朝特殊的社会环境下所产生的文学也具有自己的时代特征。刘师培在《中国中古文学史讲义》中指出：“晋人文学，其特长之处，非惟析理已也。大抵南朝之文，其佳者必含隐秀，然开其端者，实惟晋文。又出语必隽，恒在自然，此亦晋文所特擅。齐、梁以下，能者鲜矣。”[②] 魏晋南北朝时期，作为文学中的一分子，兰山文学虽具有家族性特征，但也具有其当时朝代的文学总特征，如颜竣《淫思古意诗》云：“春风飞远方，纪转流思堂。贞节寄君子，穷闺妾所藏。裁书露微疑，千里问新知。君行过三稔，故心久当移。”[③]

魏晋南北朝时期，兰山文学涉猎领域广泛，如颜延之的创作几乎涉及中国

① 马积高主编：《历代辞赋总汇·先秦汉魏晋南北朝卷》，湖南文艺出版社2014年版，第1126页。
② 刘师培：《中国中古文学史讲义》，上海古籍出版社2000年版，第62页。
③ 萧涤非等著：《汉魏晋南北朝隋诗鉴赏词典》，山西人民出版社1989年版，第744页。

古代所有的文体，著名的书法家王羲之以一篇《兰亭序》闻名文坛，颜之推则以一部《颜氏家训》独步古今文坛。

第五节 洗砚池晋墓

洗砚池晋墓位于临沂市兰山区洗砚池街北侧、王羲之故居内，共有东（1号墓）、西（2号墓）两座，两墓相距35米左右。两墓于2003年5月发掘，为2003年度中国十大考古新发现之一，并于2006年被认定为第六批全国重点文物保护单位。

图3-4 普照寺碑

1号墓中葬有三个儿童，2号墓为夫妻合葬墓。虽然两座晋墓位于王羲之故居内，但实际上现有王羲之故居是在原有王羲之故宅基础上扩建而成的，王羲之故居内的普照寺才是王羲之故宅。西晋末年，受永嘉之乱影响，琅琊王氏南迁，后以王羲之故宅为基础修建了普照寺。普照寺东边的晒书台、南边的泽笔池，都是其遗址。王羲之书法对后世影响巨大，继唐太宗李世民为《晋书·王羲之传》写“传论”、宋太宗赵光义敕谕王著等人完成的《淳化阁帖》正式确立王羲之的书圣地位后，与王羲之有关的一切便被当成文物对待，其故宅自然也不例外，普照寺内所立的碑刻即金代人对王羲之致敬的见证。普照寺碑即集柳碑，是普照寺主持觉海于金熙宗皇统四年（1144），搜集、选取柳公权书法中的字摹刻而成，其中就有琅琊王氏家族南迁的内容。

一、洗砚池晋墓墓主

洗砚池晋墓分为1号墓和2号墓，1号墓内有东、西两个墓室，东墓室两个棺材内各葬有一未成年人；西墓室只有1个棺材，棺内葬的也是未成年人。这种墓室中葬有三个未成年孩子的情况比较罕见，据专家鉴定，三个孩子分别为两岁左右的婴儿、不满一岁的婴儿、六七岁的孩童。其中两岁左右的婴儿、不满一岁的婴儿葬于东墓室，其棺材长1.2—1.4米，宽0.5米。棺材的精巧显示出婴儿家世良好。六七岁的孩童葬于西墓室，其棺材长2.5米，宽0.7米。但由于三者年龄太小，无法确定性别。令人疑惑的是，虽然三个孩子都葬于1号墓，他们身上的随葬品却不相同。西墓室的孩子，头发为盘发，上有发钗、簪子，不但两只胳膊上带着金镯子，胳膊两边还放着金铃铛。其双手交叉放在腹部，手上竟然带有11枚金指环，胸部上方有一些散乱的、串在一起的金珠。

图3-5　1号墓外貌

这种为未成年人修建墓室且将其放入棺材中的方式，在以往发掘的墓葬中很少见。因为在古人眼中，未成年人死后不得入祖坟，更不可能为其建造如此形制的墓室，并为其陪葬那么多精美的器皿。

2号墓为单墓室，有2具成年人遗骸，据考古学家分析，此墓应为夫妻合葬墓，然其被盗多次，所见随葬品不多，且夫妻俩遗骸散落墓室内，可见盗墓者手法之粗鲁。

图 3-6　2 号墓外貌

1 号墓和 2 号墓都位于普照寺东大雄宝殿附近，据考证，两者皆为西晋时期墓葬，与王羲之的出生年代相近。而普照寺为王羲之故宅，琅琊王氏又是当时的大族，由此，墓主的真实身份虽不能确定，但是能够葬在王羲之故宅附近，想必与琅琊王氏有着密切联系。

二、洗砚池晋墓形制

洗砚池晋墓建筑风格一致，用料相同，除墓门为石质外，其他部分均为砖质。但因墓主不同，两座墓的具体形制有所差异。1 号墓的墓主为三个未成年人，墓室分东、西两室，为双室单层券顶墓，东西宽 7.55 米、南北长 4.6 米、高 3.4 米，面积约 35 平方米。东西墓室除有双扇石门外，墓门两侧又各有一个用平砖砌堵的掖门。1 号墓的墓顶上方原为两米多厚的夯土层，发掘时，其墓顶封土仅有 1.5—2 米，券顶用扇形砖砌成，表面封有石灰层，墓壁用砖砌成。墓室前的地面也经过了硬化，东西两侧都有向南延伸出 2.9 米的挡土墙。东、西墓室底部都铺有双层砖，像龟背状的弧面一样隆起，高出地平面约 0.6 米。1 号墓的建筑质量极高，其东、西墓室的双扇石门，发掘时仍开合自如。

据资料显示，1 号墓是迄今为止山东省境内唯一保存完整的大中型汉晋时代砖室墓葬，其形制及随葬品的完整为今人研究汉晋时代的丧葬习俗提供了资料。

2 号墓位于 1 号墓西侧，是由封土、墓道、墓门、甬道和墓室构成的单室墓。与 1 号墓一样，2 号墓墓室平面为长方形，面积约 27 平方米，墓室顶端为券顶。

三、洗砚池晋墓随葬品

据考古资料显示，洗砚池晋墓随葬品丰富，且品质非常高。1 号墓随葬品丰富且保存较完好，共有随葬品 250 多件，包括金器、铜器、瓷器、漆器、陶器、铁器以及其他材质的物品。其中，西室有瓷盘口壶、铜熏炉、金铛、云母片、铁钉、漆盒、铜壶、海螺、高足盘、铜钱、木梳、砚盖、黛板、骨筒形器等，东室有铜洗、云母片、铜扣、漆碗、金环、酱釉壶、铜叶片饰、漆盒盖、瓷钵等。由于被盗，2 号墓内随葬品较少，仅有瓷灯、铁器、青铜虎子、陶灯、串珠、24 枚小金钉等。值得注意的是，洗砚池晋墓中出土的漆器，在此前长江以北地区的其他晋墓中并未发现。

在这两座墓葬出土的文物中，有 59 件被评为国家级珍贵文物，其中青瓷胡人骑狮水注、青瓷鸡首壶、青铜神雀伏雏衔鱼熏壶等 7 件文物被评为一级文物，铁弩机、熨斗、熏等 7 件文物被评为二级文物，铜灯、魁、鐎斗、洗、三足炉等 45 件随葬品被评为三级文物。

被评为国家一级文物的青瓷胡人骑狮水注，制作技术极高，胡人和狮子栩栩如生，令人叹为观止。其“胡人浓眉大眼，两眼圆睁，高鼻大耳，络腮胡须，髭须上翘。头戴网纹卷沿高筒帽，帽中间饰凹弦纹，帽后两带交叉下垂。身着圆圈、十字形纹衫裤，足穿网纹履，端坐于狮背上。左手揪狮耳，右手执便面于胸前，目视前方，呈驾驭雄狮的威严气派。卧狮怒目，张口，獠牙外露，颌下有须，长尾呈树叶状下垂，尾尖上卷，狮身印有圈形斑纹，篦划鬃毛，通体施青釉”[①]。一件瓷器能将当时胡人的服饰及神态描述得如此形象，无疑说明

① 冯沂：《山东临沂洗砚池晋墓》，载《文物》2005 年第 7 期。

当时制瓷业水平的高超。

而一同被评为国家一级文物的鸡首壶，其工艺水平也不逊色。它“盘口，圆腹，肩部堆塑无颈鸡首及尾饰，肩附一对对称竖系，底内凹。肩饰芝麻花联珠纹和斜网格纹带，施青釉泛微黄，釉面光亮，未及底”[①]。

图 3-7　青瓷胡人骑狮水注

图 3-8　青瓷鸡首壶

1 号墓西墓室出土的铜弩机，构件齐全，制作精良，由郭、牙、望山、悬刀和键等部分组成。郭身有二键穿通，前后键分别固定牙、悬刀和望山。弩机郭长 11.8 厘米、宽 3.5 厘米，望山高 5.2 厘米，牙长 1.6 厘米，通高 14.6 厘米。弩机郭面右下方刻有铭文，其笔画细若游丝，字形稚拙，但大多清晰，尚可辨认。铭文竖排三行，共 31 字，据冯沂考证，这段文字应该为“正始二年五月十日，左尚方造，监作吏晁泉，牙匠马广，师张白，臂匠江子，师王阿”[②]。正始是魏齐王曹芳的年号，正始二年即为公元 241 年，其与后面的五月十日连连在一起，明确点明了铜弩机的制造时间。左尚方始自秦代，据《通典》：“秦置尚方令，汉因之。后汉主作手工作、御刀剑、玩好器物及宝玉作器……汉末分尚

① 相启春、田洁:《山东临沂洗砚池一号晋墓出土的越窑青瓷》,载《南方文物》2001 年第 3 期。
② 冯沂：《临沂洗砚池晋墓出土正始二年弩机考议》，载《中国历史文化》2006 年第 3 期。

方为左、中、右三尚方。魏因之。”[①]“监作吏”是总负责监制铜弩机制造的官员，而后面的“牙匠”“臂匠”是负责具体组织生产的官员，“师”则是直接制作弩机不同部位的工匠。一把弩机的制作，参与人员层次有监作吏、牙匠、臂匠、师，反映出当时政府对兵器的重视。

图 3-9 铜弩机

2 号墓由于多次被盗，发掘时，随葬品有铁鼎、铜熨斗、铜虎子、铜铃、铜削、铜簪、瓷灯、瓷罐、瓷盘口壶各 1 件，瓷钵、陶灯各 2 件，铜镜 3 件，且多为残器。此外还有玛瑙珠串残留的 3 枚玛瑙珠、一些小珍珠、装饰棺材的 24 枚小金钉及小银钉。通过与 1 号墓的对比可以推断，2 号墓随葬品的品质及数量绝不亚于 1 号墓。

第六节 琅琊相臧霸

臧霸（生卒年不详），字宣高，一名奴寇，泰山华县（今临沂市兰山区方城镇）人，三国曹魏时期著名大将，臧戒之子。臧霸共有三个儿子，其中两个儿子分别为臧艾、臧舜，另一个儿子不可考。

臧霸年轻时便有勇壮之名。他的父亲臧戒曾担任县狱掾，因为恪守律法、

① 〔唐〕杜佑：《通典》，中华书局 1988 年版，第 759—760 页。

不肯听从太守凭私欲杀掉狱犯的命令，惹怒太守，被拘捕并送入太守府问罪。臧霸当时虽然只有十八岁，却能召集数十人在费县西山道中截击押送其父亲的人，顺利将其父亲求出。但他也因此不得不与父亲离开家乡，逃亡东海。从此，臧霸以勇壮闻名于世。

黄巾起义时，臧霸为徐州刺史陶谦所用，因战功被授予骑都尉。他深谋远虑，在徐州招纳士兵，建立独立的武装队伍，驻地在开阳（今临沂北）。194 年，陶谦病故，刘备出任徐州牧，臧霸遂投奔刘备。196 年，吕布取代刘备成为徐州牧；198 年，曹操大败吕布后，不因臧霸率军与他对抗而降罪于他，反而将他招入麾下，任命他为琅琊相，并将徐州、青州二州划入他的治下。

臧霸为人重情重义。曹操驻军兖州时，徐翕、毛晖都是曹操的部将，后来二人皆背叛了曹操。兖州被平定后，徐翕、毛晖投奔于臧霸。曹操于是让刘备传话，命臧霸把这两人杀了。臧霸对刘备说："我之所以能够自立，就是因为从来不做这种出卖朋友的事情。我受到曹公的不杀之恩，不敢违抗他的命令。然而成就王霸大业的君主以道义为准，希望将军为我美言。"刘备把臧霸的话转告曹操，曹操叹息一声道："这是古人的高尚行为，他所做的正是我所希望的。"于是任命徐翕、毛晖二人为太守。官渡之战时，臧霸屡次带领精兵进入青州，使曹操能专心应付袁绍而不用担心东方的事情。后来东州纷乱，动荡不安，臧霸及其部下忠于朝廷，征讨叛军，使渤海、泰山等地区重归清平安定。任徐州刺史期间，下邳令武周将不守律法的手下拷问致死，但臧霸反而对武周更加友善。

臧霸在讨伐孙权的诸多战役中都发挥了重要作用，表现出较高的军事才能。他在战场上有大局意识，且作战勇敢，从不畏惧，能够率先冲锋陷阵。攻打巢湖时，他第一个登上城头。张辽讨伐陈兰时，臧霸被调到皖地攻打吴将韩当，以阻止孙权救援陈兰。韩当派兵迎战臧霸，被臧霸打败。孙权又派军队支援陈兰，听说臧霸军队驻扎在舒城时，立即撤军。臧霸引军连夜追赶，将吴军打得溃不成军。陈兰因得不到支援，只能孤军作战，终被张辽打败。臧霸也因屡立战功，被封为扬威将军。

曹丕继魏王位后，也经常咨询他对相关军事行动的看法，并升其为镇东将军、晋爵为武安乡侯，命其负责管理青州的军事。及至曹丕称帝，又封其为开阳侯，后转封梁成侯。魏明帝即位后，增封臧霸五百户食邑，与其此前所有的食邑合计为三千五百户。臧霸去世后，得谥号为“威侯”，后人评之为“气节之士”。

臧霸因战功赫赫为魏国历代帝王所倚重，他的三个儿子也因臧霸而被封列侯。臧霸去世后，儿子臧艾继承了他的爵位，后官至青州刺史、少府。臧艾死后，得谥号为“恭侯”。

第四章　隋唐时期

隋唐时期，兰山境域建置几经变革，先为琅琊郡即丘县所辖，转为沂州即丘县所辖，后又为沂州临沂县所辖。这一时期，兰山发展最好的家族是颜氏家族。这个出身寒门的士族在唐开元年间步入巅峰，多人身居高位，在书法、经学、训诂等诸多方面做出了突出贡献。隋唐时期的兰山教育也蓬勃发展，官学与家学相得益彰，兰山士人在科举考试中表现优异，进士辈出。唐中后期，整个王朝陷入混乱中，兰山在历史的大漩涡中自然不能避免——节度使叛乱、农民起义此起彼伏，特别是发生在唐宪宗朝的沂州军乱，冤杀上千人，震惊史册。动乱时代，兰山人民仍然在积极改造、建设着这片土地。他们中有像颜杲卿、颜真卿兄弟这样勇于为国家献身的社会名流，也有一些历史上籍籍无名的兰山居民；他们自强不息，创造了盛世，也经历了磨难，为隋唐文化写下了自己的浓重一笔。

第一节　建置沿革及文物古迹

古无兰山之名，唐时于沂州下增设兰山县，但这个兰山并不是今天意义上的兰山。今天的兰山境域，在隋唐时代于行政归属上屡遭变更，初在琅琊郡即丘县所辖区域内，后又为沂州临沂县所辖。

一、兰山的建置

（一）隋代的兰山

隋初继承了北周的行政管理模式，实行州—郡—县三级管理制度，没有兰山建置。隋文帝开皇元年（581），兰山属沂州琅琊郡，琅琊郡下辖4县：即丘县、费县、武阳县、新泰县，兰山在当时位于即丘县辖区内。开皇三年（583），隋文帝废除了延续近600年的州—郡—县三级管理制度，实行州—县两级管理模式，此制度延续到隋炀帝大业三年（607）初，今天的兰山区域在当时亦属沂州即丘县管辖。

开皇三年，琅琊郡被废，保留沂州，沂州下辖4县：即丘县、费县、武阳县、新泰县。开皇十六年（596），从即丘县中分置临沂县，今兰山区域在当时临沂县辖区内。大业初年（605），即丘县并入临沂县。大业三年（607）改州为郡，实行郡—县管理模式，沂州改为琅琊郡，下辖7县：临沂县、费县、颛臾县、新泰县、沂水县、莒县、东安县，今兰山区域在当时临沂县辖区内。

（二）唐代的兰山

唐初继承隋代的州—县两级管理制度，并于贞观元年（627）开始在州上设道，分全国为十道，沂州属于河南道，今兰山区域属于河南道沂州临沂县。

唐武德四年（621），置沂州，管辖临沂、费、颛臾三县，又增设兰山、临沭、昌乐三县。这是历史上第一次在临沂境内设立兰山县。关于兰山县的具体位置，众说纷纭。《读史方舆纪要》卷三十三记载："兰山城，在州西。"[①] 清乾隆《沂州府志·山川》记载："兰山：县南八十里，县以此得名。"《临沂古地名考略》一文在《沂州府志》的记载下补充认为："今治西南兰山下有村、有屯、有保，皆以兰山名，唐兰山县治，想即在此。"[②] 民国《临沂县志》指出兰山县就是汉代的戚县。据王汝涛先生考证，兰山古县城在褚墩镇兰山屯村（今属罗庄区）。[③] 通过上述这些观点可知，当时的兰山肯定不是今天兰山所在的位置。唐代兰山县仅存在了两年，武德六年（623），兰山县、临沭县、昌乐县被撤销，其辖区并入临沂县。

天宝元年（742），改沂州为琅琊郡。乾元元年（758）复为沂州，下辖5县：临沂县、费县、沂水县、承县、新泰县，今兰山区域属于当时的临沂县。乾元二年（759），设青密节度使管理沂州、海州等地区。上元二年（761），设淄沂节度使，后废除，今兰山区域归当时的淄青平卢节度使管理。宝应元年（762），今兰山区域又归兖郓节度使管理，不久又回归淄青平卢节度使管理。大历四年（769），朝廷在这里又设置了海、沂、密三州都防御使，后废除。

① 〔清〕顾祖禹：《读史方舆纪要》，商务印书馆1937年版，第1468页。

② 王西献：《临沂古地名考略》，见中国人民政治协商会议临沂市委员会编《临沂文史集粹》第2册，山东人民出版社1997年版，第10页。

③ 〔清〕叶圭绶撰，王汝涛等点注：《续山东考古录》，山东文艺出版社1997年版，第550页。

建中三年（782），该地归徐、海、沂、密团练观察使管理，不久又归淄青平卢节度使管理。元和十四年（819），改由沂、海观察使管理，治所在沂州。两年后，观察使升格为节度使，治所从沂州迁到兖州。五代时期的兰山建置和唐代时基本一致。

从上述建置的不断变换可知，唐中后期对兰山这片地区的管理陷入混乱，政府不断地调整管理模式，试图找到有效控制地方的措施，但是从反复废置的过程来看，唐政府的各种尝试均失败了，兰山这片土地上的动乱、起义此起彼伏，这在后文的农民起义中可见一斑。

二、文物古迹

（一）文物

隋唐时期兰山境内的文物相对于其他时代存留较少，见于考古报道的仅有些碑刻、铜镜以及钱币、瓷器等。其中较有影响的是下列几种。

隋义主都督诸葛子恒合一百人平吴越主陈叔宝纪功碑。又称诸葛子恒平陈颂碑，隋开皇十三年（593）刻，隋文帝表彰诸葛子恒带领其族子弟100人参加平定陈叔宝战争取得胜利的纪功碑。此碑发现于清代，钱仪吉还为此作赋一首——《诸葛子恒碑》：

> 兰山昨淘河，隋碑新出土。文违六书体，高仅三尺许。别将与平陈，执讯侈扬诩。都督拜杂号，岂有建义府。子恒氏诸葛，倘袭琅邪谱。缅怀南阳公，管乐让神武。殷莘起三聘，夏康兴一旅。区区俘馘功，奚足绳乃祖。长江映绮楼，君臣日歌舞。但恃任蛮奴，不识韩擒虎。羽书掷床头，何暇三鸣鼓（碑云叔宝犹三鸣其鼓）。首虏一为十，魏法哂自古。争看紫燕归，大酌金罍醑（“紫燕”“金罍”皆用碑中语）。往事重嗟吁，客舍闲坐雨。聊寻点画佳，风烈先虞褚。[①]

①《清代诗文集汇编》编纂委员会：《清代诗文集汇编》第541册，上海古籍出版社2010年版，第711页。

图 4-1　隋义主都督诸葛子恒合一百人平吴越主陈叔宝纪功碑原石局部

诗中交代了此碑是在兰山清理河道时发现的，高仅三尺多。此碑现存于临沂市博物馆。北京故宫博物院现存有马衡先生捐赠的清代拓本，长 123 厘米，宽 80 厘米，字体为较为成熟的楷体。

唐代敕处分县令碑。1982 年 2 月发现于临沂市委大院中。石碑有些残缺，大致呈椭圆形，长 59 厘米，宽 46.5 厘米，厚 11 厘米，现存 15 行 209 个字，字体端正秀丽，柔中带刚。[①] 此碑内容残缺不全，但是《全唐文》卷二百八十四《张九龄传》中的《敕处分县令》可补其阙。碑文大意是：开元二十四年二月五日，唐玄宗李隆基精选了一批有才干的人补充各地的知县之职，并在朝堂上设宴送行，亲自勉励他们要“理化有声，名实相副”。这番训诫的话被传诏各地遵照执行，当时的县令张仲佺就把这篇诏书刻在石碑上做了座右铭。

图 4-2　敕处分县令碑

① 唐碑的数据及图片参见冯沂《山东临沂市发现唐代石碑》，载《考古》1986 年第 1 期。

银雀山汉墓竹简博物馆所藏部分与兰山有关的唐代铜镜。主要有：（1）葡萄蔓枝镜。该镜出土于兰山区后岗头村，圆形，直径 9.5 厘米，圆钮，花瓣纹钮座，以高圈分成内外两区，内区为葡萄蔓枝叶实，外区为卷草纹。（2）瑞兽鸾凤葡萄镜。圆形，兽钮，装饰华美，为唐镜中的佳品。直径 17.8 厘米，以连珠纹高圈分内外两区，内区饰六瑞兽攀援葡萄蔓枝及三只雀鸟，外区为葡萄蔓枝叶实、孔雀、鸾凤、蜂蝶交错相间。（3）雀绕花枝镜。菱花形，直径 9.6 厘米，圆钮。内外区均饰间以四鸟的四折枝花卉，边缘饰花叶纹。（4）祥云瑞鸟镜。菱花形，直径 9.8 厘米，圆钮。绕钮饰有四鸟，其中二鸟衔蝶，鸟顶有流云，边缘饰花叶纹。（5）仙骑镜。该镜出土于兰山区后岗头村，葵花形，直径 11.9 厘米，圆钮。饰有四仙人，其中二人骑兽，二人驾鹤。边缘饰花蝶纹。（6）鸾鸟衔绶镜。菱花形，直径 14.5 厘米，圆钮，饰有四只口衔绶带展翅飞翔的鸾鸟，四周有花蝶相配。（7）盘龙镜。菱花形，直径 24.5 厘米，饰巨龙盘绕云中，回头吞钮状。[①]

图 4-3　瑞兽鸾凤葡萄镜[②]

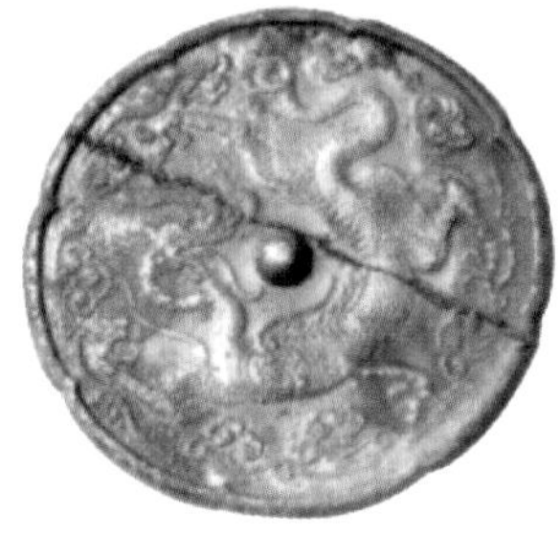

图 4-4　盘龙镜[③]

（二）古迹

鸿福寺，又称“洪福寺”“宏福寺”，位于兰山区白沙埠镇诸葛城村东南角的沂河岸边。清嘉庆二十一年（1816）所立鸿福寺碑上写“沂郡东北中邱城东有鸿福寺院，创建于唐”，明万历本的《沂州志》指出，鸿福寺是金代大定年间的僧人所建。两说时间不同，比较合理的解释是此庙始建于唐代，后荒废，金人又在其遗址上复建的。此寺已毁，仅剩下几块残碑，一尊石狮子和一株唐代的银杏树。这株唐代的银杏树高 34 米，胸径 3.43 米，树冠东西 25 米，南

① 宋彦泉、宋爱贞：《山东临沂银雀山发现古代铜镜》，载《考古》1990 年第 11 期。
② 图片引自宋彦泉、宋爱贞《山东临沂银雀山发现古代铜镜》，载《考古》1990 年第 11 期。
③ 图片引自宋彦泉、宋爱贞《山东临沂银雀山发现古代铜镜》，载《考古》1990 年第 11 期。

北 18 米。其基部还生有 3 棵高约 25 米的子树，这种景象被称为“母抱子”。1992 年，鸿福寺遗址被列为市级重点文物保护单位。

图 4-5　鸿福寺银杏树[①]

状元坟。状元坟位于今临沂市兰山区方城镇东古城村东南 500 米处。清代杨佑廷的《费邑古迹考》说状元坟是唐永徽二年状元颜康成之墓。颜康成是文学家颜之推的曾孙，也是颜氏家族的第一位状元。据传颜康成在上任之前回乡祭祖的时候染病去世，遂葬在孝悌里，其坟茔被人称为状元坟。20 世纪 60 年代，古墓的石头被人挖掘并转用于修水库，该墓遭到破坏。但据当事人回忆，状元坟有四个墓室，每个大概长 10 米，宽 8 米；墓壁由青石板砌筑，每块石板高 1.8—2 米，雕有精美的壁画。

颜杲卿、颜真卿墓。颜杲卿、颜真卿墓位于今临沂市兰山区方城镇。颜杲卿与颜真卿两兄弟遇难后，颜氏后裔在诸满村颜林为二人建了衣冠冢。民间还

① 本照片由临沂市兰山区白沙埠镇党委王伟勋拍摄。

有风聚坟的传说。[①] 据传兄弟二人殉国后，颜氏后人把二人的衣冠和铜首运回祖籍安葬，到了诸满村后运灵棺的牛车坏了。运送人员准备修车的时候，风云突变，狂风四起，人们被风刮得站立不稳，纷纷抱头匍匐于地，风停之后，两人的灵车处聚起了两座高高的小山，由此形成了风聚坟。北宋元祐六年（1091），皇帝下诏“沂州费县颜真卿墓载入祀典”。明代因为护林和迁徙人口的增多，这里成了“颜林村”。清光绪《费县志》记载，诸满村东有二茔，东茔三冢，西茔二冢特大，传为鲁公及常山太守墓。清代王婔作过《二颜墓》：“土封靡漫石碑残，双柏参天无屈蟠。疑是九幽魂魄化，峨冠长剑立高寒。”[②] 据《临沂文史资料》记载，颜氏的坟茔在20世纪50年代还有，树木葱郁，六七十年代大墓被毁，发现了晋“泰始八年”的墓砖，证明此墓不是颜真卿兄弟墓，而可能是颜盛及其子孙之墓。[③]1997年，人们在原址又新建了颜林，立了颜盛、颜杲卿、颜真卿等人的墓碑。

鲁公庙（颜氏双忠祠）。鲁公庙始建于唐代，原位于今临沂市兰山区方城镇诸满村。颜杲卿、颜真卿兄弟殉国后，颜氏故里的族裔在孝悌里即今天的诸满村建立鲁公庙来纪念二人。宋元祐六年，费县知县杨元永经过诸满村时，见鲁公庙太过于狭小简陋，遂向沂州府上报，请求重建祠堂。沂州知府梁彦深据以上报，朝廷予以批准，但颜真卿十一世孙颜安上认为原庙地处偏僻不便祭祀观瞻，所以上报知县自买土地，把鲁公庙迁往城东的祊河岸边。知县杨元永又邀请书法大家曹辅和秦观等撰文，刻成了颜鲁公庙堂碑。碑成以后，前往观瞻祭祀的人络绎不绝，鲁公庙一时名闻天下。“鲁公庙建成后，仅有少数看庙人在附近居住，管理庙产、耕种土地。因此地紧靠县城，后迁此定居的人不断增多。至明永乐年间，形成居民村落，称鲁公庙村。”[④] 康熙四十三年（1704）四月，时任费县知县的朱约在拜祭鲁公庙时认为庙里供奉着颜杲卿和颜真卿两个人的塑像，且两人功同死同，庙的名字不能仅体现颜真卿，遂将此庙改为“双忠祠”，并赋诗一首——《谒双忠祠》，以便后人知之。此后，鲁公庙遂被称为双忠祠。

① 风聚坟传闻见于颜承收《颜真卿、颜杲卿风聚坟故事传说》，详见沂南县史志办公室主编《琅琊临沂颜氏文化研究》，临沂市新闻出版局2002年版，第37页。

②《清代诗文集汇编》编纂委员会：《清代诗文集汇编》第475册，上海古籍出版社2010年版，第220页。

③ 王汝涛、刘家骥：《琅琊王氏家族与颜真卿》，见政协山东省临沂县委员会文史资料研究委员会编《临沂文史资料》第3辑，第126页。

④ 苗守艳：《沂蒙地区古地名研究》，九州出版社2016年版，第87—88页。

鲁公庙在20世纪六七十年代时被毁。

鲁公桥。此桥是诸满村的颜氏后裔为纪念颜真卿建立的，位于村南。清康熙四十三年，费县知县朱约把鲁公庙改为双忠祠，此桥也改称双忠桥。光绪五年（1879）此桥重修过一次，后又多次扩修。

唐墓①。1997年6月，在原临西一路（今通达路）中段西侧的药材站仓库工地发现了两座唐代墓葬，由当时正在金、银雀山进行考古发掘的工作队负责发掘。1号墓葬为圆形单室砖墓，墓葬平面整体呈“T”字形，墓内出土文物4件：瓷碗、瓷灯、陶砚与铜镜。瓷碗高5.2厘米，口径15.5厘米，底径6.8厘米，内壁白釉，外壁半白釉，近底露胎，釉色不均匀。瓷灯敛口，折沿，束腰式高足，米黄色釉，足部露胎，口径9.4厘米，底径4.2厘米，高4.4厘米。陶砚由青灰砖改刻而成，较粗糙，长18厘米，宽13.5厘米，厚3.3厘米。铜镜直径11.6厘米，缘厚0.14厘米，为八瓣连弧镜，素面，桥形钮。2号墓位于1号墓南，距1号墓12.6米，砖室结构，平面整体呈船形，船头向北，船尾向南，总长3.05米，最宽处1.96米，最窄处1.06米。船头处用砖铺砌，逐层递减成高66厘米、上宽28厘米、下宽76厘米的梯形结构，东西壁的砖交叉叠压于梯形结构之上。尾部为墓门，砖封结构。墓底未铺砖。2号墓中出土瓷碗、陶罐和“开元通宝”铜钱等物品，所出瓷碗胎质细腻，内外均有白釉且釉色均匀，口径13.4厘米，足径5.7厘米，高4.9厘米；陶罐为泥质灰陶，侈口，束颈，平底，口径16厘米，底径10.6厘米，高23.3厘米；铜钱4枚，均为“开元通宝”。

第二节　颜氏家族的变迁与仁孝忠君

隋唐时期，兰山世家大族中发展最好的是颜氏家族。颜氏家族入隋后因自身家族文化的熏陶，家族势力不断发展壮大。唐代中期，其家族势力发展到巅峰，颜师古、颜元孙、颜真卿等人都受到皇帝的礼遇，为唐代政治、文化的发展做出较大贡献。特别是颜真卿与兄长颜允南、弟弟颜允臧，兄弟三人同时身居高位，令人艳羡。后来，颜杲卿和颜真卿兄弟二人的殉国、家族成员的回迁，使颜氏家族的发展势头逐渐回落。颜氏家族成员的仁孝忠君思想在隋唐时期得

① 唐墓的数据资料来源于发掘报告。参见临沂市博物馆《山东临沂市药材站发现两座唐墓》，载《考古》2003年第9期。

到较完美的呈现，他们在家庭中恪守着仁孝精神，并把这种精神向外扩延，变为对朝廷的忠诚。唐中后期，颜氏家族成员勇于奉献，多人为国殉职就充分说明了这一点。

一、隋唐颜氏家族的变迁

北周建德六年（577），颜之推应周武帝征召，举家迁往京都长安。北周大象二年(580),颜之推任御史上士,其兄颜之仪任仪同大将军、御史中正大夫。隋朝建立后，颜之推兄弟转而为隋效力，颜之仪受赐爵位新野郡公。颜氏家族继随晋南迁后，实现了第三次大规模的家族迁徙，琅琊颜氏变成了京兆颜氏。自此之后到五代末的三百多年时间里，颜氏家族经历了十几代人的发展，群星璀璨，人才辈出，出现了如颜师古、颜真卿、颜杲卿等名震史册的士人，在政治、文化方面都取得了显著成就。经过这一时期的发展，颜氏家族真正步入名门望族的行列。据不完全统计，隋唐两代颜氏家族中为官者有 151 人，其中五品以上有 43 人，通过各种科目考试而登第者有 27 人。[①]

（一）颜回第三十六代孙

颜回第三十六代孙分别是颜之仪的儿子颜昶，颜之推的儿子颜思鲁、颜愍楚、颜游秦，颜之善的儿子颜颐隋、颜偲。其中以颜之推的儿子最为杰出。

颜思鲁，字孔归，通儒学，善训诂，博学能文，隋时为东宫学士、秘书省校书郎，入唐后，为秦王府记室参军、长宁王侍读、俞岷将军。颜思鲁负责整理了其父颜之推的《颜氏家训》一书，并为其作了序录。

颜愍楚，隋时做过通事舍人，后被贬，精通音韵训诂学，著有《证俗音略》两卷。

颜游秦，隋时做过典校，唐武德间做过廉州刺史，后因政绩突出被封为临沂县男。任职期间，他抚恤境内，救济灾民，重礼讲道，使民风归于淳朴，唐高祖李渊为此对其进行嘉奖。后卒于郓州刺史任。著有《汉书决疑》十二卷。

（二）颜回第三十七代孙

颜回第三十七代孙中，颜思鲁的儿子们最为优异。颜思鲁长子颜师古，精训诂，善于文事。唐武德元年（618）曾任中书舍人，掌管机密文件，负责为

① 王春华：《唐代颜氏家族研究》，曲阜师范大学硕士学位论文，2007 年。

皇帝书写诏命，这一时期朝廷的重大诏令基本上都出自颜师古之手。太宗当朝时，颜师古又奉命考订“五经”。贞观七年（633），任秘书少监，负责校订古籍。后又奉命注《汉书》，《汉书注》成为颜师古一生的代表力作。

颜思鲁次子颜相时，以才学著称，曾任秦府学士，后迁谏议大夫、朝散大夫、礼部侍郎等职，为当时的十八学士之首。

颜思鲁三子颜勤礼，曾任弘文馆和崇文馆两馆的学士。

颜思鲁四子曾颜育德，曾任太子通事舍人，主要工作就是负责校订经史书籍。

（三）颜回第三十八代孙

颜回第三十八代孙中，颜师古长子颜趋庭一支的后代迁回曲阜，成为嫡长孙。颜师古的三子颜光庭注过《后汉书》。颜育德的儿子们则在科举中表现最为出色：颜康成是状元，颜强学和颜希庄都是进士。另外较为杰出的是颜勤礼的儿子颜昭甫。颜昭甫字周卿，通训诂，善书法，对金文和古籀文有较高的造诣，受到颜师古的赏识，成为名震一时的博学硕儒。当时外邦把一刻有二十多字铭文的古鼎献给朝廷，满朝官员无人能读，唯颜昭甫可以通读无遗。此外，颜扬庭、颜光庭、颜益期、颜欣期、颜敬仲、颜中和、颜日损等在仕途上都有所作为，任著作郎、校书郎、详正学士和吏部郎中等职。

（四）颜回第三十九代孙

颜回第三十九代孙中，颜昭甫的长子颜元孙最为杰出。颜元孙字聿修，年少时即聪慧绝伦，寄居于舅父殷仲容家，跟随舅父学习书法，善草隶，常代舅父写书法作品而无人能识破。颜元孙10岁时，长史李孝逸听说他有才华，请与相见，让他作《安石榴赋》，他只沉思一会儿，便拿起笔立刻写成，令李孝逸大为震惊。垂拱初年举进士，此前他从未学过《尚书》，但用了六天时间，便对《尚书》原文全部通晓并为其加注。其省试题目《九河铭》《高松赋》，得到考官刘奇较高的评价：“铭赋二首，既丽且新；时务五条，词高理赡。惜其帖经通六，所以不（原本阙）屈从常第，徒深悚怍。”[①] 颜元孙由此名动天下。任长安尉时，按当时的习惯，老吏喜欢用未决的婚田诉讼来测试新官，颜元孙把案宗都垛在台阶上，研足了墨，没到傍晚，一百多件案件就被他处理完了。县令李绾本为饱学之士，看了之后也非常惊骇，让几个小吏分头写都赶不

① 周绍良主编：《全唐文新编》卷三百四十一，吉林文史出版社2000年版，第3911页。

上颜元孙，由此，颜元孙名动翰廷，后迁洛阳丞著作佐郎、太子舍人。唐玄宗李隆基监国时，令颜元孙独掌诰令。唐玄宗登基后，颜元孙受到中书侍郎王琚等人排挤，出任润州长史。先天二年（713）任滁州刺史，后由按察使王志愔举荐，迁沂州刺史，但因拒绝与王志愔联姻被诬告，遂罢归田园。闲居乡间十余年后，起用为濠州刺史，累加朝议大夫、上柱国，得到中书令张嘉贞的器重。开元二十年（732）七月，逝于其子颜春卿任所。颜元孙著有《干禄字书》，对当时及后世的影响非常大，被认为是正字学之祖，另著有文集三十卷。

其次是颜昭甫的次子颜惟贞。颜惟贞字叔坚，武则天天授元年（690）因科考成绩优异，判入高第，授任衢州参军，后代替其兄颜元孙为长安尉，迁太子文学，加勋上柱国。与其兄颜元孙一样，颜惟真年少时跟随舅父殷仲容学习书法，以草隶闻名。此外，颜趋庭、颜敬仲、颜希庄等人的儿子也多有功名，分任县令、参军、校书郎等职。

（五）颜回第四十代孙

颜回第四十代孙中，最为知名的是颜氏三卿：颜春卿、颜杲卿、颜真卿。颜杲卿和颜真卿二人在后文有专节介绍，兹不赘述。颜春卿为颜元孙长子，史书记载其“卓义豪爽，洒脱不拘”，15 岁时举明经成绩优异，擢为高第。他记忆力超人，任犀浦主簿时，在一次押运犯人的途中不慎丢失了花名册，但这千人的信息他全部记着，没有一点差错。长史陆象先对此大为震惊，升其为蜀州都尉。后来，颜春卿被人陷害入狱，作《棕榈赋》以自托，长史苏颋读了该赋后赶紧把他放了出来。他为人正直，魏征的远孙魏瞻因罪被判死刑时，他不惧风险，为其求情，使魏瞻免于死罪，时人都折服于他的气节。

除了颜氏三卿，颜允南、颜允臧等也较为知名。颜允南字去惑，是颜惟贞的次子。他少善词名，尤善五言，工书法，以草书和隶书见长。开元十五年（727），颜允南参加糊名的挽郎考试，被判成绩优异，授予鹑觚尉，与颜春卿、颜杲卿、颜曜卿一同为吏部侍郎席建侯所赏重，为时人所羡。他文章写得很好，有一次给从祖姑子刘同昇写信，被中书舍人孙逖惊叹为“古人之作”。后被举荐为朝廷左补阙。唐玄宗曾作《华岳碑》并书，天宝九年（750），命御史大夫王鉷打百本以赏赐群臣，当时获得两本的家族共有四个，而琅琊颜氏就是其中之一，颜允南和弟弟颜真卿分获一本。每到重大节日，宰相以下可以上殿参与朝贺的人不过三十人，而颜允南和颜真卿两兄弟都参与其中，颜允南自己很自豪地写诗道："谁言百人会，兄弟皆沾陪。"[①] 后迁殿中侍御史，因得罪杨国忠而被贬为襄阳丞，又转为河东司户京兆士曹。天宝十五年（756），长安陷落，颜允南随皇帝迁往四川，中丞田良邱是哥舒翰的行军司马，哥舒翰兵败后，田良邱还夸耀说哥舒翰北征没有受挫，只是运数尽了，人神共弃，并不是哥舒翰的原因。在座之人都沉默不语，只有颜允南大声斥责他，众人都觉得颜允南太勇敢了。后又拜尚书屯田员外郎，加朝散大夫，迁司膳郎中。唐肃宗时，颜允南为司封，颜真卿为尚书兼大夫，弟弟颜允臧为监察御史，兄弟三人同在高位，一时无人能比，人人钦慕。不久颜允南又被封为金乡县开国男，加正议大夫上柱国，迁国子司业。宝应元年（762）十一月，颜允南病逝。颜允南一生为人宽厚仁慈，善与人交，为世所重，与房琯、刘秩、李揆、裴士淹等名士交往密切，对其弟颜真卿影响也极为深远，这从颜真卿写的《颜氏家庙碑》（全称《唐故通议大夫行薛王友柱国赠秘书少监国子祭酒太子少保颜君碑铭》）、《颜允南神道碑铭》(全称《正议大夫行国子司业上柱国金乡县开国男颜府君神道碑铭》)中可以看出。他在《颜氏家庙碑》中说："真卿早孤，蒙伯父暨允南亲自教诲。"[②] 而在颜允南的神道碑中，颜真卿首先回忆小时候家里养有一只断腿的鹤，颜真卿在它背上写字，颜允南严厉地批评他说："此鹤腿断了不能振翅高飞，而你竟然不爱惜它的毛羽，这不是太不仁慈了吗？"这件事让颜真卿终生难忘。在此篇碑文结尾处，颜真卿还综合评价颜允南在其成长中的影响："至若发虑学文之亲，立身复礼之道，非仁兄之规诲，曷暨所蒙，且有师训之资。"[③]

颜允臧，字季宁，颜惟贞第七子，初为太康尉，唐玄宗天宝十年（751）为延昌县令，以清白闻名。唐肃宗至德初年，颜允臧拜监察御史，质正有气节，弹劾不避强权。不久又出任栎阳令，鞭死作奸犯科的录事，震慑了豪强。唐代宗广德中，拜江陵少尹，卒于任上。

颜回第四十代孙人数众多，且在科举考试中表现均较为优异。颜真卿、颜胜、颜式宣、颜方侨、颜顺等都是进士，颜挺、颜说、颜援、颜据、颜揆、颜撰等都是明经。颜阙疑、颜乔卿、颜幼舆、颜舒、颜振、颜枹、颜浑、颜茂齐等都任不同官职，在政治上做出不同程度的贡献。除此外，颜曜卿、颜旭卿、

①〔唐〕颜真卿：《颜鲁公集》卷八，中华书局 1936 年版，第 78 页。
②〔唐〕颜真卿：《颜鲁公集》卷八，中华书局 1936 年版，第 71 页。
③〔唐〕颜真卿：《颜鲁公集》卷八，中华书局 1936 年版，第 78 页。

颜茂曾等在书法方面表现比较优异。

（六）颜回第四十一代孙

颜回第四十一代孙中，因为颜杲卿事件，颜季明、颜沛明、颜颇等为安禄山所害。史书记载较为详备的是颜泉明。颜泉明，颜杲卿长子，为人至仁至义，行为高洁。安史之乱时，颜泉明奉父命与贾深、翟万德等人带着叛军首领李钦凑的头颅，押送高邈、何千年等进京。经过太原时，太原尹王承业扣押颜泉明的表状，自己呈递表章，把功劳放在自己头上，因此被封为羽林大将军。颜杲卿殉国后，张通幽等人又百般诋毁，使颜杲卿等人蒙受不白之冤。后颜泉明历尽艰难找到颜真卿，告知真相，颜真卿上表，沉冤得以昭雪。至德二年（757）冬天，安史之乱结束后，颜真卿让颜泉明去寻访自家失散的亲人。颜泉明姑姑的女儿和自己的女儿都落入贼手，向其索要三万钱的赏钱。颜泉明先筹集费用赎回姑姑的女儿，等凑齐钱再去赎女儿时，女儿已经不知去向。父亲颜杲卿属下将领的妻儿奴仆三百多人稽留河北，生活穷困窘迫，颜泉明把他们全部带回蒲州，由颜真卿给予资助，并做了妥善安排。颜泉明又到东都洛阳寻访到颜杲卿及部下袁履谦的尸首，当天把二人同葬的尸体分别装殓，护送回长安。袁履谦的妻子怀疑自己的丈夫没有得到重视，打开棺材一看，发现其装殓与颜杲卿完全一样，袁妻感动得大哭。

第四十一代孙还有颜韶、颜覿等人为进士，颜頵为明经，其余 30 多人任校书郎、秘书郎、秘书正字、太子洗马、京兆参军等职。

（七）颜回第四十二代孙

颜回第四十二代孙中，颜泉明长子颜诞受到颜杲卿事件牵连，与祖父一起殉国。颜证、颜评因颜杲卿事件受封赏，分别任左内仓曹和兵曹。颜讚曾任工部尚书、御史大夫等职，颜传兴任和州刺史，其他十几人分别任广德尉、金曹尉、睦州建德县丞等官职。

（八）颜回第四十三代孙及以后

安史之乱后，天下动荡不安，颜氏家族逐渐东迁，他们中有的回到建康，有的回到曲阜，有的回到临沂，形成颜氏家族第四次大规模的迁徙。颜回第四十三代孙中的颜昙带着五子及近枝家族东迁，其子颜君佐任金乡丞，其孙颜文蕴回曲阜定居，颜文铎于曲阜城郊购买了一块林地。此后，颜氏家族在曲阜又成为一个大家族。

除此外，据《新编陋巷志》载，第四十四代颜君杰——颜真卿曾孙，即入隋后第九代孙，迁回临沂。[①]

因此，从隋唐五代颜氏家族的发展可以看出，颜氏家族主要的活动范围并不在兰山这一区域，而是辗转于建康、长安、曲阜、兰山之间。唐代开元年间，颜氏家族发展到巅峰阶段，颜回与孔子一同被祭祀，颜氏家族中有多人身居高位。但随着颜杲卿、颜真卿兄弟的殉国，颜氏家族的发展走向了一个低谷时期，在其后的很长一段时间内，颜氏家族成员无论在文治还是武功方面都归于沉寂。

二、仁孝与忠君思想的传承与转化

自从颜盛看中蒙山前这片沃土、举家迁来兰山以后，世传孝恭，他们所住的这片村落被称为孝悌里。颜含更把这种孝悌精神发展到极致——隐居13年，伺候父母兄长。颜延之在《庭诰》中告诫子孙，孝悌必从自身做起："欲求子孝必先慈，将责弟悌务为友。"颜之推在《颜氏家训》中也强调颜氏子孙应该养成忠君、孝顺、谦恭、礼让的道德品质，而且认为只有在家孝悌，做官时才能忠诚。这也是把父慈子孝家庭相处模式扩充为君敬臣忠的家国模式。因此，颜氏家族在隋唐前期主要推崇家庭的仁孝思想，而到了后期则把对父兄的仁孝思想扩充为对君主与国家的忠君报国思想。

（一）仁孝思想的传承

隋唐时期，颜氏家族成员秉承着一贯的仁孝家风，践行孝悌思想。颜思鲁，继承父业和家学，把父亲颜之推的《颜氏家训》整理出版，在经济困难时还曾想靠自己的力气来奉养双亲。颜相时，"性仁友，为十八学士之魁"，在其兄颜师古病终后，因受不了这种哀伤，很快去世了。颜勤礼，在当时被褒扬为"依仁服义，怀文守一"。颜勤礼次子颜敬仲也以孝闻，后蒙冤入狱，其侄女颜真定带领妹妹一起割耳争讼，为叔父申冤。颜勤礼的孙子颜惟贞"仁孝友悌"，颜惟贞长子颜阙疑"仁孝有吏能"，次子颜允南性仁义，颜真卿曾回忆说小时家里养了一只断腿的鹤，羽毛洁白，他在这只鹤背上写字玩，颜允南见了之后，严厉批评他"不仁之甚"。对鹤犹此，对人更不用说了。《新唐书·颜真卿传》下称颜真卿"事亲孝"，他不仅自己孝，还容不得别人不孝。他曾弹劾朔方令

① 国伟、颜景琴主编：《新编陋巷志》，齐鲁书社2002年版，第120页。

郑延祚，原因是郑延祚将母亲的棺柩停放在寺庙中多年却没有下葬。颜季明在安史之乱中遵从父命，冒着生命危险与敌军周旋或者联络友军，为平叛大业付出生命；颜泉明则在战后替父申冤，妥善安置父亲部下的家属，且事母孝，“喜振人之急”，他们都是具有仁孝品格的典范。

（二）忠君思想的转化

颜氏家族在国家安定时所表现出的仁孝思想与行为，在天下动荡时就转化为忠君思想与行为。所以安史之乱发生后，不少颜氏家族成员奉献了自己的生命。其中表现最为突出的是颜氏双忠，即颜杲卿与颜真卿兄弟。

颜杲卿（692—756），字昕，颜元孙次子，有吏才，安禄山镇守范阳时任他为常山太守。天宝十四年（755）安禄山叛乱，颜杲卿与从弟平原太守颜真卿联手抗击安禄山。他们用计杀死贼将李钦凑，收复井陉口，取得井陉大捷，使河北诸郡反正。安禄山听闻河北生变，派史思明带万人攻打常山，因寡不敌众，且太原尹王承业见死不救，常山最后陷落，颜杲卿被抓。他的三子颜季明冒着生命危险往来常山与平原间送信，常山城破时遇难，年仅 18 岁。颜氏一门 30 多人死于刀斧之下，颜杲卿等人被押往安禄山处。安禄山非常生气地质问颜杲卿：“我选你做了太守，你为什么要背叛我？”颜杲卿大骂：“你这个放羊的狗奴才，朝廷对你恩宠至极，你却造反，我家世代忠臣，官职都是皇上给的，何来背叛之说？”叛军割了他的舌头，锯掉了他一条腿都没能让他屈服。与其一起遇害的还有他的子侄颜诞、颜诩等。

颜真卿（709—784），字清臣，号应方，开元二十二年（734）进士，因得罪权臣，被贬平原太守，所以也被称为“颜平原”。唐代宗时被封为鲁郡公，又被称为“颜鲁公”。颜真卿在安禄山蓄谋反叛时任平原太守，为了防止不测，他以防汛为由，加固了城墙，登记了壮丁，储备了粮草。天宝十三年（754），安禄山派人到平原侦查情况，颜真卿亲自迎接，并组织文人泛舟吟诗，以消除其怀疑。天宝十四年，安禄山反叛，河北诸郡陷落，只剩平原郡。安禄山攻陷洛阳后，杀死李憕、卢弈、蒋清，并派段子广带着三人的头颅来胁迫颜真卿。颜真卿杀了段子广，表示血战到底。他一面坚守平原，一面联络堂兄——常山太守颜杲卿，共同抗击安禄山。颜杲卿取得了井陉大捷，河北诸郡纷纷反正，拥立颜真卿为盟主，牵制安禄山西进。天宝十五年，常山失守，颜杲卿遇难，随后唐将李光弼率军收复了常山。颜真卿率军在堂邑与叛军激战，大获全胜，歼敌一万多人，使军心大振。后来唐玄宗出逃，唐肃宗即位，把郭子仪与李光弼从河北调回，安禄山派大军攻打河北，颜真卿退出平原，扈从肃宗回长安。大历十四年（779），德宗即位，颜真卿先为吏部尚书，后为太子太师，遭到宰相卢杞嫉恨。卢杞欲借刀杀人，让颜真卿当淮西宣慰使前往许州劝降叛军首领李希烈。李希烈对其威逼利诱，但颜真卿终不为所屈，贞元元年（785）被李希烈派人缢死于龙兴寺。

颜杲卿与颜真卿为了平叛事业壮烈殉国，历史上称二人为“颜氏双忠”。除了颜氏双忠，在颜杲卿殉国事件中牺牲的颜氏族人还有 30 多人。再有颜真卿的长子颜頵，为了坚定平卢将领刘客奴归顺朝廷的决心，十几岁的时候被颜真卿送去做“人质”，流落中原十多年。他们都为平定叛乱贡献了自己的力量乃至生命。颜家一门忠烈，其忠君报国、为国捐躯的精神极大地激发了平叛大军的斗志，为唐王朝的胜利奠定了基础。

第三节　颜氏家族的成就与贡献

颜氏家族在隋唐时期经历了从低谷到巅峰，又从巅峰跌落到低谷的过程，但无论处于哪个阶段，家族中仁孝忠义的精神贯穿始终。在这种精神的指引下，他们的家学与家风得到了较好的传承。在家学方面，颜氏族人继承优秀的家学传统，在书法、经学、训诂学方面创造出斐然的成绩：书法上形成了独具一格、万代流芳的颜体，经学上有泽被万代的《五经定本》，训诂学方面有被誉为《汉书》功臣的颜师古的《汉书注》。在家风的继承方面，颜氏家族继续保持儒雅好学的家风。另外，颜氏家族在文治武功方面也颇有建树。

一、书法艺术

颜氏家族具有深厚的家学传统，以诗书传家，重视教育。在书法艺术方面有专长的家族成员数不胜数，其中最为突出的就是颜真卿。

颜真卿还创立了“颜体”楷书，其书法融众家之长，自成一体，与柳公权并称“颜柳”，使唐代的书法摆脱了唐初崇尚二王的风尚，呈现出盛唐风貌。马宗霍《书林藻鉴》认为，唐代初年的书法风格受到晋人的影响而没有自己的独立风格，直至颜真卿创立“颜体”后，唐代才真正有了属于自己时代的书体。范文澜《中国通史简编》也认为，初唐的欧、虞、褚、薛只是二王书体的继承人，盛唐的颜真卿才是唐代新书体的创造者。

颜真卿的书法作品较多，现存 70 多种，包括碑刻、拓片等。以楷书创作风格来划分，颜真卿一生的创作可以分为三个时期：

第一个时期（50 岁之前）的代表作是《千福寺多宝塔碑》《东方朔画赞碑》。这一时期属于颜真卿学习众家之长的时期。颜真卿年少时，父亲颜惟贞去世，他便与母亲寄居于舅父家，由母亲和舅父指导，学习书法，兼习颜、殷两家书法之长。后从褚遂良学习用笔、结体的方法，又从张旭学习用笔之法得“攻书之妙”，沈尹默说：“颜平原书出于褚河南，其楷书结体端严，往往犹有伊阙佛龛碑之风格。”[①] 此外，他还向王羲之学习，苏轼曾说颜真卿的《东方朔画赞碑》是学习了王羲之的：“鲁公平生写碑，唯有《东方朔画赞》为清雄，字间栉比而不失清远。其后见逸少本，乃知鲁公字字临此书。”[②] 他还从民间吸收北齐、隋代碑刻的书法风格，如《千福寺多宝塔碑》即具有明显的民间书风。

图 4-6　《千福寺多宝塔碑》拓本局部，宋拓本，现藏于东京国立博物馆

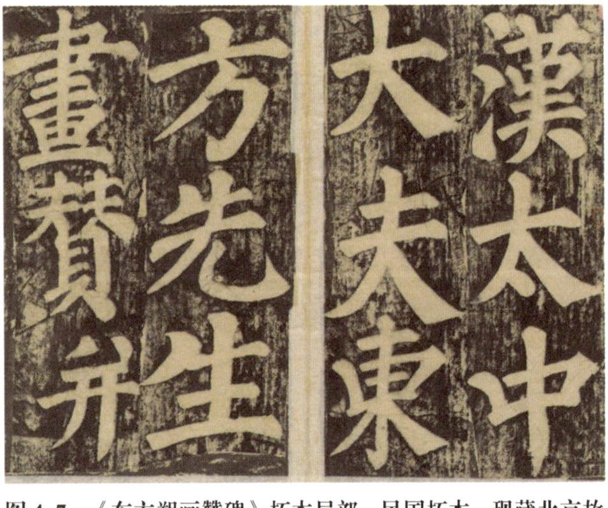

图 4-7　《东方朔画赞碑》拓本局部，民国拓本，现藏北京故宫博物院

这一时期属于颜体的初创阶段，其书法的主要特点就是兼学多家，又熔铸于一体，力求创设一种雄中带媚的书法境界。其字体方正，笔画雄健富有骨感，

① 沈尹默：《沈尹默论艺》，上海书画出版社 2010 年版，第 159 页。
②〔北宋〕苏轼：《东坡题跋》，人民美术出版社 2008 年版，第 242 页。

结构工整、严密，在社会上也享有一定的声誉。此外，《郭虚己碑》《郭揆碑》《夫子庙堂碑》等也属于这一时期的作品。

图 4-8　《鲜于氏离堆记》拓本局部

第二个时期（50—65 岁）的代表作是《鲜于氏离堆记》《赠太保郭敬之庙碑》。这一时期是颜真卿独立书法风格的形成时期。由于自身的经历一波三折，加上安史之乱带来的社会动荡，他的精神境界更上了一层。他将前期的笔法形体进行反复锤炼，如弓弩蓄势的竖画、一波三折的捺画、圆转有力的勾画以及横细竖粗的结构对比，并形成了具有代表性蚕头燕尾的捺脚笔法，文字结构方正端庄、稳重雄健。

第三个时期（65 岁以后）的代表作是《大字麻姑仙坛记》和《颜惟贞家庙碑》。这一时期是颜真卿书法风格的成熟时期，每一个作品都有自己的特色。其整体书风活泼又老辣，圆润丰腴又筋骨俱备、大气磅礴。这一时期他的著名书法作品有很多，除了以上代表作，还有《大唐中兴颂》《右丞相宋璟碑》《八关斋会报德记》《玄靖先生李含光碑》等。

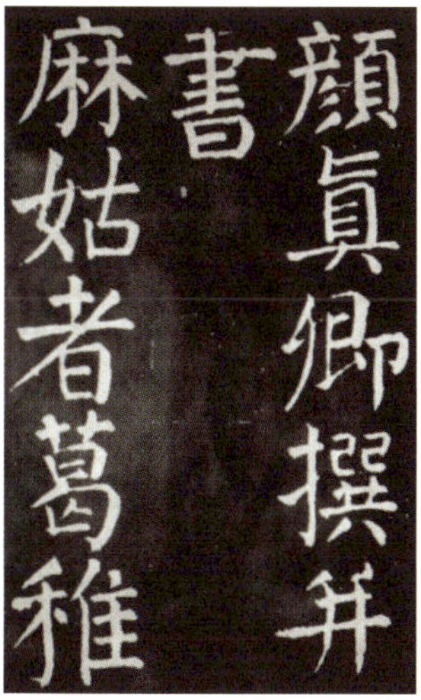

图 4-9　《大字麻姑仙坛记》拓本局部

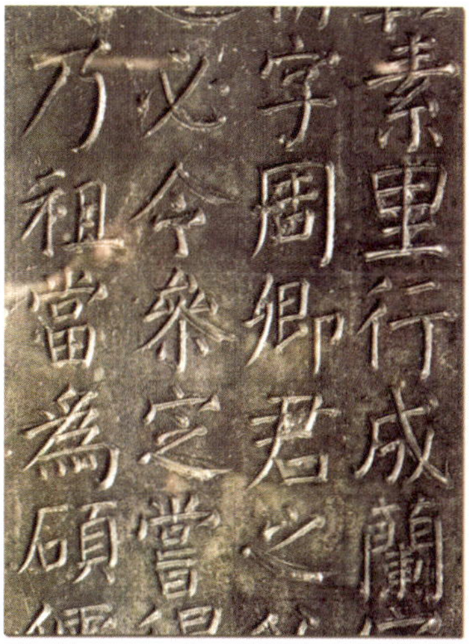

图 4-10　《颜惟贞家庙碑》原石局部

颜真卿的书法对后世影响较大。后世学习颜体的除了颜氏子孙，还有柳公权，而且他是学颜体最有成就的书法家。苏轼在《书唐氏六家书后》说：“柳少师书，本出于颜，而能自出新意。”苏轼自己也学习颜体，黄庭坚《山谷集》指出，苏轼中岁喜学颜鲁公、杨疯子（杨凝式）书。黄庭坚本人也学习过颜书的笔意，形成使自己立于宋代书坛的“黄体”。元代的鲜于枢，清代的傅山、刘墉、钱沣、何绍基等也是学颜体较有成就的人。

图 4–11 《大唐皇帝等慈寺之碑》拓本局部

除了颜真卿，颜师古和颜元孙兄弟的书法也较为杰出。史称颜师古工书法，其族孙颜元孙在《干禄字书》中称颜师古的书法在当时号“颜氏字样”：“贞观中刊正经籍，因录字体数纸，以示雠校楷书。当代共传，号为颜氏字样。”[①] 据研究，现存的《大唐皇帝等慈寺之碑》碑文和书法都出自颜师古之手。此碑书法取法北魏，又有唐初尚法的特点，雄健俊秀又不失灵动自然，虽不为唐初所重视，但属书法中的精品。杨守敬《评碑记》对此碑给予了高度评价，认为其结构全法魏人，而姿态横生，劲利异常，无一弱笔，堪与欧、虞抗行。

颜元孙与弟颜惟贞年少时寄居于舅父殷仲容家，跟随舅父学习书法。因生活窘迫，兄弟二人常用黄土涂墙，用木石练字，故都擅长草隶。当时殷仲容名声较大，上门求书的人很多，颜元孙经常为舅父代笔，但无人能识破。唐玄宗李隆基监国时曾召见他，赐食小殿，并拿出家藏的书法真迹让其鉴定：“闻公能书，可为寡人定其真伪。”颜元孙鉴定后，李隆基非常满意，赐给他藤笺、笔墨、衣服等，后还褒奖他为“孔门入室，鲁国称贤。翰墨之妙，莫之与先”。

此外，颜勤礼、颜昭甫、颜允南、颜曜卿、颜旭卿、颜茂曾、颜防、颜颇等人在书法上都有一定的造诣，对楷书、篆书、隶书、草书等有不同程度的精通。另据宋人黄伯思的《东观余论》记载，生活于唐宣宗时期的颜稷所书的《段柯古靖居寺碑》也“殊有楷法”。

①〔唐〕颜元孙：《干禄字书》，中华书局 1985 年版，第 2 页。

二、经学与训诂学

颜之推在《颜氏家训》中认为，颜氏家族“世以儒雅为业”且“世善《周官》《左氏》之学”。而隋唐时期的颜氏家族，仍然保持着这一家学传统，继续在经学、训诂学等领域做出自己的贡献。

（一）经学上的成就

入隋以来，颜氏家族中经学成就最突出的是颜师古。贞观二年（628），唐太宗组织群臣讨论“近代君臣治国多劣于古”的原因，群臣认为主要是近代重武轻儒致使儒学大亏、民风不古，于是唐太宗建孔庙，重用儒学之士，选拔优秀人才。但是科举考试中，经学教材错漏百出，文字著述烦琐不一，给考试带来很多麻烦，特别是考官不知道到底哪一个才是标准答案。统一儒家经典这项重任就落到了颜师古身上。《旧唐书·颜师古传》说：“太宗以经籍去圣久远，文字讹谬，令师古与秘书省考定《五经》。”[①]

颜师古对儒家经典的整理工作主要体现在三个方面。首先是对《五经定本》的整理。颜师古用了三年时间，搜集晋宋以来的古今版本，对《易》《书》《诗》《礼》《春秋》五部经典进行校定，包括对经典中的文字进行改正。校正完成后上奏给唐太宗。唐太宗不太信任他的成果，又让房玄龄集合了一帮儒生对五经进行校定。结果这些儒生因所学版本各异，常常就一个问题产生激烈争论，“异端蜂起”。颜师古就引用晋宋以来的古本，根据儒生们的问题进行具体的阐述与答复，且其论据充分，群儒皆服。唐太宗因此对他称赞有加，加封其为通直郎、散骑常侍。贞观七年（633），校定后的《五经定本》颁行天下，学习者从此有了统一的学习教材。其次是对《五经正义》的疏证。唐代以前的儒家经典因今古文之争、南北学差异等原因，导致其经文中加入了各家学说，释义驳杂，难以适应大一统的需求。所以颜师古在厘定经文后，又对经文的文义进行了疏证。当然这项工作不是颜师古一人之功，其负责人是当时德高望重、学问优博的孔颖达，但颜师古、司马才章等人共同参与其中。赵翼的《陔馀丛考》就指出，《五经正义》虽然署名是孔颖达，实际工作并非出自一人之手，其中也有颜师古等人的功劳。他们在《五经定本》的基础

①〔后晋〕刘昫：《旧唐书》卷七十三，中华书局 1975 年版，第 2594 页。

上进行文义疏证，并于贞观十二年（638）拿出最终成果——署名孔颖达的《五经正义》一百七十卷。最后是对礼学的完善。颜师古曾和长孙无忌合作完成了《大唐新礼》的编纂，还曾为唐太宗制定“弘农府君至高祖太武皇帝六庙乐曲舞名”[①]。

除了颜师古，颜勤礼、颜相时、颜育德皆长于经学，且都曾在司经局校定过经史，一门四兄弟成为一时佳话。颜勤礼的儿子颜昭甫在当时也是硕儒，颜昭甫之子颜元孙与颜惟贞也是当时的名儒，颜昭甫之女颜真定“博通礼经，问无不知，德无不备”。颜惟贞之子颜真卿对礼学研究有较深的造诣，曾在唐代宗去世的时候充当礼仪使，编纂了《元陵仪注》，详细阐述了皇帝丧葬礼仪的所有环节。其他的颜氏家族成员如颜幼舆等人虽无经学方面的著作，但都是儒学思想坚定的学习者与践行者。

（二）训诂学上的成就

在中国古代，要读懂经学中佶屈聱牙、晦涩难懂的文句，就必须精通训诂学方面的知识。训诂学，简单说就是研究古书词义的学问，此门学问主要通过解释词义、分析语法与修辞现象来帮助人们更好地理解古文献。早在六朝时期，颜之推就在训诂学方面取得了一定成就，著有《训诂文字略》等著作，并告诫族内子弟读书必须先通训诂。所以受他影响，他的子孙后代在训诂学方面多有成就，其中成就最大的是颜师古。

《旧唐书·颜师古传》称颜师古“少传家业，博览群书，尤精诂训”。他的训诂学成就主要体现在《汉书注》《急就章注》《匡谬正俗》等著作上，其《汉书注》是《汉书》诸多注本中最为经典的一部。贞观十一年（637），颜师古受太子李承乾之命为《汉书》作注，实际上《汉书》的注本在此前已有30多种，但颜师古的注本不仅能够为当时学者所重，而且能够名传后世，充分说明他的注本有其独到之处。综合多家研究来看，颜师古的训诂学具有以下三个特点。

第一，注重校勘。古籍在流传过程中，因为辗转传抄等原因，篇章字句都会出现不同程度的讹、脱、衍、倒等问题，要正确地理解、注释文意，需要先疏通文字，所以颜师古在训诂时特别注重校勘工作。《汉书·成帝纪》“其后幸酒，乐燕乐，上不以为能”句下引用晋灼的注来解释“幸酒”和“乐燕”：“幸

①〔北宋〕欧阳修、宋祁：《新唐书》卷二十一，中华书局1975年版，第467页。

酒，好酒也。乐燕，沈谯也。”颜师古评价说，“幸酒”的解释是对的，但“乐燕”条解释不对，应该是“乐燕乐”，前一个“乐”是动词，“燕乐”是个名词，意为“燕私之乐”，“今流俗本无下乐字，后人不晓辄去之”。[①]

第二，博采众家而又能自出机杼。颜师古在《汉书叙例》中说：“凡旧注是者，则无间然，具而存之，以示不隐。”[②]意思就是凡是见到的旧注，有价值的基本上都保存了。因此，颜师古注《汉书》时引用了120多种文献资料，使《汉书注》成为一部博采众家之长的集大成之作。在具体注解时也经常罗列诸家观点，根据具体情况或肯定或批判或补充。如《汉书·楚元王传》中“王者必三统”句下，颜师古引用孟康和张晏对“三统”的解释后，评断二人的观点都不完备，补充解释“三统”应该是“言王者象天地人之三统”。而《汉书·文帝纪》中注解“进善之旌”时则直接引用了应劭和如淳的观点，没有另加解释。

第三，敢于存疑。“知之为知之，不知为不知”的存疑精神是孔子所提倡的。颜师古在训诂方面较好地继承了这一传统，对不能做出确切判断的地方都采取存疑方式处理。如《汉书·陈胜项籍传》“羽使从兄子项它为大将”句下，颜师古注：“《高纪》云项声，此传云项它，纪传不同，未知孰是。”[③]

颜师古训诂学的特点，造就了《汉书》《急就章》的经典注本，为二书的阅读与传播做出了突出贡献。而其具体的训诂学成就主要体现在因声求义和探求语源两方面。

第一，因声求义。因声求义是中国古代语言学中用声音来推求词义的训诂方法。汉字是一种表意文字，可以通过形体来推求字义，但通过声音来推求字义的方式往往被忽略。声训虽然在先秦时期就已出现，但真正对其加以系统研究利用则在清代。而“师古的因声求义已开清代以声音通训诂的先河”[④]。他主要运用音同、音义通、声相近、声之转、语有轻重等方法来推求字义。如《汉书·武帝纪》“幸琅邪，礼日成山”句下，颜师古注：“成山……《郊祀志》作盛山，其音同。”[⑤]在《汉书·景十三王传》中解释“尊章”时，颜师古说：

①〔东汉〕班固：《汉书》卷十，中华书局1962年版，第302页。
②〔东汉〕班固：《汉书·汉书叙例》，中华书局1962年版，第3页。
③〔东汉〕班固：《汉书》卷三十一，中华书局1962年版，第1817页。
④ 张金霞：《颜师古语言学研究》，齐鲁书社2006年版，第85页。
⑤〔东汉〕班固：《汉书》卷六，中华书局1962年版，第207页。

“尊章犹言舅姑也。今关中俗妇呼舅（姑）为钟。钟者，章声之转也。”①

第二，探求语源。颜师古在做注的时候不仅要解释清楚是什么意思，而且还要解释为什么会这样。他在《汉书·陈胜项籍传》中解释“骓”的时候说：“苍白杂毛曰骓，盖以其色名之。”②就是先解释了什么是骓，然后解释为什么叫骓。他探求语源的方式也有颜色、形状、性质等多种方法。

在训诂学方面，兰山颜氏家族成员中还有颜昭甫受到伯父颜师古的赏识，“凡所注释，必令参定”。颜元孙也精通文字训诂学，著有《干禄字书》，被认为是正字之祖。此外，颜游秦的《汉书决疑》、颜愍楚的《证俗音略》、颜真卿的《韵海镜源》对声韵学的发展都有一定的贡献。

三、颜真卿与颜杲卿的文治武功

除了上述已经提到过的仁孝与忠君，颜氏家族对唐代政治文化的发展也起到了一定的作用，特别是颜真卿与颜杲卿兄弟二人，所起的作用更大一些。

首先是文治。作为三朝元老，颜真卿在文治方面所做的贡献有四。第一，平反冤狱，正直无私。颜真卿做监察御史时，五原地区有个冤案一直悬而未决。颜真卿出使时，亲自审判决断，结束了这一案件。之前天一直干旱不下雨，颜真卿断过案后，突降大雨，当时人都认为是颜真卿平反了冤狱、感动了上天才下的雨，所以称这场雨为“御史雨”。唐肃宗即位后，打击以房琯为代表的老臣势力，杜甫却上书为房琯辩护，导致肃宗大怒，将杜甫逮捕下狱，并令颜真卿负责审问。颜真卿秉法办案，杜甫才免于被治罪。第二，治吏严谨，重视礼法。安史之乱中，颜真卿追随皇帝至凤翔，拜为御史大夫。当时政局动荡，但颜真卿治吏一如平日，武部侍郎崔漪醉酒上朝、谏议大夫李何忌朝堂上嬉笑都被他弹劾降职。广平王率军平定长安，告辞的时候，在宫门内不敢上马，出了宫门

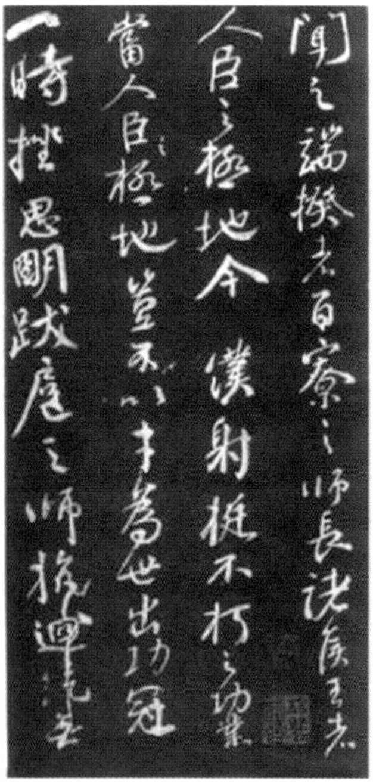

图 4–12　北京故宫博物院藏《争座位帖》拓本局部

① 〔东汉〕班固：《汉书》卷五十三，中华书局 1962 年版，第 2430 页。
② 〔东汉〕班固：《汉书》卷三十一，中华书局 1962 年版，第 1817 页。

才敢上马，而王府的都虞候管崇嗣却在广平王前面上了马。颜真卿弹劾管崇嗣，皇帝帮忙说情："他年纪大了腿脚又不方便，你就宽容了他吧。"当时百官都为之肃穆。唐代宗时，在迎接郭子仪的宴会上，尚书右仆射郭英乂把宦官鱼朝恩的座位安排在六部尚书之前。时任刑部尚书的颜真卿认为此事关乎礼法，据理力争，专门撰写《与郭仆射书》，又名《争座位帖》。该书信引经据典，指斥郭英乂藐视礼法、谄媚奸佞，语句气势磅礴，洋溢着忠义之气。第三，完善礼制。收复了长安和洛阳后，肃宗要告祭宗庙，命左司郎中李选撰写祝词，李选在祝词署名时写了"嗣皇帝"。颜真卿就对礼仪使崔器说："太上皇还在，能这样署吗？"崔器马上报告肃宗修改，肃宗认为颜真卿很有见识。肃宗去世，颜真卿任礼仪使，撰有《元陵仪注》，对皇帝丧葬礼仪多有完善。第四，犯颜直谏。安史之乱中太庙被毁，颜真卿建言应该在野外筑坛；皇帝面向东而哭，没有采纳其意见，且因宰相的建言，将颜真卿贬为冯翊太守。肃宗从山西回来，颜真卿请他先拜谒陵庙，然后再进宫。宰相元载认为颜真卿太迂腐，颜真卿大怒："用不用在您，上言的人有何罪过？然而朝廷的事怎么能受得了你们再破坏呀？"宰相元载害怕群臣上言对自己不利，就向皇帝提建议：群臣上奏的时候，应该先告诉自己的长官，由长官告诉宰相，然后宰相再根据情况上报皇帝。颜真卿上书驳斥，认为郎官、御史都是皇帝的心腹耳目，都有权利向皇帝报告，如只听宰相一人的，相当于自闭耳目，到时祸患产生，后悔都来不及。他不仅因屡次上言遭人嫉恨，而且还多次因进言被贬，但这都改不了他忠义正直之性。

其次是武功。在安史之乱中，颜杲卿与颜真卿兄弟二人的主要军事功绩在于互为犄角之势，牵制安禄山的进攻势头，为唐王朝调兵遣将赢得了时间，保存了实力。具体表现在以下几个方面。第一，立场鲜明，蓄意平叛。颜真卿在安禄山起义之前就已洞察了其意图，在平原做了事先准备，防止不虞。在安禄山派人探查的时候还能够以诗酒麻痹安禄山，消除其疑虑。颜杲卿在没有足够的力量之前，于天宝十四年（755）与袁履谦一起迎接反叛的安禄山，假意接受他的安排，蓄谋政变。第二，连战告捷，振奋军心。天宝十四年十二月，安禄山的军队攻陷洛阳，颜杲卿为了防止叛军危及关中，就假托安禄山之名，用计谋杀死了叛将李钦凑，收复了土门，获得了井陉大捷。这个消息传到河北后，十七郡响应，纷纷反正，复归朝廷，削弱了安禄山的势力。他们联合起来，组成一支二十万人的队伍，推颜真卿为盟主，在堂邑地方取得胜利。这是平叛以后的第一次胜利，极大地振奋了唐军的士气，使安禄山不得不分散兵力，派史思明和蔡希德带两万人攻打颜杲卿。第三，颜杲卿和颜真卿的壮烈殉国，坚定了唐军平叛的决心，为唐王朝的最终胜利打下坚实的基础。在李希烈的反叛中，颜真卿作为一位年逾古稀的老臣，临危受命前去劝降。他深入敌营，宣读皇帝诏令，当李希烈手下拔刀向前时，他面不改色。滞留李希烈处时，李希烈对其威逼利诱，他都不为所动，后被缢死于敌所。消息传往京师，“三军皆恸”，皇帝废朝五日以示纪念。贞元二年（786）四月，李希烈为部下所杀，叛乱被平定。

总之，颜杲卿与颜真卿兄弟二人，在政治、军事上均有建树，为保证唐王朝的长治久安做出了卓越的贡献。

第四节　文化教育

隋唐时期，兰山境内官学教育发展到较为成熟的阶段，有了固定的招生名额、明确的学习内容、合理的假期安排。另外，兰山境内的家庭教育也较为成功，培养出众多优秀人才。

一、官学教育

隋代的教育实行州、县两级管理，并有完善的、从中央到地方的教育行政管理体系。中央设立中央教育行政管理机构国子寺，并任命最高行政长官——祭酒来管理教育事业。国子寺下设国子学、太学、四门学、书算学，置博士、助教、生员。兰山所属区域也建立了学校，同中央官学一样，每年在学校举办一次乡饮酒礼，并且有严格的考试和休息制度。据《隋书·礼仪四》记载：“州郡县学生皆乙日试书，丙日给假焉。”意思是学生在正常情况下，每月天干逢乙的日子考试，逢丙的日子放假，所以一个月内能够考三次试、放三天假。隋文帝前期，沂州所在区域的学校教育飞速发展。但是到了后期，隋文帝认为学校教学效果不好，教育不能提供朝廷所需要的人才，所以下令削减了学校数量及学生名额。政策实行后，沂州及下属的各县学基本都废止了。隋炀帝时，中央和地方的学校又有所恢复。史书记载炀帝即位后，复开庠序，国子郡县之学，盛于开皇之初。但是好景不长，繁盛了十多年后，由于社会动乱，文化教育事业再次遭到重创，学校停办，书籍散乱。

唐朝建立后，又重新建设学校教育系统。从开国到天宝末年是国家强盛时期，学校教育制度相当完备。中央设有国子学、太学、四门学、律学、书学、算学六类学校，以及崇文馆和弘文馆，都配有相应的博士、助教等管理教学人员。当时兰山地区有州、县、镇各级学校，管理工作由长史负责。除了直系的教育体系，还有旁系的医学和崇玄学设在府州一级，属中央医学和崇玄学系统，归太医院和祠部等部门管理，当时兰山地区应该也存在这类学校，只是没有具体的文献记载。

根据《新唐书·选举志》的记载可知，沂州州学可招 60 名学生，临沂县学可招 40 名学生。所收的学生多是地方官员及平民子弟，入学年龄在 14—19 岁之间，学习年限没有具体要求，但不低于中央官学，一般为九年。学生在校期间的饮食起居都由学校负责。师生初次见面要举行拜师仪式，每名学生要向教师送绢两匹作为束脩礼，礼物原则上五分，三分送给博士，两分送给助教。学习内容主要是儒家经典，唐代有政府的统编教材《五经正义》；除了儒学经典，学生还需学习书法及各项礼仪。讲经时，老师通常先要求学生读熟经文，然后才讲文义，学通一经后再学另一经。医学生学习《本草》《甲乙经》《脉经》等医书，医书学完后进行分科学习，分体疗、疮肿、少小、耳目口齿和角法五科，相当于现在的实践教学环节。崇玄学学习《老子》《庄子》等著作。

考试有旬考、岁考和毕业考三种。毕业考合格的，县学生可以升入州学，州学中的优秀者经长史考核后可升入中央四门学；如果考试不及格，要留级再学，如果连续三年不及格，就会被勒令退学。被退学的行为还包括修学年限超过九年，或者在学校里不服从教诲、品行较差，或者无故旷课超过规定时间等。放假时间也有严格的规定，唐代的官学有旬假、田假和授衣假三种。旬假就是每隔十天放假一次。田假是农历五月麦收时节因农忙而放的假，授衣假则是农历九月天气转凉时为换冬装而放的假，这两个假期各十五天。除此外，还有些公休假期，如各大节日等都会休息一天，皇帝生日会放假三天，婚丧嫁娶也会有假期。

唐代沂州的地方官也较重视学校教育的建设。如曹华在唐宪宗时任沂州刺史，在任期间，他重视学校建设，在境内祭祀孔子，设立学官讲习儒家经典，而且出资帮衬诸生等，推动了教育事业的发展。

安史之乱后，随着社会的动荡，学校教育也受到影响，特别是兰山境内兵变、起义频发，使教育事业受到严重破坏，民风不淳。虽然唐代宗、唐宪宗、唐文宗在位期间学校教育有过短暂的恢复，但都达不到贞观、开元年间的盛况。

二、家庭教育

除了学校教育，隋唐时期兰山境内的家庭教育也较为成功。

（一）沂州刺史郑善果的家庭教育

郑善果，郑州荥泽人，其父郑诚为北周大将军，后来为国殉职，郑善果受荫封爵，14 岁时官拜沂州刺史。他的母亲崔氏贤明，博览书籍，善于处理地方事务。每当郑善果处理政事的时候，她都坐在屏风后面旁听。如果处理得当，崔氏就很高兴，等郑善果回来后和他谈笑风生，及时勉励他；如果处理得不好、有欠公允，等郑善果回来后，崔氏就躺在床上不和他说话，郑善果趴在床前认错，经常连饭都不敢吃。崔氏说："我不是生你的气，是觉得对不起你们家。你父亲在世时为官清廉，以身殉国。我也希望你能像你的父亲一样。你从小受封袭爵哪是你的功劳？你身为地方长官，怎么能随便发怒怪罪下属呢？你若滥用职权、不秉公办事，不仅会败坏家风，而且有损官位，亏了天子的王法。我是个寡妇，有慈无威，没有教育好你，等我死了也无颜去见你的父亲。"因此郑善果在母亲的教导下，为官清廉有政声，受到百姓拥戴。后任职京师，隋炀帝因为他为官清廉，给他考功第一名，赏赐其黄金、物品，升其为大理寺卿。

郑善果的家庭教育事迹大部分发生在其担任沂州刺史期间，所以对沂州地区的家庭教育产生了一定影响。

（二）颜氏家族的家庭教育

颜延之的《庭诰》开颜氏家族的家训先河，颜之推的《颜氏家训》接踵其后，被誉为古今家训之祖，进一步深化了颜氏家族的家教传统。隋唐时代的颜氏家族能够在经学、训诂学、书法等各方面表现优异，与其家族的家庭教育有着较大关系，这从颜真卿的成长历程中可见一斑。颜真卿三岁时父亲亡故，由母亲殷氏教育他成人。殷氏出身名门望族，有较高的文化修养，且书法精湛，经常亲自为颜真卿兄弟示范执笔的方法，纠正他们写字的姿势。颜真卿的伯父与兄长对他也有较大的影响。《颜氏家庙碑》说："真卿早孤，蒙伯父暨允南亲自教诲。”颜真卿还饱含深情地回顾小时候在自家养的鹤背上写字，遭到哥哥颜允南严厉批评一事。除此外，颜真卿的姑姑颜真定“博通礼经”，任武则天的女史，年轻时为叔父申冤时自割双耳，而在颜真卿小的时候又经常给他讲家族先贤的事迹，教他读《王孙赋》《飞龙赋》《造化赋》《五都赋》等名篇。后来颜真卿中了进士，身居高位仍为人耿直，以致最后以身殉国，不能不说和其家庭教育熏陶有关。

总体来看，颜氏家族在家庭教育方面具有以下特点。

首先，重视思想教育，强调忠孝节悌。颜氏家族从颜含开始以孝悌传家，居住的地方被称为孝悌里。所以孝悌很早就进入颜家的思想教育体系中。后来颜之推说：“虽百世小人，知读《论语》《孝经》者尚为人师。”强调了儒家经典对人的重要意义。进入唐代以后，颜思鲁“以儒学显”，颜昭甫被称为“硕儒”，颜师古参与五经校定，所以儒家的忠孝仁义等思想进入颜家的思想教育体系中，后世子孙自觉接受儒家的忠孝仁义思想。颜真卿与颜杲卿壮烈殉国，被后世称为“颜氏双忠”，成为忠君报国的典型。在颜氏一族的身上还有一个特点比较突出，那就是节烈。颜之仪由周入隋时，拒不服从，杨坚称赞他：“见危授命，临大节而不可夺，古人所难，何以加卿。”[①] 史书还评价颜师古性格简峭，颜相时有诤臣风，颜杲卿和颜真卿更是刚烈有气节。《旧唐书》与《新唐书》的颜杲卿传中都说颜杲卿性格刚正，在平定安史之乱的战争中兵败被俘也决不屈服，后被割舌、断腿仍不屈服。颜真卿也是“立朝正色，刚而有礼”，多次不畏强权据理力争，由此为佞臣所不容，晚年被派去劝降李希烈。唐德宗兴元元年（784）李希烈称帝，同时派手下准备干柴威逼颜真卿投降，颜真卿直接往火里跳，视死如归。

其次，博学多能、兼容并蓄的家学传统。颜氏家族是书法世家，出现了颜真卿这样的书法大家，还有颜师古、颜元孙、颜惟贞等书法名家，且他们法非一体，有的善楷书，有的善草书，有的善隶书。颜师古的《颜氏字样》、颜元孙的《干禄字书》还曾掀起唐代的一次正字运动。颜氏家族中通训诂的人也难以胜数，仅《新唐书·艺文志》中收录音韵、训诂相关的作品就有多部，如颜愍楚的《证俗音略》、颜游秦的《汉书决疑》、颜师古的《汉书注》《急就章注》

① 〔唐〕李延寿：《北史》卷八十三，中华书局1974年版，第2797页。

《匡谬正俗》，颜真卿的《韵海镜源》等。颜氏家族中有多人善文学，撰有自己的文集。颜思鲁、颜师古、颜惟贞、颜春卿、颜杲卿、颜曜卿等多人好属文，工诗词，其中颜师古有文集六十卷，颜元孙有文集三十卷，可惜如今都不存于世。颜真卿有《颜鲁公集》十五卷传世。颜氏家族成员在史学上也有较大贡献，如颜师古与孔颖达等人撰《隋书》五十五卷，贞观十一年（637）又奉命注释《汉书》。《颜氏家庙碑》称颜师古的儿子颜光庭注过《后汉书》，颜乔卿精通晋史，颜幼舆通《史记》《汉书》。

再次，女子在教育中具有较高的地位。史书记载颜氏家族的女性中，具有较高身份地位的颜真卿的姑姑颜真定，同样具有较高的文化素养。《颜真定碑》（全称《杭州钱塘县丞殷府君夫人颜君神道碣铭》）说她精研历史，博通礼经，问无不知，德无不备，武则天时期被选为女史。因为母亲殷氏“以彤管之才，膺大家之选”，所以颜真定担负起教育颜元孙和颜惟贞两个弟弟的重任。另外，从前面所提到的“以彤管之才，膺大家之选”，也可以看出颜真定母亲殷氏的文化水平也是较高的，所以她才被选入宫中，参与政治管理工作。再有颜元孙曾说：“吾家儿女虽在孩稚，便渐督正之。”也可以证明颜家重视女教。颜真卿的母亲殷氏也具有较高的文化水平。他们都在颜氏家族的教育中发挥着重要的作用，对颜氏家风、家学的形成与发展起到重要的推动作用。

总之，隋唐时期，兰山地区的家庭教育对学校教育起到了较好的补充作用，促进了地方教育的发展。

三、进士辈出的诸满村

诸满村为颜氏和诸葛氏两大家族先后居住之地。魏文帝时，由青州刺史改任徐州刺史的颜盛在上任途中看中了这块蒙山沃土，便把家从曲阜迁到这里，居四世，历80年之久。其间，因其对兄嫂的奉养行为受到表彰，事迹被载入《晋书》，所以其所居之地被命名为孝悌里。后来村名由孝悌里改为诸满村，具体更改的时间已不可考，一说是北齐时诸葛氏家族迁往孝悌里，改名诸满里，后改诸满村。西晋永嘉元年，颜含随琅琊王司马睿过江，颜氏家族走向了南下、西上的征程，但他们都自称琅琊临沂人，而且诸满村也留有颜氏后裔，所以在颜真卿殉国后，诸满村为其建了鲁公庙和鲁公桥等。唐代末年，随着颜氏家族的第四次大规模东迁，诸满村又迎来了颜氏的回流。

颜氏家族的这些成员无论是否住在诸满村，都自称临沂人，也可以算作诸满村的村民，所以唐代的诸满村进士辈出。据《山东教育史》统计，唐代的进士中出自诸满村的有16位，分别是颜康成、颜强学、颜希庄、颜隐朝、颜元孙、颜幼舆、颜真卿、颜胜、颜式宣、颜方侨、颜顺、颜觐、颜韶、颜询、颜逸休、颜逸少。

图4-13　孝悌里

唐代兰山部分进士名录

姓名	科考类别	官职
颜康成	状元	崇文馆学士
颜强学	进士	校书郎
颜希庄	进士	银青光禄大夫，和州刺史
颜隐朝	进士	河北尉
颜元孙	进士	上柱国
颜幼舆	进士	汝南郡新息县主簿
颜真卿	进士	司徒
颜胜	进士	补阙
颜式宣	进士	侍御史

（续）

姓名	科考类别	官职
颜方侨	进士	宫门丞
颜顺	进士	评事
颜觐	进士	
颜韶	进士	
颜询	进士	
颜逸休	进士	县令
颜逸少	进士	左拾遗

（**注**：资料引自李伟、魏永生著《山东教育史》[①]）

颜康成、颜强学、颜希庄在《山东教育史》一书中被认为是曲阜人。但根据《古润颜氏宗谱》及《新编陋巷志》记载，他们三人是颜师古的弟弟颜育德的儿子，都应属于琅琊颜氏家族，特别是诸满村还有颜康成的坟茔。颜康成，唐永徽二年（651）状元，崇文馆学士。颜强学，进士，校书郎。颜希庄，历任银青光禄大夫、和州刺史。颜隐朝，河北尉；一说颜朝隐，著有《颜朝隐集》一卷，收入《全唐文》。颜幼舆，字令执，颜惟贞第五子，颜真卿的哥哥，据《颜幼舆碑》载，其美容止，有气度，通《史记》《汉书》，精礼法，做过汝南郡新息县主簿，后随哥舒翰攻石堡城，任左卫率府兵曹参军，恩敕赐绯鱼袋。颜逸休，唐会昌六年（846）进士，出任郑县令，著有《飞应诏文集》传世。颜逸少，唐咸通六年（865）甲科第二名，官左拾遗。

总之，隋唐时代的兰山在学校教育、家庭教育方面得到了长足发展，科举方面取得了显著成果。

第五节　军事活动

唐中后期，由于皇帝昏庸无能，政府管理陷入混乱，社会矛盾急剧尖锐，整个社会动荡不安，节度使叛乱、农民起义此起彼伏。处于沂州管辖下的兰山

① 李伟、魏永生：《山东教育史》，山东人民出版社 2011 年版，第 162—163 页。

境域自然也不能幸免于难，先是淄青节度使李师道叛乱，后有郓州军的一个牙将王弁杀死了沂州刺史王遂，造成沂州军乱，再后来，王仙芝和黄巢的起义军先后攻打沂州，以兰山为中心的沂州成了混战的场所。

一、沂州军乱

唐宪宗元和十四年（819），唐政府平定了淄青节度使李师道的叛乱后，把淄青十二州划分为郓、青、沂三道，并把李师道嫡系郓州军也分到三道。唐政府希望通过分而治之的形式达到长治久安的目的，并设观察使等职负责管理。原淄青行营供军使王遂任沂、兖、海等州观察使兼沂州刺史，道府所在地设在今兰山境内。

当时乱后乍平，人心不稳，需要政府更多的安抚。但是王遂性情暴躁，为人褊狭，喜欢敛财，不善御众，对手下将士轻则侮辱性谩骂，重则重刑体罚，其制作的用来打人的棍子比一般用刑的棍子都要粗。在炎热的夏天，王遂让兵丁给他建官衙和私人宅院，且时间短、任务多、催逼紧、刑罚重。原本刚经历了叛乱，民风不古，将卒大多有暴戾之气，王遂还用责罚威刑来管理他们，致使士卒个个怀忿，人人不满。七月十五日，原郓州军的一个牙将王弁和他的四个朋友到沂河里洗澡时合谋杀死王遂，并约定如果事成，推王弁为节度使。七月十六日中午，王弁和他的朋友趁着王遂与监军宴饮、全营将士休息的时机，突然闯入大帐，射死了判官张实，活捉了王遂，并在历数王遂的种种暴行后杀死了他。此后王弁自称留后，与监军抗衡。监军把整个事件写表上奏朝廷，并且上缴了王遂打人用的棍子。

唐宪宗收到监军的上表后，先是在朝堂上展示了王遂打人用的棍子，让大臣们以此为警戒，然后讨论兴兵讨伐王弁的策略。经过讨论，大臣们普遍认为兴兵讨伐可能会引起郓、青等州联合叛乱，于是决定巧设计策和平解决王弁。八月份，唐宪宗派一名宦官做使者去诱骗王弁。使者假称朝廷任王弁为开州刺史，送去了任命文书，并告诉王弁开州已经派人在路上迎接了，让他马上动身。王弁信以为真，当天就兴冲冲地带着一百多人和使者一起出发了。等进入徐州地界后，当地的官员让他减少随从，王弁没有做过官，不知道这是圈套，可他的随从感到情况不妙，陆续逃跑了。等王弁的随从人员跑得差不多的时候，宦官使者突然命令自己的随从逮捕了王弁，给他戴上枷锁，押送长安。九月初三，王弁被腰斩于长安城东市。

李师道、王弁的接连叛乱，让唐宪宗认为这是因为淄青节度使李师道郓州残部的余毒没有肃清，所以就派时任棣州刺史的曹华为沂州刺史兼沂、海、兖、密州观察使，前去清除叛军余孽。曹华到达沂州后，前三天先采取安抚措施，平稳军心，使沂州城内一片祥和。第四天，曹华在兵营内大宴将士，并说："我奉圣旨前来慰问大家，特别是迁来沂州的郓州将士，你们辛苦了。下面有奖赏，郓州将士的奖赏要多一些，现在郓州将士站在右边，沂州将士站在左边，以便于区别。"队伍分开后，他又命沂州将士先出去，场内只剩下郓州将士一千二百多人欢欣鼓舞地等待着更多的奖赏。可是曹华脸色突变让人把营门关上，厉声说："皇上深知郓州将士的辛劳，但是以下犯上谋害前主帅王遂的罪过不能免。"话音刚落，营帐后面突然窜出预先埋伏好的一千多名刀斧手，他们以迅雷不及掩耳之势，砍死了这群等待奖赏的郓州将士。霎时间，兵营里红雾漫天，血流成河。可怜这一千多名将士本还欢欣雀跃，转瞬间就命丧黄泉。站在营门外的沂州将士见证了这场血腥事件的发生，全都驻足屏息、两股战栗。自此后，沂州地界再也没有人敢为非作歹了。

叛乱被平息，余孽被肃清，沂州军乱结束，身为沂州刺史的曹华嫌沂州地偏，奏请皇帝把道府迁往兖州，并在整个辖区内建立孔庙，尊崇儒学，发展教育事业，濡化民风，取得了一定效果。

二、农民起义

唐僖宗昏聩无能，生活浮华奢侈，且任用宦官，肆意增加赋税。而当时关东多地水旱蝗灾不断，州县官吏又欺上瞒下，致使民不聊生，饿殍满地，社会矛盾急剧激化，多处群众"相聚为盗，所在蜂起"。起义军的战火烧遍了大江南北，兰山地区也未能幸免。

（一）王仙芝袭沂州

王仙芝（？—878），濮州（今山东甄城）人，以贩私盐为生。乾符二年（875）五月，王仙芝因贩卖私盐被盐丁发现，不愿束手就擒，便与尚让、尚君长等人在长垣聚众起义。几天时间，起义队伍就聚集了三千多人，王仙芝称自己的部队为"草军"，提出了"天补均平"的口号，并发布檄文痛斥朝廷贪官污吏多、赋税过重、赏罚不明，号召群众起来造反。当时宰相认为区区强盗不足挂齿，僖宗皇帝对此也不知情，这给王仙芝起义军的发展提供了有利时机。

六月，王仙芝部队攻陷濮州和曹州，打败了薛崇带领的天平军（总部在郓州，今山东东平）。曹州冤句人黄巢同王仙芝是贩私盐时的朋友，听到王仙芝起义后积极响应，带着自己的子侄辈八人，又招募了几千人在曹州宣布起义，加入了王仙芝的起义大军。王仙芝和黄巢的部队会合后，转战河南、山东，所到之处杀贪官济贫困，由此得到贫困农民广泛而热烈的拥护，起义队伍很快发展到了几万人。由于各地农民的纷纷响应，起义的战火快速地蔓延至几乎整个黄淮流域。起义军的燎原之势引起了朝廷的恐慌，唐僖宗慌忙命淮南、忠武、宣武、义成、天平五军节度使率兵攻打草军。

十二月，王仙芝的草军避重就轻，抵达沂州城下，威胁到淄青地区。青州的平卢节度使宋威主动请求讨伐王仙芝，并上书建议征剿的事情由专人负责，指出朝廷如再增兵五千，加上本地的军力，草军就可被集中消灭。唐僖宗同意了他的请求，命他为诸道行营招讨草贼使，负责镇压起义军，让河南诸藩的军队都听他指挥，并拨给他禁军三千、骑兵五百。

宋威等各道的人马会集之后，带兵与王仙芝战于沂州城下。[①]起义军被打败，王仙芝下落不明，军中谣传王仙芝已死，于是宋威上奏皇帝说贼首王仙芝已死，天下可以无忧了。河南诸道的将士被遣回，宋威自己带人回了青州。中央官员听到王仙芝已死的消息后，纷纷上朝庆贺。

乾符三年（876）正月，州县报告王仙芝又出现了，而且还要攻打沂州。唐僖宗非常紧张，紧急调集遣散的诸道人马返回，可是官兵厌战，他们连家还没到又被要求返回，故而群情激愤。特别是张晏带领的天平军刚走到义桥（今临沂市西），又接到诏令要求返回追剿叛军，群情哗然，公然抗命。他们一路奔回郓州，闹着要进郓州城。郓州都将张思泰、李承佑等人出城安抚，自出俸禄办酒席犒赏将士，又撕下袖子与张晏等人盟誓才平息了这场一触即发的兵变。唐僖宗也不得不下诏宣慰天平军，表示中央不追查此事，如果天平军想回去的话，任何人都不得阻拦。

①《资治通鉴》卷二百五十二，记载乾符三年七月，宋威与王仙芝部队战于沂州城下。但根据王大华《王仙芝沂州之败时间考》（《陕西师大学报（哲学社会科学版）》1980.12）一文考证，这个时间应为乾符二年十二月，理由是刚发展起来的起义军不可能与官军在沂州这个地方相持八个月，而且史书对这次战役也是轻描淡写。所以本文采纳王大华的观点，认为战役的时间在乾符二年十二月。

后来，皇帝下诏命左金吾卫上将军齐克让为兖海节度使，继续讨伐王仙芝。王仙芝见沂州难以攻克，就带领军队撤离了沂州。而因镇压王仙芝起义有功，齐克让被任命为泰宁军节度使。七月，王仙芝转战河南，攻陷了河南阳翟、郏城，并于十日之内，连续攻克周边八个州县，聚众上万人，然后进逼汝州，威胁东都洛阳。

王仙芝与沂州的情缘到此也就结束了，直到他兵败被杀都没有再到过沂州。

（二）黄巢起义军攻克沂州

黄巢（820—884），曹州冤句（今山东菏泽西南）人。他和王仙芝一样都是盐商出身，据《新唐书·黄巢传》记载，他“善击剑骑射，稍通书记”，多次参加进士考试都没有成功。乾符二年（875），王仙芝等人在长垣起义，黄巢带领他的子侄辈八人响应王仙芝并在冤句起义，随后加入王仙芝的起义大军。

沂州之战后，王仙芝与黄巢军队转战河南，然后进逼汝州，生擒汝州刺史王镣。十一月到十二月，起义军接连胜利，所向披靡，攻下郢州、复州、申州、光州、寿州等地。十二月攻打蕲州时，被俘的王镣替王仙芝给蕲州刺史裴偓写信劝两家罢兵，因为裴偓是王镣的哥哥——宰相王铎的门生。按照双方的约定，两家停战，裴偓打开城门，宴请王仙芝与黄巢等人入城会谈，并送给王仙芝等人大量财物以表示诚意，允诺为王仙芝等人申请官禄。由于宰相王铎的坚持，僖宗答应了招降，任命王仙芝为左神策军押牙兼监察御史并送去了任命文书。王仙芝打算接受招安，黄巢大怒，斥责王仙芝因一己私利置众将于不顾，并挥杖打破了王仙芝的头，众人喧哗不已。黄巢与王仙芝决裂，带两千人北上。由于群情激愤，王仙芝自己也没敢去做官，带着剩下的人攻下了蕲州。乾符四年（877）二月，黄巢北上的军队攻下郓州，杀了天平节度使薛崇；三月，攻克了沂州。沂州是王仙芝起兵之初的一个重要军事目标，当时没有攻克，黄巢在失意之时还没忘这个地方，在一年多后终于攻下了此地。

四月，黄巢与尚让会合，据守嵖岈山（今河南遂平县西）。七月，黄巢又带数万人与王仙芝再次会合攻打宋州（今河南商丘南），想要切断运河交通，政府的镇压部队节节败退。七月十五日，左威卫上将军张自勉带兵增援，起义军解围而去。这次战役之后，黄巢与王仙芝再次兵分两路。王仙芝转战湖北，黄巢攻打安徽。王仙芝攻打郢州（今湖北钟祥）时，唐朝招讨副都监杨复光再次诱降。王仙芝遣尚君长、楚彦威等人去谈判，中途被唐招讨使宋威劫持，谎称他们是俘虏。尚君长等人移送长安后被杀，王仙芝大怒，朝廷招降计划失败。朝廷因宋威镇压“无功”，解除了他的兵权，擢升曾元裕为招讨使。

乾符五年（878）正月，王仙芝军攻破荆南（今湖北江陵）罗城，由于沙陀兵援军到达，焚掠江陵后，王仙芝率军转至申州（今河南信阳）。二月，王仙芝在黄梅（今湖北黄梅西北）兵败，被曾元裕部斩杀。起义军首领尚让率领残部投靠了当时正在安徽攻打亳州的黄巢。两军会合后推举黄巢为“冲天大将军”，改元王霸，任命文武百官。随后，黄巢在攻打亳州无望的情况下，带兵再次回到山东攻下沂州，并以此为据点拿下濮州。但因为脚跟不稳，不久之后又被官军击退。无奈之下，黄巢给天平军节度使张裼上书，请求招安。唐僖宗诏命黄巢为右卫将军，但要求先在郓州解除武装，遣散部队。黄巢没接受招安的条件，引兵渡江，攻陷虔、吉、饶、信等州，继续他的起义事业一直到兵败自杀。

从王仙芝和黄巢两支农民起义队伍的发展来看，他们在起事之初、危难之际选择的目标都是沂州。王仙芝攻了一次沂州没攻下来，黄巢却先后两次攻下沂州，可见他们都看中了沂州这块沃土。正如王大华先生所分析的那样，沂州地区地处偏远，群山环绕，官方的军事防卫较弱，起义军可以轻松进入，行军阻力较小；一旦形势不利又可以进入附近的山区，是个“理想的造反地盘”[①]。这里除了有便利的自然条件，还有广阔的平原、浓密的村镇，也可以为起义军提供经济和人员补给。所以无论他们攻下与否，其实力都会获得一定的提升。据《新唐书》记载，黄巢北上齐鲁，聚众万人，等攻下郓州和沂州后，人数“遂至数万”[②]。

由此，兰山所在沂州虽然地处偏僻，但是因具有得天独厚的地理位置、丰富的物产资源，常成为兵家的必争之地。唐朝后期，连绵的战乱、兵斗，让兰山的发展雪上加霜，这是继魏晋时期大批士族南迁之后，兰山遭受的又一次重创。

① 王大华：《王仙芝沂州之败时间考》，载《陕西师大学报（哲学社会科学版）》，1980年第12期。

②〔北宋〕欧阳修、宋祁：《新唐书》卷二百二十五下，中华书局1975年版，第6452—6453页。

第五章　宋金元时期

宋朝采取加强中央集权的制度和重文抑武的国策，使过去依赖重臣专权、武将拥兵自重和藩镇割据的基础得以铲除，社会经济得以稳定和发展。但此举随之增设了大量的官僚机构，使官员数量庞杂；加上削弱武将的兵权，导致在对外军事方面，整个宋朝的历史重心都是战事的挫败和退却，内部也时有起义发生。在这样的背景下，兰山境内先后被北宋、金朝和元朝统治，成为南北政权的交替统治地带。战争、农民起义等动荡不安的社会现状和断续交替的多元文化，使兰山的文化发展受到了较大的冲击，即使这样，兰山的学校教育依然得到持续发展。就思想观念而言，这一时期兰山的主流思想观念仍是儒家思想及其新阶段的理学思想，但“金元时期沂蒙山区全真道的兴起，女真族、蒙古族等外族入治所带来的民族思想、文化传统、风俗习惯和处事方式等，元朝末期回族迁入沂蒙地区后伊斯兰教的传播，也促进了沂蒙地域文化与外域文化的碰撞和交流”[①]。各种思想在此地融汇，既相互吸收，又各自发展，并得到了很好的传播。而兰山地区宋金元时期的文化艺术、文物古迹等，无不显示兰山历史文化的灿烂和夺目。

第一节　行政区划与军制

北宋政府为防止类似唐末武装政权的侵扰，逐渐推行用文官代替武将担任地方行政长官的制度；为加强中央集权，将全国划分为若干路，形成路—州—县三级政区。路为地方一级政区，以转运使统领其事，诸路转运使掌管一路财赋，并监察地方官吏，实为府、州以上行政长官。州（府、军、监）为二级政

① 韩延明：《沂蒙文化生成与演进的历史分期摭探》，载《山东师范大学学报（人文社会科学版）》2015 年第 1 期。

区，州的行政长官称知州，州官之下另设通判，名为副职，实与州官互相牵制：中央向各州派去通判，并规定各州的文书经知州、通判连署才能生效，通判实为中央的代言人，起着监督、牵制知州的作用。路、州各级重要官员全部由朝廷任命。县为第三级政区，行政长官称知县。县官原由地方任命，后来也改为由朝廷委派。官员大都由通过科举考试选拔的大量文人担任，这就形成一个以科举出身的士大夫为主体的文官政府，被称为“文官政治”。

一、行政区划

北宋时期实行路—州—县三级行政体制，今兰山地区属京东东路的沂州、密州和淮南东路的海州管辖。沂州在兖州府东南，居黄海之滨，沂山在其北，蒙山在其西，羽山在其南；沂、沭二水出沂山之阳，潍、弥二水出沂山之阴，沂、沭二水纵贯境内。沂州府城位于沂河西，领一州、六县。宋朝在每州的州名之外，还有别称，如《宋史·地理志》中就有“沂州，上，琅琊郡”的记载，这里的“琅琊郡”只是沂州的一个别称，而不是指宋代仍存在郡级政区。宋徽宗宣和年间，沂州琅琊郡治所在临沂（今临沂兰山区），下辖5县：临沂、沂水、费、新泰（今蒙阴县域在其辖境内）、承（今兰陵县域的一部分在其辖境之内）。宋时，今郯城县大部分属下邳，北境小部分属沂州。

1129年3月，金人掠取京东之地，今兰山地区全部为金所辖，属金国山东东路。金的行政区划仿照宋代，仍实行路—州—县三级制，今兰山地区属山东东路之沂州。至金明昌末年（1196），山东东路所辖的沂州，治所在现在的兰山区，下辖临沂、费二县。

在地方官制方面，元朝政府尊用宋制的同时，又参用蒙古旧制。元代时，将以前的中央派出机构“行中书省”（或行尚书省）确定为最高一级政区，中书省直辖地区称“腹里”。临沂地区当时属中书省直辖的益都路，即今临沂地区在当时不属于行省，而分属于中书省直接统辖的益都路的沂州、莒州、峄州。当时规定10万户以上为上路，10万户以下为下路。益都路有77000余户，故为下路。路之下的州县分上、中、下三等。当时莒州、沂州皆为下州，州内各县，除临沂为中县外，其余皆为下县。元末，今兰山地区仍属益都路所辖的沂州。沂州的治所在今兰山区，下辖临沂、费二县。

二、军制

宋代在军制方面，实行集中兵权与强内虚外的方针。因地方军力少而且弱，故实行募兵制，特别是实行荒年招兵以防反抗的措施，使地方百姓中有不少从军者。地方军谓之厢军，内总于侍卫司。王安石变法以后，实行保甲法，即凡家有两丁者，出一人为保丁，农闲时进行训练，主要任务是维持地方治安。

北宋灭亡后，金国占领华北地区，曾将军政合一的组织——猛安谋克[①]迁居关内，筑寨于汉族村镇之间，谓之屯田军。当时，金国在沂州设沂州都提控管理其事。

元朝建立后，把军队分为宿卫京师的禁军和驻防各地的镇戍军，镇戍军由枢密院统管。兵种分为蒙古军、探马赤军、汉军和新附军。因山东为“腹里”，故以蒙古军和探马赤军驻守。《元史·兵志二》载：“河洛、山东据天下腹心，则以蒙古、探马赤军列大府以屯之。”元朝廷在清除了世侯势力之后，针对出现的军事力量真空问题，开始设置山东统军司都元帅府，驻济南，执掌该地区军民科差、调遣军马，处理有关军政事务。该机构设有统军使、副使、知事等职。至元二年（1265），移山东统军司都元帅府于沂州。蒙古军都万户府则是至元二十一年由阿术所领蒙古军都元帅府改立的。都元帅府曾统有五个蒙古军万户，其一便是由札剌亦儿部阿剌罕家族统领的万户，该万户组建于征金之际，改立蒙古军都万户府后，仍驻在沂州。天历二年（1329），山东河北蒙古军都万户府更名山东河北蒙古军大都督府，也速迭儿因于“天历之变”中拥护文宗图帖睦尔有功，以河南行省平章政事兼山东河北蒙古军大都督。驻守山东各地的蒙古军及探马赤军，每县多则数万人，少则数千人，是镇压汉族的主要军事力量。同时还特别下令收缴山东地区汉族百姓的军器兵马，不准百姓畋猎、习武、聚众结社、夜间点灯和祈神赛会等，并以严酷的“连坐法”镇压百姓的反抗活动。

元至正八年（1348），京都元帅府分设一部于沂州，以镇压东海郡一带农

① 猛安谋克原是女真族氏族社会末期的部落联盟组织。“猛安”为部落单位，“谋克”为氏族单位。一猛安包括 8—10 个谋克，其首领都称为“勃极烈”。这种组织平时狩猎，战时则战。后逐渐发展为一种军事组织。金政权建立前（1114 年），规定 300 户为 1 谋克，10 谋克为 1 猛安，将猛安谋克变为一种兼具军事和地方行政双重性质的组织机构。金熙宗以后，猛安谋克成为军事编制、生产单位和地方行政机构三位一体的组织。金宣宗南迁后，猛安谋克制度趋于瓦解。

民起义军。至正十一年，撤销沂州分元帅府，改设兵马指挥使司。至正十六年，在沂州设置河南廉访使司，后又设置分枢密院，以兵马指挥使司隶属，兰山成为当时高级军政机关驻地。至正二十七年八月，原淮南行省平章政事王信调任山东行省平章政事兼知行枢密院事，领本部兵马驻守沂州。十一月，朱元璋命大将军徐达、副将军常遇春率甲士25万北伐以定中原，首克临沂城。兰山在当时作为高级军事机关之驻地，区域位置显赫。

第二节　宋代农民起义

宋仁宗时期对西夏、辽屈辱求和，用重金买得边境的暂时安宁。而冗官、冗兵、冗费之弊越来越严重，财政开支骤增，百姓生活困顿不堪，遇有灾年，饥民多有饿死者。北宋实行强募饥民为兵的政策，每当一地区发生饥荒，官府担心饥民造反，便强迫饥民中的强壮者刺脸，强征其入伍。军队中的下层士兵，基本上是由灾荒年代无法生活的贫苦农民组成的。这些贫苦农民被编入军队后，不仅军饷常常被将领克扣，还要从事各种无偿的役使。过分的奴役与压榨使下层士卒经常进行反抗。同时，兰山境内的部分饥民为了生计也会铤而走险、揭竿而起。

一、王伦起义

宋仁宗庆历三年（1043）四五月份，青黄不接。沂州地区连续几年的蝗灾让田苗寸绿难存，地里几近颗粒无收；紧接着又碰上了百年不遇的大旱，久旱不雨，草木枯焦。连年的灾荒使京东东路整个沂州大地无物可食，饥民饿殍相望于路。为了活命，沂州一些饥民手持镰刀、锄头冲进官府，抢夺粮食、财物分发给贫困饥饿的百姓，这一行为很快就发展成为农民起义。

宋仁宗急令沂州巡检使朱进率虎翼卒前去镇压。虎翼卒大多是出身贫苦的农民，他们被强征入伍，抛家弃口，军饷、粮饷又常被军官侵夺，不但忍饥挨饿，还不时被军吏用皮鞭、棍棒催赶。因沿路所见百姓面黄肌瘦、悲惨凄苦，一些虎翼卒内心自然不愿去镇压这些因饥饿起事的穷苦百姓，同时也不满自己被军吏苛刻对待，故一位名叫王伦的军卒挺身而出，率领四五十名虎翼卒冲进营帐，在巡检使朱进尚未做出反应前，就手起刀落，将其斩于帐下。

其他官吏见此危情，吓得四处逃窜。王伦遂占据沂州（今临沂兰山），在沂州举起义旗。

不久，王伦率领起义队伍一路疾驰，往北进攻密州（今诸城）、青州（今益都）。青州是京东东路的军事重镇之一，防守极为严密。王伦见青州防护严密，没有在青州多作停留，便率义军南下。一路上，王伦的起义军攻城拔寨，势如破竹，沿途百姓纷纷加入起义队伍。起义军接连攻克密州、海州（今江苏连云港），渡淮水，经楚州（今江苏淮安）、泗州（今江苏盱眙）、高邮郡（今江苏高邮），直捣扬州，行程千里。沿途所过地区，巡检、县尉不敢出战，有些地方官吏甚至主动打开城门，恭迎起义军进城，并设宴招待，仓库内的衣甲、兵器、绢帛、粮食等任由起义军取用。为了号召群众起义，王伦穿起了帝王所穿的黄衫，“自置官称，著黄衣，改年号”，其部众皆面刺“天降圣捷指挥”字号。他们沿途开仓济贫，受到贫苦百姓的欢迎。

王伦率起义人马渡淮南下后，京东都提举巡检使傅永吉也率官军一路尾追而来。在扬州山光寺南，王伦与宋兵相遇，随即展开激烈拼杀。王伦起义军自举事以来，转战各地，面对数倍于己的官兵，奋力搏击，终因寡不敌众，为官军所败。王伦率余部从扬州突围而走，进入和州（今安徽和县），继而西走，在经过历阳县境时，遭到当地地主武装张矩所统民团的突然袭击，王伦战败被俘，惨遭杀害，起义失败。①

二、宋江起义军转战沂州

宋江，山东郓城人，曾任县吏押司。他投奔梁山领导农民起义的时间、地点，历史上没有明文记载，只有《东都事略》和《宋史》的《徽宗纪》《侯蒙传》《张叔夜传》几处提到过宋江，而没有提到梁山泊。宋江领导农民起义的确切年代，最早见于文献记载的是南宋李𡌴《皇宋十朝纲要》卷十八所说宣和元年（1119）十二月，“诏招抚山东盗宋江”。宣和元年年中，“宋江起河朔”，相当于今河北省中南部，被称为“河北剧贼”；到同年十二月时，已经转掠至京东地区，相当于今山东及江苏徐州一带，被称为京东“剧贼”或“山东盗”。政府曾试图招安，但未获成功。宋江起义军起初规模并不大，所组成的农民起

① 临沂市政协文史资料委员会编:《临沂历史大观·宋元明清时期卷》，黄河出版社2009年版，第3—6页。

义军人数虽然不多，但武艺高超、斗志顽强。他领导义军在山东到处杀富济贫，攻城略地，常以少胜多，大败官军。《宋史·侯蒙传》记载，宣和二年末，侯蒙上书说宋江“以三十六人横行齐、魏，官军数万无敢抗者，其才必过人”，提出招安宋江使讨方腊的计策。侯蒙说当时宋江起义军只有 36 人，应该是说起义军的主要头目，未必是起义军的主要人数。宋朝廷随即任命侯蒙为东平府知府，但侯蒙还未赴任，即于宣和三年三月之前离世。

宋江起义军并未在梁山泊地区逗留，而是转向东南。当时宋江率领义军纵横山东一带，威势俱显。沿路州、县官吏十分害怕，无心恋战，多躲避藏匿，逃亡保命。山东唯独沂州知州蒋圆大修战守之备，以防宋江犯境。后来宋江率领义军借道沂州，蒋圆表面应许，暗地里却派遣探子细查其详情，知其粮备匮缺，乃疲惫之师，便在沂州设置伏兵，督兵出击，最终大破义军。蒋圆因大胜宋江而立功，被升为开封少尹。宋江虽然中埋伏而失败，但蒋圆也不得不承认宋江的本领、称赞宋江的才能。宋江在沂州受挫之后，率领义军余部“北走龟蒙间”（龟蒙顶在今山东平邑），继续坚持战斗，积蓄力量。不久，宋江就率领义军从龟蒙山区转战到京东其他地区。

第三节 官学与儒学

宋朝统一海内后，乱世渐平，民生安定，文风日起，同时国家也需要大批统治人才，因而朝廷崇尚儒术，推行文治政策。例如宋太祖认为宰相必须使用读书人，他不仅自己喜欢读书，且告诫后人说：帝王之子一定要熟读经书，这样才能明白治家安邦的道理。他以兴隆学校为中心，在京师建立国子监，使儒家思想在宋代得到大力传播。宋金元时期，临沂的主流思想观念是儒家思想及其新阶段的理学思想，但多元文化仍然存在；官学有一定发展，也建立了比较完整的管理和教育体系。

一、兰山的官学

临沂为沂州州治，唐代已有官立学校，北宋时曾在临沂城东南隅新建学宫一座，但在靖康之际毁于兵火。

金统治山东地区时，为安定社会秩序，金章宗注重兴办地方学校，增加节镇学、防御州学 60 处，府学 24 处。沂州当时为上等防御州，有州学一处，教授一人。

元代中统二年（1261）六月，元世祖下令保护一切文化教育设施，规定不得侵扰、亵渎孔庙及各级书院，违者严加惩罚。至元八年（1271）三月，元世祖命各路各县设立小学。沂州当时按照户数为中州，遂设州学一处，置教授一人主持学校事务；临沂县为下县，设县学一处，置教谕主持其事。同时设有沂州医学校，培养地方医药人才，置医学提领管理。元代还在农村建立了多处社学，教百姓习读《三字经》《百家姓》等蒙学读物和部分儒家经典。

北宋以来，一些学者开设书院，聚徒讲学。兰山地区也有一些书院开设，如解元王佐在临沂城内金雀山下所建的王氏书院。

而官学化是元代书院发展的一个显著特点。书院教育的组织形式在两宋时期就已有官学与私学之分，元代推进了宋代以来书院官学化的进程。元朝政府对书院的师资任用、组织管理乃至经费供给等都加强了控制。元代还采取给新建书院赐书匾额的方式，表示国家对书院的认同和管理，比如，朝廷曾为曾子书院颁“曾子书院”额。州、县学和书院主要研习儒家经典，也学习历史典籍和诗词歌赋甚至一些祭祀活动。

宋金元时期，沂州及其下各县官吏均十分重视教育，他们兴建学校，举荐人才，见于方志记载的有：北宋时，沂州通判赵德彝重视文化教育，为儒生学习提供方便；金章宗时，沂州太守张汝芳“兴学校，辟田里”，使州内文化事业兴盛发展；元世祖时，沂州知州诸企范身为儒者，重视兴教。另外，社会贤达也自愿捐资建学，如临沂人胡义、宋仲卿在金末捐资修建文庙，元朝建立后胡义还曾任骠骑卫将军、琅琊节度使。

二、兰山的儒学

公元 960 年至 1127 年北宋统治时期，儒家思想（包括理学）在临沂各地得到传播与弘扬。北宋灭亡后，尤其是 1141 年“绍兴和议”后，临沂地区为金朝所统治。在金朝统治时期，该地区除儒家思想继续得到传播外，反抗女真贵族统治成为普遍的意识和行为。比如，1158 年沂州人赵开山发起反金起义，聚众 1 万余人攻占密州（今高密）、日照等地，起义队伍逐渐发展到 30 万人，并多次打败金兵。金朝灭亡后，临沂地区又很快被蒙古贵族建立的元朝统治。

元朝统治期间，理学在沂蒙地区有了较广泛的传播，学习、践行儒学思想和儒学发展的新阶段——理学，成为思想领域中的主流。

北宋建立后，最高统治集团为巩固政权，实行了崇文抑武的方针。所谓崇文，不仅是重用文臣、压制武将，更重要的是在思想上崇奉儒家思想，采取措施巩固儒学的主导地位。《宋史·文苑一》曰："自时厥后，子孙相承，上之为人君者，无不典学；下之为人臣者，自宰相以至令录，无不擢科，海内文士彬彬辈出焉。"[①] 这里的"典学""擢科"就是指通过以儒学为主要内容的考试来选拔人才。宋朝建立者赵匡胤重用儒者和读书人，还亲自对礼部考试合格的进士进行面试，并进行殿试。宋朝历代皇帝都比较重视儒学和科举，尊崇孔子。宋太宗"锐意文史"；宋真宗则语"深资政理，无如经书"；宋仁宗治国的"三十五事"，其中有"好硕学""精六艺""尚儒籍"，他认为精通儒学是前提，其后又加封孔子后人为"衍圣公"，给予其优厚待遇，尊孔之风渐盛。宋代科举制比唐代完备，录取时不再注重门第出身而全凭考试结果，录取范围扩大，录取名额也明显增多。太平兴国二年（977），宋太宗一次录取 989 人，宋仁宗一朝仅进士录取就达 4570 人。[②]

金朝占领黄河流域后，临沂地区属金山东东路管辖。金朝统治者亦重儒学，并从天眷二年（1139）开始改变科举办法，以儒学取士。皇统元年（1141），金熙宗亲自到孔庙祭拜，并提倡学习汉字经书，同时，亦在地方设立府、镇、州学，建立孔庙；乡村中还设有大量私学。这样，儒学在临沂地区域得到继续传播。金朝统治时期，著名儒生张玮，少承家学，苦读经史，于正隆五年（1160）中进士，后从政，任礼部尚书，对礼仪深有研究。致仕后居家，以经史教授子孙，每天都到夜深才结束。其子张行简、张行信皆传习儒学，精研经史，分别于大定十九年（1179）和大定二十九年（1189）中进士。他们从政后，皆能以儒家道德自律，实践儒家重民爱民思想，受到人们的广泛赞誉。

元朝入主中原之前，也开始尊儒重儒、崇尚理学，并以之作为统治中原的前导观念，如成吉思汗时就在燕京建立孔庙。元朝建立后，忽必烈尊用"汉法"，重用研究理学的许衡、刘秉忠等汉族士人，采用汉唐制度；元成宗在京城及各州、县建立孔庙，又诏书中外，大力尊奉孔子；元武宗至大元年（1308），加

① 〔元〕脱脱：《宋史》卷四百三十九，中华书局 1977 年版，第 12997 页。
② 于联凯、韩延明：《沂蒙教育史·古代卷》，中央文献出版社 2007 年版，第 137 页。

封孔子为“大成至圣文宣王”，朱熹理学成为元朝科举和文化的重要指导思想。

宋元时期，由于战祸频仍，地方学校遭到严重破坏，但许多学校往往毁而重建，一直是学习、传播和研究儒学的中心。如临沂学宫，北宋前期始建于临沂城东南隅，宋末靖康之际毁于兵火。金朝统治者占领临沂后，由守臣高召在西门之内重建学宫。元末战乱中，该学宫又遭破坏。而至明朝初年，沂州知州罗希孟又奉旨重建，后来的地方官员又多对其加以修葺，使这座学宫一直保存到近代。临沂学宫为沂蒙地区保存和传播儒学及民族传统文化发挥了较为深远的作用。

宋金元时期，儒学是临沂地区日常生活和本地文化的主流观念，甚至成为人们评价是非的伦理标准，各级执政官吏也以儒学处理政务。至金朝末年，有临沂人胡义，大力弘扬孔孟之道，因临沂孔庙遭到破坏，于是捐献巨资重加修葺，为保存儒家文化做出了贡献。元初，有临沂人张雄飞，传习并践行儒家思想。他为人刚正廉慎，在朝廷上敢于仗义执言，在任地方官时注重推行“仁政”“德治”；他以儒学教诲子孙，并能严于律己。时又有临沂人密珍，曾任沂州都巡使等职，虽为武将，但注重推行儒家教化，受到时人称誉。

第四节　文化艺术及宗教

宋金元时期，临沂人的孝义理念深入人心，他们将对孝悌思想的践履笃行融进日常生活，使孝悌成为家庭教育的基本内容。无论达官贵人还是平民百姓，都笃信必须孝敬父母、友爱兄弟，并且出外谋事要忠于国家、与朋友交往要讲求信义。孝悌教育在官学与私学中均无间断，《孝经》被广泛研习，并被列为考试科目，孝悌甚至成为评价和选择士人的标准之一。虽然在宋金元时期，临沂地区尊崇孔子，儒家文化深入人心且是文学艺术的主导观念，但道家思想、佛教观念乃至伊斯兰教思想也在元末传入沂蒙地区，这些观念既相互吸收，又各自发展，并在当地得到了很好的传播。

一、文化艺术

各时期的临沂县志中记录了大量孝悌人物，其中包括许多孝敬公婆和善于教子的女子。元代郭居敬作《二十四孝》，其中有七孝在临沂。金元统治者还用少数民族文字印制《孝经》供本族普及使用。

这一时期，人们崇拜的历史人物是孔门十哲之一的闵子骞。闵子骞在出任费宰期间，以德、法治理，使野无旷土、市无游民，因而受到民众的拥护与怀念。元朝时，邵显祖主政费县，他了解到当地民众对闵子骞的怀念与崇敬之情，特捐出自己的俸禄，重修了闵子骞祠。除此之外，由于闵子骞曾在沂水县西北山区一带隐居读书，后人将其隐居处称闵公山。五代后唐时，于该处建闵子书院，后废弃，北宋时闵子书院得到恢复，元朝时书院遗址仍存。这也加强了这一时期崇拜闵子骞的气氛。

北宋时期，宋王朝与北方的辽国、西北的西夏战争时断时续，这种状况激发了人们对历史上敢于抵抗分裂割据的英雄人物的崇拜与怀念。应该说，对颜真卿、颜杲卿的怀念与崇祀，正表现了兰山地区广大群众的这种精神期盼。唐代颜真卿、颜杲卿为国捐躯后，其后人在诸满村为他们建立了纪念性的祠、墓。宋朝建立后对前代功臣、烈士继续加以褒彰，原来唐代所建的颜真卿与颜杲卿祠、墓，由于年久失修，已是“室宇卑陋、岁月将圮，祀典弗著，神不顾飨”。上述北宋朝廷褒扬前代功臣的精神推动了颜氏族人及地方官员重修颜真卿祠、墓的热情。颜真卿九世孙颜温和十一世孙颜安上联络各地同族，共商重修颜真卿祠、墓事宜，并以原庙地处偏僻不便祭祀为由，上报费县知县，表示愿意自家出钱在县城东买地重建新庙。这一要求得到了知县杨元永的赞许与支持。杨元永建言于沂州长官道：“按祭法：‘能御大灾，能捍大患则祀之；以劳定国，以死勤事则祀之。’方鲁公守平原时，禄山逆状未萌，公能测其端；及反，河朔尽陷，独平原城守具备，与其兄常山太守颜杲卿首昌大顺，河北诸郡依之为金城，可谓能捍大患矣。其后为奸臣所挤，临大节挺然不屈，竟殒贼手，可谓‘以死勤事’矣。今庙宇不能庇风雨，愿闻于朝，少加崇葺，俾有司得岁时奉祀。”[①]杨知县的这一申请得到了沂州知府梁彦深的批准。梁彦深将此事上报太常寺，最终得到朝廷批准。当年冬天，颜氏族人将鲁公庙由诸满村迁至费县祊河之东。

当时为颜真卿重建新庙，曾请左承议郎尚书职方员外郎曹辅及秦观撰写碑文。新庙建成后，同时供奉祭祀颜真卿、颜杲卿二人，故后人称之为“双忠祠”（因颜真卿谥“文忠”，颜杲卿谥“忠节”）。双忠祠的建立和有关碑文

① 山东省费县志编纂委员会：《费县志》，中国广播电视出版社 1992 年版，第 577—578 页。

的镌刻是临沂地区人民群众尊崇忠臣、贬斥奸臣这一群体意识的明显体现。费县知县杨元永和曹辅虽然都不是沂蒙籍人士，但是他们对颜真卿的赞誉代表了沂蒙人民群众的思想意识与观念。[①]

宋元时期，有许多文人雅士赞美过兰山的人物、风光。宋代著名豪放派词人苏轼在他的长诗《题王逸少帖》中，赞美了王羲之“天门跳龙”“出林飞鸟”的飘逸书法，也对张旭、怀素的书法加以点评，并透出戏谑的笔调：

颠张醉素两秃翁，追逐世好称书工。
何曾梦见王与钟，妄自粉饰欺盲聋。
有如市倡抹青红，妖歌嫚舞眩儿童。
谢家夫人澹丰容，萧然自有林下风。
天门荡荡惊跳龙，出林飞鸟一扫空。
为君草书续其终，待我他日不匆匆。

南宋末年的文天祥是南宋灭亡前的最后一位宰相，他于南宋祥兴元年（1278）十二月二十日在今广东汕尾海丰北面的五坡岭被元军俘获并押解北上，路过宋代的德州时，目睹颜真卿留下的《东方朔画赞碑》和唐城墙遗迹，文天祥不由思如泉涌，借著名书法家颜真卿题写情志，他的《过平原作》这样写道：

平原太守颜真卿，长安天子不知名。
一朝渔阳动鼙鼓，大河以北无坚城。
公家兄弟奋戈起，一十七郡连夏盟。
贼闻失色分兵还，不敢长驱入咸京。
明皇父子将西狩，由是灵武起义兵。
唐家再造李郭力，若论牵制公威灵。
哀哉常山惨钩舌，公归朝廷气不慑。
崎岖坎坷不得志，出入四朝老忠节。
当年幸脱安禄山，白首竟陷李希烈。

① 王春华：《沂蒙儒学史》，中央文献出版社 2012 年 9 月版，第 384—389 页。

希烈安能遽杀公？宰相卢杞欺日月。
乱臣贼子归何处？茫茫烟草中原土。
公死于今六百年，忠精赫赫雷当天。

诗中叙述了颜真卿英雄悲壮的一生，歌颂了颜真卿、颜杲卿兄弟二人忠于大唐、主动抗击叛军的英雄行为，也愤怒地揭露和痛斥了奸相卢杞借叛贼李希烈之手杀死颜真卿的无耻行为。文天祥对颜真卿的事迹了解得详细具体，不仅纪事准确，而且词句优美，赞美之声成为全诗的收尾之笔，引起人们强烈的震撼与共鸣。

二、道教

道教是中国自己创生的宗教，道教在临沂历史久远。在道教未形成前，许多道家有影响的人物就在临沂地区活动。周代名人羡门子，战国时期的鬼谷子、庄子，秦朝方士安期生、徐福、黄石公，东汉的于吉，东晋的葛玄、葛洪，南北朝的由吾道荣，隋唐时的萧静之、王远知，宋代的贾文等道教名人，他们中许多是琅琊人，个别属于隐居沂蒙山中修道养身的外地名士。

这一时期，各县都兴建或修复了若干道观，临沂地区的道观始建于隋代。唐代初年，各州县奉命兴建道观。宋元明清历代统治者推崇、利用道教，至清末修建大小道观1100余处，有道士3000余人。汉唐至北宋时期，一直保留着对蒙山的祭祀，祭祀地在蒙山南麓的古蒙祠。宋徽宗崇尚道教，将古蒙祠改为道观，称玉虚观。沂蒙山区各处名山均有道观，并广收信徒，研习道教经典、炼丹长生、画符驱鬼、戒律礼仪等道教观念及规习。

北宋时主持玉虚观的道人贾文为临沂人，长期在蒙山修炼。宋徽宗在政和六年（1116）召见了他，并赐予其紫衣象笏等物品，后其仍归蒙山，死后谥“清虚文成公先生”。自北宋政和六年至乾隆十九年（1754）的近七百年间，贾文一直受到道教门人及乡民的祭祀，世称“贾成公”。据《费县志》记载，《玉虚观松柏林记碑》中写道玉虚观弟子300余人，香火20余年，其间道士植松柏700余棵，挺然玉立，清风浩荡，宛若仙境。元明清历代统治者多对此进行修缮管理。

全真道作为金元时期兴起的一大道派，对当时沂蒙山区各个阶层影响深远。

金大定七年（1167），王重阳进入山东传教，接纳“七子”，山东的全真道逐渐成为显教。当时在沂州临沂县建成的玉清万寿宫，也是沂蒙山区较早的全真道教观，影响比较大。

道教对临沂地区的影响，首先是长生不老观念。道观道士在大旱大涝时节也为百姓祈雨救灾，这甚至成为民间世俗文化的一部分，各地道观存留的建筑、碑刻、古木、绘画等自然与文化景观，也成为当地重要的历史文化资源。

三、佛教

佛教传入临沂时间较早。据《莒州志》记载，东晋东莞人竺法汰入佛门，在沂蒙地区传教；东晋琅琊王氏南迁，则舍宅为寺；宋金元时期，佛教在这一地区有了新的发展——各地新建或扩建佛教寺院数量较多，临沂普照寺、朗公寺均增加了规模，扩建了寺院。

始建于晋代的普照寺位于兰山区洗砚池街王羲之故居内，据民国《临沂县志·古迹》载，王右军故宅“治城西南隅普照寺”。西晋末永嘉之乱后，临沂“诸王南迁，舍宅为寺”。后魏时，寺名为“律寺”。唐玄宗开元八年（720），赐名“开元寺”。宋崇宁初年，有大臣建言：“请诏天下，每郡择律寺一，更为禅林，遇皇上诞弥之月，为祈延景命之地。”[①] 宋徽宗采纳了这一建议。后“开元寺”应选，自此改称“天宁万寿禅寺”。伪齐刘豫时，又更名为“普照寺”。从此，“普照寺”名称保留至今。金熙宗时，普照寺主持妙济禅师觉海在沂州防御使高召的赞助下，拆除围墙，开拓庙基，扩大寺庙建筑面积，并架石桥，跨望月湖，将原本偏僻的水池隘寺，扩成空旷之境；同时，对寺庙殿宇进行翻修，在大雄宝殿北侧建藏经楼，收藏佛经5048卷。扩建、修葺工程告竣后，在寺中筑亭刻碑，以记其事，此即著名的集柳碑。明正德年间，被封于沂州的泾王朱又对普照寺进行大规模修缮。他们从北京请来了铸铜像工人，铸造了大批佛像，其中最大的观世音造像连同莲座高达5米，还铸有一口大铁钟。明崇祯十二年（1639），将原在城南关的忠孝祠移至此处，建于普照寺西南。当时，这一带宫宇错落，苍松林立，是临沂城五大形胜之地。抗日战争时期日军侵占临沂后，古建筑遭破坏，古文物被洗劫；“文革”期间，

① 王新英辑校：《全金石刻文辑校·沂州普照寺碑》，吉林文史出版社2012年版，第55页。

仅存的大铁钟被损毁。

宋金元时期，临沂的僧人通过说法、刻碑等各种形式宣传佛教理念。临沂各处佛寺的宣传并不纯正，而是“三教归一”。沂州各县凡是较大寺院，都建有三教堂，孔子、老子、释迦牟尼被供奉祭祀于一堂，从中可以看出儒、释、道的相互兼容和影响。1936 年《重修莒志》中金明昌二年（1191）的《集卢山寺三教堂重修圣像记碑》记载：“夫三教者，儒释道，众人之所知也。则以释氏言之，以慈悲为主；以老氏言之，则以省俭为先；以儒教言之，则慈爱是尚。三者殊途同归，易地则皆然。”可以看出佛教在传播中被中国化了。此外，这一时期百姓生活困顿艰难，赋税徭役沉重，而僧侣免除徭役，故众人投身佛门，成为佛教信徒。[①]

佛教文化对临沂地区的影响也很大，550 余座佛寺中皆有雕塑或泥塑佛像，佛教故事的绘画、建筑更是风格独特，为这一地区展现了新的文化面貌。同时寺院定期举办法会、法事，对佛教的传播也起到了一定作用。

临沂儒、释、道从独自发展到互相交流吸收是一个漫长的过程。儒家重视人伦，讲究孝亲、修身、忠君、有担当；佛教讲究个人修为，追求死后极乐世界，求来世之福，同时又接受儒家仁义礼智信的观念，融合儒、佛二者应有之义；道教虽以道家哲学为根基，但也兼容儒家，故各扬其长。三者的融汇对沂蒙文化产生了深远影响。

四、伊斯兰教

伊斯兰教，旧称“回教”“清真教”，信仰伊斯兰教的人统称“穆斯林”。临沂伊斯兰教是随着元代末年回族的迁入而传入的，后经过明清回族的陆续迁入而发展壮大。回族在全市各地均有分布，回族聚居之地多建有清真寺。据民国《临沂县志》记载，清末民国初年临沂回教俱进会有会员 210 人，职员 20 人，教民 447 户，清真寺 7 所。回族的迁入为沂蒙文化注入了新的因子，丰富了沂蒙地区的文化内涵。

元朝末年，临沂各县均建立了清真寺。临沂境内历史上先后建起 33 座清真寺，现存并开放的有 27 座。这些清真寺都是中国传统的建筑式样，多为四

① 王春华：《沂蒙儒学史》，中央文献出版社 2012 年版，第 381—384 页。

合院式，西面是大殿，两侧有南北讲堂及沐浴室、住房等附属建筑。

迁入沂蒙地区的回族入境较晚，多因战乱或灾情入内，分布于沂河、沭河两岸的滩涂灾患之地和贫瘠山区，大多从事农业，少数从事商业或手工业。他们聚族而居，有自己的生活习惯和信仰，数百年来与本地区其他民族友好相处，为本地区的文化发展做出了贡献。

第五节　文物古迹

临沂市历史久远，古城古国遍及各区县，而兰山地区文物古迹尤其多。临沂市博物馆藏有宋代的嫦娥奔月镜、百子千孙镜、方镜、雪月回纹镜、迎宾镜、猴羊带柄镜；所藏宋代铸钱品类繁多，兰山区出土的有长条亚腰形银锭和大观通宝，而出土的金代货币以大定通宝、正隆通宝为多，南宋货币以建炎通宝、绍兴通宝为众，元代货币以八思巴文铜钱为主，汉文铜钱至正通宝等亦经常发现。兰山地区传世的宋金时代碑刻数量不多，但稀世珍贵。鲁公庙中，鲁公庙碑的碑文是秦观于北宋元祐七年（1092）所书，碑阴是书法家米芾的书迹；宋嘉祐七年（1062）所立的《醉翁亭记》碑，碑文系书法家苏唐卿所写，碑阳为苏唐卿手篆《醉翁亭记》全文，碑阴为苏唐卿用行草所录欧阳修、谢简及当时名士的唱和律诗。其佳文工篆，合于一碑，《金石索》和《齐鲁名碑》等金石著作均对其有所评述。金皇统四年（1144）的普照寺碑又称集柳碑，为普照寺觉海和尚集柳公权书刻成，其字体大于《玄秘塔碑》，与《神策军碑》相颉颃，闻名遐迩，《校碑随笔》等金石著作对其有所著录。元代碑碣受赵孟頫影响深远，现存于临沂宝泉寺的《重修宝泉寺碑记》和现存于临沂市博物馆的《达鲁花赤教化碑》均为赵体碑刻。现对临沂孔庙、集柳碑、娘娘庙进行简单介绍。

一、临沂孔庙

孔庙即孔子庙，亦称文庙，是祭祀孔子的祠庙建筑。兰山孔庙位于今临沂市区兰山路中段北侧，整个建筑呈长方形，坐北朝南，南北长155米，东西宽45米，总面积0.7公顷，是一处较大的古建筑及仿古建筑群。历史上的兰山孔庙一度毁于战火，现存孔庙迁建于金代，明、清两代均重修并增建。孔庙内现有古建筑大成殿、明伦堂及古银杏树等，被列为市级重点文物保护单位。

图 5-1　临沂孔庙

民国《临沂县志·秩祀》记载：

孔子庙在县治西。旧在东南，宋靖康毁于火。金守臣高召，卜迁今地，其后再毁再葺，元末兵燹，故址仅存。明洪武二年，知州罗希孟重建。正统间，知州贺祯再修。弘治间，知州张凤、吴寅，正德年间知州朱衮，相继增修。嘉靖三十五年，东兖道任希祖见庙庑圮坏，呈请拆泾府殿房重建。清乾隆初，知府李希贤、道光十五年知府熊遇泰、光绪九年知府锡恩，重加修缮。

孔子是中国古代最伟大的教育家、思想家，儒学思想更是中国古代社会的官方学术思想。自汉代到清末，历朝历代均将儒家思想尊为治国之本，对孔子的祭祀也极为重视，几乎全国各地都建有孔庙。孔庙是祭祀孔子的地方，同时也是宣扬儒家思想、传授儒家典籍学术、倡导儒家礼教与道德的重要场所。自清雍正十二年（1734）后，沂州府学和兰山县学合二为一，学校大门就建在孔庙大门的东侧。孔庙和

图 5-2　孔庙银杏树

府学、县学成为兰山的文化圣地、教育中心。

兰山孔庙在漫漫历史长河中几经浮沉，数次毁于宋元战火，金代迁址重建后，自明代洪武三年至清末曾多次修复、增建，遂颇具规模。府学里书声琅琅，孔庙内肃穆静谧，祭孔大典时的虔诚礼拜，皆是兰山儒学、儒风之盛的见证。但终因科举制度的废除、时代的变迁、岁月的侵蚀，导致孔庙年久失修、毁坏严重且面目全非。至 1949 年前后，仅存大成殿、明伦堂及几株古银杏树，其他附属建筑及附近原沂州府学、兰山县学皆不复存在。

1997 年至 1998 年，孔庙再一次迎来历时 7 个月的大规模修复：新建仿古大门和大门两侧的 10 间耳房，新建大成殿前院的东西两庑，新建大成殿和明伦堂两侧的画像石廊，新建明伦堂后院的文物库房，新建仿古大东门等。庙内集历史、建筑、雕刻、绘画、书法等成就于一体。

修复后的临沂孔庙，沿着中轴线自南而北，依次为前大门、大成殿、明伦堂、库房，分前、中、后三进庭院，有 4 根朱红檐柱的大门两侧共有耳房 10 间，青砖黄瓦、青石台阶、朱红檐柱、单檐硬山屋顶。大门内两侧各有银杏树一株，东为雄株，西为雌株，粗足有 6 米，据史书记载，银杏树植于金代，虽然历经九百余年风雨，仍绿叶荫荫、银果累累、生机勃勃，见证着孔庙的沧桑沉浮与再生辉煌。

二、集柳碑

沂州集柳碑，全名为沂州普照禅寺兴造记碑，是金代著名石刻。此碑位于兰山砚池街王羲之故居内的普照寺（始建于西晋末年，金皇统四年进行了大规模修葺扩建），该寺主持觉海为了记述普照寺兴造经过及其盛景，请仲汝尚写了一篇碑文《沂州普照禅寺兴造记》，准备将其刻成石碑，立于寺中。觉海对柳公权的字十分推崇，便到处收集柳公权的字，准备用其集成这篇碑文。觉海主持跋山涉水四处查访，千方百计寻找柳公权的手迹，先后查阅了《神策军碑》《金刚经碑》《玄秘塔碑》《冯宿碑》《兰亭诗帖》《送梨帖》

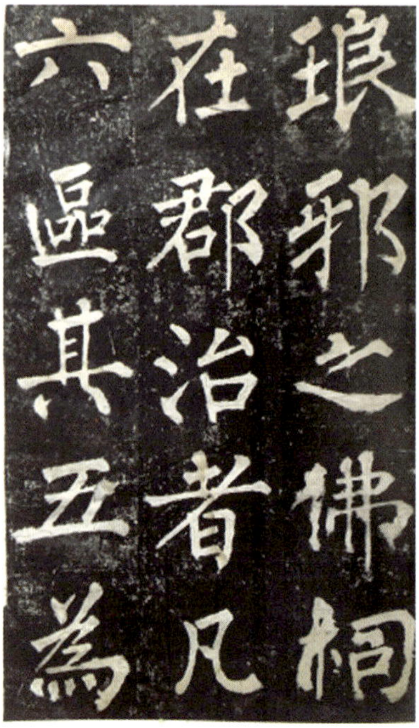

图 5-3 集柳碑碑文

等碑帖及散存在社会上的柳公权的墨宝。经过一番艰苦的搜寻，觉海主持终于用柳公权的字集成了这篇碑文。然后，他请碑刻高手把集成的碑文刻在石碑上，立于寺院中，成为当时一大奇景，后人称之为集柳碑。

该碑高 2.27 米，宽 1.3 米，厚 0.7 米，字径 5 厘米，碑文共 1261 字。集柳碑被称为“东柳”；西安碑林里有柳公权的《玄秘塔碑》，被称为“西柳”，故有“东柳西柳”之说。清代书家何绍基称赞集柳碑为柳书第一。

康熙七年（1668），临沂发生大地震，寺院倾倒，集柳碑碎成数块。震后曾对此稀罕文物进行精心修复，并建碑亭加以保护，但碑文已残缺 128 字。道光年间，一僧人对碑文进行刮洗，使笔迹粗肥，大失柳书韵致。日军占领临沂时，试图将此碑劫运至日本，但未能得逞。后因战乱，寺院荒芜，集柳碑也遭到严重损坏。

图 5-4　集柳碑亭

中华人民共和国成立后，当地政府将残碑收集，存于五贤祠内。后来，临沂市政府组织专家，反复对照拓本，查询古籍记载，精雕细刻，复制成碑。此碑虽系复制，但柳书神韵犹在，受到行家里手和书法爱好者的喜爱，目前保存于临沂市博物馆内。

三、娘娘庙

娘娘庙位于兰山区兰山街道办事处庙上村驻地西部。娘娘庙始建于宋代，曾于北宋景德年间和清康熙三十六年（1697）重修，重修后的娘娘庙主庙长10.6米，宽9.4米，庙门朝东，意在龙女观海；歇山式顶，顶上原有走兽。主庙前有柳毅庙、关帝庙、钟楼、戏台等建筑。由于历史久远、风雨侵蚀，娘娘庙损毁严重，现仅存濒临倒塌的主庙、一明两暗的三间侧庙殿堂以及前廊。殿堂由于曾经被当作学校的教室，内墙上还残存着被当黑板用过的痕迹。目前，娘娘庙已被列为临沂市重点文物保护单位，占地东西长约200米，南北宽约100米，面积约2公顷。

图5-5　娘娘庙

娘娘庙向西约200米为艾山。《左传·隐公六年》记载:“公会齐侯,盟于艾。”也就是说，当时鲁隐公和齐侯的会盟之所就在艾山。万历《沂州志》中所载《艾山怀古诗》写道：“满山松桧倚长空，流水漂花绕涧香；盟会有基人到少，但闻啼鸟送斜阳。”意在感喟历史之陈迹、抒幽古之情怀。神话传说东海龙王之女为夫家所虐待，在艾山牧羊，后经书生柳毅传书之帮助，得返龙宫，而群羊遂化为艾山之石。故艾山多远观如羊群卧起的山石。该山东麓的庙上村中立有艾山神祠，本祀山神及神夫人，后讹为龙女，俗呼为“娘娘庙”。今庙上村即由娘娘庙一名而来。娘娘庙外，立有柳公祠专祀柳毅，唐传奇中柳毅传书的故事，被附会移植于此处。由于“龙女”之故，娘娘庙成为历代天旱祈雨之处，民间称其“有求必应”。清康熙时徐惺作《艾山纪事》，记述祈雨灵迹，事虽荒唐，却反映了艾山香火不绝之盛况。不知何时，“龙女”升为“龙母”，庙前的那口井，便成为柳毅传书之处了。庙前现存两雄一雌银杏三株，最大的一株干围 8.2 米，据记载已有 1300 多年的树龄。庙内的古银杏树历经多年的风雨洗礼，老树又冒新枝，正焕发着勃勃生机。每年的三月三日庙会期间，庙上村及周边村的村民都会到娘娘庙来进香祭拜，祈福求子，每个月的初一、十五来庙里上香的人也络绎不绝。

第六章　明清时期

本章所述明清时期，主要指自 1368 年明太祖朱元璋建立明王朝至 1840 年鸦片战争爆发之前这段时期。这一时期是中国古代社会的重要转型时期，华夏民族由宋元以来的民族对峙与对立到明清时期再次走向融合与统一，而封建制中央集权实现了前所未有的巩固与加强，缔结了中国古代封建社会最后的昌盛与辉煌，同时也开启了其由盛而衰、渐趋没落的式微之音。这一时期，以农业为主的传统自然经济得到恢复与发展，并且从中萌生出新型的商品经济形态与模式，从而引发社会经济结构、城市乡镇建设乃至思想文化领域的一系列重大变革。在此时代背景下，兰山迎来本区域文化历史的重大发展与转型。沂州方志的编撰为后世了解、研究明清兰山全貌提供了翔实可靠的第一手文献资料。临沂县城的筑建、兰山县的设立、学宫考院的创建等重大历史事件，从各个层面促进和激励着屡遭天灾兵祸荼毒的琅琊古郡、沂州旧府的道统复立及文脉再续，对明清时期兰山的政治、经济、军事、教育、文化及社会生活产生了强烈而深远的影响。

第一节　临沂县城与兰山县制

城池的筑建是一座城市作为物质实体存在的重要标志，县治正名则是一县历史在建制沿革中的真正伊始。兰山因位于临沂地区的中心区域，自古以来便是南北交通要道、齐鲁军事咽喉，有着悠久的历史、灿烂的文化。然而正是由于地理位置特殊，兰山地区成为兵家必争之地，屡遭战火，屡受兵祸，旧有的兰山城池往往在一次次战事中被摧残破坏。另一方面，琅琊古郡虽建郡时久，然而在漫长的历史中，“琅琊”“沂州”“临沂”的行政区划变更频繁、隶属复杂，兰山的地名称谓也显得概念模糊、脉络不清，很难有一个确切而明晰的界定。直至明代临沂县城筑建并历次增修、清代在兰山设立独立县治，上述情况才得以改观，这也成为兰山地区历史文化传承中的关键节点。

一、临沂县城的筑建与修葺

史料记载，最早的临沂城始建于春秋时期鲁哀公三年（前 492）。自唐末宋元以来，战事频仍，灾祸不断，数易其属的兰山地区屡屡成为战场，颇受战火兵乱荼毒，原来的县城旧址屡遭毁坏。直到明朝初期天下大定，兰山地区才得以休养生息，逐渐恢复生机。明清两朝，历任兰山地方官员多次主持修复活动，伴随着城池的筑建、城楼的添建、城墙的复建、门碑的竖立，临沂城的城建逐步规整、完善，成为沂州地区政治、经济、教育、军事指挥、商贸交流、文化艺术中心。

明代之前，临沂城城址规模不大，防御能力不强，是一座泥土夯就的土城，城墙也为夯土建造，毁于战祸亦非偶然。明代洪武元年（1368），时任沂州指挥使的周德主持重新修筑临沂县城。他命人拆除土城，在原址上改建砖城。筑成以后的临沂县城城墙长约 4.5 千米，城高 8.3 米，城墙厚度 3.3 米。在修砖城的同时，还在东、西、南大门外建瓮城，瓮城是城门外的小城，用作战时防御工事。东、西门的瓮城，小门一律朝北，南门瓮城小门朝西。城墙外侧环周开挖壕堑作为护城河，宽 3.3 米，深 3.3 米。城墙、城池、瓮城共同构成重重防御，增强了临沂城的军事防御力量。

明代的城市区划中，近城曰厢，城中曰坊。新筑成的临沂县城城郭分为一厢四坊。城墙以内，南门、北门并不对齐，而是稍微错落；东门、西门则在一条直线上，成为临沂古城的中轴线，由此形成的东西大街旧称北大街，即今天的兰山路。县城以外的周边地区设有 9 乡 122 社，此后虽偶有并撤新增，但初步奠定了兰山县的基本规模。

图 6-1　清末沂州府东门瓮城

明代临沂县城筑成以后历经数次增修，如弘治十一年（1498），知州张凤增修；万历十五年（1587），知州谢志伊补修；万历三十五年（1607），知州徐汝冀重修。其中规模比较大的一次重修是在万历十五年，时任沂州知州的谢志伊在主持增修城墙的同时，还在原先城门处竖立石碣，添建城楼，并分别为每座城楼取名：东门城楼面朝东海，故称“镇海门”；西门城楼遥对蒙山山脉，故称“瞻蒙门”；南门城楼朝向江淮之地，故称为“望淮门”，北门城楼向北，可通向东岳泰山，故称为“宗岱门”。

图 6-2　镇海门门碑（清）

图 6-3　望淮门门碑（清）

清康熙七年（1668），郯城发生 8.5 级大地震。这一次地震震级高、范围广、破坏力极大，附近地区建筑塌陷，百姓流离失所，造成极大的灾难。临沂县城城墙、城楼也在这次地震中受到严重损坏。地震发生后，时任沂州副指挥使徐悍率人在崩塌的原址上重新修建城池。康熙十二年（1673），沂州知州邵士再一次对县城城池进行修补、增建。重建以后的建筑和城池布局别具一格，有其鲜明的特色。整座城池不是传统的正方形或长方形，而是椭圆形，东西稍长，南北略短。东、西门在一条直线上，但出口并不是正直向东和向西，而是出瓮城后折向北，俗称“雁别翅”。南北门不在一条中轴线上，南门位置偏东，北门位置偏西，出南门顺南关大街向南近 1 千米处，还有一座带瓮城的南阁子门，整个形状像一只展翅南飞的凤凰，由此临沂城又被称为“凤凰城”，

图 6-4　1895 年时的沂州府南城门（望淮门）内

民间亦有“龟驮凤凰”的祥瑞之说。修复一新的四门城楼气势恢宏，其中南门为四门之首，城楼建有三层，另外三门城楼均为两层。四门仍然沿袭旧名，题额在门楣以上：南门曰“望淮门”、东门曰“镇海门”、西门曰“瞻蒙门”、北门曰“宗岱门”。至此，临沂城城墙高约 8 米、阔约 3 米，设有城堡 50 座、城楼 4 座、炮台 4 座，成为京津江淮的南北要道、军事重地。

临沂县城旧址原本没有护城河，明洪武年间周德命人拆除土城、筑建砖城时在城墙外人工开挖壕堑以护城。嘉靖年间，建藩于沂州的泾王朱祐橓倡议开挖北涑河，从城西郭庄引涑河水东流，经城北入沂河。清同治九年（1870），又自城西水田村北开挖支河，引北涑河水流经城西绕向城南，在城东南角并入城东自北向南流的青龙河。至此，临沂县城有四面环水的护城河，因此而得“沂水环城，马陵坐镇，为琅琊之古治，控淮海之名疆”的美称。

乾隆《沂州府志·城池》中有关于临沂城的记载：

> 兰山县附郭隋临沂旧县址也。明洪武元年，沂州指挥周德筑砖城，周九里，高二丈五尺，厚一丈，池深一丈，阔一丈。弘治十一年，知州张凤增修。万历十五年，知州谢志伊修，补勒石碣，四门添建城楼，南曰望淮，东曰镇海，西曰瞻蒙，北曰宗岱。三十五年，知州徐汝冀重修。国朝康熙七年，地震，城坏，副使徐惺修；十二年，知州邵士复修。

二、兰山建县与境治

明清两代，兰山行政区划的建制沿革与归属有较大变更。明初沿袭隋唐宋元政区旧制，于各地设行中书省；洪武九年（1376），改行中书省为承宣布政使司。兰山最初因袭旧称，为“临沂县”，系沂州州治驻地附郭县，洪武元年（1368）被撤销县制，并入沂州。此时的沂州，行政级别为州制，行政区划上属于济宁府，洪武七年改属青州府，洪武十八年改属兖州府。

清初沿袭明制，沂州仍为兖州府属州，不设附郭县，下设郯城、费县两个属县。直到雍正十二年（1734），沂州改州为府，府治周围设附郭县，县名为“兰山”。至此，兰山作为一县之名，方有了正式的称谓且得以名籍史册。1913 年，全国行政区划重新归设，沂州府被撤销，兰山县则重新恢复为临沂县之称。

明代沂州州署设在临沂旧县城西南方位，正中为州署正堂，东边是库藏；正堂以南为仪门，左右各有角门，再向南为大门，门内有土地祠、迎宾馆，再向南是东西两座辕门；正堂以北为二堂和幕厅，二堂以后是内宅，属于生活区。清代设兰山县后，县治设在县城东北隅，正中间是县衙正堂，东边为库藏，西边为幕厅，东南有书吏房，西南则为狱房。正堂前方正中为仪门，左右两边各有角门，门左侧依次为申明亭、土地祠、马厩，门右侧依次为旌善亭、迎宾馆。仪门再向南为县衙大门，大门左右两边为榜棚，大门前有一座屏墙。正堂之后是生活区，有书房、内宅，其中书房名为“香林馆”。清代沂州改府、兰山设县后，府署设在县城西南原东兖道旧场，县署仍在旧址。府衙大门上有一副楹联，据说是清代兰山首任知县李方膺所撰：

无事莫到此处，勿逞强，勿争气，勿听教唆，到此要费心、费力、费钱财，即胜人，终累自己。

有缘来主斯土，要清廉，要勤奋，要爱百姓，且记莫贪财、莫暴、莫偏信，能瞒人，难欺青天。

兰山重要的军事地理位置使得历朝历代非常重视其兵防。明代设沂州兵备道，辖兰山、郯城、费县等地，万历年间沂州兵员人数最多时伍马步兵总数达到 1000 人。临沂城郭四隅 10 千米处每隅各设精壮杆子手 100 名，在城内巡检防贼，对城外则分遣从征，机动灵活。清代同样重视本地兵防，顺治元年在沂州设总兵官（后移至胶州）。康熙年间沂州驻兵已有定员 900 人，兰山县城周围设有烽火台，城南至郯城间有烽火台 8 座，城北至沂水间有烽火台 9 座，军事防御实力大大增强。

古代地域东西横宽曰广，南北纵跨曰袤。到乾隆年间，兰山县境广约 85 千米，袤约 98 千米，向东到江南赣榆县新集，距离约 90 千米；向西至费县朱里村，距离约 50 千米；向南到郯城大埠村，距离约 60 千米；向北到沂水河阳，距离约 110 千米；东南至江南海州阴山村，距离约 120 千米；东北至莒州，距离约 90 千米；西南至兖州府峄县，距离约 90 千米；西北至蒙阴，距离约 110 千米。兰山县包括县城在内分为一厢、四坊、五隅、九乡，九乡分别为孝感乡、温水乡、琅琊乡、临沭乡、艾南乡、艾西乡、芙西乡、向城乡、石城乡。全县共计125社，人口编户为150里（十户为一甲，十甲为一里）。

至此，兰山县不仅“负山距河，广袤千里，东滨于海，南控江淮，青、徐间一大都会也”，更成为从北京到福建这条贯穿南北的陆路交通驿道上的要塞之一。各地官员往来其间、络绎不绝于路，使兰山成为商贸贩运、军情传达的必经之地。

第二节　经济发展与制约

明清时期的中国社会经济发展有着鲜明的时代特点，即在宋元商品经济萌芽的基础上开始有了转型和嬗变，商业和小手工业进一步被接受和重视。明代经济仍以自给自足的农业自然经济为主，但较之前代有了较大发展。在此基础上，商品经济和手工业得到迅速发展，出现了许多具有地方特色的手工业产品和经济原料作物产区，涌现出一大批因工商业而兴起的著名市镇；广大农村的集市贸易也空前普及和繁盛，地区间商品流通十分活跃。兰山地处京津与江南交通的咽喉要道，南来北往的商贸活动往往途经此处，对本地的经济发展起到刺激和促进作用。明清时期，山东经济整体保持了较好的发展态势，兰山的传统农业经济和商贸经济也有所恢复并缓慢发展。然而，由于独特的地理条件和历史传统，这一时期的兰山经济并没有伴随大时代潮流迅速发展，而是保持着独有的节奏。

一、传统经济的发展

中国古代社会是典型的农业社会，男耕女织、自给自足的传统经济模式是许多地区赖以生计的主要生产方式。明清时期的兰山经济亦是如此。传统经济主要体现在传统农业作物的种植与再加工方面。万历《沂州志》与乾隆《沂州府志》的“物产”卷中均对兰山境内各类作物进行了详细的分类记载，其中有对农业作物的种植，有对经济作物的再加工，也有对飞禽、走兽、矿产等产量、获取、商贸等情况的记录，从中可以窥见兰山在明清时期的经济面貌。

据府志记载，兰山地区的粮食作物有麦、稻、粟、黍、稷、菽、秫、麻、棉等，主要粮食作物为麦类，包括大麦、小麦、燕麦、荞麦等。其中大麦、小麦多为秋季播种，次年夏季收获；燕麦在本地又称雀麦，为春播秋收；荞麦则为夏播秋收。在寒冻旱涝等自然灾害影响大麦、小麦正常种植或歉收的情况下，燕麦和荞麦成为重要的补救作物。但因其产量不高，一般不做推广。麦类作物为本地提供主食，即可磨麦成粉加工成面饼，同时可以饲养家禽家畜，还可以用来酿酒。

粟、黍、稷类包括小米、高粱、玉米等作物，在本地的种植也较为广泛。小米有白、黄两种，其中富有黏性的黄米为本地特产之一，可以用来制作当地颇受欢迎的小吃——年糕，还可以酿制黄酒。高粱在本地方言中称为“蜀秫”，是除小麦以外最重要的主食，亦可用来酿醋、酿酒。府志中记载沂州高粱分红、白、黑三种，其中“白如玉者曰玉秫”，指的应该是玉米。

稻类分水稻、旱稻两种，包括粳米、糯米，本地主要为粳米。兰山县的水田不多，水稻种植主要集中在沂河以东、沭河沿岸的县城以北部分低洼地区。本地区水稻产量不多，质量尚可。

除了上述粮食作物，菽、麻、棉、桑等传统作物在本地也有所种植。这类农作物的主要用途一般在于农副产品再加工，这也是兰山地区传统手工作坊经济模式的主要形态。

菽、麻均为油料作物。菽类即豆类，本地区种有青豆、黄豆、白豆、红豆、绿豆、黑豆、豌豆、豇豆、扁豆等，种类十分丰富。麻类有芝麻、蓖麻，和豆类作物一样主要用来榨油。嘉庆年间，新的油料作物花生也开始在兰山地区普遍种植，直至今天，成为本地区重要的农产品之一。

棉、桑则用来纺织。棉指棉花，用来纺线织布，也可以直接絮做棉衣御寒。清代前期山东六府普遍植棉，木棉种植成为农家主要经济来源之一，甚至有些地方的农户一年的公赋岁税和全家的生活费用全部来自棉花种植、棉布纺织所得。

桑树种植为采桑、养蚕、缫丝、纺织提供保障。植桑养蚕是中国古老而传统的生产劳作技艺，明清时期山东的植桑养蚕业有了长足发展，到清代前期已发展成为一项重要的商业性农业产业。兰山地区的土壤和气候条件比较适合桑树的种植和蚕的饲养，农人多在房前屋后、田间坡上种植桑树以便养蚕。

傅海伦《山东科学技术史》指出，在鲁东南一带地方，番薯种植也已“抵谷之半”，日益成为广大劳动人民的主要粮食作物。清代还传入了马铃薯、辣椒、甘蓝、番茄等。由于外来作物的引进，山东农作物的结构发生了新的变化，小麦、番薯、玉米等逐步成为重要的粮食作物，棉花、花生、烟草及其他经济作物的种植，逐渐占有较大比重，棉花发展尤快，丝绸生产闻名全国。[①]

二、商贸经济的发展

中国古代社会商贸经济的主要形式，一是小手工作坊，二是商贾贩卖活动。手工作坊是中国古代传统农业经济形态下，为满足日常生活需要所自发兴起的一种经济模式。它既是传统农业经济的重要组成部分，也是新兴商品经济的前提与基础。明清时期的兰山手工作坊主要依托本地农业产品进行进一步加工，以满足本地民众生活基本需要。

（一）传统小手工作坊

粮食加工与酿造业：包括以豆类、芝麻、蓖麻为主要加工原料的油坊；以大麦、小麦、高粱、黍米为酿造原料的酒坊；以高粱、稻米为主要酿制原料的醋坊等。

纺织业：主要包括以棉花种植、纺线为主的棉线、棉布的纺织，和以蚕茧为主的茧帛茧绸、绵绸、绢等的纺织。棉布有平机阔布、小布、毛布等种类。茧绸所用之茧有山茧、椿茧、椒茧等，都是非常珍贵的原料。绵绸为缯，是由单根生丝织成的。绢是以家茧所抽之丝织成的，柔软洁白。茧绸用茧，带动本地养蚕以及桑、椿、椒等作物的种植与采摘。

皮毛加工业：兰山多狐、兔、獐、獾、鼬，尤其以野兔和黄鼬（即黄鼠狼）居多。这些动物皮毛的加工与出售是本地最主要的副业之一。兰山乡野丘陵处有很多当地农民以禾秸、柴薪堆积搭成的垛，是黄鼠狼极佳的藏身之所，农人于此处设猎，极易得手。黄鼠狼的皮可以加工成裘衣，毛可以制笔，是当时兰山重要的特产之一，对外输出极多。野兔是兰山的另一重要皮毛来源。每年秋季豆类成熟时，野兔较多，是农人设猎捕兔的好时机，其兔肉可供食用，兔毛可以制笔，故需求量很大。另外，兰山境内还盛产刺猬，其皮可入药。

（二）矿产开采

兰山境内有煤、铁、硝石、灰石、靛等矿藏，还有本地特产金刚石、上水

① 傅海伦：《山东科学技术史》，山东人民出版社 2011 年版，第 344 页。

石、土玛瑙、艾山石等。

金刚石：有无色透明、明净如水的，也有白、黄、红、绿等各种颜色的；可以用作珠宝装饰，小的还可以用来切割玻璃，既有昂贵的收藏价值，又有重要的实用价值。然而可惜的是，兰山金刚石多为天然露出地表的状态，无法修建矿场进行批量开采，只能凭借运气偶尔捡拾。

上水石：产自本地天井汪，是一种碳酸钙水生苔藓植物化石，多孔，透气性好，吸水性强，质地软脆，易于造型，是制作盆景的上好材质。

土玛瑙：又称羊肝石、鸡肝石，是一种不透明的隐晶质玉髓石，花纹如玛瑙，故称土玛瑙。红多而细润者佳，胡桃纹者最贵，还有云头花纹、竹叶纹、缠丝纹等，尺寸最大可至五六尺，又被称为锦犀玛瑙。明代文震亨《长物志·水石》中有关于沂州土玛瑙的记载：

> 土玛瑙出山东兖州府沂州，花纹如玛瑙，红多而细润者佳。有红丝石，白地上有赤红纹；有竹叶玛瑙，花斑与竹叶相类，故名。此俱可锯板，嵌几榻屏风之类，非贵品也。石子五色，或大如拳，或小如豆，中有禽、鱼、鸟、兽、人物、方胜、回纹之形，置青绿小盆，或宣窑白盆内，斑然可玩，其价甚贵，亦不易得，然斋中不可多置。近见人家环列数盆，竟如贾肆。新都人有名“醉石斋”者，闻其藏石甚富且奇。其地溪涧中，另有纯红纯绿者，亦可爱玩。

清代蒲松龄《聊斋杂记·石谱》中也有关于沂州土玛瑙的记载：

> 红多，细润。不搭粗石者，佳；胡桃花者，佳；大云头及缠丝者，次之；红、白粗花，又次之。可锯板，嵌桌面、床屏。

艾山石：产自临沂城西北的艾山，造型飘逸，黑黄相间，凹凸不平，赏玩价值较高，自明代开始就为民间收藏者所珍爱。

图 6-5　艾山石

艾山石多裸露在地表，开采方便。在艾山上远眺，即可看到山石连绵如羊群卧起之状。当地民间还有关于艾山石的神话传说，即东海龙王之女为夫家所虐待，在艾山牧羊，后经书生柳毅传书，方返回龙宫，其后龙女所牧群羊遂化为石。

（三）商贸活动

明清时期江南等地商品经济蓬勃发展，但地处齐鲁之地的兰山地区一直固守着传统步伐和本土特色，重农轻商，自给自足，商贸经营、商品经济的影响要小得多。一方面，兰山地区的商贸活动所涉及的商品种类较为单一，以满足最基本的物质生活与生产所需为主；另一方面，商贸形态往往表现为以兄弟、夫妻、父子等家庭成员为主的小规模经营，坐地为商，自产自销，本小利薄，几乎不涉及大宗生意的长途贩运。

“山东地区的农民历来有将农业与副业、家庭手工业和商业并重的传统。这在山东地区的农书中多有体现……明清时期的山东农民依旧坚守这一经营传统。”[①] 这一时期的兰山商贸活动多以家庭手工业、小型手工作坊产品为基础，人们定期聚集进行产品互换，此即“市集”。县城以街为市，乡社聚期为集，如《周易·系辞下》所说“致天下之民，聚天下之货，交易而退，各得其所”。乾隆年间的兰山县城主要有 6 市：县前街市、牌坊街市、南关街市、北关街市、东关街市、西关街市。下属 9 乡则有相公庄集、太平集、重沟集、汤头集、册山集、伴城集、旦上集、兰陵集等 36 个集。另外还有一些季节性集市，如马市、鱼市。每年十月贩马者云集于太公祠，贩卖从北方运过来的良种马，形成马市。鱼市的形成主要依靠县境以西的微山湖淡水鱼和日照海产品。兰山境内虽然有众多大河，也有鲤鱼、鲫鱼、鳜鱼、鲢鱼以及虾蟹、河蚌、龟鳖等水产，但一直处于零星捕贩状态，没有形成本地渔业，故每年冬季贩鱼者自微山湖来，形成鱼市。然而微山湖鱼味道不是很鲜美，相较之下，更受欢迎的是来自海上的鱼、虾、螺、蟹等，每值产季都有商贩大宗贩运，形成季节性鱼市。

盐是重要的民生物资，盐业在中国古代社会是国家支柱产业，盐税是财政收入的重要来源。明清以来，盐业一直采取“官督商办”政策，即官府发放盐引，盐商凭引运贩，民间私自贩运则会受到严厉惩罚。兰山本地不产盐，

① 谭景玉、胡广洲：《齐鲁商贾传统·明清卷》，齐鲁书社 2014 年版，第 149 页。

兰山盐运仰赖郡内东邻日照涛洛场盐。涛洛距离兰山仅85千米，比较便捷。明代兰山每季可得盐票240张，清代初期为每季190张，后来随人口增长等因素增至每年4200张。盐运也由最初的零星小贩往来贩运改为官府招商、盐商凭票领盐。

三、经济发展的停滞与制约

历史上的兰山虽地处南北交通要道，文化上有着古贤名宦辈出的辉煌，然而明清时期，兰山经济发展出现了停滞、落后的情况。“山东十府，惟沂最贫”，乾隆《沂州府志》中的这一评述，是明清乃至近代兰山经济发展最为客观真实的概括。究其停滞、落后原因，自然地理条件、本地人情风俗以及天灾人祸频繁是阻滞兰山经济发展的最主要因素。

土壤条件是阻滞兰山经济发展的物质基础。农耕是我国古代社会的主要生产劳作方式，农业种植尤其仰赖自然气候条件和地理土壤条件。明清时期，兰山所辖县乡地处温带，气候和煦，兼具大陆性、海洋性气候特征，农业种植的气候条件原本得天独厚。然而县境位于蒙山山脉南端，沂河、沭河、涑河、祊河等多条河流穿境而过，人均占有的耕地面积很少，加之土层稀薄，土质多砂碛、少肥力，因而农作物种类虽多，产量却不高，除却五谷之外，绝少特别突出的地方特产。而砂质土壤造成水利工程修建的难度增加，更加恶化了本地的农业生产条件。府志记载本地“土多砂碛，（水利）随筑随塌，苦于水者久矣”，既不能实现灌溉目的，又容易发生水患。可以想象，在这样的自然条件下，农业生产仅能够勉强维持生计，一旦遇到寒冻旱涝等自然灾害，往往引发饥馑，导致本地区经济发展停滞、落后。

兰山地区的风俗习惯是阻滞发展的主观内因。明清时期，随着商品经济的发展，一些自然、地理条件不适宜大力发展农业的地区纷纷弃农经商，从而扭转了当地经济发展落后的历史传统。然而，兰山地区却从未有过这样的商业勃兴。乾隆《沂州府志》记载，本地“地广而民聚，俗敦礼让，好名誉，犹有古风。虽功名人物不逮汉晋，而风气之厚、人情之朴未改也”。而在乾隆《兖州府志》中则更为客观地说沂州“地多矿冶，揭竿鼓铸之奸，时时啸聚，为有司忧”。由此可见，兰山深受儒家传统文化影响，有着浓厚的传统礼教意识，虽然土地贫瘠，地之所产不敷口食，但乡俗依旧重农轻商，即人们宁事田耜，不做工商，鲜有弃农经商意识。府志载本地还有两大风俗习惯，一为饮酒，二为信神。人们“少有获利，则称觞酌酒、烹羊炰羔”，获得的利润不是用来扩大生产，而是大吃大喝、以饮酒为乐，这显然不能促进经济的进一步发展。至于信奉鬼神的习俗，更让当时的官府头疼不已。人们生病时不去看病抓药，而是求诸鬼神，请巫师作法，“一宵之费至竭数日之食”。殡丧风俗中也多请僧道做法，优伶杂沓。经商需要营盈逐利、计买算出，为了谋求更多利润甚至需要背井离乡、远赴他地，而不同于晋商、徽商携镪贾贩、往来奔波，也不同于江浙一带勤勉于手工业，明清时期的兰山地区居民更习惯安于现状、安土重迁，既得温饱，不复他求。

地利、人和已然没有优势，自然灾害和战火流贼的频频荼毒无异于雪上加霜，更是严重阻滞兰山经济发展的客观因素。兰山所处的沂州境内多山少田，土层稀薄，土质多砂，一旦降水不济，很容易发生旱灾，导致农业歉收。虽然境内有多条河流蜿蜒经过，但是由于河床堤岸皆多砂碛，难以固土蓄水，旱时河流易涸；而一旦降水多于往时，又特别容易积水冲决，导致涝灾。另外，蝗虫过境导致的虫灾亦频频发生，蝗虫所犯之处，草木不存，同样给本地赖以生计的农业生产带来无法弥补的损失。单就方志中所载明代兰山（沂州）一地的旱涝灾事，条条历历，触目惊心：

洪武十九年，饥。

洪武二十四五年，饥。

永乐十三年，饥。

永乐十八年，大饥。

成化十七年，沂州大饥馑，人相食。

成化十八年，大水。

成化二十一年春至秋不雨，蝗灾，人相食。

弘治五年，沂州蝗，大旱，饥，人相食。

弘治六年春，大旱。

正德三年，大旱，人相食。

嘉靖三年冬，沂州、郯城、费县大饥，人相食。

嘉靖十五年秋，沂、郯大水。

嘉靖十七年，春不雨，夏淫雨，无麦禾。

嘉靖二十三年春，沂州、费县大水。

嘉靖二十四年，春，沂州陨霜杀禾，夏旱，蝗灾，四月雨雹。

嘉靖三十三年，沂州、郯城、费县、莒州、蒙阴大饥，人相食。

万历二年秋七月，沂州、费县、郯城大风雨，饥。

万历六年冬十一月，大雨雪，人畜多死。

万历二十一年夏，淫雨，沂州、莒州、费县、蒙阴、日照饥。

万历二十二年，大饥。

万历三十一年秋，沂州大水，饥。

万历三十六年春夏，沂州、莒州大旱，秋大水，冬十月，沂州地震。

万历四十四年，大饥，人相食。

天启七年夏六月，沭水涨，沂州、郯城等县灾。

崇祯五年春，沂州旱。

崇祯十二年，大旱，饥。

崇祯十三年，蝗，大旱，饥，人相食。

“灾害后果比较严重的是多灾并发和链发。常见的灾害并发是水旱并发、水旱蝗并发、风雹并发、霜雹并发、霜蝗并发、霜旱并发、蝗灾虫灾并发、虫水灾并发……在同一时间、同一地区出现多灾并发和链发的情况，往往造成农作物严重减产乃至绝收，民饥流亡。”[①] 令人痛心的是，志书中所记录的沂州、兰山的自然灾害往往属于多灾并发和链发的情况，这种情况甚至连续多年发生，乃至数次出现“人相食”的惨剧。

清代志书中对于兰山地区旱、水、雨、雪、雹、霜以及蝗虫等自然灾害的记录条目众多，更加清晰翔实。这些自然灾害虽然通常持续时间不会太久、影响范围相对不广，然而灾情过境，往往直接导致田野荒芜、农作物歉收、饥民流离失所，从而引发一系列社会矛盾与问题。

除了自然灾害，战事兵祸、流贼过境以及本地盗寇也对本地经济发展造成程度不一的破坏，导致经济发展缓慢甚或一度中断。无论何时，战争都对社会政治、经济、文化等日常生活造成最为直接也是相当严重的破坏。明初

① 张波主编：《农业灾害学》，陕西科学技术出版社 1999 版，第 139 页。

及明末清初战事频繁，兰山所处之地数次成为主战场，战火蔓延导致县城毁坏、土地荒芜、人丁骤减、百姓流离失所，麦禾无所收，仓储无余粮。明代正德六年（1511），霸州刘六、刘七起义军数万人数次攻破沂州；万历四十三年（1615），“沂州人刘好问聚众劫掠，兖东道沈珣灭之”；天启二年（1622），巨野徐鸿儒民变；崇祯十四年（1641），兖州“土寇”史二、姚三等率众十万起义，沂州是主战场；顺治元年（1644），山东各地义军蜂起，清政府派兵镇压，战后“州县无主”，土地荒废，并引发大瘟疫，“人畜死者甚众”；顺治八年（1651），沂州西山贼王肖武起义。志书中所称“贼”“寇”“流贼”，有些是占山据湖、抢劫掠夺的强盗，但多数是对那些不堪忍受压迫而奋起反抗的农民起义者的蔑称。起义者攻城破地，官府对其缉捕镇压，在双方角逐较量过程中，百姓依然是最直接的受害者，从而使本地区经济一次次遭受比自然灾害更加严重的破坏。

四、郯城大地震对兰山经济的影响

地质灾害是阻碍兰山经济发展的又一因素。兰山地处地壳板块运动非常活跃的郯庐断裂带上，历史上曾多次发生地震，一再中断当时经济的正常发展，并带来难以估量的灾难和损害。这期间，震级之大、烈度之强、波及范围之广、受灾状况之惨烈尤以清代康熙年间郯城大地震为最。

康熙七年六月十七日（1668 年 7 月 25 日），沂州、郯城、莒州一带发生 8.5 级特大地震。据记载，当时 50 多万平方千米范围内的 150 多个州、410 多个县遭受不同程度的破坏，地震有感半径 800 多千米，今鲁、苏、浙、皖、赣、鄂、豫、冀、晋、辽、陕、闽诸省及朝鲜同时感觉到地震。极震区内山崩地裂，城郭、官民庐舍、庙宇等一时尽毁，沂州境内没有一处完整的房屋，平地水深达 3 米，井内涌水高 1 米多；郯城房屋倒塌如平地，莒州百里无存屋，并伴有大规模的山崩地裂、地陷、涌水喷沙等现象。现今存有史志、诗文和碑刻等数百种资料，记载了这次大地震。沂州“城郭、宫室、庙宇、公廨一时尽毁，人无完宇”，“民房、庙宇、城楼、墙垛尽倒，仅存破屋一二，人不敢入”。地震中心区域的死亡人数在 5 万以上。康熙时期山东鲁南地区仍地广人稀，多层建筑物少，这样的数字在当时已经是天文数字。同时，由于消息流通缓慢闭塞，震后无法组织积极有效的救灾活动，震后死尸遍地，无人收殓者甚多；四邻村落，腥臭之气弥漫；

适逢夏季又连降暴雨，导致灾区瘟疫流行：“区内死尸遍野，不能殓葬者甚多；暴雨烈日，瘟痢随作，人民疏散。”虽然清政府在地震发生后便命令户部速行详议、分别蠲赈，发免沂州等40州、县、卫年租，并派遣官员进行灾后赈济，但还是导致灾民流离失所，经济损失极为惨重。

清代文学家蒲松龄在《聊斋志异·地震》一文中详细记录了这次地震发生时的情形：

> 康熙七年六月十七日戌刻，地大震。余适客稷下，方与表兄李笃之对烛饮。忽闻有声如雷，自东南来，向西北去。众骇异，不解其故。俄而几案摆簸，酒杯倾覆；屋梁椽柱，错折有声。相顾失色。久之方知地震，各疾趋出。见楼阁房舍，仆而复起，墙倾屋塌之声，与儿啼女号，喧如鼎沸。人眩晕不能立，坐地上随地转侧。河水倾丈余，鸭鸣犬吠满城中。逾一时许，始稍定。视街上，则男女裸聚，竞相告语，并忘其未衣也。后闻某处井倾侧，不可汲；某家楼台南北易向；栖霞山裂，沂水陷穴广数亩。此真非常之奇变也。

兰山全境处在郯城大地震的震中区，兰山县城又是沂州府附郭所在，这次大地震对兰山经济发展的影响是直接且巨大的。地震本身带来的严重毁坏及其次生灾害导致此后若干年兰山经济发展的延缓与停滞。时任郯城县令冯可参作《灾民歌》，描述了地震当时的惨况与震后灾民生活的困苦，可为一证。

郯城野老沿乡哭，自言地震遭荼毒，
忽听空中若响雷，霎时大地皆翻覆。
或如奔马走危坡，或如巨浪摇轻轴，
忽然遍地涌沙泉，忽然顷刻皆干没。
开裂缝坼陷深坑，斜颤倾欹难注足，
阴风飒飒鬼神号，地惨天昏蒙黑雾。
逃生走死乱纷纷，相呼相唤相驰逐，
举头不见眼前人，举头不见当时屋，
盖藏委积一时空，断折伤残嗟满目。

颓垣败壁遍荒村，千村能有几村存，
少妇黄昏悲独宿，老妪白首抚孤孙，
夜夜阴磷生鬼火，家家月下哭新魂，
积尸臭腐无棺殓，半就编芦入冢墦。
结席安蓬皆野处，阴愁霖潦晴愁暑，
几许伶仃泣路傍，身无归傍家无主。
老夫四顾少亲人，举爨谁人汲沙渚，
妻孥寂寂葬荒丘，泣向厨中自蒸黍。
更苦霪雨不停休，满陌秋田水涨流，
今年二麦充官税，明年割肉到心头。
嗟呼哉，漫自猜，
天灾何事洊相摧，愁眉长锁几时开。
先时自谓灾方过，谁知灾后病还来，
恨不当时同日死，于今病死有谁哀。

第三节　儒学的复兴

明清时期，中国封建社会进入转型时期，君主专制制度空前加强，商品经济萌芽并迅速发展，引发思想学术领域新旧观念的一次次激荡冲击与碰撞。一方面，儒家教育更加官方、正统；另一方面，儒学思想也在反思与批判中得以变革、发展。受明清官学制度的影响，兰山儒学教育在这一时期得到恢复和发展，重建学宫，开设考院，在学生员人数增多，基础教育得到普及，科举考试人才屡出，既极大激励了本地读书人习儒、业儒的兴趣与决心，也扩大了兰山在其他地方的文化影响力。因此，对于有着悠久文化传统、曾经文化名贤辈出而又屡遭战火、一度颓靡的琅琊古郡而言，明清时期是兰山儒学文化重续文脉、承继道统的复兴时期。

一、官学、考院

明太祖朱元璋在洪武二年（1369）颁布诏书，“令天下郡县并建学校，延师儒，招生徒，讲道论德，以复先王之旧”。因此，明代各府、州、县都设立官方学校，甚至于乡村有社学，兵卫有卫学，学校教育较之前代十分普及。学校有着周密严格的考试制度，课程以儒家经典典籍为主，也包括其他学科知识。学校生员名额有定数，如最初规定府学 40 人，州学 30 人，县学 20 人，后来因人口增加、人才增多而增设增广生员名额。此外，朝廷对府、州、县儒学教师亦有规定，府设教授、州设学正、县设教谕各一员；皆设训导，府学为 4 员、州学为 3 员、县学为 2 员。北宋时期，临沂学宫建在县城东南，但在南宋靖康年间毁于战火。金朝统治者占领临沂后，又将学宫重建于西门之内，但元末战乱中，该学宫又遭破坏。明朝洪武二年（1369），时任沂州知州罗希孟主持重新修建沂州州学，学宫地址选在县城西面。此后，又有正统年间贺祯、弘治年间张凤与吴寅，正统年间朱衮、嘉靖年间任希祖等时任地方官员主持复修、整葺。

图 6-6　沂州考院原礼堂（民国时期，图为改建的老五中一院礼堂及济南五三惨案纪念碑）

清朝地方基础教育制度基本沿袭明代，在州、府、县设立官方学校。顺治九年（1652）诏令，凡州、府、县，每乡置社学，选择文艺通晓、行宜谨厚者任社师，同时对入学童生名额做出明确规定，如规定文武童生名额数量相同，府学设置童生入学名额 20 人，州学、县学按照治所规模、人口数量等大小分为大中小三种，大者名额 20 人，中等 15 人，小者 12 人。生员供给沿袭明制，经岁、科两试一等前列者，方能取得廪生名义，每年可领廪饩银四两。

清前期，临沂县学依附于沂州州学。雍正十二年（1734）沂州建府，兰山建县，原州学改为府学，原临沂县学也相应改为兰山县学，沂州府学、兰山县学合二为一，县学学址依旧设置在府学学宫，学校大门建在孔庙大门的东旁。乾隆《沂州府志·学校》记载：

> 沂州府学在县治西。旧在东南，宋靖康中毁于兵。金守臣高召卜迁今地。元末遭兵燹。明洪武二年，知州罗希孟重建。正统间知州贺祯修；弘治间知州张凤、吴寅修；正德间知州朱衮修；嘉靖间兵备任希祖复修。原系沂州州学，本朝雍正十二年设沂州府，即为府学。
>
> 其制中为大成殿，阶左为东庑，阶右为西庑，神厨神库在两庑北，两庑之南为戟门，门南为泮池……后为明伦堂，左右列明德、新民、至善斋。启圣祠在庙东，射圃厅在侧，久废。戟门东为名宦祠，西为乡贤祠。乾隆二十年，沂州府知府李希贤重修大成殿及东西两庑、明伦堂，更建云路门、更衣厅，名宦祠、乡贤祠、明伦堂外四面围墙焕然一新。

考院亦称“贡院”“考棚”，是古代科举考试时的考场。沂州考院的修建是沂州府与兰山县儒学兴起的重要事件。长期以来，由于没有考院，沂州士子必须以侨借曲阜生员、童生身份，前往曲阜参加科举考试。沂州各县乡距离曲阜远的有六七百里，近的也有四五百里，以古代的交通方式而言，可谓长途跋涉、千辛万苦、十分不便。沂州考生往往因此而耽误考试，甚至被罢黜生员、童生身份。久而久之，许多沂州考生不得已放弃科考，导致沂州儒学之风一度低迷。乾隆十八年（1753），沂州府知府李希贤捐献自己一年的俸禄修建考院，在其带动下，沂州乡绅纷纷捐资襄助，兰山知事王垲乐任其事，在府署西面颜家巷废宅空地上修建沂州考院。历时一年，考院建成并启用，极大地方便了沂州地区的考生，激励了本地读书人重新研习儒学。

图 6-7　清代沂州考院内门

李希贤修建的考院在今考棚街路北、八小集巷以西、考棚西巷以东、五圣堂庙以南的地方。现在这里居民房遍布，除了“考棚街”三个字的路牌以外，再无其他有关考院的印记。

二、书院、私学

明代科举制度的规范和发展进一步促进了教育的发展，人口增长等因素也使求学人数得以增加。明清时期，这一趋势越发显著。除了府学、州学、县学、社学等官办学校的相继建立，私立书院也开始出现。书院是中国古代一种相对独立的民间教育机构，开始只是地方教育组织，由富室或者学者出资或筹款捐助兴办，聘请海内名师担任主讲或山长[①]，招收来自各地的学子，聚徒讲授、研究学问。明代嘉靖以后，民间创建书院势头愈猛，朝廷也开始采取积极支持的态度，赐敕额、书籍，并委派教官、调拨田亩和经费等，书院逐步由民间教育机构变为半民半官性质的教育机构。清代雍正十一年（1733），朝廷正式采取鼓励态度，明令各省建书院，书院渐兴。只是这一时期的书院不分官立与私立，皆受政府监督。

为了进一步昌盛学风，乾隆二十四年（1759），沂州知府李希贤率领属下七县知县共同捐资修建琅邪书院。书院地址选在原王右军废祠，在修建书院的同时，整理修葺包括乾隆御笔在内的各式法帖碑刻，种植花草树木。最终，书院建造书屋30间，院内碑刻林立、绿荫婆娑，书斋窗明几净、墨香盈室，优雅的环境吸引了许多士人慕名前来，不仅极大促进了学风，也使书院成为远近闻名的一大名胜。琅邪书院建成以后，遍聘学者、名家担任书院山长，为临沂培养人才、发展文化教育，其中以许瀚、尹彭寿尤显突出。

许瀚（1797—1867），字印林，山东日照人。道光十五年（1835）举人，清末杰出的朴学家、书法家，曾被著名学者龚自珍评为“江北学者第一”，先后受聘担任济宁渔山书院山长、沂州琅邪书院山长，出任滕县训导。担任琅邪书院山长期间，许瀚不仅授课讲学，而且对临沂的金石考古以及书法等方面做出了重要贡献，先后收集了许多散存的汉画像石、北齐造像碑、隋造像碑。另外，他的书法丰肥端庄、通劲遒健，临沂也留有不少他的翰墨珍宝。

---

① 古代对书院讲学者的称谓。五代蒋维东隐居衡山讲学时，受业者称之为山长。元代于各路、州、府书院内设山长，明清沿袭元制，乾隆时曾一度改称院长，清末仍叫山长。科举制废除之后，山长的称呼废止。

图 6-8　重建后的琅邪书院

尹彭寿，生卒年不详，字竹年，山东诸城人。光绪十一年（1885）拔贡，晚清金石学家、文字学家，曾担任兰山县教谕，光绪二十八年（1902）至光绪三十年（1904）间任沂州琅邪书院山长，辞官后一直在沂州府闲居。担任山长期间，尹彭寿在讲学育人的同时，同样关注金石、书法。尹彭寿尤善隶书，他的隶书是学院学子摹写临习的底本教材。其写于光绪二十九年（1903）的《东蒙山嘉惠昭应王庙碑铭》至今保存完好，立于蒙阴境内东蒙山顶雨王庙外的山坡上，既是珍贵的隶书书法作品，也是后人考证蒙山的珍贵史料。

除官办书院外，民办私学也为明清兰山的教育和文化发展做出了重要贡献。较之前代，明清时期兰山人口数量增长很快，“就连明代‘土旷人稀，一望尚多荒落’的沂州府，到乾隆年间也已是‘近年生齿日繁，居民稠密，回非从前地广人稀景象，昔日孤村小店渐成大集巨镇’”[①]。人口数量的大幅度增长使人口聚集密度大大增加，求学人数也因之骤增，名额有限的官学无法满足需求，民间私学、书院的设立也就显得尤其必要。当时名气较大的书院有神峰山（今兰陵文峰山）下的荀子书院、县北 10 千米处的诸葛书院、金雀山下由元代解元王佐修建的王氏书屋，县南 35 千米处明代进士李烨讲学的李氏书屋等。这些书院与琅邪书院的官办性质不同，实际上为私学。

① 许檀：《明清时期山东的城镇与城镇人口》，见《清史论丛》编委会编《清史论丛》，辽宁古籍出版社 1996 年版，第 43 页。

三、兰山儒学复兴的表现

"儒学"概念内涵丰富，通常指儒家的思想学术，而明清时期官府所设学校亦称"儒学"，儒学的复兴也就包含儒家学校教育、儒学思想理念的复兴。明清时期沂州府学、临沂（兰山）县学的设立与清代沂州学宫、考院的修建，为兰山儒学复兴提供了制度依据和基础保障，使兰山自宋元以来的文化低迷状态终于得到改善，兰山士子读书、科举的兴趣与需求大大提升，为兰山文化的再度繁荣奠定了基础。

兰山儒学的复兴首先表现为府、州、县三级官学的设立与在学生员人数的增加。明清时期，各府、州、县设立官学，能够正式在官学学习的学子称为生员。《明史·选举志一》："士子未入学者，通谓之童生……一等前列者，视廪膳生有缺，依次充补，其次补增广生。"[①] 明初各学生员名额有定数，生员由官府每月补给米六斗作为廪膳膳食，故称廪膳生员，简称"廪生"。后来随着儒学兴盛以及人口增加，生员人数逐渐增多，定员以外增加的称增广生员，简称"增生"。于廪生、增生外再增名额，附于诸生之末，称为附学生员，简称"附生"。附生通过岁、科两试等第高者可补为增生、廪生。未曾考取生员资格但是已经通过县试、府试两场考试的，无论实际年龄大小，则通称为"儒生"，也称"童生"。清朝大致沿袭旧制，只是略有变化，如廪膳补助改为每生每年钱银四两。

清代《钦定学政全书》中记录了当时沂州府学和兰山县学的学生名额：

> 沂州府学，额进二十名，廪、增各四十名，一年一贡。兰山县学，额进十五名，廪、增各二十名，二年一贡。[②]

府学生员由各县县学按名额选举，并按一定资历享受一定补助。沂州府学、兰山县学的生员在鼎盛时期达 300 余人。

官学的设立、生员名额的增加，尤其是沂州考院的创建，惠及沂州府、兰

①〔清〕张廷玉等：《明史》卷六十九，中华书局 1974 年版，第 1687 页。
②〔清〕素尔讷等撰修，霍有明、郭海文校注：《钦定学政全书校注》，武汉大学出版社 2009 年版，第 186 页。

山县诸学子，中举人数的增加则是兰山儒学复兴的又一表现。据万历《沂州志》、乾隆《沂州府志》记载，明清两代沂州、兰山籍进士约43人，举人约192人。其中明代进士21人，举人74人；清代进士22人，举人108人。且仅乾隆年间就有进士7人，举人41人。乾隆皇帝在位时间长，科举次数多固然是原因之一，而雍正十二年（1734）沂州府学、兰山县学的设立，乾隆十八年（1753）沂州考院、乾隆二十四年（1759）琅邪书院的建立无疑更是激励兰山士子积极进取、考取功名的重要因素。

兰山儒学在明清时期复兴的又一表现是取得功名的儒士能够身体力行，继续躬行和倡导儒家道德规范，从而带动兰山本地和为官之地儒学的发展。明清时期的兰山虽然没有出现可以比肩荀子、诸葛亮、王羲之、颜真卿等先贤的历史文化名人，但出现了"一些身居庙堂而心忧天下的天子近臣和'为官一任、造福一方'的地方官，他们恪守儒家的道德规范，积极践履儒家思想，或能勤政爱民，发展农桑；或能改革旧制，移风易俗；或能驰骋疆场，为国捐躯；或能针对时弊，勇于向在上位者进言……这些官员在从政的过程中，对儒学的践履笃行，都显示了儒学的社会价值"[①]。如明代兰山籍进士李烨在家乡修建李氏书屋，并曾经亲自讲学授徒，以自己考取功名的切身经历极大地激励和影响了当地人读书求学、参加科举考试的积极性，从而促进了儒学的发展。

第四节　地方志书

地方志书，也称为方志、地方志、志书等，是全方位记录某一地域自然、地理、政治、经济、军事、文化等的书籍文献。方志虽非官修正史，却能够"补史之缺，参史之错，详史之略，续史之无"[②]，以其区域性、系统性、全览性等特点，成为地域文化研究中不可或缺的文献资料。明清之前，沂州无方志，兰山历史文化的研究往往依托于"正史"史书中的零散涉及或其他文献典籍中的点滴记录。明清时期，地方志书编撰之风日益兴起，渐至各地几乎皆有方志，兰山亦不例外。

严格来说，独立意义上的兰山县志是1916年修订的《临沂县志》，在此

① 王春华：《沂蒙儒学史》，中央文献出版社2012年版，第404页。
②〔清〕章学诚著，叶瑛校注：《文史通义校注》，中华书局2000年版，第619页。

之前，兰山无专属县志。然而，明代的兰山地区是沂州州治所在，清代雍正十二年（1734）兰山设县并且成为沂州府附郭，“兰山”与“沂州”或合二为一，或直接隶属，明清时期的沂州方志，无疑可以等同视为兰山地域的方志文献。因此，兰山地方志书从一开始就依附于沂州志书，是沂州志书必不可少的内容之一。

一、明代万历《沂州志》

目前能够确定所知的明代沂州方志修纂共有两次，一次在嘉靖年间，一次在万历年间。

嘉靖年间，时任沂州知州何格主修、沂州进士王宗性纂修《沂州志》，这是有史可考的沂州方志的首次正式编纂，被誉为“沂州首志”[①]。此志共计四卷，可惜已经散佚，仅有王宗性于嘉靖辛亥所撰志序因录于万历《沂州志》内得以保存下来，证实了嘉靖《沂州志》的存在。

明代万历三十六年（1608），时任沂州知州徐汝冀主持纂修《沂州志》。原书共计十卷，参与编写者另有 15 人。这部志书是迄今所发现的沂州文史资料中最早的方志。万历《沂州志》虽然在国内已无全本，但幸运的是在北京图书馆藏有原刻孤本九卷，惜缺第九卷。另外，北京国家图书馆、南京图书馆、上海图书馆藏有本书胶卷。

万历《沂州志》卷首有徐汝冀《重修〈沂州志〉叙》，并且录有王宗性所撰嘉靖旧志序，另有凡例八则。图考列有禹贡周官山川之图、尧王封建国邑之图、沂州总图、沂州城境之图、署图、学图、郯城县图、费县图。志目分别为：卷一图考、沿革、星野灾祥附、疆域形胜附、山川、里社、市集、风俗、土产；卷二城池、公署、学校、书院附、秩祀、祠庙寺观附、兵防、恤政、邮铺、桥梁、坊表、陵墓、古迹；卷三田赋；卷四州县、教职、监司、武职；卷五征辟、进士、举人、岁贡、武科、例监、省祭、封荫；卷六宦迹、人物上；卷七人物下、孝义、贞烈、藩封、帝迹、后妃、仙释；卷八宸翰、艺文上；卷九艺文中；卷十艺文下、奸雄、杂志。卷后有训导孤竹康世亨、滇南王皋于万历戊申撰跋及古郢李应赐撰《重修〈沂州志〉后序》。明代天

①《明史·艺文志》有“舒祥主纂《沂州志》四卷”，然迄今未有发现，故“沂州首志”仍从何格嘉靖《沂州志》之说。

启年间增补重刻万历志，在卷前录有天启年间“御乱平寇纪略”两篇，记载了天启年间徐鸿儒农民义军斗争的史实，为考证徐鸿儒农民义军的斗争提供了宝贵资料。

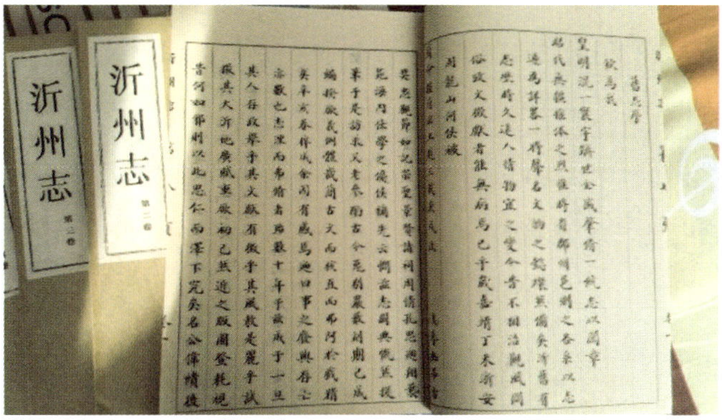

图 6-9　万历《沂州志》

万历《沂州志》作为现存最早的沂州方志，第一次对沂州的历史沿革、天文物象、山川地理、城池公署、人文风俗、政治、军事、教育、文化等做了详细周备的记载，是研究沂州和兰山文化、历史的重要参照，其价值不言而喻。

二、清代沂州方志与乾隆《沂州府志》

清代沂州方志的编撰亦有两次，一次在康熙年间，一次在乾隆年间。

清康熙十三年（1674），时任沂州知州邵士修《沂州志》，王壎、尚天成等人参修，共计 8 卷。康熙《沂州志》是在明代万历《沂州志》版本基础上的一次重修，也是沂州方志以《沂州志》命名的最后一个版本，此后的沂州改州为府，方志之名也因之成为《沂州府志》。康熙《沂州志》存本比较多，北京、上海、南京等地图书馆及北京大学、北京师范大学、山东大学等大学图书馆皆藏有其刻本。

该志总目称“部”，全书分为八部，部下再分四十六目，共计八卷。卷首有邵士、尚天成、王壎等人撰序，有康熙十一年礼部奏疏，有兖州府帖文，有州图七幅，另有凡例十则。志目一为规制部：建置、星野、疆域、山川、藩封、祠庙、秩祀、物产、风俗、古迹；二为政事部：户口、地亩、赋役、钱粮、农桑、学校、兵防、驿递、附邮铺、恤典、捕盐；三为官常部：职别、衙署、种官、宦迹；四为仕进部：科第、制贡、例监、杂职、武科、胄弁、封荫、诰命、坊表、陵墓附；五为人物部上：帝后、名献；六为人物部下：忠贞、孝义、节烈、懿行、流寓、隐逸、仙释；七为艺文部上：沿革、附文传；八为艺文部下：赋、诗、遗文、杂志。

清乾隆十九年（1754）秋，时任沂州府知府李希贤召集人员主持纂修《沂州府志》，乾隆二十五年（1760）正式刊行。乾隆《沂州府志》是沂州由州升府后首次撰修的志书，填补了沂州无府志的空白。此志存本尚多，北京、上海、天津、南京等地图书馆及山东省图书馆、山东省博物馆皆有其藏本。

乾隆《沂州府志》共计三十六卷，由李希贤主修，丁恺曾等纂。志前有山东按察使沈廷芳、沂州府知府李希贤、兰山县知县王垲等人撰序，其中沂州府知府李希贤所撰之序，简要说明了乾隆《沂州府志》纂修的背景、目的、修志经过、体例及价值。卷首有建府原议、纪和舆图，说明雍正十二年（1734）在沂州设府原因、经过以及决议；记录清朝皇帝巡幸临沂地区的情况及各个时期皇帝对临沂地区的恩赐政策；舆图有沂州府全图、河道全图、兰山县图、郯城县图、费县图、莒州图、沂水县图、蒙阴县图、日照县图九幅图。另有凡例十四则。卷一之天象分别记录了北极、北斗（有北斗图）、天市垣、十二国星、五纬、日月蚀占、云气、干支、经星分野，后另附奎娄分度图。卷一之沿革记录了沂州府及所辖州县之历代沿革，后附安东卫之沿革，卷一还有舆地之疆域，分别记录了是时沂州府及所辖州县之疆域。卷二舆地之山川是对沂州府辖区内山川水脉的描述及考证。卷三为舆地之水利。卷四舆地之海分别志口岸、墩台、防汛、潮信、海运道、防倭（有海防图）、海贩、窀丁作盐法、海族；舆地之形胜描述了沂州府各州县之形胜；舆地之风俗记录了沂州府辖区内各州县自古以来形成的风俗民情。卷五舆地之城池记录了沂州府辖区内各州县历代城池地址及修筑情况，后附安东卫城池地址及修筑情况；公署主要是对沂州府辖区内各州县公署的地址、修建年代和布局的记录；仓储记录本府辖区内仓储的地址、修建年代及构局，后附各州县恤政。卷六舆地之乡社记载了本府辖区内各州县的乡社，后附市集。卷七舆地之封建记载了自商周以来本府辖区内的封建情况；古迹是对本府辖区内各州县的古迹的记录；丘墓记录了本府辖区内各州县历代的陵墓。卷八至卷十为食货之户口田赋，记录了本府辖区内各州县各时期的户口田赋政策。卷十一食货之物产详细介绍了本府境内的物产情况，为之后的研究提供了重要、详尽的参考资料。卷十二食货之盐法记录了本府辖区内自周以来的产盐情况、供应范围及盐法政策，后附盐课，对各州县运涛洛场盐的情况也有详细介绍，其中还有对日照盐场盐法改革的描述，具有典型意义。卷十三学校记录了本府辖区内的学宫、学舍等情况，后附武院、书院、社学、书籍。卷十四为秩祀，附寺观。卷十五、卷十六为记事，记载了自唐虞时代至清代在沂州府辖区内发生的大事。卷十七至卷十九为职官，记录了从周至清代沂州建府前的职官、沂州府职官及各州县职官。卷二十为宦绩。卷二十一为兵防。卷二十二至卷二十四为仕进，分为征辟、进士、举人、贡士等共八目，记录了本府辖区内各州县历代的仕进情况。卷二十五至卷二十七为人物，分为先贤、功业、忠节、孝友等目，记录了本府辖区内各州县历代人物。卷二十八、卷二十九为列女。卷三十至卷三十五为艺文，分为著书名目、文、古诗、近体诗、赋。卷三十六为杂志。

明清时期沂州方志皆为通志，既是清明沂州地区的百科全书，也是研究兰山区域文化的宝贵遗产。对其进行充分的开发利用，可以梳理、窥见明清时期兰山的天文地理、人文风俗、政治经济、物产灾异、文化艺术、名胜古迹等诸多资料信息，为继承和弘扬传统文化遗产、增强区域文化自信、促进区域发展与繁荣提供历史文献和社会文化等方面的借鉴。

第五节　文学艺术

文学艺术是对社会生活最直接、最生动的反映与记录。明清时期，政治格局相对稳定，社会经济相对发展，科举取士制度的进一步规范与兴盛带来基础教育的广泛普及，更多的读书人在吟诵四书五经、儒家典籍的同时，也逐步提升了文学素养和审美修养。明清时期的文学艺术在总结前代经验的基础上，开创了一个新的辉煌时代。这一时期，兰山儒学的复兴为兰山文学艺术的发展奠定了人文基础；兰山本地的圣贤古迹、风景名胜则成为观今览古、吟咏性情的兴寄所在。本地士子习儒、业儒之余或唱和往来，或诗画自娱，外籍官员、文人或在兰山任职、纪事遣怀，或到兰山游览、悦景怡情，成就了明清时期兰山文学艺术的熠熠之辉。

这一时期兰山文学艺术成就种类颇丰，以其创作者身份籍贯之别，大致可分为兰山籍文人文学成就、非兰山籍文人所创涉及兰山的文学成就。[①] 非兰山籍文人涉及兰山的文化作品不胜枚举，然而有两位不可不提及：清代兰山县首任县令李方膺、组诗《琅邪八景》的作者舒祥。

一、兰山籍文人主要成就

兰山文学艺术成就首先得益于兰山籍文人所创造的文化硕果。万历《沂州志》、康熙《沂州志》、乾隆《沂州府志》、民国《临沂县志》等兰山地方志书中记录了明清时期兰山籍的文化名人，其间有朝阁重臣，也有乡野白衣，有世家出身、拥资结社的，也有赤贫如洗、诗书自娱的，他们的文学创作，既有八股制艺、传统诗文，也涉及书法、绘画、金石、碑刻等领域。诚然，这一时期的兰山籍文人没有出现誉满天下、妇孺皆知的名家，然而这些艺术成就，足以慰藉兰山山水、光耀兰山史册。

周京，字野王，生卒年不详。明代万历年间进士，官至礼部主事，曾奉命封藩王于陕。周京工诗善书，诗集有《金城集》《吴越游稿》《贲园草》；其书法方面尤其擅长楷体，学习赵孟頫的飘逸典雅，又参以欧阳询的笔意圆正、笔力刚劲，所书碑碣常常被人作为法帖摹拓，部分书法碑刻也保留至今，成为珍贵的历史文物。周京的诗歌创作数量颇丰，诗风如其书法风格，端庄大气，其中描写兰山历史古迹的古诗有《琅邪王冢》《卧冰河》《诸葛城》三首，今录如下：

琅邪王冢

禾黍萧萧晋代宫，尚余高冢卧秋风。
新亭几许神州泪，尽入空原一望中。

卧冰河

跃鲤河边树色苍，松榆祠庙对斜阳。
佩刀去后无消息，淮水只如衣带长。

诸葛城

三分筹策已茫茫，鱼腹千秋战垒黄。
马上欲寻卧龙处，空城斜日下牛羊。

---

① 明清时期兰山文学艺术涉及内容十分庞杂，例如兰山籍文人的文学成就又可细分为描述兰山本地人、事的作品和描述其他人、事的作品等。文中对此不作赘述。

清初陆文溢，工书法，善诗文，与其兄陆文法并有声名。

全绍，生卒年不详。十二岁补邑廪生，长大后更加勤奋苦读，博极坟典。与其弟全纮自相师友，建文社“东海”社，著有《讷庵集》，在当时脍炙人口。全纮嗜学能文，但屡试不第，恬淡自守。

李宗说，字梦弼，生卒年不详。初为沂州学廪膳生员，壬午科山东乡试副榜，援例入太学，能文善诗，著述颇丰。

朱友襄，生卒年不详。雍正时岁贡，著有《写心集》《唾馀集》《五伦金鉴》等诗文集。

赵淑雍，生卒年不详。博学能文，尤善钟王书法。

王日璐，字君式，生卒年不详。雍正时由岁贡任邱县训导，擅长八股制艺，被当作士林宗法。

董瑞玉，字楚珍，生卒年不详。乾隆时岁贡生。其家中赤贫如洗，藉草无席，秃笔瓦砚，却赋诗读书，啸咏怡然。

张汾，生卒年不详。乾隆年间岁贡生，擅长八股制艺，兼擅古文诗词。

王中溥，生卒年不详。乾隆壬午举人，著有《卷石斋文集》《樵诲轩诗稿》。

李天经，生卒年不详。乾隆年间举人，曾任平度训导、长清教谕，著有《消寒集》《吾过集》《读左便》等若干卷。

赵映階，字景平，又字六符，生卒年不详。嗜好吟咏，出仕前曾邀请四方名士结诗社，被人视为“诗痴”。晚年由贡生授宁阳训导，自号“老痴道人”，著有《带星堂诗草》。其族孙赵廷璋亦善诗，著有《洗退轩诗稿》。

程鋆，字仙九，生卒年不详。擅长绘画、篆刻，画竹兰学习赵孟頫，画花卉学习恽南田，且尤其擅长摹刻秦汉印章。

李金三，字缄斋，生卒年不详。笃好学习，品性清雅，著有《六吉堂集》。

王宝森，字春园，恩贡生，生卒年不详。著有《焚馀集诗稿》，当时兰山城乡碑版多数出自其手。

二、非兰山籍文人主要成就

明清时期，在兰山任职的一部分非兰山籍文人雅士寄情于沂州山水，赋诗作画，丰富了兰山文学艺术。其中有代表性的人物主要是舒祥和李方膺。

（一）舒祥与“琅邪八景”

舒祥，明代新安（今安徽黟县）人，生卒年不详。曾任沂州训导，并留下了著名组诗《琅邪八景》，另有《登晒书台》诗一首、《王祥墓》诗一首，以及《沂州赋》一篇。另据《明史·艺文志》载“舒祥《沂州志》四卷”及清代黄虞稷撰《千顷堂书目·卷六地理类上》“舒祥《沂州志》四卷；何格《沂州志》四卷”等资料推测，舒祥或主持修纂过《沂州志》，只是目前为止尚未发现存本。

舒祥的组诗《琅邪八景》是较早将八处景致以“琅邪”组合命名的，古临沂的这八处自然景观分别是沂水拖兰、泥沱月色、苍山叠翠、平野晓霁、野馆汤泉、孝河凝冰、神峰积雪、普照夕阳，其中沂水拖蓝、平野晓霁、孝河凝冰、普照夕阳四处景观在今兰山区划范围内。这些古老的自然风景名胜随着时间推移、岁月流逝，有的随风而逝，有的名不副实，还有的已经是旧貌换新颜。然而舒祥所作的这组诗仍被频频引用，成为旅游文化中对古琅琊风景的恢复、开发及特色定位方面的重要文化遗产和资料依据。

沂水拖蓝（沂河）

拖蓝曳练漾微波，百合泉来渐满河。
蒙谷雪消苍泽长，祊田雨后翠涛多。
青含冷雨沿堤树，绿锁寒烟近水莎。
但见渔舟随处落，不妨风浪夜如何。

沂水拖蓝，又称沂河拖蓝。据《沂州志》记载，临沂城东沂河与祊河、涑河汇流后，形成清、浊两种水流，清流映蓝天，像沂河中拖曳着一条蓝色的彩带，故称沂水拖蓝。古人极尽歌咏的沂水拖蓝具体地点本在临沂城东，随着城市的发展，如今的沂河已处在临沂城中，在凤凰广场三河交汇处。天气晴好、水质极佳时，亦可有幸看到泾渭分明的“沂水拖蓝”奇观。

平野晓霁（凤凰广场附近）

苍苍微曙霭高台，几树桃花昨夜开。
疏柳啼莺三月届，断云迷雁九天来。

千门辟尽晨钟散，百役奔初晓漏催。
此际登临观下境，满城春色拥蓬莱。

图 6-10　清代平野亭

据《沂州志》记载，在州治后东北，上有平野亭，外瞰沂、祊、涑水，内览寺观楼阁，尤其在早晨破晓时分登台远眺，晨中初晓，曙光甫开，令人赏心悦目。平野亭为全城最高处，登高望远，眺望城外，原野稼穑郁郁葱葱，沂、祊、涑水岸边柳绿桃红；内瞰城中，楼阁亭榭风光旖旎。后历经沧桑，平野亭早已坍塌。在临沂新城建设过程中尚未修建新的平野亭，但在平野亭旧址附近，类似于平野晓霁的景色并不罕见。沂河、祊河绿地系统景观规划设计了 9 大广场、18 个特色园区，其中沂河与涑河交汇处北侧的凤凰广场被视为新的“平野晓霁”的观光台。

孝河凝冰（孝感河）

镇日东风鼓翠澜，长河吹遍水如乾。
银屏皎洁连川合，碎玉棱层映月寒。
堤畔鹭联飞始见，波心鱼隐钓犹难。
王祥一去千多载，留得冰模与后看。

孝河又称孝感河，位于今兰山区白沙埠镇境内。据州志记载，其发源于茶山南麓的桃花岭，东南经孝友村，至诸葛城村汇入沂河。著名的二十四孝之一的王祥“卧冰求鲤”故事就发生在此地，孝河因此得名。20 世纪 90 年代初，当地政府对王祥故里进行过初步开发，在原址上复修了孝友祠，并对王氏宗祠进行规划，在河边开辟了孝园，修建了孝河广场，以扩大王祥孝感故事的影响。无论是春夏秋三季的流水汤汤、波光粼粼，还是深冬季节的冰封河面、细雪皑皑，孝河都因其独特而深厚的文化底蕴成为凭吊古人、感慨孝道和教育后人的标志性景点。

普照夕阳（王羲之故居普照寺）

碧玉楼头日未沉，几家残照半城阴。
斜分宝刹千层影，光灿瑶龛百丈金。
归雁携云投北浦，啼猿迎月上东林。
柴门欲掩诗僧定，坐向闲庭抱膝吟。

该诗所指“普照夕阳”景致在今王羲之故居内。《沂州志》记载，由于永嘉之变时琅琊王氏南迁，其故宅改为佛寺，唐代称为“开元寺”，北宋为“天宁万寿禅寺”，南宋为“普照禅寺”。每天傍晚落日时分，夕阳透过寺内大殿西面的山墙返照，整座殿堂内红映可观，被认为是灵气所钟、奇观异象。金皇统四年（1144）普照寺扩建时刻有《沂州普照禅寺兴造记》，是对“普照夕阳”景致的最好例证。用科学的眼光来看，“普照夕阳”的奇观是有效地利用了光学的折射原理，透过普照寺西墙天窗的光线照射在佛像身上，然后通过折射发散至四面八方，使整个佛堂都被夕阳的余晖照亮。1989 年，临沂市政府开始修复王羲之故居；2002 年 4 月，为纪念王羲之诞辰 1700 年，临沂市委、市政府又决定筹资对王羲之故居进行整修扩建；2005 年 5 月 26 日，普照寺正式对外开放。

（二）“循吏”李方膺

李方膺（1695—1755），字虬仲，号晴江，别号秋池、抑园、白衣山人等，通州（今江苏南通）人，出身官宦之家，曾任乐安县令、兰山县令、潜山县令、代理滁州知州等职。他为官刚正不阿，廉洁爱民，后因遭诬告被罢官，去官后寓南京借园，自号借园主人，常往来扬州卖画，与李鱓、金农、郑燮等往来，为“扬州八怪”之一。李方膺工诗、文、书、画，擅画松、竹、兰、菊、梅、杂花及虫鱼，也画人物、山水。他酷爱梅花，特别擅长画梅，其梅以瘦硬著称。其绘画作品有《风竹图》《游鱼图》《墨梅图》等。他不仅擅长以墨画梅，还以诗写梅，著有《梅花楼诗钞》26首，多数散见于画上，如“不逢摧折不离奇”句，不仅写梅，也是自喻。

图6-11　李方膺《芍药图》

李方膺是兰山县的首任县令。雍正十二年（1734）冬，李方膺奉命由乐安知县改任兰山知县。雍正十三年（1735），因反对新任总督的垦荒令，上书直陈弊端，触怒上司，被罢官入狱，成为当时震惊朝野的“兰山冤案”。至乾隆元年（1736），乾隆追究起开垦失策之事，李方膺才得以平反。李方膺出狱后，接受乾隆皇帝召见，被调往安徽以知县任用，而他却以回乡奉养老母为由，不去就任。乾隆四年（1739），李方膺父母相继去世，在家服丧6年后，守制期满，他又受命任安徽潜山县令。

李方膺任职兰山时间虽然不长，但他奉职守法、清廉贤能、重农宣教、敢于为民请命。因而在他离开后，兰山百姓称他为清正廉洁、所居民富、所去见思的“循吏”。史书记载李方膺被冤入狱时，兰山百姓为之哗然，说他是为了百姓而获罪，于是请求“环流视狱”。兰山一带百姓成群结队，自带鸡黍米酒前往监狱探视东方膺。狱吏不许百姓进入，百姓就把带来的钱物、食品往监狱的高墙里扔，留下的酒坛子甚至堵住了监狱的大门和甬道。由此可见兰山百姓对李方膺的敬重与爱戴。

第六节　文物古迹留存

由于历史悠久、古贤辈出，兰山境内与这些先贤相关的文物古迹颇多。随着时光流逝、岁月侵蚀，有些文物古迹逐渐被湮灭在乡间野地，有些损毁于战乱纷争，也有一些得以重新修葺、复建而幸存下来。另外，明清时期，兰山境内也新建了部分建筑，如五贤祠、僧王庙等。这些建筑历经风雨、数易其貌，成为难能可贵的历史见证。

一、明代东城门遗址

东城门遗址地处临沂城区中心地带，位于兰山区沂州路与兰山路交汇处向东 100 米处，为市级文物保护单位。2008 年 9 月 29 日，在临沂市涑河环建工程的施工现场挖掘出古城墙后，市文物部门对现场进行了勘察，确认其为明代古城墙。古城墙的发现为临沂古城历史提供了有力证据，具有珍贵的历史价值。为保护这一历史遗迹，临沂市涑河片区开发建设指挥部负责规划建设了东城门遗址公园，并于 2010 年交由市博物馆管理。东城门遗址公园坐落于兰山区沂州路与兰山路交会处，遗址公园共分为三部分：中心区域是临沂建城 2500 年纪念碑遗址，东西两侧分别是东城门遗址广场和东城门遗址公园。整个公园长约 118 米，宽约 47 米，总占地约 0.53 公顷。其中，古城墙遗址总长 25.3 米，采用玻璃罩的形式予以保护。

图 6–12　东城门城墙

2013 年 9 月 13 日，临沂市文广新局组织专家对东城门遗址保护工作进行了论证，10 月 30 日，临沂市文广新局又向临沂市政府报告，申请将东城门遗址交由兰山区政府管理。2016 年 10 月 21 日，临沂市政府下发了《关于将临沂东城门遗址和琅琊王墓移交兰山区政府管理的通知》，东城门遗址的交接工作正式完成。

二、杨肇基墓

杨肇基（1581—1631），字太初，号开平，明朝沂州城南城子村（今临沂市罗庄区付庄街道办事处城子村）人，自幼习武，勇猛过人，因军功历任征东平西防倭三镇总兵、沂州卫正指挥、大同总兵、锦衣卫千户，授五花封诰，左都督、大将军、正一品，在军中病故后被追赠为太傅，谥号“武襄”，葬于今临沂市兰山区庙上村东。

图 6-13　杨肇基墓保护标志碑

天启二年（1622），山东巨野人徐鸿儒利用白莲教组织农民起义，连克峄城、滕州、郓城等地，兵围曲阜、兖州。明军无计可施，接连溃败。当时，山东监军徐从治深知杨肇基是难得的将才，于是奏请朝廷，皇帝特封杨肇基为山东总兵官，挂印出征。为了防止起义军攻占沂州，杨肇基派部下严守沂州西门、北门、东门、南门，自己带领儿子、女婿等将领以及援军出城迎战，结果大获全胜，并驱兵一举收复了郯城、费县、平邑等地。

崇祯二年（1629），后金兵攻打明朝京师，崇祯皇帝下旨令天下兵马进京护驾。当时在家休养的杨肇基闻讯后随即带领平日训练有素的家丁 300 余人日夜兼程，衣不卸甲，突破重围，直抵京城。崇祯皇帝连夜召见他，与他彻夜详谈，并赐其蟒衣玉带。接下来的一段时间，杨肇基和朝廷武将分析战争形势，制定攻防策略，一举击败后金兵的进攻，取得了保卫京师的胜利。

杨肇基一生南征北战三十余年，鞠躬尽瘁，呕心沥血。崇祯四年（1631）于蓟镇军中去世，享年51岁。他的死讯报到朝廷后，崇祯皇帝亲率文武大臣为其举行追悼大会，追赠他为太傅，谥号“武襄”，钦赐御葬于临沂城西15千米处。

杨肇基墓位于今兰山区庙上村东邻，原墓已平，墓地上方被农田覆盖。其东部紧邻一片荒地，西部紧邻村工厂，南部紧靠村中道路，北部紧靠堰上村耕地。此处是元明以来的杨氏家族墓地，崇祯四年（1631）以后，因杨肇基御葬此处而升为御葬陵，建华表、龟驮碑、石羊、石马、石人、供桌等，陵内遍植松柏，陵外围种杨树。据当地村民回忆，这处墓群大致坐北朝南，占地面积约10万平方米。由南向北进入墓群，东西两侧各有一座青石雕刻的华表，华表高约10米，表身均雕刻有栩栩如生的盘龙，顶端雕刻望天石猴，名曰“石猴观海”。再往北，龟驮碑迎面竖立，碑基高约1.2米，碑身高约3米。龟驮碑北部东西两侧各竖立一尊石羊，均有青石底座。石羊北部东西两侧各有一尊石马，体态雄壮威武。石马旁边各有石人一尊，高约2.3米，东侧为手持笏板的文官，西侧为佩带宝剑的武官。后来御葬陵内参天的杨树、松柏相继被砍伐，华表、龟驮碑、石人、石羊、石马等，有的被捣毁破坏，有的被搬走，大量坟墓被移平，仅剩下两座龟驮碑底座。

由于历史久远，当年占地约10万平方米的御葬陵大部分土地被占做他用，现如今只剩2000平方米，并且原御葬陵内的众多墓葬无法具体确认其原址。近年来，杨氏后人在此基础上重新确认并修复了杨氏始迁祖杨瑄、八世祖杨韬、九世祖杨应祥、十世祖杨肇基四座坟墓，筹资重建了当年的石羊、石马、石人等雕塑，以供后人祭拜。

三、五贤祠与乾隆题诗

五贤祠旧址在临沂老城南关外，原名忠孝祠、景贤祠。明初，临沂城原有忠孝祠，最早为明朝嘉靖初年沂州佥事李士元所建，用以合祀诸葛亮和王祥，故名“忠孝祠”。后来，沂州知州何格认为，“诸葛公鞠躬尽瘁于汉，二颜先后死节于唐，其一忠也。万岁亭侯至孝继母，光禄公喻母于道，其一孝也。祠诸葛不及二颜，祠万岁亭侯不及光禄，殊为阙典”，因而于嘉靖三十年（1551）新建“景贤祠”，合祀诸葛亮、王祥、王览、颜杲卿、颜真卿五贤。清乾隆十六年（1751），景贤祠移址洗砚池东重建，并更名为“五贤祠”。

据兰山民间传说，乾隆皇帝某次下江南，路经临沂城。当时正值修葺五贤祠的工程完竣，兰山的绅士们商议在五贤祠立碑，或作副楹联，以纪念这一盛事。乾隆听到这个消息，即于寓中写成此诗，并派店中伙计送至五贤祠。及至人们发觉是乾隆的御笔，知府、知县齐“接驾”时，乾隆早已离城南下了。此说纯属虚构，据清人余金《熙朝新语》记载，真实情况是：乾隆十六年四月，清高宗弘历皇帝南巡至山东，驻跸济南，当时的山东巡抚准泰奏请皇帝，称山东沂州府旧有景贤祠（即五贤祠）修建完竣，请赐御笔，为五贤“赐匾额或赐诗章”，以冀“随奎藻天章，永垂不朽”，“奏上，蒙赐七言诗一首”，并题“千秋五贤”匾额。于是，准泰将此诗发交沂州府，在祠内勒石建碑，将这一诗作以御笔手迹摹刻于石碑上，立于临沂城五贤祠内。民国《临沂县志·秩祀》篇记载，“清乾隆十六年，高宗更今名”。

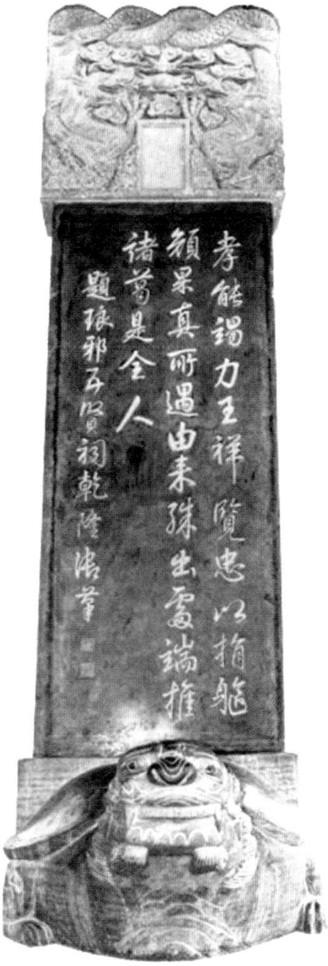

图 6-14　乾隆题诗碑

五贤祠几经战乱，今已不存。2003 年整修扩建王羲之故居时，据原貌重建五贤祠。其主体建筑为硬山式大殿三间，东窗上砖刻“孝感天地”，西窗上砖刻“忠冠古今”。殿内正中塑诸葛亮坐像一尊，东侧有王祥、王览坐像，西侧有颜真卿、颜杲卿坐像。大殿前为御碑亭，亭内有乾隆题诗碑，其诗即为当年乾隆所赐《题五贤祠》：

孝能竭力王祥览，忠以捐躯颜杲真。
所遇由来殊出处，端推诸葛是全人。

实际上，临沂城内有两座乾隆御碑，其一为上文所说五贤祠乾隆御碑，另一座则是南关御碑街上的二疏城乾隆御碑。它是乾隆二十七年（1762）乾隆再次南巡途经沂州府时，应知府李希贤奏请，为赞誉临沂两位汉代名臣疏广、疏受在沂州行宫题写的。李希贤随即命人刻石立碑，置于临沂城南关阁子门外（即现御碑街居委对过的林荫广场）。该碑全文如下：

荒城名尚二疏存，置酒捐金广主恩。

贤损志愚益其过，不惟高见实良言。

题二疏城

壬午仲春御笔

赐沂州府知府李希贤

该碑高6尺，有碑亭，抗日战争时期被西南风刮倒，摔为三段。兵荒马乱中，这座碑不知所踪，据传被日本人弄去铺了南关大街（当时南关大街是唯一一条以石头铺的路）。后来几经辗转才又被发现，原来它被藏于孔庙内，现存于临沂市博物馆。

四、僧格林沁与僧王庙

僧格林沁（1811—1865），蒙古族人，晚清名将，咸丰、同治年间多次参与对太平天国、英法联军等战争，军功卓著。僧格林沁曾受朝廷之命节制直、鲁、豫、鄂、皖五省兵马，赴山东与捻军作战。咸丰十年（1860），捻军攻打到临沂城，忠亲王僧格林沁派部将德楞额赴临沂围剿。十二年（1862）捻军再犯临沂境，僧格林沁奉命进行阻击，并亲自率军驻节临沂仲村，令沂州府知府文彬、临沂知县长庚带领地方团练配合主力，分途大举围剿。同年九月，僧格林沁亲率骑兵追击临沂捻军的主力，越过临沂城，至北乡羊栏湖地带将捻军围歼，彻底镇压了临沂全境的捻军。同治四年（1865）五月在菏泽高楼寨之战中，僧格林沁中了捻军伏击，被捻军斩杀。

在与捻军作战过程中，清朝军队均腐朽不堪，只有僧格林沁所率蒙古骑兵剽悍奋勇，重创捻军。僧格林沁战死疆场，令清廷上下一片震惊，皆以失去“国之柱石”而惋惜。清政府以亲王规格为僧格林沁举行葬礼，同治帝和慈禧亲临祭奠，赐谥号“忠”，配享太庙，并在北京、山东、河南、盛京等地建“昭忠祠”。同治五年（1866），僧格林沁的故友、已由兰山知县升任沂州府知府的满族人长庚与兰山知县王其慎援引故例，以“郡绅民”的名义在临沂城内西南隅（现洗砚池小学内）广生宫后楼两侧建“显忠庙”，以旌扬、彰显“僧王忠义”。光绪二十三年（1897），沂州府知府锡良主持在原“显忠庙”的基础上扩建“僧忠亲王祠”。僧格林沁曾率军在临沂驻节、御敌两年之久，临沂本地人尊称其为“僧王”，故而将祭祀他的“僧忠亲王祠”简称为“僧王庙”。

广生宫修建于康熙末年，前院第一座大殿的塑像是商朝的西伯侯姬昌暨后妃像，大殿的东西台子上塑有近百个小泥娃娃，民间相传为文王百子，故称此宫为“广生宫”。扩建成为僧王庙后，庙门上的匾额石刻仍是“广生宫”字样，但“广生宫”庙名反为“僧王庙”所掩。自改称“僧王庙”后，每年农历正月初九至正月十一会在此举行为期三天的香火庙会，通常连唱三天京剧，百姓称之为“大戏”，附近城乡百姓都来赶会、看戏，热闹异常，因此，僧格林沁在兰山城乡间颇有影响。民国时期，僧王庙一度被改建为学校，又曾募捐重建，在重建过程中，原来的泥塑僧王神像被抬来抬去，最终于1928年被毁坏。后又在该址改设洗砚池小学，近年来改建教学楼，原祠连同地基一并被清理，痕迹不复存在。幸运的是，临沂市博物馆藏有僧王庙门额石刻，正中自右向左横书“显忠庙”三个颜体楷书大字，右侧镌刻“同治六年岁次丁卯仲夏”字样，左侧镌刻“知沂州府事长庚、知兰山县事王其慎率郡绅民立”字样，成为僧王庙历百余年风雨沧桑的历史见证。

五、天主教堂

临沂天主教堂位于兰山区兰山街道办事处兰山路中段，南邻兰山路，东邻富民小区，北邻书院社区，西邻西关居民区。教堂东西宽约80米，南北长约90米，呈长方形，面积约7200平方米。教堂始建于清光绪十八年（1892），1913年法国人对教堂进行了改建，后由德国、比利时、荷兰等国教民捐资，荷兰人诺广训（音译）神父主持修建，是山东省唯一一座古罗马式大教堂建筑。教堂共由三部分组成，分别是主教堂、侧堂和修女院。主教堂宽约17米，深43.2米，钟楼高36米，整体面积近854平方米，可容纳1000多人，是当时临沂城最高的建筑物。其特点是：拱形圆顶、大型石柱、雕花柱头。教堂正面三门，并附五块石碑，其碑文为清朝末年号称“中国第三”的书法家王恩衍所书。主教堂外顶部有五座尖塔，正中的一座为钟楼，内设三口大铜钟。天主教堂的侧堂为主教神父的住所。修女院位于天主教堂后院，1945年9月，新四军北撤至临沂市，曾于此设置军部。教堂自1913年改建以来，历经几次修葺。1986年，由中央拨款修复大教堂；2006年，由中央和省、市分别拨款近百万元，对教堂进行加固维修，使教堂基本恢复原貌，同时重新修复了教堂顶部后面的两个钟楼尖塔，使临沂大教堂宏伟壮观的建筑外观再次展现。2007年，中央拨款300万元、省政府拨款100万元，批准重建天主教堂。

六、清真寺

兰山境内的清真寺主要有南北道清真寺、南关清真寺等。

南北道清真寺位于兰山区兰山街道办事处果园路涑河岸边，据称是目前山东省最大的清真寺，是兰山区重要的穆斯林礼拜场所。南北道清真寺据传始建于明代洪武年间，寺内原有明正德年间香炉一座。乾隆二年（1737）、同治二年（1863）、1986年、2000年，先后有几十位穆斯林捐款捐地，对南北道清真寺进行重修、扩建，清真寺现占地面积940平方米，建筑面积400平方米。

南关清真寺位于兰山区沂州路南段，始建于明朝永乐年间，迄今已有580余年的历史。南关清真寺坐落于银雀山脚下，坐西朝东，居高临下，形成步步登高的自然形势。南关清真寺在建成后的几百年间，虽数经战乱，但尚能保存完好。20世纪60年代，清真寺遭到损坏，原始建筑及清朝重建时所立之碑皆被毁。20世纪80年代后，南关清真寺得以重建。南关清真寺现占地2000平方米，寺内有礼拜大殿、讲堂、水房、水井等建筑，建筑面积600平方米。

第七章　晚清至民国初期

晚清至民国初期[①]，是一个风云变幻的特殊时期。1840年鸦片战争爆发后，清朝统治力量日趋衰落。西方列强迫使清政府签订了一系列不平等条约，清政府软弱无能，对外割地赔款；国内太平天国运动、戊戌变法接连发生，民主革命兴起。1912年1月1日，中华民国在南京宣告成立。同年2月12日，清帝被迫退位，清朝结束。民国初期，接连有袁世凯称帝、溥仪复辟、护法运动以及北伐战争等，战乱不断，社会动荡不安。在这种大的历史背景下，兰山境内亦战事不断，但马克思主义思想开始在这里传播，中国共产党临沂地方党组织在这里诞生，从而使兰山地区在政治、经济、文化等方面发生了翻天覆地的变化。

第一节　中国同盟会

1905年8月20日，孙中山、黄兴等人在东京将兴中会、华兴会和光复会合并，成立中国同盟会。中国同盟会在推翻清政府、结束中国两千多年封建统治的辛亥革命中起到了重要的作用，促进了中国第一个资产阶级共和国——中华民国的成立。同盟会的革命活动也波及兰山地区，兰山各地亦开展了一系列反清革命活动。

一、兰山同盟会活动

19世纪末20世纪初，民族危机日渐严重，培养人才、挽救民族危亡成为当务之急。以同盟会为代表的资产阶级革命派认为欧美列国国强民富的根本原因在于“其国多上人”，指出谋求强国，莫过于办学。在这一思想指导下，同

① 本章“晚清至民国初期”主要指1840年鸦片战争爆发至1931年抗日战争爆发前的这段时期。为统一全书章节名称，权且称为晚清至民国初期。

盟会利用清末实行新政、开放办学的机会，着手培养敢于“宣战君主”“内修战事，外御强邻”的“革命之健儿”。同盟会会员李光仪自日本留学回国后，任沂州初级师范学校教务长、县署“乙种警察教练所”教习等职，经常在课余时间向学生宣讲中国的危急情势和清政府的腐败无能，指出瓜分之祸迫在眉睫，中国只有在四万万同胞的团结下发愤图强、实行新的改革方可振兴。

山东同盟会的重要领袖之一刘冠三（高密人），于光绪三十四年（1908）春来沂州开展革命工作，扩大了同盟会的影响。尤民（台儿庄人）于光绪三十二年（1906）经同盟会山东主盟人丁惟汾介绍，与同学薄子明（日照人）等人一起加入同盟会。辛亥革命前夕，尤民联络同盟会会员吴廷勋、李应凯等人，一同活跃于鲁西南、沂州等地。尤民等人还多次联络沂州一批绿林豪杰参加革命，取得了一定成效，推动了辛亥革命在沂州的发展。

武昌起义爆发后，湖北军政府号召各省武装起义，推翻清王朝的统治，沂蒙革命党人纷纷参加起义。同盟会会员孙金宣（今兰山区南坊街道西曲沂村人）和起义失败后逃回家乡的李淑九重逢后，与刘敢陈、孙爱庭、张问山、颜赞臣等同志一起筹备武装起义，随时准备策应革命军。同盟会会员殷澄吉、李洪义、王警、朱旭昌、殷树堂、杨竹泉等人也组织了数百人的革命队伍，准备起义。

辛亥革命之初，同盟会会员多以议员身份公开开展革命活动。例如，同盟会山东分会正式成立后，随即委派刘次哲（沂水人）前来兰山组建兰山分部。同盟会会员朱旭昌也在沂蒙公开组织同盟会，发展会员。李光仪曾于1910年筹办兰山的县议会，辛亥革命爆发后，他主持县议会工作，向县公署提出许多兴利除弊的条陈。1912年，中华民国成立，刘佛缘、方耀庭、于霭辰被推举为山东省议会议员，他们积极发挥议员的职能，对国家、地方兴革大计多有建议。

袁世凯窃国后，积极准备消灭进步力量，同盟会志士们继续进行斗争。方耀庭积极参加反袁斗争，但他刚从学校毕业就被逮捕，随后被杀害。丁惟汾在临沂创办琅琊法政学校，开办一年多就被袁氏爪牙侦知，临沂国民党组织也被取缔。

二、同盟会山东分会会长——李光仪

兰山人李光仪参与了同盟会的成立工作，后被推举为中国同盟会山东分会会长。李光仪（1875—1912），字小岩，临沂城人。幼年就读于私塾，光绪

二十年（1894）入县学。中日《马关条约》签订以后，李光仪对清政府割地赔款、丧权辱国之举义愤填膺，他怀着“非研究新学不足以救国”之壮志，考入保定师范学堂速成科深造。毕业后，他被选为公费留学生赴日本求学。光绪三十一年（1905），李光仪参加了留日学生在东京召开的欢迎孙中山大会，支持孙中山先生所倡组的同盟会筹备会。8 月 20 日，中国同盟会在东京正式成立，李光仪加入同盟会，成为最早的同盟会会员之一。之后，他与丁惟汾、刘冠三等在东京组织成立了中国同盟会山东分会，并被推选为山东分会会长，成为同盟会山东分会最早的领导人。1905 年 11 月 26 日，中国同盟会的机关报——《民报》在东京创刊，李光仪与在日本留学的临沂老乡赵保泰、段荫选等人，将《民报》和各种印刷品寄回临沂以宣传革命思想，积极倡导孙中山在《民报》发刊词中首次提出的“三民主义”。因在日本参加同盟会的系列革命活动，1907 年李光仪被日本当局以违反留学生取缔规则为由遣返回国。

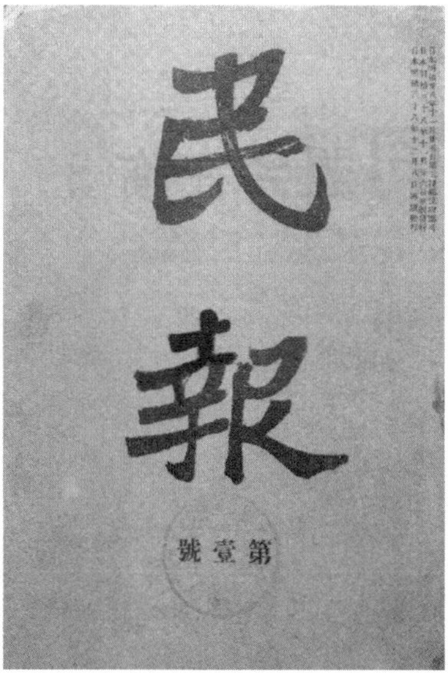

图 7-1 《民报》创刊号[①]

回国后，李光仪应山东教育家王鸿一之邀，任曹县学堂主讲。他利用教学这一有利条件，竭力向学生灌输民主革命思想，主张废除君主制，实行民主共和政体。两年后，他受聘回原籍担任沂州初级师范学校教务长。1910 年，临沂县奉命筹备、成立议会，李光仪被选为城区议会会长兼县立乙种农业学校校长。他曾多次提出兴利除弊的意见，其中有的被当局采纳。在此期间，他和地方名流刘小唐、陈明侯及后来担任山东省护国军总司令的薄子明等人建立了密切的联系。

1912 年 1 月 1 日，中华民国在南京宣告成立，孙中山就任中华民国临时大总统。当时，很多人认为革命已经成功，李光仪却语重心长地对同志们说：“革命虽幸告成功，而前途隐忧正多，未可乐观，尚赖吾辈青年，好自为之耳。”不久，孙中山被迫辞职，辛亥革命的果实被袁世凯篡夺。由于常年奔走革命、积劳成疾，李光仪于民国元年夏、山东同盟会在

① 图片引自临沂市政协文史资料委员会《临沂历史大观 · 北洋政府和南京国民政府时期卷》，黄河出版社 2009 年版，第 4 页。

济南正式成立前夕病逝，年仅 38 岁。他的一生虽然很短暂，但他为资产阶级革命做出了突出贡献。

第二节　新文化运动

新文化运动是由胡适、鲁迅、陈独秀等受过国外西方教育的知识分子发起一场的反传统、反儒教、反文言的文学革命运动。受新文化运动及五四运动的影响，兰山境内的一批进步人士开始学习新文化，接触并传播马克思主义，有的还加入了中国共产党，开始从事党的秘密工作，从而使兰山这片古老的土地焕发出新的生机。

一、新文化运动在兰山的传播背景

图 7–2　《东鲁日报》报头[①]

1916 年，陈独秀创办的《青年杂志》更名为《新青年》，成为新文化运动的主要阵地。新文化运动提出了“民主”与“科学”的口号，符合当时进步青年渴望改革的诉求。特别是五四运动后，新文化运动以宣传马克思主义为主流，符合当时历史发展的趋势，因此迅速得到热烈响应和拥护。在当时的中国文学界，以陈独秀、胡适、鲁迅等为代表的一批接受过不同于中国传统教育的西式教育的知识分子，他们深受西式教育影响，提倡白话文，提倡新文化，对封建文学的种种弊端进行了猛烈抨击，从政治、学术、艺术等各个方面反对封建复古势力。新文化运动使中国的青年知识分子从否认自我的文化价值到认同西方的文化价值以及民主共和制，促进了中国青年知识分子的觉醒。

在新文化思想的影响下，临沂人李淑九、刘敢陈于 1916 年创办兰山最早的报纸——《东鲁日报》，宣传三民主义；夏侯先（临沂城人）于同年创办《教

① 图片引自临沂市政协文史资料委员会《临沂历史大观·北洋政府和南京国民政府时期卷》，黄河出版社 2009 年版，第 45 页。

育月刊》，宣传一些新的教育思想；陈大钧于1919年4月创办《通讯社》，宣传新思想、新文化，这是兰山境内出现得最早的新闻机构。这些都表明，在新文化运动和十月革命的影响下，立志改革与打破旧制的新思想在兰山地区已经有了萌芽。

此后，兰山境内还先后创办了一些报纸，从不同侧面、不同程度地宣传一些新文化、新思想。如：1924年3月至12月，山东省议会议员吴荫曾创办《晨钟报》；1924年11月至1925年9月，教育界人士刘可大主编《沂州舆报》；1926年2月至8月，教育界人士王廷珍、陈青台合办《琅琊日报》；1928年6月至11月，韩福善主办《沂州民报》；1928年至1929年5月，杨虎城将军所部第十军政治部主办《鲁光日报》；1931年至1935年9月，国民党临沂县党部创办《党声报》；1931年8月至10月，临沂山东省立第五中学（简称临沂五中）学生孔昭寰、王钦明合办《临沂日报》。由于各种原因，这些报纸存在的时间都比较短，绝大部分在1931年9月抗日战争爆发前就停办了。

二、新文化运动在兰山的传播

第一次世界大战后，属于战胜国之一的中国在巴黎和会上提出维护国家主权的正当要求，不料英、美、法等国拒绝，并经北洋政府签字，把德国在山东的特权转给日本，此举激起了全中国人民的愤怒。

1919年5月4日，北京爆发了著名的五四运动，3000余名学生聚集在北京天安门前抗议北洋政府的卖国行为，反对其在巴黎和会上签字，全国各地的青年学生纷纷罢课进行热烈响应。

受五四运动大潮的影响，5月9日起，临沂各地纷纷掀起抵制日货、禁止日钞的活动，继而掀起声援北京学生爱国运动的热潮。临沂山东省立第五中学的学生罢课进行游行抗议，高呼“外争主权，内除国贼”“拒绝在巴黎和约上签字”“废除二十一条”等口号。随后，琅琊公立模范高等小学、县立女子高等小学、临沂县立第一高等小学等学校的学生也相继走上街头游行，宣传抵制日货等主张。在学生们的感召下，临沂工商界人士罢工、罢市，同学生们一起举行游行示威，掀起查抄和烧毁日货的活动。同时，临沂商会也立即声援学生的爱国举动，通知各商店将所存的日货全部处理掉。

6月3日起，北洋政府又陆续逮捕了北京学生近千人，激起了全国各地人民的愤怒。上海、南京、天津、济南等地的工人纷纷罢工，走上街头进行抗议。在其影响下，临沂各地也相继展开了更大规模的罢课、罢工、罢市和游行示威等活动。

6月10日起，山东各界推选出赴京请愿团，分两批去北京向北洋政府请愿。其中，兰山人庄达中被推选为山东省学生联合会会长，代表山东各界人士向北洋政府请愿释放被捕学生，并严惩曹汝霖、陆宗舆、章宗祥三位卖国贼。6月28日，北洋军阀政府迫于压力，宣布拒绝在巴黎和会上签字，释放了逮捕的学生，并罢免了曹、陆、章三位卖国贼的职务。

三、新文化运动名人庄达中

新文化运动在兰山的发展离不开先进青年知识分子的努力。其中，庄达中等人对新文化运动在兰山的传播有着很大的促进作用。

庄达中（1892—1933），字士一，今兰山区方城镇诸满村人。其父庄清吉是清光绪戊戌进士，入选翰林院。庄达中自幼聪明好学，年少时考入临沂政法学校就读，后又转到济南商业专科学校学习。在校读书期间，庄达中广泛阅读先进书籍，积极参与爱国活动，成为学生运动的骨干人物，后当选为山东省学生联合会会长。

五四运动爆发后，庄达中积极组织青年学生声援北京学生的爱国行动。他怀着一腔爱国热情，带领学生走上街头，游行示威。他被推选为山东各界请愿团的3名学生代表之一，进京后又被推选为面见北洋军阀总统徐世昌的6名代表之一。面对北洋军阀总统徐世昌，庄达中不顾个人安危，大义凛然，满怀爱国激情，痛斥“二十一条”的辱国罪行，强烈抗议北洋政府逮捕爱国学生，坚决要求徐世昌电告出席巴黎和会的代表拒绝在卖国条约上签字。他慷慨激昂、义正词严，使得徐世昌无言以对。在京期间，庄达中还到北京大学拜访了山东籍学生，共叙同乡之谊和爱国之情，并拜见了中国共产党的创始人之一李大钊同志，接受了进步思想。

1920年，庄达中回到家乡，在诸满、方城、汪沟一带集市演讲，宣传反帝、反封建、反军阀思想。他还发动乡民驱逐了专横跋扈、鱼肉百姓的诸满社社长邵性太。1923年，庄达中参加兖沂治安讨论会，曾致电省长和国务院，请求加强地方治安，肃清匪患。同年12月31日，他受当地百姓推举，同省议会议

图 7-3　五四运动期间全国各界联合会山东代表团合影（后排左四为庄达中）[①]

员李宝善等人一道赴省署，控告费县知县董大年贪污公款的罪行，要求将其撤职查办，省长当即答应他们的请求。从省署回到家乡后，为了对贫苦孩子进行启蒙教育和民主思想教育，他筹资创办了“醒民小学”，动员穷苦子弟读书。他经常给学生讲岳飞、文天祥、左宝贵、邓世昌等民族英雄的事迹，激发学生的爱国情怀。后因遭到顽固士绅排斥，他再次去往济南。

1931 年“九一八”事变后，庄达中再次回到家乡。他广结有志之士，商谈救国之道，积极宣传抗日。他经常到集市、街头演讲，历数日军的侵略罪行。有一次在方城镇集市上，庄达中不顾寒冷，抱病演讲。当讲到日军野蛮侵占东三省，奸淫烧杀，无恶不作，东北人民惨遭蹂躏时，他悲愤至极，声泪俱下，周围数百名听众无不深受感染，群情激奋。

1933 年，冯玉祥将军在张家口高举抗日旗帜，组织抗日同盟军。庄达中得知消息后非常高兴，不顾身体病弱，跋涉千里投奔到冯玉祥部下任高级参议，为抗日救国出谋划策。后因车马劳顿身染重疾，他谢绝冯将军的挽留，毅然带病返回家乡。卧病在床期间，庄达中仍然不忘抗日疆场，教育子女要抗日救国。此后不久，庄达中病故于家中。

① 图片引自临沂市政协文史资料委员会《临沂历史大观·北洋政府和南京国民政府时期卷》，黄河出版社 2009 年版，第 90 页。

第三节　早期党组织的建立与发展

在新文化运动的影响下，临沂一批进步人士积极投身“新学”，接触并传播马克思主义。1927年4月12日，蒋介石在上海发动了反革命政变，大肆屠杀、逮捕共产党人和革命群众，史称“四一二”反革命政变，宣告了轰轰烈烈的第一次国内革命战争失败。“四一二”反革命政变后，中共党员孙善师、刘之言肩负着上级党组织赋予的光荣任务，由济南分别回到原籍临沂、郯城，宣传马克思主义，发展党的组织，开辟革命根据地。1929年秋，兰山境内第一个中共党支部——临沂五中党支部建立，从而为兰山地区开展党的工作奠定了基础。

一、兰山早期的中共党员

民国初期，兰山境内有一批进步人士加入了中国共产党，其中最具代表性的早期共产党员有孙金宣和孙善师。

（一）兰山最早的中共党员——孙金宣

孙金宣（1884—1944），原名孙锡声，又名孙实，兰山区南坊街道西曲沂村人，是兰山境内也是临沂地区最早的中共党员。1906年，孙金宣考入沂州中学堂。毕业后，又于1909年秋考入保定北洋陆军速成军官学校读书。1910年夏，孙金宣和李梦溪、王荫南、李淑九、杨乙辰、杨书堂在济南东流水街设立秘密机关，从事反抗清王朝封建统治的秘密活动。1911年10月10日，武昌起义爆发，他与李淑九、何盂湘等奔走于平津一带，准备响应武昌起义。1911年10月下旬，孙金宣在保定与革命党人、新军第六镇统制吴禄贞“同谋起义”，结果起义失败，“被解回沂”。此时，参加滦州起义的李淑九也因事败回到临沂。于是，孙金宣联系到李淑九，二人一同到郯城刘敢陈处倡导并组织临郯警备队，孙金宣代表临郯

图7-4　1930年秋，孙金宣（右）与杨虎城合照（孙金宣后人确认）

两县人民，准备前往清江欢迎革命军，李淑九、李卓峰等指挥临郯警备队以响应。但因南北议和，此举未能成行。

1923 年 6 月，中共第三次全国代表大会在广州召开，会议决定建立革命统一战线。孙金宣开始接触马克思主义，并于同年冬在广州加入中国共产党，成为兰山地区最早的共产党员。

1925 年孙中山逝世后，孙金宣在冯玉祥部从戎，先后任营长、旅长等职。1926 年 9 月冯玉祥部北伐时，他随军向甘肃、陕西进攻，继而向河南进军。之后，历任河南省夏邑县县长、鹿邑县县长等职。在此期间，他介绍代理营长刘纯智加入共产党，并担任“孙实党小组”组长，开展了一系列党组活动。

1928 年 8 月，孙金宣放弃夏邑县县长之职，回到临沂。他在临沂傅家庄、小屯、老屯一带继续开展党的工作，开办“松山学社”，讲授“政治学”，并倡导建立了临沂最早的党组织——中共临沂县老屯村党小组（今属兰陵县境）。1929 年秋，该党小组扩建为党支部。

1928 年 11 月，孙金宣被聘任为杨虎城临沂驻防部教导团团长。而后，又被聘任为国民党第五十八师学兵连学监。1930 年底，他赴济南任山东省军官讲习所所长，并以此为掩护，往来于济南和临沂等地从事党的活动。抗日战争全面爆发后，伪临沂商会会长齐华亭劝其“效忠皇军”，顽固派王洪九劝其出任伪职，都被孙金宣断然拒绝。1944 年，孙金宣在原籍病故。

（二）早期共产党员孙善师

孙善师（1904—1933），又名孙镇国，今兰山区义堂镇桥西村人，1923 年考入位于临沂的山东省立第五中学读书。在新文化运动影响下，孙善师读书期间关心时事政治，提倡科学，反对封建文化思想。1926 年自临沂山东省立第五中学毕业后，他以优异成绩考入济南山东省立高级中学。同年冬，他加入中国共产党，积极配合党组织开展党的地下工作。

图 7–5　孙善师（兰山区宣传部提供）

1927 年“四一二”反革命政变后，孙善师和刘之言受中共山东区执行委员会的派遣，分别回到临沂、郯城从事革命活动。孙善师回临沂后到临沂县第二小学任教，秘密开展党的工作。1929年春，孙善师因“煽动学生对当局不满”两次被捕入狱，后因反动当局查无实据而获释。同年9月，孙善师到郯城县立第一小学任教。但他经常回临沂城开展革命活动，并指导临沂五中、临沂三乡师等校建立了党组织。在孙善师的领导下，临沂五中、临沂三乡师的学生运动蓬勃发展，相继建立了“反帝大同盟”“读书会”等党的外围组织。

1933年9月18日，孙善师、唐东华、李春亭、孙善帅（孙善师的胞弟）等九人一起在济南泺口英勇就义，被称为“泺口九烈士”。

二、兰山早期的中共党组织

1927年，国内发生“四一二”和“七一五”反革命政变，国共合作破裂，全国各地纷纷为创建红色政权进行顽强斗争。在此期间，兰山境内也诞生了最早的中共党组织——临沂五中党支部。

图7-6 山东省立第五中学二院校门（1928–1934）

临沂五中创建于1903年，当时称为沂州中学堂。1913年，沂州中学堂改名为山东省立第十中学。1914年，山东省立第十中学又改名为山东省立第五中学，即临沂五中。北伐战争结束后，徐眉生任该校校长。

1930年夏，中共党员刘德生（又名刘盛华，郯城县人）考入山东省立第五中学后，积极在学生中宣传马克思主义，发展党的组织。1931年春，刘德生根据中共鲁南第一支部的指示，在同学中介绍了王孝先、胡威廉、刘向正（刘玉莹）等人入党，成立了中共临沂五中党支部，刘德生任书记，王孝先、刘向正为委员。

这个支部先后发展了何秀芝、刘瑞芝、周素芬、戚铭、王景朋、刘泽昌、曹敬如、徐联五、王钦瑞等加入共产党，为在兰山地区开展党的工作奠定了基础。

图 7-7　中共鲁南第一支部旧址[①]

“九一八”事变后，临沂五中党支部领导全校师生举行了游行示威，宣传共产党的主张，抨击国民党卖国求荣的政策。临沂五中党支部领导的活动引起了国民党机关的注意和防范，国民党驻临沂第八十一师展书堂部于 1932 年 10 月突然包围了临沂五中，抓捕了共产党员刘向正和进步学生陈希洵。王孝先、戚铭、何秀芝因事先离校而幸免于难。顿时白色恐怖笼罩全校，大批学生离校出走，兰山地区的党组织活动进入低潮。

第四节　兰山战事与爱国将领

北伐战争是 1926 年由国民政府领导发动的讨伐北洋军阀、统一中国的战争。1926 年，国民革命军第四军和第七军入湘，之后北伐大军相继入湘，兵分三路向吴军发动进攻。1927 年北伐军攻占南京，至此是北伐战争的第一阶段。1927 年 5 月宁汉战争爆发，至 1927 年 12 月宁汉合流，是北伐战争的第二阶段。兰山地区因其特殊的战略位置，是国民革命军北伐的必经之地。1927 年 5 月至 1928 年 9 月，北伐军与奉系军在临沂城展开了两次激战。

① 图片引自临沂市政协文史资料委员会《临沂历史大观·北洋政府和南京国民政府时期卷》，黄河出版社 2009 年版，第 231 页。

一、北伐军攻城

1927年6月中旬，北伐军占领郯城，临沂城内的奉系军进入备战状态。6月20日前后，孙传芳由枣庄抵达临沂，秘密召见方永昌，命令方永昌誓死守住临沂。

6月22日，北伐革命军从郯城出发直逼临沂城。第二天上午，北伐革命军抵达距离临沂城22.5千米的李庄镇。下午，北伐革命军抵达临沂城郊。奉系军将布置在城南的军队撤回城内，北伐革命军很快将临沂城团团围住，展开了近20天的激烈攻城战。对于守城的奉系北洋军来说，临沂城城高墙厚，居高临下，又有护城河环绕，易守难攻，有着很大的地理优势。北伐革命军攻城都是在夜间到拂晓时段，整个下半夜不停地进行猛烈攻击。在进攻策略上，北伐革命军先是展开四面围攻，后来展开重点进攻，攻击南关、城东南角和正东方向。北伐革命军敢死队重点攻击地势相对较高的城西北角炮台。奉系北洋军凭借临沂城地势高的地理优势，居高临下，拼死防守。北伐革命军由下往上攻击，连夜围攻数十次也没能攻入城内。后来，北伐军从南方运来窄而高的竹梯，士兵们攻打到城墙下就竖梯子往城墙上爬。城内奉系北洋军首领方永昌向煤油公司借来1000桶煤油，用干草、棉花等引火，蘸着煤油往城下抛。北伐革命军连夜围攻，攻开了南关东部圩墙处一个5尺多宽的缺口，北伐革命军前锋攻入城内。但是城内奉系军集中火力反击，北伐革命军只能被迫撤回。第二天，城内奉军很快将缺口修好。北伐革命军围攻临沂城20余天始终未能将其攻破，死伤人数持续增多。

在政治宣传上，北伐革命军派出小型飞机，低飞在临沂城上空，散发传单、标语等，目的是劝守城军投诚革命军，劝官兵们不要为北洋军阀卖命，劝群众帮着革命军打军阀。城内军阀首领方永昌下令查禁烧毁所有传单、标语，命令百姓捡到后一律交给驻军，否则格杀勿论。

城内奉系军阀虽然凭借地理优势固守于城内，但其军需粮草难以支持长时间战事。战争若再持续下去，城内必然自乱，不攻自破。6月底，方永昌的二弟、营长方大昌私自率兵开西门出战，企图偷袭北伐军，结果在混战中战死疆场。方永昌闻讯后悲愤交加，痛不欲生，但鉴于兵力不足，便下令全体士兵固守城内，以待战机。据传方大昌之妻对方永昌固守不出十分不满，数次催促他出城反击，以报方大昌之仇，然而方永昌不为所动。但方永昌毕竟久经沙场，心中有数，他静待战机，并下令让士兵做好各项战斗准备，将城墙上的火炮装药待命。城外的北伐军日渐懈怠，有的人竟然在中午时分或倚树歇息，或下河洗澡。方永昌见战机到来，遂下达战斗命令，命火炮一阵猛烈轰击之后，派兵大举出城反击。北伐军仓促应战，手忙脚乱，难以抵挡方部的猛烈进攻，在伤亡较大的情况下慌忙撤退。7 月 11 日夜间，临沂城外的北伐革命军突然撤走，临沂解围，攻城战到此结束。北伐革命军之所以突然撤走，是因为蒋介石发生了叛变，公开反共，下令屠杀共产党人。蒋介石下令将进入山东的北伐军，包括围攻临沂城的北伐部队，一律南撤回南京。

二、方永昌固守

在行政制度上，当时临沂设有琅琊道尹公署，道尹是行政长官。当时的临沂道尹是周仁寿（北京人，曾任莒县知事）。北洋军阀统治时期，军阀驻扎在各地方，干预地方政治，鱼肉百姓，驻守在临沂城的奉系军阀首领方永昌对此更是有过之无不及。方永昌驻防临沂时便打算换自己人当临沂县知事，以便把持地方政权。北伐革命军围城时他便借机枪决了当任临沂县知事董汝骏，换自己的军部秘书柳镜瑶代班。

在北伐革命军围攻临沂城时，方永昌每夜亲自上城墙督战。他组建并亲自率领“督战队”，哪里形势急迫就去哪里督战。他命令地方官员强行征收百姓口粮，强行借用地方公司煤油，不从者格杀勿论。在北伐军突然撤走后，方永昌大肆鼓吹自己战胜了北伐革命军。他以军长的名义发出布告：“此次蛮军以十万之众，攻我临沂，幸赖全体官兵，昼夜不懈，奋勇抗击，使攻城之敌，伤亡重大，损失严重，自行溃退，本军乘胜追击，于本月 22 日，已收复郯城，希地方绅商军民等，一律照常，安居乐业。”

1928 年 4 月 10 日，国民革命军继续北伐。5 月 2 日，北伐军右翼第一集团军十七军曹万部行经临沂城南 20 余千米处时，其先头部队与驻守塘崖一带的方永昌部接触。十七军军部遂驻李家庄，第二师驻沙沟一带。狡猾的方永昌一方面写信给曹部，声称只要其退兵 45 里，方部就无条件地撤离临沂城，双方不动干戈，避免伤亡；另一方面秘密谋划，选派 500 名精兵，携带冲锋枪等武器，化装后悄悄出城，经傅庄、丁家屯、埝头，企图偷袭沙沟的曹军第二师师部。方永昌还在塘崖正面部署了1500人的兵力担任主攻，企图与偷袭部队联合夹击十七军。

当方部化装偷袭的部队到达李家庄时，被十七军侦察部队察觉。曹部迅速派出兵力到小唐庄截断了偷袭部队的后路，并以重机枪扫射。偷袭部队知道行动暴露，匆忙向西撤退，又遭李家庄曹部的炮火轰击，死伤大半，剩下的部分人员向西突围，逃回临沂城。

方永昌部的塘崖正面攻击部队也被曹军第二师截断退路，两军进行了激烈交战。从拂晓激战至下午4时左右，方部死伤400余人。直至方永昌派出援兵，其攻击部队在援兵炮火的掩护下才撤出战斗，退守临沂城。

此时，张宗昌、褚玉璞率领的直鲁联军在津浦线节节败退，集结于泰安、肥城一带，准备死守。冯玉祥、阎锡山率领的第二、第三集团军，疾速向北京、天津方向进发。张作霖命令直鲁联军放弃山东，全部北撤。固守临沂城的方永昌第四军也受到北伐军的猛烈攻击，至9月，方永昌放弃临沂城，率军北逃。

三、爱国将领杨虎城

图7-8 杨虎城[①]

民国时期，在兰山这片热土上，曾留下了爱国将领杨虎城深深的足迹，他的传奇故事至今仍被兰山人民传颂。

杨虎城（1893—1949），陕西蒲城县孙镇甘北村人，陕军将领，刀客出身，其一生反清抗暴，讨袁护法，转战关中，坚守西安，出师北伐，回陕主政，反对内战，保境安民，力主抗日，兵谏逼蒋，终因西安事变抓蒋而被囚12年，于1949年9月17日被杀害于重庆中美合作所之戴公祠。

① 图片引自临沂市政协文史资料委员会《临沂历史大观·北洋政府和南京国民政府时期卷》，黄河出版社2009年版，第225页。

（一）亲民将军，治军严谨

杨虎城是一位爱国将领，也是一位亲民将军。1928年10月间，西北第十军（后改编为国民革命军第二十一师）由皖北奉调临沂，入驻沂防司令部。这支部队自杨虎城1928年4月离开赴日后，内忧外患便集中爆发，更无一人能收拾整治。同年底，经过多方周折，杨虎城心急火燎地回到了山东临沂自己的部队。

杨虎城在回到部队的第二天，就集合全体官兵训话，并提出“不扰民，不害民，爱护民众”的口号。时值深冬严寒之际，官兵们还穿单衣，且无薪饷，每天仅以小米、地瓜、稀饭充饥，生活十分艰苦，但士气并不低落，兵营之内令行禁止，训练有素，军容严整。他们每日学术两科，习文练武，对于市面商铺和百姓住户也无骚扰侵犯，使社会秩序安定，市民生活平静。

杨虎城对部下官兵要求甚严，对酗酒赌博、吸食大烟及违反军纪者均严加惩处。在一次会议上，师参谋长王一山因迟到被罚立正；又一次在操场上，因第三旅迟到，参谋主任仲兴哉被罚跪；杨虎城还亲自带兵搜查，查获九团团副刘顺和吸食大烟的烟具，遂即将其扣押，翌日在操场上出示烟具证物，并宣布将刘顺和以违抗命令入罪，当场枪决。一时全军震惊，从此官兵皆怀畏惧之心，烟毒遂得以肃清。他对贪污受贿及作奸犯科者更是严惩不贷、铁面无私。其所属有一伙夫因私向民家盗卖白面一斤，被告发查获，杨将军亲自审讯查实后，随即在临沂南关大教场集合全军，先向官兵讲明情况，后对伙夫当场执行枪决。杨将军个人生活起居亦极简朴，平素军装一身，与士兵相同，对于地方宴请均一概谢绝。

杨虎城驻临沂期间还曾创办过一份地方报纸，名为《鲁光日报》。该报为两开、石印，其内容体现了杨虎城对地方民生民意的关心，也夹杂着他对地方当局弊端的批评与指正，更充满了对民众正义之举的支持与肯定，为当时的临沂城带去一股清新之风，受到当地读者的称赞与欢迎。1929年5月杨部移防他处后，该报纸随即停办。

（二）亲历战场，肃清匪患

民国初，山东军政显要从田中玉到熊炳琦，从张宗昌到韩复榘，无人不喊着剿匪，个个嚷着要缉贼，省政府年年发兵，月月剿匪，匪患非但未灭，反而愈剿愈獗。杨虎城奉调临沂旨在剿除旧军阀张宗昌的残余势力，但他心系百姓安危，倾尽全力剿匪。他善于体察民情、为民解难，亲历战场血战，呕心沥血半年，率部一举荡平了临沂周边的顽贼悍匪，还百姓以安宁。

当时横行于沂蒙山区的悍匪刘桂棠，外号刘黑七、混世魔王，占山为王，拥兵自据，啸聚匪徒最多时达到 3 万余人，恶行遍及全国十余省区。其所到之处，抢掳奸杀，无恶不作，罪行罄竹难书。土匪中流传的歌谣说“要使钱，上刘团”，“跟着师长到处窜，给个县长也不换”。仅 1925 年至 1928 年 4 年间，刘黑七洗劫的村庄就有 1000 多个，烧毁房屋 20 多万间，杀害群众 1 万多人。刘匪先后制造了白马峪村血案，杀害 393 人；大泗彦村劫难，杀害 947 人；南孝义村惨案，杀害 346 人。

临沂百姓对其恨之入骨，民怨沸腾，纷纷投告于杨虎城。杨虎城认为消除匪患、使百姓安居乐业是自己职责所在，故 1928 年 11 月间，他派出一团官兵，先后在临沂汤头、莒南小官庄、莒南板泉崖等地击溃刘之股匪丁大祥部，擒斩匪众 80 余人，缴枪 40 支。之后又派出郭景唐团在莒南王家场村，击毙匪首王连庆及匪众 40 人，缴步枪 35 支、机关枪 1 挺。1929 年 1 月，杨部官兵由费县薛南村追击土匪至朱家屯，匪众占据该村，企图死守。官兵发起猛攻，击毙匪徒 180 人，缴枪 80 支。同年春，杨部官兵在城东乡埠上村剿匪时，发现匪众掳去村民 150 人，遂追击救人直至江苏桃源村，方将被掳百姓全部救回。杨虎城将军不仅下令主动剿匪，还对地方求救剿匪之事慨然应允，并尽力而为。一次，半程村（今属兰山区半程镇）夜间突遭匪众包围，俄庄区公所遂打电话向杨虎城师部求救，杨虎城立即派兵一营跑步前往，击溃匪徒，使全村幸免于难。

刘黑七被国民党招安后，率部盘踞于莒县，但他匪性难改，到处抢劫绑票、奸淫烧杀，肆意祸民已半年有余。民众皆苦不堪言，遂公推代表赴临沂，泣泪陈述刘匪之祸，请求杨将军剿匪。杨虎城听罢，遂拔剑挥军，直逼莒县。匪首刘黑七深知杨虎城忠直刚烈，早已派众匪在临沂至莒县必经之路的夏庄、大店修筑碉堡，深挖堑壕，并派亲信丁大祥率 300 余名敢死队员驻守夏庄，刘黑七则坐镇大店指挥。1929 年 2 月 21 日晚，杨部兵分两路急袭夏庄、大店刘匪之据点，经一夜激战，据守夏庄的匪首丁大祥被击毙，余皆伤亡殆尽。刘黑七亲自指挥的大店据点也被攻克，刘黑七带少数匪徒北窜莒城。此役重创刘匪，击毙匪徒 280 余人，缴枪百余支，救出人质多名，杨部官兵亦牺牲 41 人。是年

4 月 7 日在大店西南修建一碑，刻石铭文，纪念此事。

刘黑七逃窜至莒城后，自知此处难以立足，便于当晚对莒城进行血腥洗劫，缴了国民党县警备队的枪，放走了两处监狱中的犯人，然后抓捕了大批民众，率部下沿台潍公路向北仓皇逃遁。杨将军率部进驻莒城，目睹劫后惨状，怒火中烧，急令部队一律轻装，穷追刘匪。刘黑七部因女眷、财物众多，行动迟缓，被杨部赶上，杨部欲对刘部实施包围聚歼时，不料张宗昌的残部直鲁联队师长顾震率部杀出，对杨部突施截击，杨部猝不及防，官兵伤亡甚众。面对顾部的疯狂拦击，杨部处境险恶。杨虎城亲率警卫连冲在一线，官兵大受激励，有进无退，将顾部一举全歼。

杨虎城将军入临沂半载即解决了张宗昌的残部，端掉了刘黑七的家底，肃清了沂蒙山的匪患，使长期遭受匪患蹂躏的临沂百姓重获安定，因此，深受临沂百姓尊重与爱戴。

第五节　新兴商业

晚清至民国初期，兰山境内临沂城的商业、服务业多集中在中山街、南关大街、博爱路，商业形式主要有坐商和摊贩两种。

一、临沂商会

临沂商会是临沂城解放前在临沂地区直接管理当地商业活动的民间社团，其主要作用是协助县政府财务部门或军队征收各种下派的税役，调解商户之间、商民之间的矛盾纠纷，实际是一种为政府和商户服务的民间群众组织。

临沂商会成立于 1909 年，最初的名称为兰山县商务会，会长张书庭，副会长郁焕臣。临沂商会的领导人在经历频繁更换的几年后，1929 年，国民政府颁发了《商会法》和《工商同业工会法》。1931 年，由国民党临沂党部指导成立了临沂县商会，选举产生执委会和监委会。当时的临沂商会共有 20 个公会组织，涉及中药业、西药业、酱园业、银楼业、冶铁业、煤油业、烟卷业、布业、饭庄业、酒店业等行业。

图 7-9　织布（瑞典 安娜·拉森于 1893 年至 1895 年拍摄）

二、兰山新商业

当时兰山境内的商业形式主要有两种：一种为店铺，称为坐商；另一种为摊贩，多是普通居民做些小生意。战前的兰山商业，主要为坐商所掌握，他们均是较有实力的商户。

临沂城的主要商业有京货业、广货业和杂货业三类。京货业以品质优良的绫罗绸缎和昂贵的丝绸为主，以阔家子弟和婚嫁男女为服务对象。广货业接近于现在的百货业，经营毛巾、烟嘴等。杂货业主要经营各种茶叶、糖果等，是当时各类商铺中数量最多的。服务行业中数量最多的是饭馆业，如庆来馆、泰丰馆等。经营糕点的店铺则多在店面后有自己的加工作坊。除了糕点铺，酱园业、酒店业也都采用前店铺后作坊的经营模式。酱园业中最大的是朱公盛酱园，酿造酱油、醋，也生产各种酱菜。惟一斋则以自家的豆豉酱园而著名。

图 7-10　街边剃头（瑞典 安娜·拉森于 1893 年至 1895 年拍摄）

酒店业以义丰、恒丰、裕泉为代表，它们多是资本实力较为雄厚的商户。盐店在当时有着比较特殊的地位，是带有半官方性质垄断经营的私人企业。中药业分为零售铺和先生铺。零售铺中以培生堂、恒济堂、同德堂规模最大，这些中药铺自行采购中药材，专门从事中药材的批发和零售业务。先生铺指铺内设有医生可为病人把脉诊断、开方取药的铺子，主要从事药材零售业务。除了中药业，当时已出现了西药业，有广济、济生等教会医院，但其规模较小，医生人数也少，仅销售一些简单的药剂。

金融业有农民银行、民生银行、吉祥银号、孚丰银号 4 家，其中农民银行是地方集资兴办的银行，民生银行是省办的公营银行，其他两家为私人银行。经营线纱批发业务的有祥顺成、久记等店铺，经营外国蜡烛、煤油、卷烟业务的有 4 家，经营自行车的有 15 家。其他服务行业如理发业等，在当时的社会是没有地位的行业，最初不在商会组织范围之内。

三、“蒋仁泰”杂货店

“蒋仁泰”杂货店是临沂著名的老店。相传蒋家的先人，原是由山西省洪洞县喜鹊窝村迁来沂州的。迁来后的一世祖至五世祖蒋嘉善，长期经营豆腐生意以维持家计。到清朝光绪年间，蒋家六世祖蒋永存，得到他的金兰盟友张某的资助，开始改营杂货店生意。当时店址在临沂城内南门大街（今沂州路）仁泰巷首，共有门面 5 间、后院 1 处。

“仁泰”号的取名，系取“仁、义、礼、智、信”五常中的首字，并以“国泰民安”中的“泰”字辅之。“仁泰”号杂货店以经营纸张、糖、茶为主，大宗批发零售。后来发展到拥有分店十几处，其中有杂货店 3 处、酒店 2 处、布庄 1 处、钱庄 1 处，还有与英商合营的亚细亚煤油成记公司等。此外，“仁泰”号还在上海、南京、镇江、海州等商埠设有货栈，负责货物的收发、储运。分店及货栈的管理、经营均由蒋氏家族成员负责。各分店资金，可统一由“仁泰”号总店拨给，也可由分店集资。“仁泰”号发展至鼎盛时，总资金（可折兑银圆）约有百万之多。到 1919 年，蒋氏家族共有成员近百人，世称九世同居、五世同

图 7-11　仁泰巷首（王鲁沂提供）

堂之家。全家族的衣食住行、婚丧往来，均由蒋永存二弟蒋永贵管理。

蒋家由于生意兴隆、资金雄厚，在当时临沂商界和社会上颇有声望，家族成员蒋鸿庠、蒋幼泉等，均曾担任临沂商会会长。另一名成员蒋树榛，曾任南关围主，主持地方治安事务。据传，蒋家热衷于慈善事业，曾多次为当时临沂城里的老明堂、养子院、救灾会、进德会以及中国红十字会临沂分会等捐款捐物。北伐战争开始后，由于战火不断，兰山境内社会动乱、交通阻梗、经济凋敝，“仁泰”号随之走向下坡路。

第八章　抗日战争时期

兰山境内的临沂城位于台儿庄东北 90 千米、徐州东北 120 千米处，素有“齐鲁襟喉，徐淮锁钥”之称。抗日战争时期（1931—1945），兰山境内屡遭战火。中共临沂党组织一方面广泛发动和组织群众，积极扎实推进统一战线工作，领导和推动抗日救亡运动健康发展，一方面组织和领导抗日武装力量，扩大、充实八路军抗日队伍，创建和巩固临沂抗日根据地，领导临沂军民团结抗日。1938 年，国民党第五战区指挥了台儿庄战役的序幕战——临沂阻击战。中国将士浴血奋战，数次将日军板垣师团击溃，这是中国正面战场取得的第一场胜仗。临沂城沦陷后，日军进行了疯狂的报复，制造了一系列惨绝人寰的血案。在这片革命热土上，曾留下范筑先、张自忠等抗日爱国名将深深的足迹，他们英勇的抗战故事至今仍广为传颂。兰山人民自发组织的联庄会夺城战虽然失败了，但是极大地激发了人民群众的抗日斗志，坚定了广大群众反抗侵略的决心。随着临沂抗日根据地的创立与扩建、抗日民主政权的建立与完善，抗战文艺也在不断发展，并在根据地的建设中占据着显著位置，为抗日战争的胜利做出了重要贡献。

第一节　中共党组织的建立与发展

抗日战争时期，中共临沂三乡师党支部、甘露寺党支部、周井铺党支部、临沂特别支部和临费县委等在兰山境内相继建立，始终围绕着抗战这一大局，持之以恒地建设党的基层组织，发展壮大抗日武装。这些党组织一方面广泛宣传、发动、组织群众，积极扎实推进统一战线工作，领导和推动抗日救亡运动健康发展，一方面创建、巩固临沂抗日根据地。中共临沂党组织在极端艰苦、复杂的斗争环境中，紧紧依靠广大人民群众，团结一切抗日力量，逐步掌握了抗日斗争的主动权，从而成为临沂人民抗战的主心骨，为夺取抗日战争的最后胜利做出了巨大贡献。

一、建立党组织

抗战初期，兰山境内的共产党员人数很少，但他们为了全民族的抗战大业，战胜各种困难，积极发展党员，建立地方党组织，为兰山境内抗日斗争的胜利奠定了组织基础。

（一）临沂三乡师党支部

临沂三乡师即山东省立第三乡村师范学校，建于 1930 年，首任校长为曹香谷。曹香谷主张教育救国，鼓励学生学习先进的革命思想。“九一八”事变后，中共党员孙善师和刘德生介绍了临沂三乡师学生赵昭（赵德修）入党，并建立了临沂三乡师党支部，赵昭任支部书记，陈向道、王居濯分任组织委员、宣传委员。1932 年 6 月，赵昭因为领导暴动暴露了身份而被三乡师开除学籍。之后，临沂三乡师又重新成立了党支部，以鲁先潮为书记，陈向道和主纪先为委员。1933 年 9 月，国民党陆军第二十二师第六十六旅进驻临沂搜捕共产党员，临沂三乡师党支部的活动遭到打击。此后，临沂三乡师又重新成立以王涛为书记的党支部。抗日战争全面爆发后，王涛、高立明、周志同等党员和进步学生 30 余人奔赴延安，走上抗日前线。

（二）兰山甘露寺、周井铺党支部

1933 年春，尚明（商一恕）在朱保乡（今兰山区义堂镇）甘露寺、周井铺一带发展了中共党员郭华（郭丰年）、商鸣九（商一鹤）、刘冠勋（刘子峨），成立了甘露寺党支部，尚明任书记，郭华负责政治交通。随后，又成立了由郭华、刘子峨等人组成的周井铺党支部，郭华任书记。他们以教育工作为掩护，广泛开展党的地下工作，先后组织了罢教反霸、反贪污、废庙宇等斗争，使党的基层组织不断发展壮大。

（三）中共临沂特别支部

1937 年 7 月至 8 月，山东省建设厅职员丁梦孙、丁适存等，经景晓村的介绍加入了中国共产党。经党组织批准，丁梦孙与妻子郑仃云于同年 12 月到达临沂开展工作，丁梦孙经崔介介绍，与韩去非取得联系。12 月下旬，中共山东省委派李仲林到临沂主持并建立了中共临沂特别支部，由韩去非任书记，丁梦孙、李华舫为委员。

（四）中共临费县委

1938年，中共山东省委决定建立临费县委。10月，中共临费县委在甘露寺村成立，商向前任书记，尚明任宣传部部长，郭华任组织部部长。中共临费县委成立之后，主要负责组织抗日学生救国团、开展统一战线、建立和发展地方武装以及建立区乡政权等方面的工作。一开始，临费县委活动中心在周井铺、甘露寺一带，后来活动区域转移到费县城以东和临费边界地区，1939年初又转移到崮口山区的马庄、光山头、上牛田、下牛田一带。1940年3月，尚明任临费县委书记，临费县委的活动范围主要在诸满村以北。1940年底，临费县委辖区南部并入临郯费峄边区县，临费县委随之撤销。

二、发展壮大抗日武装

1938年3月，日军沿津浦铁路南侵，鲁南各地的形势日趋紧张。中共苏鲁豫皖边区特委在徐州一带广泛开展抗日民族统一战线工作的同时，决定建立抗日武装，同年5月向第五战区争取到“苏鲁人民抗日义勇队”的合法番号，组建苏鲁人民抗日义勇队第一总队，张光中任总队长，何一萍任政委，韩文一任参谋长。总队下设3个大队，共6000余人。此后，鲁南各地迅速筹建抗日武装。

兰山境内的临沂城是南北交通枢纽、鲁南战略要地。1938年3月初，侵华日军进逼临沂边境。驻守临沂的国民党第四十军庞炳勋部在第五十九军张自忠部增援下，与进犯临沂的日军展开了近一个月的激战，给敌人以重创。不久，张、庞两军相继撤走。4月21日，临沂城失守，侵入兰山境内的日军烧杀抢掠、无恶不作，并制造了数起惨绝人寰的血案，兰山地区陷入了白色恐怖之中。面对日军的血腥暴行，兰山人民及临沂人民怀着满腔怒火，积极筹建抗日武装，抗击日本侵略者。

1938年2月，董少白、董慕仲兄弟在临费边区组织抗日武装，很快组成一支四五百人的队伍，在西墠（今兰山区义堂镇）等地伏击日军。11月上旬，中国共产党将这支武装进行收编，改编为八路军山东人民抗日游击第十二支队，董慕仲任支队长，张岗任政委，钱钧任副支队长，董少白任政治部主任。1939年1月，八路军山东人民抗日游击第十二支队改编为山东纵队第十二支队。

1939 年 3 月，第十二支队和山东纵队第五支队第六十一团合编，组成八路军山东纵队第二支队，在临费边区坚持抗日。第二支队成立后不久，参谋长董少白带领部队在探沂镇伏击了由临沂到费县的日军 50 余人，击毙、击伤日军 10 余人。后又在驻地中牛田村举办了 4 期抗日训练班，训练临费青年积极分子 600 余人。

1940 年 3 月中旬，临沂县抗日民主政府成立后，临沂游击总队在庄坞（今属兰陵县）成立，县长丁梦孙兼任总队长，王献廷任副总队长，李华源任参谋主任。总队下辖两个大队（亦称营）和一个直属特务连。一大队由杨颖杰任大队长，李鸣吉任副大队长，刘锡仁任教导员；二大队由冷晓东任大队长，高秉田任教导员；特务连由孟昭庆任连长，李文治任指导员。总队统一领导邳县（今邳州）、苍马区（今临沭县）一带的武装。同年 12 月中旬，鲁南军区决定，军区所属第三军分区成立沂河支队，临沂游击总队编为沂河支队第一大队，李鸣吉任大队长，魏北武任教导员，从此第一大队的活动范围遍及临沂、郯城、邳县。1940 年 10 月 23 日以后，临沂游击总队与临沂县区中队及地方自卫队配合，先后攻克西哨、南哨、高家庄、山南 4 个据点，击毙、击伤日伪军 24 人，缴获步枪 20 余支、手榴弹 30 余枚、子弹 200 余发。12 月 1 日，临沂游击总队一部配合主力部队，向临沂东北的日伪据点赵家庄、郭家湾、刘家官庄发起猛攻，击毙日伪军 6 人，俘获日伪队长以下 70 余人，临沂匪首“八爪子”戴宗奎亦被俘获，并缴获长枪 70 余支、子弹 1000 余发、太阳旗 15 面、电线 500 余公斤。

自 1938 年初至 1940 年底，兰山及周边地区党的抗日武装队伍对日伪军的武装斗争此起彼伏，稳定了群众情绪，提高了广大人民抗日的信心，同时也为之后战胜敌人提供了作战经验，为创建临沂抗日根据地、成立抗日民主政府奠定了坚实的基础。

三、创建、巩固抗日根据地

1938 年 10 月，在中共六届六中全会上，毛泽东主席发出了派兵去山东的号召，中共中央决定派八路军一一五师主力挺进山东。1939 年 6 月 21 日，中央军委、八路军总部发出指示，敌人“扫荡”后，鲁南地区局面混乱，应借此机会将一一五师师部、六八六团及肖华一部开进鲁南，巩固鲁南根据地，并派得力的党政军干部任专员、县长、区长，建立中国共产党领导下的抗日民主政权。据此，一一五师的东进支队、津浦支队、师直大部及教导大队、六八六团等部队陆续进入鲁南地区，部分进入兰山境内。

1939 年 9 月 1 日，王秉璋、黄励率领的东进支队到达临沂县第七区的大炉村（今属兰陵县），与苏鲁人民抗日义勇队第一总队会师后，该第一总队即被改编为八路军一一五师苏鲁支队，从此打开了鲁南抗日根据地发展的新局面。10 月 27 日，罗荣桓在大炉村召开的师直属队党的活动分子会议上作了关于目前形势和任务的报告。1940 年 1 月 6 日，他又在大炉村召开的干部联席会议上，作了关于建设抱犊崮山区根据地的动员报告。2 月 7 日，一一五师正式发布了《对抱犊崮山区的统战工作问题的指示》。一一五师的上述做法在电告中共中央、中央军委后，得到了中央的同意和支持，从而为临沂根据地的建设确立了奋斗目标，并很快使临沂的形势发生了重大变化。

创建抗日根据地后，首先需要积极开展游击战争，狠狠打击日伪军的侵略活动，迅速拔掉日军的据点，尽快扩大根据地的面积，增加根据地的人口。1939 年，一一五师先向临沂西部进发，攻克了滕县（今滕州市）的山亭、临沂的卞庄等地；接着抽调主力向临沂南部进军，进驻沙埠、涌泉一带，先后攻克了李家庄、李家围子、码头镇等多处日伪据点，迫使日伪军龟缩于临沂县城，不敢轻举妄动。1940 年 1 月 3 日，日伪军集结 3000 余人，分两路由临沂城南下，一路日军占领郯城后，向码头镇发起猛攻，被我东进支队击退，向新安镇方向逃窜；另一路日军亦在郯城县马陵山一带被我军击退。1 月 26 日，我军一鼓作气攻克了郯城，从而扩大了临沂根据地的范围，建立临沂县抗日民主政府的条件基本成熟。

1940 年 3 月 14 日，临沂县各界人士在庄坞召开民众代表大会，正式宣布成立临沂县抗日民主政府，公推丁梦孙为县长。同年 6 月，鲁南专员公署宣告成立，临沂县隶属其领导。8 月 17 日，临沂县参议会成立，选举杨舒臣为参议长，傅普仁、王彦初和县委书记刘子见为副参议长。1945 年 9 月抗战胜利后，临沂县抗日民主政府改为临沂县政府，划归滨海行政公署第二专署管辖。

临沂县抗日民主政府在抗日根据地认真实施了党的各项方针政策：一是建立行政村制，举行村政权的选举，适时改革新解放区的村政权；二是减租与增资，使农民、工人与地主之间的矛盾得到调节，调动广大劳动人民的抗日积极性；三是赈济灾民，成立优待抗属委员会与救济灾民难民委员会，帮助受难群众渡过难关、改善生活；四是发展生产，要求各地普遍成立妇女生产小组，以推动生产快速发展；五是整顿财政，取消一切苛捐杂税；六是动员群众空舍清野，做好反日军“扫荡”的准备工作；七是举办青年工作培训班，动员青年踊跃参军参战。这些工作都为之后抗日战争以及解放战争的胜利打下了坚实的基础。

四、抗日民族统一战线工作

在抗日战争期间，中共临沂党组织始终围绕抗战这一大局，一方面广泛宣传、发动、组织群众，领导和推动抗日救亡运动健康发展，另一方面遵照党中央关于建立抗日民族统一战线的指示精神，积极扎实推进统一战线工作。

1937 年抗日战争全面爆发后，国民党山东省主席韩复榘不战而退，撤离山东，其手下几十个专员怠惰，携眷南逃，而第六区专员范筑先在共产党的推动下，向全国发出通电，宣布守土抗战。第三区专员张里元因第三区地处鲁南山区，辖区为临沂、郯城、费县、莒县、日照等地，日军对他暂时无多大威胁，再加上当时他也有抗战的意愿，所以也未撤离。

1937 年冬，中共苏鲁豫皖特委负责人郭子化，以第五战区（徐州）总动员委员会委员的身份，到临沂、枣庄一带开展工作。为了团结一切力量抗日，郭子化亲自与张里元洽谈，使张里元接受了共产党的抗日主张，建立了共产党与张里元的统战关系。

1938 年春，四县边联办事处在临沂县第七区的车辋、大炉一带成立。在形式上，办事处以张里元的名义任命工作人员，实质上它是共产党领导下的统一战线性质的抗日机构。

1938 年夏，为了团结张里元共同抗日，我党将早期在鲁南创建的抗日义勇队在不改变建制和不变更人事的原则下，改为张里元的部队番号，使之成为他的直辖第四团（即后来的八路军苏鲁支队、中国人民解放军第二十二军）。同时，我党公开派出首批 4 名党员到张里元的保安二旅政治部工作。同年 11 月，苏鲁豫皖边区省委（即后来的山东分局）向张里元的政治部派去第二批 4 名党员干部。1939 年 1 月，山东分局又派童陆生去张里元部任副司令，张克辛任政治部主任。当时，政治部下设四科，其中三科由我党的干部任实职。不久，张部扩编为石友三第十军团暂编第二军。随着部队的扩充，张里元接纳了童陆生的建议，成立了新兵训练处，下辖军事教官和政治教官两处，其中政治教官处基本上由八路军派去的干部和进步青年学生组成。政治教官处使用岸堤八路军山东抗日军政干部学校的政治教材，大力宣传团结抗日的重要性。

1939年夏，抗日战争进入相持阶段，国民党五十一军和五十七军相继进入山东，国民党山东省主席沈鸿烈率省府人员进入沂蒙山区，这时的张里元不愿再同共产党联合，站到了反共的立场。但是，自1937年冬至1939年春一年多时间里，中共临沂党组织贯彻执行党中央抗日民族统一战线的方针政策，坚持对张里元部开展统战工作，一方面扩大宣传了我党的政策，延缓了张里元同我党的分裂，另一方面为我党我军创建沂蒙抗日根据地赢得了时间。

第二节　共产党领导的军民抗战

抗日战争时期，兰山人民在当地中共党组织的领导下，与侵占兰山境内的日伪军进行了艰苦卓绝的斗争。地方党组织紧紧依靠人民群众，广泛发动、组织群众，在极端艰难的环境中，运用各种方式与日伪军进行了长期的、艰苦的斗争，为抗日战争的胜利做出了重要贡献。

一、坚持开展地下斗争

临沂城沦陷后，中共党组织便开展临沂城内的地下斗争，涌现出一大批优秀的地下党员。地下工作者满怀对党和人民的无限忠诚，舍生忘死地与日伪军斗智斗勇。

1939年5月26日，孙成一接受中共临郯县委宣传部部长刘子见委派，利用自己与伪临沂警备大队大队长孙永俊的叔侄关系，打入临沂城开展地下工作。他接受任务后进城，10天后就返回县委驻地汇报伪县长吴志清、日本顾问川本、翻译杨慕唐与孙永俊的有关情况。临郯县委要求孙成一坚持长期隐蔽，做好掌握上层情况和瓦解下层的工作，以及规劝孙永俊不要与人民为敌。孙成一返回临沂城后，以给孙永俊家放羊为掩护，获得大量情报。他依靠与孙永俊的护兵王善保、张伯陶的私人关系，一方面了解有关情况，一方面向他们及其他伪军人员宣传共产党的抗战政策，收到了很好的效果。1941年5月下旬，孙成一将日本反战同盟会印刷的传单，分别在考棚街、西大街和中山大街散发，起到了动摇日军军心的作用。

1942 年 5 月，孙成一担任孙永俊的传令兵，他以做小生意等为掩护，购买枪支弹药支援抗战。8 月，孙永俊在住处同伪军大队长韩兆胜、翁汉南、杨廷芸、杨颖杰、杨庆桐、董锡发等人召开会议，孙成一在会上讲了“要留有后路”等话，引起了怀疑。11 月，临沂县大队配合主力部队奇袭敌伪军，在柞子、庄坞一带击毙了日军大队长广田。不少敌伪人员甚为恐慌，深感“留有后路”的必要性。孙成一便趁机策反伪警备队机枪班沈如标等人，但因条件不成熟，未能成功。1943 年 9 月，孙成一按照中共党组织的指示，趁王毅臻带队到层山“扫荡”的机会，再次策反了沈如标、牛和彦等人。他们携两挺机枪打算渡过沂河，但是因叛徒出卖而失败。几年的地下工作中，孙成一根据党的指示，利用其与孙永俊的关系，以亲戚、朋友的名义保护并救出了周兴、徐廷良、巩文彩等多名同志。

1941 年 4 月，沂滨分区委成立了特别支部，由张金龙任书记，李克瑜任组织委员，孙珠泉任宣传委员。他们均先后打入临沂城的敌特机关，开展党的地下工作。6 月，因坡埠村地主的告发，张金龙在独树头村被逮捕。敌人用各种手段对其进行刑讯逼供，张金龙拒不承认，后经家人花钱才被保释。1942 年，张金龙打入日伪内部，在临沂城南关担任小队长，为我党传递了很多情报，完成了党组织交给他的多项任务。在临沂城解放前夕，张金龙为配合我军攻城，在策反一个汉奸大队起义时被发现，遭到日本宪兵队逮捕。他经历各种严刑拷打，宁死不屈，在临沂城隍庙被日军杀害。

1942 年夏，孙珠泉打入日伪新民会中央总会调查部济南支部临沂庸报社代办所（简称“庸报社”），该社实际是日军华北派遣军冈村宁次领导下的特务机关。孙珠泉在庸报社担任秘书，他利用职务之便，化名田斗每日向日伪机关写一份简要情报。这些情报实际上都是他根据我军前一天的动态，故意改头换面胡编乱造的。日军根据这些情报对我军进行“扫荡”，自然难以得逞。同年底，孙珠泉接任庸报社主任，为取得敌人信任，他将家搬到临沂城东门里路南。孙珠泉得知沂滨区区中队队员刘培第通敌，为敌特机关传送情报和宣传品，便与李克瑜一起写信向党组织举报。此事引起日军宪兵队高桥和特务系长刘伯符的怀疑，两人准备逮捕他。幸好孙珠泉发现及时，当即撤出临沂城，并把庸报社所存的内部文件、证明、底稿等全部带到了抗日根据地。

1942 年秋，李克瑜担任中共临沂特别支部书记。次年冬，为开展地下工作，他到临沂城内的模范小学担任教员，并借向临沂《青年报》投稿的机会，认识了日本便衣特务马福腾。他经常到马家串门，借机获得了一些重要情报。1944 年初，他获得日军要对滨海区进行“扫荡”的情报后，立即向党组织汇报，使滨海地区免遭重大损失。当时，党组织为了麻痹敌人、掩护李克瑜，故意提供一些真实但是已经过时的情报让他报告给敌特机关。但是，日伪特务还是对李克瑜产生了怀疑。4 月 21 日，日本宪兵队逮捕了李克瑜。敌特对他使用各种酷刑进行逼问，李克瑜趁机将真正的汉奸马福腾供出，使马福腾也被宪兵队逮捕。5 月 2 日，李克瑜被日军残忍杀害。

中共地下党员为了顺利开展工作，想尽一切办法，利用各种方式搜集和传递情报。1942 年 8 月，山东军区成立后不久，军区保卫部建立了侦察队，他们化装成小贩伺机进入临沂城内搜集情报，后又利用卷烟结交日伪人员探取情报。为建立联络点，侦察队派张玉琢一家定居城内，以开炭场、出烟摊为掩护，搜集和传递情报。张玉琢通过认识汉奸队的小头目，接近日军和汉奸的一些头面人物，获取了很多真实可靠的情报。1943 年 5 月，山东军区保卫部经研究决定建立烟厂，生产“大鸡”牌香烟，引得日伪军政人员争相购买。我党地下工作人员正是通过“大鸡”牌香烟逐步靠近了日伪的上层人物。1943 年 9 月，鲁中区公安分局派白步椿化名王成来到临沂城，搜集日伪情报。白步椿最初以卖香烟为掩护，后为深入开展工作，筹建了情报站，并发展王金明和曾广德为情报员。为方便得到日伪军的重要情报，王金明伪装成汉奸，曾广德打入伪县政府当通讯兵。他们把情报藏在鞋里或缝进衣服里，甚至放到葱叶和萝卜里，传递到根据地。他们还对日伪军进行攻心战，除夕夜把传单和标语等宣传品贴满全城的主要街道，并把最后剩下的传单抛进日军的大本营。

二、重要战役

（一）半程战役

1940 年 3 月，日军在临沂以北增设了以半程为重点的十七个据点，构筑了三道封锁线，以巩固临沂外围，并切断了鲁中、鲁南与滨海区的联系。山东纵队决定以三个团的兵力摧毁日军的封锁线。在进攻之前，副指挥兼一旅旅长王建安召开了三个团的团级干部会议，讨论了作战方案。

王建安在会议上强调了这一战役的伟大意义与目的，安排了各团的作战任务：特务团为左路，进攻以汤头为重点的地区，先进攻李官、茶山一带；三团为右路，进攻棋山、成里店据点；一团为中路，进攻以半程为重点的地区，同时收复其周围几个据点；派一个营的兵力预备截击来自临沂城的援军。

会后，一团团长李福泽与政委王文轩立即召开营以上干部会议，分析战前形势，研究作战方案。半程是日军的重要据点，其周围分布着几十个据点，距离临沂县城不过 20 千米，因此进攻必须争取在两三天内速战速决，否则日军可能会调动铁路沿线兵力增援半程。半程南面驻扎着伪军警备司令部的一个主力中队，武器弹药充足，并且修建了一座中心炮楼、四座小炮楼，周围设有鹿砦，东、西、南三个方向各有外壕，北面火力布置严密。通过分析研究，一团做出作战安排：兵分三路，一路从东北及西南攻克半程，速战速决；一路袭扰周围小据点，围而不攻；一路在临沂城北阻击可能来援之敌。

一团冒雨行进了一天一夜，于 22 日晚到达半程，按原计划发动进攻，很快占领半程街。但因天太黑，五连爆破手辨不清方向，只把炮楼炸开一个小洞，加之攻城梯子太短、敌军火力猛等因素，进攻一度受挫。团长李福泽在五连召开现场会议，重新研究进攻方案。五连一班班长刘忠提议烟攻，他们利用雨天柴草不易被点燃的特点，借着风势将浓烟吹向敌军炮楼，敌人被熏得不能向外观察，只能胡乱射击。同时，一团又派重机枪手不断向敌军炮楼射击，爆破手乘机到炮楼底部塞入炸药，将其炸开一个大洞。五连一班随即攻入炮楼，后续部队也陆续跟进。激战不到一小时，全歼守敌。

在一团进攻时，特务团与三团也成功攻克汤头据点和棋山、成里店。此战以我军全胜结束，使鲁中、鲁南与滨海连成一片，扩大了抗日根据地的范围，打开了临沂抗战的新局面。

（二）临西讨王（洪九）战役

1945 年春，王洪九部第十纵队 3000 余人，盘踞于临沂城西及西北地区。其司令部设在城西北的李家宅，主力聚集此处及周围孟村、后乡村、花园村等地，有 2000 余人。为控制临沂西部地区，破坏、摧毁抗日力量，王洪九各派一个大队 300 人驻扎在寿衣庄、岑石等处，各派一个中队驻沙沟崖等处。

王洪九部在所盘踞的村庄修筑坚固工事，各据点均筑有围墙，墙之下层为夹墙，并以此作为坚固的隐蔽体，组成上、中、下三道火力网。墙的四角各建炮楼一座，与墙上小地堡形成交叉火力。墙外有一道深 8 米、宽 6 米的壕沟，沟外又有两道鹿砦，最外一层铺高粱秸；墙内也设壕沟、鹿砦各一道。

1945 年 3 月，鲁南军区组织一分区（即三团）三个营、三分区（即五团）三个营及军区特务营、赵镈县独立营、温河县独立营、费滕独立营等部共二十九个连的兵力，进行讨王（洪九）战役。三团、温河县独立营攻击寿衣庄、沙沟崖；五团、军区特务营攻击岑石、涧沟崖；赵镈县独立营在岑石以东阻击临沂援敌；费滕独立营在石行、新安庄及岩坡庄、马山两线负责警戒，并阻击费县方向可能来援之敌。为增强火力，鲁中军区一门山炮被征调来参加战斗。战役于 3 月 29 日下午开始。

三团以一营、三营攻打寿衣庄，二营包围监视沙沟崖。三营连夜挖完交通壕，一营于 30 日一早向寿衣庄发起攻击。战斗进行了两天两夜，因敌人工事坚固、火力封锁严密，我军数次强攻不下。王洪九部二十八支队二大队在我方军事攻击与政治攻势下，无心坚守，于 4 月 2 日夜突围逃跑，一营、三营遂移军沙沟崖。沙沟崖是王洪九的老家，村庄外修有两道围墙，四角皆筑有炮楼，王洪九命特务中队长汤奎东带 200 余人在此驻守，以为万无一失。三团二营五连于 29 日主攻东南角，连续攻击了两天三夜，爆破十几次，皆未成功。4 月 2 日，战斗部署稍有调整，一连继续攻东南角，六连组织手榴弹组投弹掩护。当日下午，我军在强大火力掩护下，实行空中爆破，将沙沟崖东南角炮楼炸开一个大缺口。一营一连战士迅速抢占炮楼，因手榴弹打完，火力中断，后续部队被敌军封锁不能进入，至晚 8 时被迫撤出。

4 月 1 日晚，五团一营以猛烈火力向驻扎在涧沟崖的王部二十八支队一大队展开攻击，两个突击连连续爆破，奋勇突入爆破口。因守敌拼命反扑，并以火力封锁我军后续部队，我军伤亡较大，当即撤到涧头、西石埠休整，并监视敌人。敌军伤亡亦重，乘我军转移之际，向李家宅方向逃跑。

当晚，五团三营以山炮掩护爆破岑石据点，未能奏效。八连连长陈保合挺身而出，用手雷炸开了鹿砦，十连突击排排长王太万率领突击排迅速冲进外壕。敌人以密集火力封锁，企图将我军阻于外壕。突出排战士猛烈还击，激战持续近 3 小时。平时并无爆破经验的战士马西玉，勇敢地承担了爆破任务，他机警地穿过敌人的火力网，几经努力，终于爆破成功。三营全体作战人员迅速冲进突破口，分三路向敌军纵深直插，经过 5 个小时夜战，至 4 月 2 日拂晓，王部除了二十九支队二大队大队长陈继孔及几名残兵逃脱，其余被我军全部歼灭。

4 月 3 日上午 8 时许，王洪九亲率特务大队 400 余人向沙沟崖增援。我军只留三团二营五连包围沙沟崖据点，其余部队则埋伏于沙沟崖以东地带。经过一小时的伏击战，我军击毙王部特务大队 150 余人。王洪九及其残部四散溃逃。包围沙沟崖的五连，用从岑石调来的山炮摧毁了沙沟崖西北角、西南角的炮楼，敌军死伤惨重，残兵 120 余人向我军投降。

历时 6 天的战斗，我军共击毙、击伤王部特务大队长邢茂珠等 434 人，俘获 325 人，缴获手炮 5 门，步、短枪 326 支，各种子弹 3340 余发，手榴弹 1276 枚，手炮弹 69 发，战马 10 匹，小麦 3322 斤等。接着，我军横扫了甘露寺、城后等据点，歼灭伪军 300 多人。

这次战役，我军攻克了岑石、涧沟崖、寿衣庄、小朱保、沙沟崖、城后、红埠寺、响马岭八个据点，解放了周围 110 多个村庄，扫除了日寇的外围屏障，为我军解放临沂城奠定了坚实的基础。

（三）白沙埠战役

在日本宣布无条件投降前夕，山东军区对鲁中二军分区下达了在日军撤出临沂城之后抢占临沂城的命令。当时王洪九错误地估计了形势，率其部在西起花园、李家宅，东至白沙埠、大（小）姜村一线，筑土城固守，形成一道城北防线，妄图阻止我军从北面解放临沂城。盘踞在白沙埠据点的是王洪九的补充支队，约 700 人。早在 1944 年，鲁中部队曾攻打过白沙埠据点，但因战前准备不足，未能成功。之后，敌军又加固工事，建起了围墙和 20 多座炮楼，并在围墙之外挖了两道宽 6 米、深 10 米的水壕。

为顺利完成抢占临沂城的任务，必须首先拔掉白沙埠据点。8 月 6 日，鲁中十一团包围了白沙埠据点。考虑到强攻会造成很大损失，我军采取了以壕沟对壕沟的战术。经过一周的准备，我军在水壕外挖好了交通沟，用迫击炮打掉了几座炮楼，同时将围墙打破了几道口子，通过爆破在水壕填出三条路，总攻的准备已就绪。8 月 13 日拂晓，就在总攻即将开始时，警卫营接替十一团，于当日黄昏之后发起总攻。守敌在内无粮草、外无援兵的困境下感到坚守无望，便分两路从水壕上架梯突围，但绝大多数被消灭在壕沟内，爬上岸的被击毙或被活捉。白沙埠战斗为解放临沂城打开了通道。

三、解放临沂城

1945 年 7 月底，中共山东分局、八路军山东军区开始了解放临沂城的准备工作。8 月，中共山东分局为贯彻中央关于城市工作的指示，成立了中共临沂工作委员会，刘炬任书记，吕剑光、庞世泽任副书记，马思孔负责统战工作。工委下设两个工作组和两个武工队，主要任务是开展临沂城内的各项工作，为解放临沂城做好一切准备。临沂前线指挥部遵照山东军区司令员兼政委罗荣桓的指示，迅速制定了作战方案，各部队立即投入战前准备工作。驻庄坞、涌泉的临沂县委、县政府也组织了支前民工队、担架队投入解放临沂的战斗。

1945 年 8 月 15 日，日军宣布投降。随后，驻临沂日军于 8 月 16 日弃城，仓皇逃往枣庄。城内伪临沂保安大队长许兰笙急速把王洪九部第二十八支队一大队张仲达部、伪费县保安大队长邵子厚部接进城内，使城内总兵力达到 4000 余人。驻守临沂城北的王洪九在李家宅据点遥控指挥，派参谋陈维章到城内组建临沂城防指挥部，并将日军头目金城恒硕（朝鲜籍）留下，共同据守顽抗，拒绝向八路军投降，并伺机向抗日根据地进攻。他们凭借日军逃跑时遗留下来的防御工事和大批武器弹药、粮草，妄图长期固守。

8 月 17 日，山东军区调集山东野战兵团第二师第四团、山东军区特务团、警备三旅第十一团和滨海区临沭独立团等地方部队组成临沂前线指挥部，对伪军盘踞的鲁南重要城镇临沂发起进攻。当晚，第十一团以强大火力作掩护，向守城伪军发起攻击，经过 5 小时激战，八路军以伤亡 70 余人的代价，炸开临沂城北门三道门中的两道。滨海军区第四团在山东野战军第二师师长罗华生率领下，从城南关向守敌发起攻击。四团利用与城墙一般高的美国教会医院楼房，在轻、重机枪掩护下架梯强攻，结果两次攻上城墙，均被伪军的密集火力反击下来，四团伤亡二三百人，攻击失利。

山东军区司令员罗荣桓决定集中 3 个主力团、1 个地方独立团协同作战，向守城伪军发起总攻，并派山东军区参谋处处长李作鹏到前线指挥。具体兵力配置是：滨海军区第四团在城东南方向，山东军区特务团在城东北方向，沂蒙军分区第十一团在城西和西北方向，临沭独立团在西南方向。民兵、民工 5000 人承担前线勤务和后方运输任务。

8 月 20 日 6 时 40 分，我军发起全面攻击。在炮击敌人阵地 10 分钟后，又对城墙实施爆破。但由于城高墙厚，且里外均用沙袋护卫，连续四次的爆破仅炸翻数百米城墙外壳和两座炮楼。我军在猛烈炮火掩护下，发起强攻。一排排战士、一道道人流，越过城壕，扑向城墙。震耳欲聋的爆炸声、喊杀声，汇成一股股狂涛巨浪。但是，城头伪军利用高墙深沟、精良的武器和充足的弹药，拼死还击。

城东线，特务团突击队第四连架云梯登城。指导员杨光身负重伤仍率队冲锋，架云梯小组英勇顽强，被鲜血浸透衣服仍坚持架梯。特务团后续部队被敌人的强大火力压迫在城墙下的一片开阔地里，一直坚持到天黑，才撤回我军阵地。城东南角，滨海军区第四团的战士也与敌人展开了殊死搏斗。架桥组的战士一排排地倒下去，又一排排地冲上去扶住云梯。有 5 名战士登上城墙后，因云梯被打断，后续部队不能跟进而开始独立作战，他们攻占了城东南角的大碉堡，顶住了敌人的多次进攻，最后弹尽援绝，壮烈牺牲。城下我军被敌人猛烈的火力封锁，进退艰难，伤亡较大，有的战士甚至跳到护城壕内的深水中继续战斗。由于伪军死命顽抗，又加上城防坚固，我军特务团、第四团第三营和第十一团第三营虽然打得勇猛顽强，但都被阻击在城壕内。

城内伪军不断加强防御，组织了大量由伪军头目亲信组成的“督战队”“敢死队”。为抢修工事，居民的门板、木棒被全部抢走，靠近城墙的房子被揭去屋顶。为防止我军夜间攻击，每到夜间，方圆十几里的城墙上密密麻麻地点起火把，一夜便烧掉上千斤棉花、数千斤油和上万斤木柴。城内伪军还派出便衣，去请求城北的王洪九部增援。8 月 24 日，王洪九部 200 余人秘密从城北乘软梯登城，除了几十人登上城墙，其余被我军歼灭。

8 月 27 日，我军发起第二次全面进攻，战斗进行了 3 个小时，3 次强攻均未奏效。鉴于多次强攻失利，罗荣桓司令员命令加强政治攻势，实行坑道爆破，并增派滨海军区司令员陈士榘前往前线指挥战斗。各部队配合军事进攻，展开了强大的政治攻势，针对伪军的惊恐心理，着重宣传我军的俘虏政策。政治攻势进行了 19 天，即抗战史上著名的“19 昼夜舌战”。在开展政治攻势的同时，秘密的坑道作业也在加紧进行，我军选定护城河离城墙西北角较近的位置，顺着护城河内沿开挖坑道，挖出的土都倾入护城河，不致被敌人发觉。各部队随时做出攻城姿态，吸引敌人注意力。临沂县洪瑞区的民兵中队也前来帮忙，经

图 8-1　解放临沂城纪念地碑

过 8 个昼夜的奋战，一条 100 多米的坑道终于挖成，里面装了 6000 斤黑色炸药，内加 300 斤梯恩梯（TNT）。

9 月 10 日凌晨，我军引爆坑道里的炸药，城西北角的大碉堡被炸毁，城墙上被炸开 30 多米宽的大豁口。经过一天一夜的攻击，我军于 9 月 11 日凌晨发动最后的总攻。我军于城西北主攻，东面、南面佯攻配合。十一团英勇的爆破手冒着敌人密集的弹火，把五六十斤重的炸药包一次次地送到突破口两边的城墙上，实行连续爆破，城墙断壁不断扩大，突破口附近的照明柴也大部分被炸灭。在最后一包炸药炸响后，我军突击部队冲上了突破口的斜坡。突破口的城墙上，敌人用沙包和铁丝网构成了新的防御阵地，城墙上所有的火力严密封锁了突破口。在打退敌人多次反扑之后，战斗向城墙上的两翼扩展。由于敌人密集的掩体和机枪火力的封锁，我军每前进一步，都要付出重大代价。战士们拖着沉重的炸弹，奋不顾身地冲向每一个机枪掩体，把炸弹强行塞进枪眼，炸死敌人。从突破口到南门的 250 米路程中，进攻部队共攻克敌人 25 个大掩体和几十个小掩体。拼杀 6 个小时后，敌人千名“敢死队”队员被消灭了七八百，我军得以逼近北城门。

防守北城门的伪军，看到“敢死队”大部分被炸死、城外护城河沿岸密密麻麻的八路军正严阵以待，便在我军第三、第四梯队攻占城中心天主教堂时，举起白旗投降。我军第一、第二梯队留 1 个班守卫城门楼，其余分路向城内之敌进攻。军分区指挥部也赶到天主教堂钟楼，指挥部队与伪军展开激烈巷战。在我军第三、第四梯队突入城内夺占城中心天主教堂后，城外待命的第四团、特务团等部队也迅速进入城内。至此，2.5 万解放大军齐聚城内，与伪军展开巷战。经过8个小时的巷战，除了少数敌人破城时逃窜，敌军大部被歼，俘虏日军金城恒硕、王洪九部参谋陈维章、伪临沂县长韩文龙、伪临沂保安大队长许兰笙、伪费县县长韩金声、伪费县保安大队队长邵子厚及以下2000余人。

经过26天的浴血奋战，临沂城终于获得解放。兰山境内除了王洪九盘踞的李家宅等据点，全境解放。被日伪军占据7年零4个月的临沂城终于回到了兰山人民的手中，山东抗日军民大反攻作战中打得时间最久也最残酷的临沂攻坚战终于胜利结束。

四、抗战文艺

抗日战争时期，随着抗日根据地的创立扩建、抗日民主政权的建立与完善，抗战文艺也在不断发展壮大，并在根据地的精神建设中占据着显著位置，为抗日战争的胜利做出了重要贡献。这一时期的文艺工作，主要围绕抗日斗争这一重要主题，紧密结合党的中心任务展开。临沂县委和八路军各部队都先后建立了专门的宣传机构，形成了文化宣传系统。县、区抗日民主政权内设立了主管教育的机构，宣传教育及抗战文艺逐步发展，并具有了一定的规模。

抗战初期，中共临沂党组织就十分重视人民群众的文化建设；抗日民主政府建立后，进一步加强了对文化建设的领导，出现了“村村办学，户户读书，抗日救国，人人争先”的新气象。1941年，山东省妇联发出号召，要求加强组织妇女识字班、识字组，建立女子小学、妇女训练组等。从此，根据地的广大青年妇女普遍进入识字班学习，久而久之，“识字班”成了姑娘们的代名词。

1944年底，一种教育与抗战、教育与生产紧密结合的教育形式——庄户学在临沂普及，极大地提高了人民群众的政治觉悟和文化素质，也使抗战文艺迅速发展，快板、民歌、顺口溜等百姓喜闻乐见的艺术创作突飞猛进。例如：

赞庄户学（快板）

庄户学，真正好；群众办，党领导。
边识字，边拾草；庄户活，误不了。
又写算，又读报；天下事，都知道。

大组大，小组小；看忙闲，论老少。
子教母，姑帮嫂；自动学，互相教。
要自愿，随需要；人人夸，都说妙。

抗战打鬼子（顺口溜）

小鬼子，真可恨，侵略中国欺负人，烧杀抢掠大“扫荡”，伤害无辜众乡亲。

狗汉奸，没良心，狐假虎威进了村，拿着脸蛋当腚使，称个什么中国人。

兰山抗战文艺是沂蒙精神的重要组成部分，它曾经激励着革命前辈们在抗日救国的枪林弹雨中奋勇前进，也必将鼓舞今天的兰山人民为实现中华民族伟大复兴的中国梦而阔步向前。

第三节　临沂阻击战与临沂惨案

1938年春，由国民党第五战区统一指挥的临沂阻击战，是全面抗战以来中国在正面战场取得的第一场胜仗。中国将士用生命和鲜血坚守阵地，将来势汹汹的日军阻挡在临沂城东，第一次把日军两个主力师团牵制于一地长达48天，并数次将其击退。临沂阻击战是台儿庄大捷的序幕战，此战沉重打击了日军的嚣张气焰，极大鼓舞了中国军民的士气，强劲增加了中国军队抗战必胜的信心。国民党军队撤走、临沂城沦陷后，日军除了对中国军队痛下杀手，还对手无寸铁的无辜群众进行了血腥屠杀，制造了惨绝人寰的临沂惨案，引发了当地人民的极大仇恨和满腔怒火。1938年5月底，临沂联庄会召集三四千人攻打被日军占据的临沂城，因敌我双方军事力量悬殊太大，夺城未能成功，但此举极大地坚定了兰山及临沂人民抗战必胜的信心。

一、临沂阻击战

临沂阻击战历时共48天，中国军队共投入两个军4万余人，抗击日军1个师团和1个旅团约3万人的轮番进攻，共击毙、击伤日军6000余人，将日军第五师团牢牢钉在了临沂城东，使其未能如期在台儿庄与矶谷师团合兵，粉碎了日军聚歼中国军队于徐州的企图。中国军队以劣势装备死战血拼，伤亡惨重，其中第四十军仅存1000余人，第五十九军仅存9000余人。但中国将士以血肉之躯打出了军威国威，为台儿庄大捷奠定了坚实基础。

（一）临沂阻击战的重要性

抗日战争全面爆发后，日军精良的武器装备及蒋介石的片面抗战路线和消极防御战略，致使华北、华中国民党百万大军节节败退。短短几个月的时间，日军就占领了北平、天津、太原、张家口、济南、青岛等大中城市，并一路沿津浦铁路线南下至邹县的两下店。而深入华中地区的日军则在占领上海、南京、杭州后，将重兵集结于淮河南岸，沿津浦铁路线向北进攻。日军华北方面军头目寺内寿一建议以南京、济南为战略基地，从南北两端沿津浦铁路夹击战略要地徐州，以连贯南北战场，实现灭亡中国的侵略计划。

寺内寿一于1938年2月5日下达在黄河以南、现占领区以北进行"平定"的作战命令，命令矶谷廉介率第二军第十师团沿津浦铁路南进，令板垣征四郎第五师团沿台潍公路向临沂入侵，企图左右夹击，荡平临沂，从而会师于台儿庄，以策应沿津浦铁路南段北上的华中方面军第十三师团，合力攻占徐州，全线打通津浦铁路，使南北日军连成一片，进而进攻中原。

由南路北犯的日军受到中国军队李品仙、廖磊、于学忠等部的沉重打击，无法北进。日军总部遂实施由矶谷、板垣两师团南进为正面进攻的战略。矶谷廉介率领的第十师团于1938年1月4日攻占兖州，5日攻陷济宁，7日占领邹县（今邹城市），至此徐州以北正面大门洞开，形势危急。在这种情况下，临沂若失，徐州以北则暴露无遗，徐州会战时我方必陷被动局面。

板垣征四郎则带领第五师团从青岛沿胶济铁路西进，先占领胶县（今胶州市）、高密、潍县（今潍坊市），后又连克安丘、诸城、莒县，一路直逼鲁南重镇——临沂县城（今兰山区）。板垣师团为日军最精锐的部队之一，辖步兵第九、第二十一旅团及骑兵第五联队、野战兵第五联队，其兵力超过3万人。

当时，临沂的守备力量只有山东省第三区行政督察专员公署专员兼临沂城防司令张里元所辖保安团2000余人。张里元自知难拒强敌，于日军攻占潍城时就发出急电，向坐镇徐州的国民党第五战区司令李宗仁求援。1938年2月上旬，李宗仁急调驻防海州（今连云港市）的庞炳勋部第三军团驰援临沂。

庞炳勋的第三军团所辖仅有第四十军第三十九师，庞炳勋任军团长兼第四十军军长，所辖只有第一一五、第一一六两个步兵旅和一个补充团，另有炮、工、辎、通各一营，共计 1.3 万余人。第四十军原属西北军系统，历来遭受蒋介石歧视排挤，1937 年 10 月在沧县抗击日军时伤亡重大，之后其人员、武器虽有充实，但新兵缺乏训练，战斗力有所下降。

1938 年 2 月中旬，第四十军进军临沂，军部及第三十九师师部驻临沂城南关的山东省立第三乡村师范学校，朱家麟部第一一五旅驻沂河东相公庄一带，李运通部第一一六旅驻城北诸葛城一带，李振清之补充团驻城关附近，其余炮、工、辎、通各营及军部特务营均驻南关，骑兵连驻河东相公庄以东地区。张里元的保安团驻扎城里，与庞炳勋部协同作战。

（二）“杂牌军”勇挫日寇精锐

1938 年 3 月 2 日，日军第五师团坂本支队近万人由莒县大举南下，经夏庄、黄庄等地进入临沂地界，逼近距临沂县城 25 千米处的汤头镇周围。3 月 3 日，日军向汤头守军第一一六旅第二三二团阵地发起猛攻，临沂阻击战正式打响。

敌机每日数次轰炸，又不停地用排炮射击，以坦克掩护步兵向临沂守军阵地发起连续冲击。庞部在海军陆战队沈鸿烈部配合下苦战数日，损失严重，被迫放弃汤头南撤。敌军乘势进逼白塔、太平等村庄，临沂城暴露在敌人面前。庞炳勋一面命令第一一六旅第二三一团坚守阵地，拖住敌人主力；一面调回补充团，由葛沟以北渡沂河抄袭敌人右侧背，又从相公庄抽调第一一五旅第二二九团沿汤河北上，抄袭敌人左侧背。第二二九团北上到达铜佛官庄村时，与敌军相遇并展开激战，一日之内数次肉搏，阵地前敌尸遍野。营长汪大章身先士卒，壮烈殉国。敌人见左右被围，不能前进，于 3 月 6 日放弃太平、白塔一带村庄，撤回汤头镇，庞部遂收复汤头以南的村庄。此役双方各伤亡数百人。

3 月 8 日，占领沂水县的日军南犯临沂城北的李官村（今兰山区李官镇），被张里元的保安团击溃，该团接着于万福河一带袭击来犯日军，一度与日军形成相持局面。

撤至汤头的日军经过休整，集结约 9000 人，在 20 余辆战车、60 辆装甲车、10 余架飞机和 30 多门火炮的强大火力配合下，于 3 月 10 日向庞部阵地再次发起猛攻，企图强行打开临沂这条通道，向台儿庄进击。日军很快占领汤头以南的沙岭子、太平、亭子头等村庄，向临沂城逼近。

第四十军立即调整部署，以李运通旅长为正面防守部队指挥官，朱家麟旅长为右翼防守部队指挥官，李振清团长为总预备队指挥官，马法五师长为前线总指挥，利用沂河这一天然屏障，集中火力打击日军，给日军造成重创，致其伤亡达三四千人，使其没有达到占领临沂城的目的。庞部伤亡也很大，要求李宗仁派兵增援。李宗仁复电指出，临沂为台、徐屏障，必须坚决保卫，拒敌前进，同时派张自忠部前往增援。

3 月 11 日，日军逼近诸葛城至郁九曲防线，他们用飞机轮番轰炸，用排炮连续轰击。庞部阵地大部被摧毁，官兵伤亡惨重，仅有的两门山炮，在敌军炮火压制下不敢回击，只有当日军步兵逼近时，才向敌群点火开炮，但作用不大。随后日军强渡沂河攻打临沂城，守军集中数十挺轻重机枪于沂河西岸猛烈阻击，河中日军浮尸不计其数，河水亦被染红。

第四十军将士浴血奋战，以血肉之躯顶住了日军连续三天的疯狂冲杀，始终未让日军越过城下阵地半步，这让当时随军在徐州一带观战的中外记者、友邦武官惊呼：想不到优秀的军队，竟败于名不见经传的中国“杂牌军”之手。

（三）临沂阻击战第一阶段

庞炳勋部与日军血战数日，伤亡严重，要求李宗仁派兵增援。李宗仁随后命张自忠部前往增援，并派参谋长徐祖诒前往，就近指挥。1938 年 3 月 12 日，国民党第五十九军军长张自忠携参谋长张克侠（中共地下党员）率军、师直属部队 2.6 万余人日夜兼程，急行军 90 千米赶赴临沂，集结于城西郊砚台岭、大岭一带。张自忠与庞炳勋曾有过一段宿怨，但张以国家民族利益为重，捐弃前嫌，与庞同心协力，共同抗击日军侵犯临沂。火速赶到临沂后，张自忠与第五战区参谋长徐祖诒同赴庞炳勋军团部驻地，召开两军高级人员会议，商讨破敌方案。张自忠提出正面坚守、两翼迂回反攻的作战方案，最后由徐祖诒代表李宗仁发布作战命令：3 月 14 日凌晨 4 时发动总攻。

具体作战部署为：第五十九军东渡沂河，挺进敌右侧背，向亭子头、申家太平、徐家太平、沙岭子等敌军发起反攻。第三十八师为左纵队，沿角沂庄、曲坊、白沙埠、朱潘，向余粮村、小安子集结，师部驻小安子。第一一二旅、第一一三旅渡河，进攻佛坊头、汤坊崖、白塔至沙岭子一线；第一一四旅在城北及城西北刘家湖，作为预备队策应河东作战。第一八〇师为右纵队，经宋王庄、北十里堡、谢家宅向邵双湖集结，师部驻邵双湖，第二十六旅攻击沙岭子至柳杭头一线，主攻亭子头、郭家太平、徐家太平。军部及直属队随第三十八师前进，在朱潘指挥作战。第四十军坚守正面牵制敌人，第一一六旅及炮兵营守诸葛城至郁九曲一线；补充团及骑兵连由郁九曲以南向敌军后方袭击，在汤头与第五十九军会合；特务营与第一一五旅工兵营为机动部队，由马法五指挥，随时策应各方。

李司令長官通電告捷
臨沂反攻我獲大勝
斃敵五六千名殘敵潰退莒縣
鐵路正面敵我在官橋激戰中
某軍長裹創督戰
滕縣我奮勇殺敵

图 8-2　临沂阻击战获胜新闻报道

此次反攻由张自忠部担任主力部队。第五十九军在日军侧背发起全面反攻，战斗一度处于胶着状态。第五十九军数天内在沂河两岸与日军反复厮杀，来回数十次，形成逐村、逐屋争夺之拉锯战，战斗异常惨烈。战至 3 月 18 日，板垣师团 3 个联队被击溃，向汤头、莒县全线溃退。此役共毙、伤日军七八千人，第五十九军也伤亡过万。第五十九军随后奉命转移至费县、沈村一带，以威胁矶谷师团，并策应第五战区正面作战。

至此，临沂阻击战第一阶段以我军完胜而宣告结束。据日俘玉利陆夫供述：此次参战的日军第五师团 8 个步兵联队、1 个炮兵联队和 1 个骑兵大队自进攻临沂以来，已伤 5000 余人、亡 3000 余人，是进攻中国以来伤亡最惨重的一战。对此辉煌战绩，蒋介石、李宗仁均传令嘉奖，并给张自忠、庞炳勋各记大功一次，擢升张自忠为第二十七军团军团长，仍兼第五十九军军长。李宗仁通电全国告捷。3 月 26 日，《大公报》发表了题为《临沂大捷》的社论，高度评价了临沂阻击战的政治影响和军事意义。李宗仁后来评价临沂阻击战时说："临沂一役最大的收获，是将板垣、矶谷两师团拟在台儿庄会师的计划彻底粉碎。造成而后台儿庄血战时矶谷师团孤军深入，为我围歼的契机。"①

（四）临沂阻击战第二阶段

惨败的日军仍要打通台潍公路参加徐州会战，趁张自忠部撤离战场之机，

① 郭明泉编著：《台儿庄大战》，中共党史出版社 2005 年版，第 42 页。

矶谷师团派4000余人增援，会同莒县和汤头的残余日军，于23日卷土重来，在飞机、大炮、坦克的配合下，向第四十军阵地疯狂反攻。庞炳勋部孤军不支，而且第一阶段阻击战已造成庞部伤亡甚重，剩下不足3000人，因此被迫退至河东桃园、黄山一线防守。

为确保临沂不失并解庞军之危，张自忠部奉令于24日回师增援，占领南曲坊、古城、朱高一线。张部在临沂城北、城西与日军激战至3月30日拂晓，开始全线反击，日军主力向汤头以北方向溃退，板垣征四郎的大衣都来不及带走，被我军缴获。板垣羞于屡败，几欲自杀。由于日军在台儿庄方面形势吃紧，当晚日军坂本旅团主力2个步兵联队、1个野炮联队前去增援，只留1个步兵联队及少数炮兵在临沂与张、庞部对峙，等待援军，临沂战事稍有缓和。

（五）临沂城沦陷

1938年4月18日，沂河两岸的日军会同从青岛赶来的6000名援军，第三次全线围攻临沂城，夺取台潍公路南段控制权。自午夜起，日军在猛烈炮火掩护下对我方守军阵地发起全线进攻。至19日清晨，城西十里堡、韦家屯、八里屯一带阵地被敌军摧毁。守军与敌军短兵相接，展开肉搏，损失极为惨重。固守城西水田村的第十三师朱旅与敌激战，全旅只剩官兵300余人。

4月19日，日军集中炮火与飞机，狂轰滥炸临沂城。10时许，西北角城墙被炸毁数处，日军遂攻入城内。守城的第四十军李旅与保安二团据城东南部与敌军对峙。第五十九军为解城破危机，一面派第三十八师努力收复已失守的城关，一面令第十三师主力向八里屯、韦家屯进攻，以夹击日军。敌军则从西面攻城。12时许，第十三师朱旅沿城北攻，但因城垣被敌军占据，遭敌军内外夹击，伤亡十分惨重。守城部队后援无继、补给中断，已无力再战，李旅的第二三一团伤亡千余人，保安团亦伤亡数百人。

4月20日，临沂守军开始战略转移，庞炳勋下令放弃临沂城。数百名伤兵宁死不做俘虏，在南关美国教堂医院稍事包扎后，便乘夜疏散到南部麦田，许多重伤员皆壮烈牺牲。21日凌晨5点，第五十九军转移至城西南黄店一带对敌游击；第四十军调入江苏沛县休整，并对微山湖警戒；张里元率领保安团进入城西南山区对敌游击。至此，临沂城沦陷。日军以伤亡逾万的代价打通了台潍公路，但为时已晚，台儿庄战役已以中国军队的胜利而宣告结束。

二、临沂惨案

日军侵占临沂城前后，制造了一系列令人发指的惨案。

（一）古城、大岭惨案

日军侵占临沂城前，曾先后在城北的古城村和城西的大岭村制造惨案。

1938 年 3 月下旬的一天，天刚蒙蒙亮，日军冲进古城村，见屋就烧，见人就杀，当时仅剩的几间庙堂和瓦房全部被烧光。未能逃出村的老弱妇幼则全部被烧死、杀死。王汉友一家躲在地窖里，日军发现后用点燃的秫秸堵住窖口，一家四口被活活烧死。王佃思背起烧伤的母亲往村外跑，没跑多远就被枪打死，母子双双倒在血泊中。不到一天时间，古城村有 62 人被杀害。全村变成了一片废墟，断垣残壁，血迹斑斑。逃难的百姓在渡过祊河时，又有几十人被日军抓住，被逼脱光衣服跳进冰冷的河水，有不从者当即被刺死，除了个别人死里逃生，多数人惨死在冰冷的河水中。

在城西的大岭村，日军先将村庄包围，然后向村内发射十几发炮弹，村内顿时火光四起、墙倒屋塌，村民们惊恐逃难，老人孩子心惊胆战。此时，日军从四面八方围堵村民，逢人就杀，见财即抢，一路放火烧房、开枪乱射，村里四处弥漫着枪声、刀声、村民的惨叫声。姜志敏的父亲及祖母等 27 人被枪杀，尸横遍野，惨不忍睹；日军发现躲进村西观音堂的 47 名村民后，便迅速架起机枪，疯狂扫射这些手无寸铁的百姓，鲜血洒遍了观音堂；还有不少妇女惨遭凌辱。在这场屠杀中，全村 70 多人被枪杀，300 多间房屋被烧光。惨案过后，大岭村几乎家家无炊烟、户户哭亲人，到处是凄惨悲哀的景象。

图 8-3　日军血洗临沂城遗址

（二）临沂城大屠杀

自 1938 年 3 月 7 日开始，日军不断派飞机对临沂城进行狂轰滥炸，尤其在城垣弃守前的两三天，日军的轰炸扫射日甚一日，从清晨到黄昏，每天有六七架飞机来往投弹。一枚炸弹在城内北大街路南王贞一杂货店的地窖口爆炸，致使地窖内避难的30多名百姓被炸死或被闷死，无一幸免；颜家巷郁鸣漪一家除了郁鸣漪一人外出幸免，其他人全部遇难，他本人悲伤过度于当晚自缢身亡；西门里路南开杂货店的李润生之父，被炸死在自己家中；张茂申家堂屋被炸出一个大坑，足有一米多深；在西门里天主堂（现临沂天主教堂）内避难的百姓，有300多人被炸死、炸伤。

4月20日，日军的飞机在城内投下数枚燃烧弹，使城内到处起火。日军以坦克为掩护，进逼临沂城西门。黄昏时分，城内百姓由南门逃出，涌向南坛，男女老幼挤成一团，哭声遍野，而临沂城内烟雾弥漫，成为一片火海。

4月21日，日军攻入城内，这支曾参与南京大屠杀的板垣师团国崎支队，又血洗了临沂城。日军在大街小巷密布岗哨，架上机枪，挨户搜查，堵门截杀，连老人孩子也不放过。日军进城当天，搜索发现了城内西北坝子的三个防空洞及在西城墙根躲难的百姓，先用机枪对他们进行扫射，再用刺刀刺杀，使480多人被杀害。幸存者宁振芳当时刚出生8个月，还裹在母亲怀里吃奶，因母亲穿着件大棉袄，上下挨了三刺刀却依然伏身护着她，她才没被刺到。后被一陆姓老人发现并将其偷放于筐中，送与在天主教堂做饭的宁孙氏抚养，她才幸免于难。南关医院的近百名第四十军伤病员不愿死在日军手里，连夜转移到郊外，但多数重伤员死在医院附近的麦田里。

城内居民凡被日军发现者，均惨遭毒手。日军从南门里一家杂货店院内的防空洞中搜出20余人，当场用刺刀将他们全部刺死。城隍庙街东面的杨家园有一口水井，日军在附近挨户搜查时，妇女们被逼得纷纷跳井自杀。茶棚街胡士英家的防空洞比较大，很多百姓藏身其中，日军发现后堵住洞口用机枪扫射，并向洞内扔手榴弹，洞内百姓伤亡惨重。王建德一家和邻居老常家、老石家共20人，为了躲难而藏在北城墙根的地洞里。日军发现后朝洞里打了一梭子机枪，因这个地洞是丁字形的，人躲在两侧没被打着。日军在外边直叫，老石家的老人领着全家人出了洞，结果被日军杀死。日军还驱赶30多人清扫北大寺，等他们干完活后谎称让他们排队点名，却用机枪对其进行扫射，之后把他们的尸体推进池塘内。

日军在城内疯狂屠杀十余日后并未收手，又在火神庙旁和南门里路西设了两处杀人场，用军犬、刺刀残杀无辜百姓取乐，并放逐狼狗咬死儿童，其杀人手段令人发指。

临沂城内幸存者寥寥无几，有的在地窖内躲藏多日，挣扎活命；有的白天在炉膛内藏身，深夜从城墙水洞中爬出。书院街孙建芝一家老小躲在城墙洞里，孙建芝和母亲渴得实在受不了，出来找水喝时被日军发现，日军跟踪至城墙洞前，先向里面开枪、扔手榴弹，接着又放毒气。孙建芝的三舅被当场打死，二舅母的腿被打断，大舅、大舅母和表哥因坚持不住而爬出洞，结果被日军刺死。夜里，孙建芝家人被逼跑到丁家园投井自尽，她的姥姥和姐姐先跳下去被淹死了，孙建芝和母亲跳井后，因井内塞满尸体，所以没有被淹死。孙建芝和母亲被救活后，又跑到徐家园地窖里躲藏了 100 多天，他们白天不敢露面，只有半夜出来找水喝，找树叶、野菜充饥。书院街北马道的李玉英，见日军把公婆、丈夫就地枪杀，吓得抱着刚满月的孩子钻进了床底，因怕孩子哭出声，便用力堵住孩子的嘴，以致把孩子憋死……

日军在进行血腥大屠杀的同时，还纵火毁城。自火神庙以西，僧王庙至聚福街以东，洗砚池以南，石牌坊、杨家巷至刘宅一带以北，大火连烧六七天不熄。整个城西南隅被烧光，东关街被烧去了半边街，南关老母庙前、阁子门外的房屋全被烧毁，至于其他财产损失，更是无法统计。临沂城沦陷三年后，这一带仍是一片瓦砾，荒无人烟，杂草蓬蒿高于屋檐，森森白骨随处可见，“十家已烧九家屋，一时草死木皆枯”，“沿城人家数千户，鸡犬草木同时死”。偌大一座临沂城，几天内变成一片废墟，颓垣断壁，满目疮痍。

据不完全统计，在临沂惨案中，临沂城内有 2840 余人被杀害，加上日军在城郊杀害的，共计 3000 余人。日军在临沂城的暴行可谓罄竹难书。

三、联庄会夺城

联庄会源于民俗，起于河北石家庄，由社戏、社火、花会（含曲艺、杂耍等）支系组成。几个或数十个村庄联合起来交流过会，称之为“联庄会”。1934 年初，韩复榘为扩充势力、挖掘兵源，以省府的名义令全省举办联庄会，并颁布了《山东省各县联庄会暂行规程》，要求符合条件的男子一律入会，会员有警听调，无事各营本业。各级联庄会执行任务以不出境为原则，但各县边境各庄镇与邻县毗连之联庄会有协助之责。临沂联庄会于 1937 年 11 月在临沂县尚岩（今属兰陵县）成立，万春圃任会长。此时的王伯英担任第二区联庄会会长，能通过暗中活动征调联庄会会员5000余人。王伯英本是大地主，早年曾在冯玉祥部任职，返乡后担任临沂佛教会会长、临沂县大刀会会长，同时兼有山东省政府委任的相当于县长职级的官衔。他手中有部分枪支，一旦遇有匪患，常率百姓予以平定，在临郯一带颇有影响。

1938年4月中旬，张自忠部奉命撤到郯城西部地区休整，庞炳勋部也撤离临沂南下。4月21日，临沂城终遭沦陷，残暴的日军开始了疯狂的报复，制造了惨绝人寰的屠城大血案。3000余名手无寸铁的无辜群众惨遭杀戮，尸横遍野，血流成河。

日军在血洗临沂城后，大队人马继续南侵，仅留下千余人盘踞于城内。他们龟缩在据点，既惶惶不可终日，又狠毒而狡猾。这一消息传到临沂县城南老屯村时，早就对日军暴行恨之入骨的王伯英心头为之一振，立即找到因病流落在该村的原国民党第四十军某团的刘参谋，共商收复失城之事。二人当即决定夜袭日军，收复临沂城，为死难的乡亲们报仇雪恨。

1938年5月27日夜晚，联庄会各村会员三四千人如约会集。最初，部分会员有畏敌怯战、信心不足的消极情绪，为了鼓舞斗志、安定情绪、增强攻城的信心，王伯英首先带领会员们进行了装身[①]活动。大家皆虔诚地跪在佛像前叩头礼拜、饮符水，然后学念咒语，以避刀枪。装身完毕，会员们个个摩拳擦掌，人人斗志昂扬，打鬼子、保家乡、收失地、决死战的豪言壮语不绝于耳。

经研究决定，联庄会兵分两路，第一路占据金雀山，由该部第一队队长李继武率19人悄悄从朝阳寺前城墙水眼中爬进城中，作为内应；第二路驻南坛以西，以备接应。王伯英则率众由西南角攻城，命各部均要在拂晓前到达指定地点，并通令参战会员各自带上符带，披挂在身。该符带由红、白两色布料缝制而成，宽2寸，长3尺，两端绣有图案，中间分格以装字符使用，白天用红面，晚上用白面。凡没有披挂符带者，一律将左肩露出，袖子缠于腰间，以作标记，分清敌我。

一切准备就绪后，队伍即刻出发并按时到达了指定地点。黄俊雷和刘参谋带领5名队员从张家园出发，潜行至城南门前观察敌情。时值夜半，借着淡淡

① 喝符字水，念咒语，使人从思想上相信装身后可以刀枪不入。是一种迷信活动，不可信。

的月光，隐约可见城门未关，疑似无人把守。黄俊雷以为时机已到，便要贸然进城。刘参谋则认为天尚未大亮，无法看清敌人的铁丝网和攻防设施，更不清楚日军的人数和火力配备，必须等大队人马到齐，方为万全。片刻工夫，其他队员悉数到齐。随即由姚秉德（高都村人）率领其子姚鸿昌、姚隆昌等，悄悄埋伏于城墙附近。

5 月 28 日天刚亮，姚秉德首先跃起，剪断了日军架设的铁丝网，爬云梯登上城墙，紧跟其后的 20 余名队员也相继攀梯登城。队员们出其不意，一齐开火，瞬间就有几名日军中弹而亡。其余日军随即组织火力还击，姚秉德不幸中弹牺牲。队员们明知符水咒语已难救命，仍前赴后继，奋勇前冲，相继中弹身亡。姚隆昌目睹会友牺牲惨状，悲愤至极，向着日军狠狠地开火，在日军纷纷中弹倒地的同时，他也身负重伤，昏迷倒地。

已经先期潜伏于城内的李继武等 20 人，也与敌人展开了殊死搏斗。他们打光了子弹，砍断了大刀，扎弯了枪头，终因寡不敌众、武器极差而全部牺牲。其中一位会员，手持红缨枪冲入敌群与日军拼刺，最后被日军乱刀刺死。另有几十名会员也趁机冲进城内，但因人少枪劣、火力弱小，难以抗敌，危在旦夕。在这紧急关头，东关方面的掩护人员集中火力向东城门开火，迫使南城楼敌人的射击目标转向东城门方向。在东关会友的掩护下，冲进城内的会员才趁敌人火力分散之机，从城洞中撤出。

退出战场后，王伯英集合疏散的会员，发现还有三千多人。见日军因出城追杀而兵力分散，他便想趁机再度攻打临沂城。谁知他们声势浩大的誓师行动惊动了邻村的一个汉奸，汉奸便奔赴临沂城向日军告密。日军大吃一惊，迅速调集城内外的兵力，在机枪钢炮的掩护下，直杀王伯英部驻地。因双方力量悬殊，王伯英部损失惨重，骨干基本丧失殆尽，刘参谋也中弹身亡。眼见收复失城彻底无望，联庄会员这才被迫撤退、疏散。

这次联庄会夺城虽然以失败告终，但极大鼓舞了临沂人民抗战必胜的信心，激发了抗日队伍打鬼子、保家乡的斗志，坚定了广大群众反抗侵略的决心，也对临沂抗日根据地的创立起到了一定的促进作用。而这支联庄会武装力量，后经中共党员何建华、司贺峰同志的改组、领导，成立了“山东省农民抗日自卫总团”，活跃在临沂城附近，不断地给日军以沉重打击。1940 年 3 月，临沂县成立抗日民主政府，组建八路军临沂游击总队，该总团被改编为临沂游击总队第二大队，从此成为一支正规的八路军地方武装。

联庄会夺城战后，临沂一带一直流传着联庄会员攻打临沂城时所唱的歌谣，其歌词是："日本鬼子，抢占沂州，杀人放火，扰乱不休，这口闷气，不能忍受，冲上去，狠狠地揍！直向前，别退后，我们要报仇！手榴弹，咔，大刀片，杀，大家一齐冲上沂州。"

第四节　爱国将领在兰山

作为临沂县城驻地的兰山，地处南北过渡带，且东近黄海，西接中原，南邻江苏，北依蒙山，素有"齐鲁襟喉，徐淮锁钥"之称，自古以来就是兵家必争之地，更是贤臣名将用武之处。抗日战争时期，在兰山这片热土上曾留下范筑先、张自忠等爱国将领的足迹，他们的传奇故事至今仍被兰山人民传颂。

一、范筑先

图8-4　范筑先

范筑先（1881—1938），原名金标，又名夺魁，曾用名仙竹，河北省邯郸市馆陶县人，历任炮兵营长、补充团团长、陆军第八旅旅长，是著名的民族英雄、爱国将领和抗日烈士。1933年至1936年在临沂任县长期间，他为官清廉，尽职尽责，惩恶扬善，深受当地百姓的爱戴和拥护。时至今日，临沂人民提起这位清瘦而牙齿稍大的好官，都亲昵地称之为"范大牙"。

1933年春，临沂县因官场腐败、群匪为孽，搅得人心惟危，民怨深积。时值国民党山东省政府主席韩复榘来临沂视察，恐生变故，故急电令时任省政府督察处处长、第三路军军法处处长的范筑先，速赴临沂兼任县长。消息传出后，临沂居民在官绅带领下成群结队地来到镇海门（东城门）处迎候，却一连十几天不见新任县长踪影，大家一时摸不着头脑，皆心存疑惑。

原来，因范筑先拒绝向掌管省府大印的官员行贿，其调令被搁置起来，一直等到半个月后韩复榘返回济南，他才拿到正式委任状。范县长只身一人急奔临沂，径直走到县政府门前，将名片递交给正在打瞌睡的哨兵后，才得以入内。百姓闻知此事，皆为范县长的高风亮节拍手称好。

（一）刚正不阿，解民所难

1934年春，遭冀鲁豫三省国民党军队会剿重创后的悍匪刘桂棠（刘黑七），率残部3000人从河南窜至鲁西，直趋鲁南。一路上，他们烧杀掠抢，为所欲为。沿途百姓无不闻信而逃，四处避难。时任国民党山东省政府主席韩复榘，一面急派六十六旅参谋长郭洪儒督队至沂南县青驼寺堵截刘黑七，一面将所属八十一师、二十二师、七十四师调驻临沂，准备对其进行围剿。一时间，临沂城乡大军云集，师、旅、团级长官随处可见，到县政府索要给养军需的副官纷至沓来，企图借剿匪之名，行敲诈之实。

范筑先深知若满足他们的要求，虽然可以使自己进身有阶，但填满这个无底洞则需消耗许多百姓之财。于是他亲自出面同副官们周旋，对非分索取者则婉言谢绝。但是有些副官仗势要横，蛮不讲理，甚至口出狂言，羞辱县长。有一天，范筑先身着军装，手持马鞭，威风凛凛，不怒自威，将有恃无恐的副官们召至县府大堂，先晓之以理，后厉言正色道：剿灭匪患，万民皆喜；但额外索取，于理不顺。凡剿匪部队，范某只供开水、芦席、苫子，其余非分要求，纯属扰民。他一番掷地有声的话语，震得这些为非作歹的副官们威风扫地。刘黑七被再次逐出临沂后，当地的小股土匪及散匪仍在滋扰百姓，范筑先便亲率县中武装，驱除匪祸。

范筑先不满国民党政府对日军不抵抗的策略，赞同中国共产党停止内战、一致抗日的主张。他常说：“谁爱国爱民，我就赞成谁；谁损害国家和民众，我就对谁抗争，我不怕担责任。”

临沂城内有一私立启明小学，校址设在娘娘庙。该校原分东西两院，中间隔着一条马家巷，巷内住满了商贩和贫民。学校便在两院之间、巷顶上方搭建过街天桥，以供师生往返通行，桥下则由居民自由行走，彼此互不相扰。但时任校长韩德一仗着与国民党军八十一师师长展书堂结交甚密，又与地痞流氓头目齐华亭有八拜之交，便擅自做主，强行拆除天桥，垒筑高墙围院，将马家巷封堵，致使巷内居民出入需绕道而行，商贩生意骤然下降，群众怨声载道。范筑先巡街视察路经此处时，巷内居民纷纷聚集喊冤，拦路告状。他耐心听完事由，亲自察看现场，然后快速赶往启明小学，喝令校长来见。因韩德一当时外出，范筑先遂命校工肖义德转达拆墙指令。韩返校后，因迫于范的威严，于第二天迅速拆墙。此后还因惧怕被追责，遂不辞而别，潜藏无踪。民生无小事，民意大于天，范筑先不畏权势、为民做主，得到了老百姓的信任和称赞。

（二）嫉恶如仇，治腐惩贪

1935年9月的一天，范筑先到设在八小集街的募捐委员会检查赈灾工作，正遇公务人员发生口角，便当即责问："赈项可否有讹？"会计急答："未有大错。"范筑先放心不下，急令募捐委员会常委李新霆带全体常委核查账目，并限期三天内完成。第二天早8时，范筑先又赶到募捐委员会办公处盯着，直至账目核查完毕。当发现其中的手续欠缺不全时，他教诲工作人员说，赈灾款是难民的救命钱，贪污浪费就是杀人，趁火打劫就是罪上加罪，切不可掉以轻心。

范筑先对贪污行为深恶痛绝，一旦发现便严惩不贷。一次开会，范筑先发现征收处主任张汉九面黄肌瘦、萎靡不振，疑其吸毒，并当场从其上衣口袋里搜出"白面"（海洛因）一包，便立即将其押送看守所。后又亲自过堂审讯，安排专人核查张所分管的账目，最终查清张贪污公款500元的犯罪事实，张对此亦供认不讳。范筑先令其退还赃款，争取从宽处理，张后来变卖家产才保住了性命。此案一结，城乡震惊，政警人员无不引以为戒、洁身自好。

当时县府政警出差办案，多借机吃拿索要，还收取所谓的"鞋袜费"。范筑先决心革除弊习，每当政警出差回归，便细细盘问，凡发现吃拿索要者，轻则杖打，重则开除。有一次，范筑先审案时，上堂就问原告如何招待办案警员，原告如实回答：杀鸡置酒，吃饺子，走时并送"鞋袜费"3元。范筑先当即把办案警员传至堂上，现场对质，查证原告所说属实，随即下令责打该警员200军棍，并当堂缴其警服，革职不用。

临沂县第四区梅埠乡的王作甫因与其外甥争当乡长，贿赂警士班班长王兴盛，栽赃陷害其外甥贩毒。当范筑先得知毒品系由褥子底下搜获时，便喝问警兵，令其从实招来，警兵始将其班长与王作甫的恶行告发。范筑先待全案查清后，即对王兴盛处以极刑。

（三）革除陋习，戒赌禁烟

为根绝吸食、种植、贩卖毒品，范筑先恩威并施，先教后惩，多措并举。他先命人将吸毒的危害编成歌谣、绘成漫画，广为宣传，大造舆论，后设立戒烟所，强制人们戒除大烟。同时张贴布告，公布命令：凡吸大烟者，烟具、大烟一律没收，押送戒烟所强行劳役，待戒绝烟瘾后，具保释放；屡教不改者再经查获，从严惩处；贩卖和吸食“白面”者均处以极刑。他曾公开将一名贩吸“白面”、人称“辣子鸡”的暗娼处以极刑，对社会震动极大，令吸毒者闻而生畏，纷纷自戒毒瘾。每年春天，范筑先都亲自带人奔赴各区、乡检查，将所种鸦片烟苗铲除净尽，并规定若再发现有私种者，连同行政人员一并惩处。他还与周边县域联手，共同开展县域结合部的毒品戒除工作。

范筑先初到临沂时，发现临沂赌风盛行、赌场林立，便下令将所有乡镇及所属集市的赌场一律取缔，对各种形式的赌博一律禁止。他责令区、乡派员查缉，抓捕赌棍后当场判打军棍，没收其所有赌具。他还亲力亲为，带人抓赌。在一次视察途中，行至沂河西岸鹅头峰时，范筑先发现树丛内设有临时赌场，即令全部抓获，当场过堂判罚：判罚赌徒各 100 军棍，在赌场做生意的商贩各 50 军棍，并对聚集旁观者予以训斥，以儆效尤。

当时临沂街头常有一些游手好闲之徒，或酗酒滋事、打架斗殴，或装疯卖傻、衣衫不整，或牵狗遛鸟、招摇过市，或横冲直撞、借故生事。范筑先为此忧虑不安，便利用休息日或集日，带人沿街巡视，每遇此等街痞恶徒，轻则当面训斥，重则押至县府棍责。范筑先来临沂时，尚有男子留辫、女子缠足之陋习。他于 1935 年 4 月建立了专门机构，大力倡导剪辫放足，并指派妇女组成放足委员会，登门串户，广泛宣传缠足之害，动员妇女自觉放足，对屡劝不听者罚款 2 元。每逢集日，范筑先也亲临集日督办。如此一来，革除陋习之事没过多久即大见成效。

（四）心系民生，顺民所愿

临沂县长期以来粮户失真，地亩失实，科财失平，既有民间豪夺争讼之端，又有官员侵蚀中饱之弊。为此，范筑先于 1933 年实施土地陈报及黑地缴价升科，设立专门机构，派员到各区、乡督办，基本达到了民众负担合理的预期目的，受到了人民的称颂。过去的田赋征收需民众亲自送往县城，民众大多需要跋涉百里，往返数日。对农户来说，每年两次往返交税的食宿费用开支甚大。若逾期拖交，征收人员登门催讨，吃喝招待、鞋袜费用耗费更多。因此，范筑先决定在全县内按路程的远近，分设征收柜。一到收税季节，县府征收人员便划片分头前往分柜征收。征税前，由征收处填好田赋征收通知单，先行分发到户。农户持通知单及财物，就近前往分柜缴纳，并换回钱串，节省了不少时间与费用。

原临沂城南大街是繁华街市，其间商铺林立，人头攒动，车水马龙，热闹非凡。但因部分商家私搭乱建，街道拥挤不堪、尘土飞扬、污水流淌。范筑先决心对这一现象进行整治，他亲临现场，带人拆除违建，后又拨款将南大街铺成石板路，还用罚款修建了八小集石条路。

1934年，国民党临沂城驻军二十二师六十六旅旅长李占彪，得知东关琅琊冢是一座古王墓后，便对该处实施戒严，派工兵进行挖掘，结果一无所获。范筑先闻知先是愤愤不平，后又因地制宜，为民造福，在墓上建亭，在四周广植松柏桃杏，将其辟为公园，定名为琅琊公园。

临沂县虽是鲁南重镇，但直至20世纪30年代，全县仅有美国基督教和德国天主教创办的两所医疗所，民众伤病医疗极其困难。范筑先到任后，对此倍感心酸，决心筹建医院以解百姓看病之难。他先是广揽人才，后又八方筹款，终于在考棚街西段路北的药王庙内建起了临沂县立医院，这也是中国人自己在临沂城建立的第一所医院。

1934年3月，范筑先再三恳求上级派军队到临沂剿匪。为了空运部队，范筑先决定修建飞机场。在如今的解放路与银雀山路之间，东起通达路，西至开源路，范筑先征地260公顷，修建了临沂第一座飞机场，这也是20世纪30年代山东省内第一家民用机场。

范筑先还担任督修兼总纂，续修了《临沂县志》十七卷。卷首有范筑先当年写下的序："临沂古为瑯琊，历代州郡都邑所在，地域辽阔，山河错综，钟灵毓秀，代产伟人，余心向往者久矣。"

临沂城内原有一处专门收容丧失生活能力的盲人的慈善机构，名曰"栖留所"，收容双目失明者五六十人。此前，历任执政官员对此漠不关心，任其自生自灭。范筑先上任后，频频光临所内视察，耐心倾听盲人心声，真诚征求他们的意见，再三表示安慰，并决意要将"栖留所"改建成"老明堂"。因当时修建费用不足，范筑先便欲"卖字"筹银。后来临沂城内有一商家的父亲病故，儿子要为父亲灵前题写铭旌[①]，因商家无功名，故举人秀才皆拒题写。消息传到范筑先处，他马上派人通知商家，表示愿意为其书写，但需收 200 块大洋的润笔费。由此，修建“老明堂”的资金得到了解决。

（五）廉洁奉公，恪尽职守

范筑先身为县长，处处以身作则，时时廉洁奉公，凡要求下属做到的事，他必率先垂范。每日朝会，他必定早到，与属员一起到操场跑步、打拳。他不顾自己年事已高，经常下乡查政、督学、微服私访。为给区、乡省下几升草料，他竟弃马学骑自行车。他平时生活俭朴，常穿布鞋便袜，吃粗茶淡饭，也没有嗜好，以“不烟、不酒、不茶”著称，人称“三不县长”。他从不接受招待，到地方巡查时仅一饭一菜一汤而已，且只食米粥菜蔬，并喜欢到小学与教师同吃同住。

上峰来人，范筑先不卑不亢，不置烟酒，待之清水，请以便饭，或让勤务到街头买两碗馄饨，或亲自带来者到饭铺吃盘包子。纵使高官显贵莅临，范筑先亦一视同仁。即便会令来者不快，范筑先仍然我行我素。范筑先至私立文峰小学巡视（此校乃赵姓地主所办）时，赵为讨好他，置办美酒佳肴，殷勤接待，遭到范筑先严厉斥责。赵一再解释，此宴乃个人所设，非用公款，范筑先才勉强就餐，食毕交 5 块大洋以作餐费。

范筑先在临沂任职期间，从不任人唯亲，所属部员无一亲朋乡党，即便身边随员也从政警中遴选。每遇亲友来求其谋职办事，范筑先首先为亲友安排食宿，发给回程路费，再晓之以理，婉言谢绝。范筑先关注民生，恪尽职守，多方周济贫苦百姓，严厉打击贪腐官吏，大刀阔斧革除旧弊，教育官员要秉公执法，告诫民众要以和为贵，允许百姓观看县长断案，深得民众的爱戴和尊敬。

（六）挥泪惜别，情洒临沂

1936 年 7 月 12 日，范筑先奉命调离临沂县，城内上万民众闻讯而来，夹道相送。四乡农民也闻风而至，带着他们刚刚摘下的新鲜水果蔬菜送给范筑先，以表心意。在范筑先必经街道，沿街摆满了桌子，上面铺着红纸，书写着民众深情送别的话语，桌面上大多置有明镜一面、清水一盆、豆腐一块、白酒两杯、青葱几根，用以象征范筑先“清似水、明如镜”和“一清二白”的官品。范筑

① 竖在灵柩前，标示死者官职和姓名的旗幡。

先在众人的簇拥下一路行来，逐桌拜谢。他虔诚恭敬地立于桌前，端起酒杯奠酒于地，以示谢意。随员取出范筑先的名片放在桌上，把主人摆在桌子上的名片取回来，放到手中的拜盒内。

范筑先让车辆先行，自己一路缓走，由县府起程，过考棚街，向北到茶棚街，再经北大街转至老专署向南，路经南大街。直至中午，范筑先一行才走出长街，赶到沂河西桥头汽车站。

二、张自忠

图 8-5　张自忠

张自忠（1891—1940），字荩臣，后改荩忱，山东临清人，著名抗日将领、民族英雄，1933 年参加长城抗战，任喜峰口第二十九军前线总指挥，打退了日军，守住了阵地。张自忠于 1938 年 3 月 12 日抵达临沂城北郊的沂河西岸，开始了艰苦卓绝的临沂阻击战，在与日军的浴血鏖战中留下了许多可歌可泣的传奇事迹。临沂阻击战后，张自忠先后参与徐州会战、武汉会战、随枣会战与枣宜会战等，1940 年在襄阳与日军战斗中不幸牺牲。

（一）忠义将军，抗战之魂

1938 年 2 月，日军大本营为迅速连贯南北战场，决定以南京、济南为战略基地，从南北两端沿津浦铁路夹击徐州。其北路派精锐的矶谷第十师团两万余人沿津浦路南进，派号称“钢军”的板垣第五师团两万余人沿台潍公路南进，企图东西呼应，齐头并进，荡平临沂，从而会师于台儿庄。

1938 年 3 月 2 日，日军板垣师团杀气腾腾扑向临沂，庞炳勋率所部国民党第三军团 1.3 万余人拼死抵抗，以血肉之躯将日军阻挡于沂河以东。庞炳勋部与敌军拼杀数日，伤亡大半。李宗仁因手下已无兵可调，只得急令张自忠火速东进，驰援临沂。

在星夜驰往临沂的急行军中，张自忠暗自发誓，一定要在临沂战场上用鲜血洗刷耻辱，用生命以证清白。早在卢沟桥事变时，作为宋哲元部第三十八师师长的张自忠，始终处在与日方交涉周旋的风口上。在军长宋哲元的指使下，他出面与日方签订了停战协定，及至日军发动全面进攻、宋哲元率第二十九军撤离南下时，却独留张在北平代理主政。随着北平、天津相继沦陷，张自忠才登报宣布辞去所有职务，并历尽艰险曲折逃离北平。但舆论界和广大民众普遍认为张自忠擅离职守、不事抵抗、媚日求荣，与汉奸无异，罪不容恕。就在他南下的路上，国民政府即下达命令，以张自忠“放弃责任，迭失守地”为由，将其撤职查办。当他所乘坐的火车行至徐州站时，多名青年学生拥到车厢前，要求上车搜查“汉奸”张自忠。而南京街头到处是骂他汉奸的标语，舆论也主张把他交给军事法庭审判，更有人想趁机把他这支部队瓜分拆散。张自忠除了忍辱负重，已别无选择。此时，幸亏李宗仁召见并听取了他的陈情，随即面见蒋介石，为张自忠力证清白。李宗仁建议张自忠带着他的部队去与日军作战，以戴罪立功。

1937 年 8 月，国民政府军事委员会下令，将宋哲元的第二十九军第三十八师与特务旅合编为第五十九军，宋哲元任军长。11 月，张自忠自南京回到部队后，改任张自忠为该军代理军长。当他接到速去临沂驰援庞炳勋部的命令时，另一桩萦绕在心头的积怨也让其心神难安。

早在 1930 年 5 月，蒋介石同冯玉祥、阎锡山在中原混战。当时担任反蒋第二路军总指挥的庞炳勋，正率部与蒋军厮杀，突然得知一直坐山观虎斗的张学良率军出关，并发电拥蒋讨冯，且已占领平、津。庞炳勋深感反蒋败局已无可挽回，不得不撤出战斗。后来蒋介石派特使与庞炳勋密谈，以金钱地位利诱策反庞炳勋，庞于是倒戈。一个漆黑的夜晚，庞炳勋派一个精锐团，悄悄地围住了张自忠的第六师师部。当时师部会议室灯光通明，毫无防备的张自忠正在召开团以上军官作战会议。后经一夜血战，张自忠才杀出一条血路，落荒而逃。

当李宗仁令张自忠赶赴临沂增援庞炳勋时，张自忠指出，本当严格执行军令，但倘若战区有其他部队可用，请另行调遣援庞为宜，他宁愿去日军云集的台儿庄决战，也不想与庞相谋共事。李宗仁猜中原因，劝导张自忠以国家利益为重，捐弃个人前嫌，即刻率部火速赴临沂增援。张自忠不愧为忠义之将，立即服从命令，率部于 1938 年 3 月 12 日下午抵达临沂城西。

（二）以攻为守，三退日军

到达临沂后，张自忠审时度势，以其惊人的胆略和智慧，巧妙地发动了三次反攻大战，歼灭了日军的有生力量，收复了许多失地。

先于张自忠到达临沂的第五战区参谋长徐祖诒，在庞炳勋军团驻地主持召开联席会议，商讨作战计划。庞炳勋要求张自忠接替城防，死守临沂城。张自忠却认为目前日军尚未发现第五十九军已赶至临沂，也未作防御部署，这个战机非常难得，第五十九军虽然疲惫，但兵贵神速，与其坐待敌攻，不如主动出击，以攻为守，并表示愿意承担主攻。

1938 年 3 月 14 日凌晨 3 时许，张自忠命第五十九军强渡沂河，分为左右两翼，向日军第五师团右侧背发起猛烈攻击。张自忠率军部推进至朱潘，就近指挥作战。左翼三十八师渡河后，一路冲杀，接连攻克日军阵地四五处。但是板垣师团属日军精锐，他们迅速停止了对庞炳勋部的夺城攻击，转而全力向三十八师反扑。双方展开激烈混战，往来数回合，三十八师伤亡 400 余人，被迫退回沂河西岸。张自忠震怒之下，当即将担任主攻的一二二旅旅长李金镇撤职，命新兵团团长李九思升任旅长，责令其准备再次渡河攻击。右翼第一八〇师强渡沂河，分两路向前攻击。日军出动增援部队与我军展开激烈争夺，阵地失而复得数次。经一夜激战，一八〇师以伤亡 800 余人的代价将敌军击退。3 月 15 日一早，该师乘胜向前推进，日军阵脚动摇，遂向东西水湖崖溃退。

3 月 16 日拂晓前，日军汇集全部主力及从莒县赶来增援的兵力，在大量飞机重炮的掩护下向张自忠部实施反击，同时又对张自忠部的后方发起猛攻。双方随即在沂河两岸展开了惨烈的混战，彼此的战线犬牙交错，形成了逐村、逐屋争夺的拉锯战。日军由沙岭渡过沂河，向第三十八师后方的崖头、刘家湖、苗家庄一线展开猛攻，并用 10 余架飞机进行轰炸，与第三十八师预备队第一一一旅展开激战，攻占了船流、刘家湖地区。船流社区今存古渡口石碑，为当时日军渡河处。

张自忠根据突变的战况，迅速调整部署：令第三十八师派最有力的一个团加强茶山的防守；令军部骑兵营由石家屯东渡沂河，向葛沟、汤头出击，袭扰敌之后方；令进至河东的部队全部撤回河西，阻击渡至河西的敌人。

双方在刘家湖一带展开激烈的肉搏争夺战。由于刘家湖是日军前线补给中心，堆积着大量军用补给品，日军集中精锐部队死守此村。直至晚上 10 时，张自忠部再次向日军发动了猛攻，主攻的二二八团派一个精锐排乘着夜色突袭，冲入刘家湖消灭日军哨兵，然后派一个主力营冲入刘家湖。日军措手不及，乱成一团，但很快镇定下来，以每座房子为单位死守。二二八团其他几个营也顺势攻入，同时使用所有的迫击炮、手榴弹、枪榴弹，对准日军固守的每一座房子猛烈轰击，将日军压缩到村西北角。张自忠及时派遣二二五团增援二二八团，随后这两个团齐心协力，猛打猛攻，战况极其惨烈。激战至 17 日凌晨 3 点钟，刘家湖失而复得四次，崖头失而复得三次，最终预备队及时赶到才稳定了阵地。茶山一度被敌军占领，旋即被夺回。张自忠指挥的第一次全线反攻取得了阶段性胜利。

在此次战斗中，日军从汤头连续四次派兵增援，均被负责阻击的第五十九军击溃。仅仅一夜的战斗，二二八团 2000 多人损失了一半以上；防守茶山的二二五团七连全部阵亡，在茶山以南，防守崖头阵地的两个连仅剩士兵数十人；二二四团也伤亡近半。此战，两个师的连长和排长几乎全部易人，营长也伤亡过半，但该部队仍坚守阵地，顽强战斗。二二八团的三位营长一死两伤，第二营营长冉德明在率部向高地突击时连中数弹，被随身护兵抬下火线。张自忠接到报告，立即赶来看望，但冉营长已停止了呼吸。冉德明是跟随张自忠多年的老兵，曾任张自忠卫队连长，两人情同手足。张自忠派人将他的遗体运往河南郑州，埋在西北军专门安葬死难官兵的“义地”里，为他立了高 2 米、宽 1 米的墓碑，碑铭由张自忠亲自题写。之后，张自忠还以冉德明的名义定期给他的家属邮寄生活费。

参谋长徐祖诒鉴于第五十九军伤亡过重，建议张自忠撤出战斗，转往郯城休整。但张自忠在观察分析战况后，认为板垣第五师团也已坚持到极限，因此坚决要求再打一天一夜，给板垣师团最后的致命一击。李宗仁闻知后大喜，马上同意张自忠的请求。张自忠当即下达命令：除了李文田副军长留军部主持工作，其余各级部队主官一律到前线督战指挥；军总预备队一一四旅投入战斗；全军所有山炮、野炮和重迫击炮全部推进至第一线，带上所有炮弹，在黄昏前将全部炮弹倾向敌阵，攻击重点为茶山、刘家湖、苗家庄。激战一昼夜，攻占了日军的前沿一线。3 月 18 日，张、庞两军从东、南、西三面夹击，聚歼汤头、三疃、傅家池、草坡附近多处日军。经过三天血战，李家五湖、辇沂庄、车庄、前湖崖等阵地先后被中国军队收复。在中国军队强大猛烈的攻击下，日军板垣第五师团全线溃败，无法支撑，大部向莒县突围窜逃，小部退至汤头。张自忠令第三十八师第一一四旅向汤头方向追击；其余部队除了一部沿沂河西岸茶山一带警戒，其余全部集结到刘家湖一带休整。坂本支队第十一联队头目长野大佐、年田中佐等被中国军队击毙，中国军队给日军王牌部队以沉重打击。张自忠的第二次全线反攻为临沂保卫战赢得了宝贵的时间和空间，也为台儿庄大捷提供了可靠的战略保障。

在临沂反攻大捷的3月18日当晚，为防止津浦铁路正面之敌攻陷滕县（今滕州市）南下，以便在关键时刻能够策应台儿庄正面区域的防御作战，李宗仁命令张自忠军队转移至日军矶谷第十师团侧后翼的费县。此时的板垣征四郎获知张自忠部离开临沂，心中窃喜，遂火速从铁路增兵，集结第五师团的所有后援，于3月23日再次进攻临沂。庞炳勋部不支，再度告急求援。张自忠又率第五十九军星夜折返回援，于25日抵达临沂。与此同时，第五战区又令在海州方面缪澂流的第五十七军派一个旅增援临沂，归张自忠指挥。第五十九军连续攻占桃园、三官庙、南北道、古城等阵地。26日，日军以主力部队迎面猛攻第五十九军第三十八师。该师由于之前战斗伤亡太大，连预备队也拼光了，师长黄维纲向张自忠汇报了这一情况，张自忠要求坚决顶住，黄维纲忍不住提出因正面部队伤亡太大，真的已经顶不住了，恐怕等不到第一八〇师赶到。张自忠听后大怒，厉声呵斥。黄维纲一气之下将身边的卫兵和大部分文职人员全副武装起来，亲自带领他们急奔一线增援。张自忠虽然训斥了黄维纲，但他知道黄作战勇敢，性格又非常沉稳，非到万不得已，绝对不会顶不住。张自忠命令自己的警卫手枪营和六七六团二营立即跟着他出发，由张自忠亲自率领这支部队赶往三十八师阵地。在增援的路上，日军发现这支部队中似乎有高级军官，便立即调动火炮猛烈轰击，张自忠周围瞬间就被炮弹覆盖。但他坚定沉着，继续用望远镜观察日军阵地，并指挥部队利用炮击的间隙跑步增援。三十八师战士们士气大振，义无反顾地冲向日军。

张自忠、庞炳勋两军与日军激战至29日，缪澂流部的增援到达临沂，决定于30日拂晓出其不意实行反攻。反攻部队将敌军截断为两部分，敌军主力全线崩溃，再度向汤头方向溃败逃窜。第五师团头目板垣征四郎在其部下的拼死掩护下才突出包围，率部狼狈逃窜。至此，张自忠的第三次反攻战取得了最终胜利。

（三）治军严谨，战功卓著

张自忠注重军纪、治军严厉的风格极为突出。遇有违反军纪者，他初则说服教育，再则严厉训斥，三则军棍伺候。张自忠深知“治兵先治心”的含义和“恩威并用”的真谛。他关爱士兵，严中寓恩，以打军棍为例，张自忠并不是遇过即打、滥施棍杖，而是讲究轻重分寸，实行“八不打”，即：有病不打，盛气不打，盛暑不打，饭前不打，无恩不打，罚过不打，夯兵不打，不知不打。在临沂阻击战中，张自忠亲临一线指挥，第二二四团三营营长贺某，因作战后退，被就地枪决；第一一二旅旅长李金镇作战不力、第二二二团团长黄贵长借口轻伤擅自退却，均被撤职；第二二五团团长杜兰喆，因督率无方被免职。

张自忠严惩过克扣兵饷的营长，开除过调戏妇女的堂弟，还两次枪毙过强奸民女的贴身警卫，也为生病的士兵献过血……由于张自忠治军从严、关爱士兵，第五十九军的士兵也以敢打能拼而闻名。板垣征四郎率领的第五师团是日军的一支精锐部队，曾以区区几万人的兵力，一举击败了中国山西晋绥军二十多万的主力，也曾让山东韩复榘的十万大军闻风而逃、溃不成军，却被张自忠部牢牢地钉在临沂城下，拼尽全力也难渡过沂河，并三次被第五十九军的全线反攻击败。

临沂阻击战成就了张自忠抗日名将的英名。时任第五战区司令的李宗仁回忆临沂阻击战时指出，此次临沂之捷，张自忠的第五十九军奋勇赴战之功，实不可没。白崇禧将军回忆临沂阻击战时也说，张将军在徐州会战之临沂战役中，与庞炳勋将军将敌人精锐第五师团击溃，减轻了徐州会战之压力，使台儿庄获得抗战以来第一次胜利，于战史上占有辉煌的一页。

张自忠将军受到了当时国民政府的明令嘉奖，于 1938 年 4 月擢升为二十七军团军团长兼第五十九军军长，后又升任第三十三集团军总司令，兼任第五战区右翼兵团总司令。从此，张自忠将军驰骋抗日疆场，与日军浴血奋战，直至殉国。他的夫人李敏慧女士闻其殉国噩耗悲痛绝食七日而死，夫妻二人合葬于重庆梅花山麓。周恩来曾称赞张自忠是中国抗战军人之魂。

中华人民共和国成立后，张自忠将军于 1982 年被民政部追认为革命烈士，2009 年被评为“100 位为新中国成立作出突出贡献的英雄模范人物”之一。2014 年 9 月，张自忠将军被收入第一批 300 名著名抗日英烈和英雄群体名录中。

第九章　解放战争时期

抗日战争胜利后，蒋介石妄图独吞胜利果实，采取假和谈、真内战的策略，准备发动全面内战。全国各解放区军民积极响应共产党的号召，壮大武装力量以制止蒋介石挑动内战。兰山人民在各级党组织的领导下，一方面积极维护抗战胜利后的和平局面，一方面做好与蒋介石斗争的准备。1945 年下半年，中共中央山东分局、山东省政府、山东军区以及山东省临时参议会等领导机关移驻兰山，兰山成为当时的山东省首府；随后，大众日报社、新四军军部先后移驻兰山，中共中央华东局在兰山成立，山东大学也在兰山创建，从而使兰山一时成为山东的政治、军事和文化中心。不久，蒋介石公然撕毁停战协定，发动了全面内战。中国共产党领导全国各解放区军民奋起自卫，解放战争全面展开。兰山人民在“一切为了前线”的号召下，立即投身解放战争中。当国民党军队向山东解放区全面进攻，解放军主力北上，临沂城被国民党军队占领后，兰山人民同国民党军队及还乡团进行了艰苦的敌后武装斗争。在鲁南战役、莱芜战役、孟良崮战役、济南战役和淮海战役期间，兰山人民通过广泛的战争动员，掀起参军支前的热潮，兰山青壮年积极参军参战，大量民兵、民工踊跃支前。与此同时，兰山人民在各级党组织的领导下，深入开展减租减息、土地改革运动，广大人民群众进一步同共产党站在一起，为抗击国民党军队的进攻、赢得解放战争的胜利创造了物质条件。经过数年的艰苦斗争，兰山人民为解放战争的胜利做出了重大牺牲，也做出了巨大贡献，谱写了一曲感天动地、激越豪迈的动人乐章！

第一节　山东政治、军事中心

抗日战争胜利后不久，兰山人民配合山东军区主力部队攻克了拒不投降的

4000余伪军固守的临沂城。临沂城解放后，中共中央山东分局、山东省政府、山东军区以及山东省临时参议会等领导机关从莒南大店移驻临沂城，从而使兰山一时成为山东省首府。不久，新四军军部从江苏淮阴移驻临沂城；中共中央华中局从江苏盐城移驻临沂城，与中共中央山东分局合并，成立中共中央华东局。山东党、政、军领导机关在临沂城领导着全省的对敌斗争和其他各项工作，从而使兰山成为当时山东的政治、军事中心。

一、中共山东分局、山东省政府进驻兰山

1938年12月，中共苏鲁皖边区省委改为中共中央山东分局，郭洪涛任书记。1945年8月13日，山东省临时参议会、山东省战时行政委员会在莒南大店召开第二十次联席会议，决定将山东省战时行政委员会改为山东省政府，推选黎玉为山东省政府主席。自此，山东省政府正式成立，这是全国成立最早的共产党领导的省级民主政府。1945年9月11日临沂城获得解放，中共中央山东分局和山东省政府领导机关一同由莒南大店迁驻兰山，从而使兰山成为当时山东解放区的首府。

抗日战争胜利后，中共中央调整全国战略布局，山东大批干部和部队开赴东北，新四军主力北进山东。鉴于战略局势的变化，1945年9月，中共中央决定将华中局北移山东，与山东分局合并组成华东局。10月，山东分局与华中局合并，正式成立华东局，山东分局完成了抗日战争时期的历史使命。

山东省政府迁驻兰山后，领导机关设在今临沂市兰山路与沂州路交会处。为了方便外事活动，山东省政府还在原美国医院楼房（现临沂市人民医院院内）设立“交际处”。随后，山东省政府在兰山开展了一系列重大活动。

刚迁驻临沂城，山东省政府就于9月18日召开了1万多人参与的群众大会，庆祝抗战胜利和东北解放。省政府主席黎玉亲自到会并讲话，他在大会上号召党政军民团结一致，提高警惕，为保卫抗战胜利果实、实现和平民主而斗争。会后，山东省政府从省直机关抽调100余人组成城郊工作团，分成3个组深入临沂城街道和近郊，开展政权建设、锄奸、武装、宣教、济贫和扶持生产等各项工作。10月10日，山东省政府组织党政军民等各界人士在城东沂河滩上举行隆重集会，纪念“双十节”，并追悼为解放临沂城而光荣牺牲的200多位烈士。省政府主席黎玉主持大会并发表讲话。会后，进行了临沂烈士塔奠基典礼

（该塔建在老沂河桥西端路北，1947 年春被国民党军队破坏）。11 月 18 日，山东省政府及参议会致电美军驻华司令魏德迈，抗议美军干涉中国内政、支持国民党军在青岛登陆并进攻山东解放区，要求驻华美军迅速撤走。12 月 17 日，山东省政府公布了全面抗战期间山东地区损失初步调查结果，据不完全统计(鲁中、鲁西新解放的地区、部队、机关的损失以及未解放地区的损失未计算在内)，全面抗战期间，山东解放区死亡 668143 人，占解放区总人口的 5%，被抓壮丁 393259 人，烧毁房屋 1151186 间，并损失了大量牲畜、粮食、财物等。[①]

为庆祝津浦前线的胜利，山东省政府、山东军区及临沂各界两万余人于 1946 年元旦在考棚广场（今考棚街附近）举行新年祝捷大会，沂南、莒县、莒南等地部分人民群众跋涉数百里赶来参加祝捷大会，陈毅在祝捷大会上发表了重要讲话。当晚，临沂城内进行了提灯、火炬大游行。此后，山东省政府又先后组织召开了几次万人以上的大会，如追悼革命烈士、庆祝“五一”劳动节等。5 月 11 日开始，由山东省政府牵头组成临沂城建设委员会，决定以驻城机关、部队为主，组织义务劳动，修路桥、辟公园、筑戏院，大搞和平建设。6 月 5 日，山东省政府发出紧急指示，指出国民党反动派掀起大规模内战的形势已迫在眉睫，要求县级以上机关立即停止机关建筑，整顿组织。6 日，山东省政府又发出为反对内战准备行动的命令，要求把主要精力集中到支援前线、巩固后方和帮助人民翻身的具体行动中，并决定山东省政府及其直属单位转移到乡村办公。随后，除留少数人员在城内办公，山东省政府将多数厅局疏散到城南农村办公。10月 10 日，山东省政府颁发土地改革布告；10 月 25 日，山东省政府公布《山东省土地改革暂行条例》。布告和条例对没收和分配地主的土地、确定地权以及各项具体政策都作出了详细的规定。10 月 29 日，山东省政府向全省发出了关于实行土地改革的指示，进一步强调了进行土改的重要意义，指出：“对整个地主阶级来说，是国民党反动派勾结美帝（国）主义统治中国、封建法西斯的社会基础，是阻碍国家民主化的主要阶级。消灭封建剥削，实现‘耕者有其田’，使农民从封建的土地关系上解放出来，就最后的消灭了国民党反动派以及美帝国主义侵略中国的社会基础，在自卫战争中蒋介石就一定失败，我们才能一定胜利。”[②] 获得土地的

①《山东省地方政权沿革丛书》编纂委员会：《山东省政权大事记（1840—1985）》，新华出版社 1993 年版，第 167 页。

② 山东省档案馆、山东社会科学院历史研究所：《山东革命历史档案资料选编　第 17 辑　1946.6—10》，山东人民出版社 1984 年版，第 554—555 页。

农民积极开展了反蒋保田运动。年底，兰山进入战争状态，各地土改运动和反蒋保田运动热烈进行，解放区的人民充满了必胜的信心。

1947 年 2 月，国民党军队大举进攻山东解放区。为了集中兵力歼灭莱芜境内的李仙洲集团军，华东野战军主力于 2 月 15 日撤离临沂城，山东省政府也随之离开兰山，向胶东、渤海地区转移。

山东省政府驻兰山共 1 年零 5 个月，其间，山东省政府颁布了一系列决定、指示、条例、规章，涉及政治、经济、军事、教育、宗教等若干方面，领导山东解放区人民在地方政权建设、土地改革、发展经济、支援前线、巩固后方等方面做了大量工作，为解放战争的胜利做出了巨大贡献。

二、华东局在兰山成立

抗日战争胜利后，蒋介石坚持独裁内战，形势紧迫。1945 年 9 月 19 日，中共中央发出关于目前任务和战略部署的指示（即刘少奇代表中共中央起草的《关于目前任务和向南防御、向北发展的战略方针和部署的指示》），规定我党我军的战略方针是“向北发展，向南防御”，决定陈毅等到山东工作，华中局北移山东，和山东分局合并组成华东局，另在华中成立华中分局，受华东局领导。按照中央的部署，华中局于 10 月下旬进驻临沂城，10 月 25 日与山东分局合并组成中共中央华东局，统一领导华中和山东的工作。11 月 13 日，中共中央任命饶漱石为华东局书记、新四军兼山东军区政治委员。12 月 18 日，中共中央批准以陈毅、黎玉、饶漱石、舒同、张云逸为华东局常委，饶漱石为书记，陈毅、黎玉为副书记，统一领导山东、华中两大战略区的党政军工作。华东局成立后，山东分局撤销，原隶属于山东分局的鲁中、鲁南、滨海、胶东、渤海五个区党委直接由华东局领导，华东局另辖济南、青岛两个市委。华东局领导机关设在西门里路南原德国医院的旧房子（今兰山区兰山路中段天主教堂对过）里。从此，临沂城一度成为华东战略区政治、军事中心。

华东局成立后，根据形势的发展和山东的实际情况，对五大战略区党政军领导干部进行了充实调整，强化了山东、华中地区党政军的领导，稳定了干部队伍，这对解放战争时期山东、华中地区党组织建设和军队建设起到了重要的保障作用。

华东局驻兰山期间，每逢重大节日或发生重大事件，陈毅、黎玉等党政军领导同志就会出现在群众大会的讲台上，发表讲话，宣传党的主张。1946 年 5 月上旬，华东局在临沂城召开地委书记、军分区司令员以上负责人会议,陈毅在会上作了《战争与和平问题》的报告。他精辟地分析了当时的形势，深刻地揭露了国民党反动派假和谈、真内战的本质，号召整个华东部队立即开展练兵运动，随时准备迎击国民党军队的进犯。会上还传达了中央关于解决农民土地问题的“五四”指示。

1946 年 6 月，蒋介石悍然撕毁停战协定和政协决议，调集重兵企图围歼中原野战军，同时调集约 46 万兵力于华东战场，企图侵占华东解放区。中共中央和中央军委随即发出指示：以“着重向南”对付蒋之“着重向北”。6 月 26 日，中共中央华东局和山东军区由陈毅主持召开区党委、军区和野战部队领导人会议，传达中央指示，确定各军区、纵队任务。同日，国民党反动派向解放区进攻，全面内战爆发。7 月 1 日，华东局根据中央指示，在临沂号召党政军民，站在自卫的立场上，准备给来犯之敌以迎头痛击。7 月下旬，为防敌空袭，华东局机关疏散到城南高都（今属罗庄区）一带办公。8 月 1 日，华东局发出《告同胞同志书》，号召全体军民紧急动员起来，粉碎国民党反动派的进攻，保卫解放区，保卫和平与民主，争取二次自卫战争的伟大胜利。9 月份开始，华东局又接连发出了关于彻底实现土地改革的“九一”指示以及坚持边沿斗争、巩固后方、开展城市工作和敌军工作等指示。

为诱敌深入并集中兵力歼灭莱芜境内的李仙洲部，华东野战军主力于 1947 年 2 月 15 日主动撤离临沂城，华东局也随之转移到诸城、五莲一带。

三、新四军军部进驻兰山

1945 年 12 月初，华中局和新四军军部从江苏淮阴北移兰山，驻扎于临沂城兰山路天主教堂后院，从而使兰山成为我党在山东乃至华东地区的军事指挥中心。

新四军是“国民革命军陆军新编第四军”的简称，是第二次国共合作期间由南方八省进行游击战争的中国工农红军和游击队改编的队伍，是抗战时期正面战场上共产党领导的主力部队。1937 年 12 月新四军军部成立时隶属国民党军队战斗序列。1941 年 1 月 6 日，国民党当局发动“皖南事变”。1 月 17 日，国民党当局宣布取消新四军番号。1 月 20 日，中共中央军委发布命令，重建新四军军部。1947 年 1 月下旬至 2 月初，新四军番号被撤销。

抗战胜利后，为了有效遏止和反击国民党军队向解放区发起的进攻，1945 年 9 月 19 日，中共中央发出关于目前任务和战略部署的指示，并提出因山东八路军主力及大部分干部调往东北，由新四军调数万主力到山东和冀东，将江南新四军主力撤返江北，同时派罗荣桓到东北工作，中共中央华中局移至山东，与山东分局合并组成华东局等战略决策。根据中共中央的战略决策，罗荣桓率八路军山东军区机关及其主力挺进东北，执行发展东北的任务，与此同时，新四军军部及其大部主力北移山东接防。

新四军代军长陈毅在延安参加完中国共产党第七次全国代表大会后，于1945年8月启程准备返回华中新四军军部。9月26日，陈毅在途中接到中共中央电报，命其火速到山东接替罗荣桓的工作。陈毅一行日夜兼程，长途跋涉，穿过数道封锁线，于10月4日抵达山东解放区首府临沂城。10月20日，中共中央任命陈毅担任新四军军长兼山东军区司令员。

图 9-1 解放战争期间珍贵领导人合影（1945 年 10 月，陈毅到达山东解放区，在临沂与山东领导人合影。前排左起：舒同、黎玉、陈毅、张云逸）[①]

1945年10月28日，华中局和新四军军部命令军部参谋金冶为队长、张劲夫为临时党委书记，率军部先遣分队由淮阴出发赶赴山东临沂，为新四军军部、华中局机关北上探路并实地勘察军部及华中局机关驻地。11月下旬，新四军政委饶漱石、副军长张云逸率军部机关离开淮阴，并于12月2日抵达临沂城，与陈毅及新四军先遣队会合。12月3日，中央军委决定将新四军军部与山东军区领导机关合并，对外名义不变。新四军军部与山东军区机关办公地点设在临沂城兰山路中段的德国天主教堂后院，门前挂有“新四军军部”“山东军区司令部”两块牌子。

① 图片引自 http：//guoqing.china.com.cn/2012-12/10/content_27368543.htm.

1946 年 1 月 4 日，中共中央指示，华中野战军在建制上隶属华中军区，在战略行动上受新四军军长陈毅指挥。1 月 7 日，中共中央、中央军委决定新四军兼山东军区领导人：陈毅兼司令员，张云逸兼副司令员，饶漱石兼政治委员，黎玉任副政治委员，陈士榘任参谋长，舒同任政治部主任，唐亮任副主任。同时根据形势的发展，决定撤销津浦前线野战军，组成山东野战军。由于原办公场所狭小，新四军军部遂改在天主教堂的南院（王羲之故居）办公。1 月 23 日，山东野战军第一纵队在泰安以南包围日军驻华丰矿区的第 11 独立警备旅，迫使少将司令洼田武二郎以下 3000 余人缴械。这是新四军对侵华日军的最后一次军事行动，史称“华丰受降”。6 月 7 日，山东野战军对胶济路、津浦路沿线的伪军发起讨逆战役。至 10 日，先后解放枣庄、即墨等城镇，歼伪军 3.07 万人。6 月底，国民党当局发动全面内战。鉴于敌机时常对临沂城进行袭击和轰炸，新四军军部及山东野战军总部名义上仍在临沂城，但实际上常活动于临沂城南部郊区的高都（今属罗庄区）一带。12 月 15 日，山东野战军和华中野战军发起宿北战役，至 19 日止，在苏北的宿迁以北地区，歼国民党军 2.1 万余人。

1946 年 12 月，新四军军部从临沂城移驻城东北沂河对岸的前河湾村（今属河东区）。1947 年 1 月下旬至 2 月初，新四军番号撤销，改编为华东野战军，从而完成了她的历史使命。

四、陈毅在兰山

陈毅元帅在数十年的戎马生涯中，身经百战，运筹帷幄。解放战争期间，陈毅随新四军军部在兰山驻留了 14 个月，时间虽短，但他在这里留下了难以磨灭的战斗足迹。

1945 年 9 月 19 日，中共中央根据抗日战争胜利后的新形势，制定了“向北发展，向南防御”的战略方针，决定让罗荣桓率山东数万兵力急进东北，新四军江南主力北撤，一部分进入山东。9 月 26 日，时任新四军代军长的陈毅在延安参加完中共“七大”后，在返回华中新四军军部的途中，接到了中共中央决定让其火速到山东接替罗荣桓工作的电报。接到中央指示后，陈毅一行即刻改道，于 10 月 4 日抵达山东解放区首府临沂城。罗荣桓向陈毅介绍了当时山东的形势及部队情况，研究了堵击徐州国民党军队北上的作战方案。10 月

15日，津浦前线指挥部成立，陈毅、黎玉赴鲁南统一指挥津浦前线部队，展开了津浦路战役。10月20日，中共中央任命陈毅担任新四军军长兼山东军区司令员。12月底，陈毅由津浦前线返回临沂城。

1946年1月1日，为庆祝津浦路大捷，山东省各机关2万余人在临沂城举行隆重集会，陈毅到会并致辞。在致辞中，他提出了要适应新的斗争形势、继续提高军事技术，加强团结、拥政爱民，动员一切力量支援前线、保卫斗争果实、争取全国和平三大中心任务。同月5日，临沂山东大学举行隆重的开学典礼，陈毅和黎玉出席。陈毅在讲话中要求山东大学从实际出发，因陋就简办学，把青年学生培养成为政治、军事、经济、文化人才，为人民大众服务。

1946年2月2日，北平军调部济南执行小组美方代表雷克上校、国民党代表涂叙五、中共代表陈叔亮及随员10多人飞抵临沂，与陈毅等专门商谈执行军调部“和字第二号命令”[①]等问题。在两天的会晤中，陈毅的谈话内容广泛。尤其对受降问题，他表示了极大的不满与愤慨。他慷慨激昂地说：“剥夺一支战胜军的受降权，这是对我们军队的极大侮辱。我们甚至派一个代表参加受降典礼的资格都没有，我无法向我部下和战士们解释。这不是武器问题，而是正义与军队的荣誉”，“你至少要向我鞠一个躬！我不能不愤慨！我不能不抗议！”[②]接着，他话锋一转，据实揭露了国民党军进犯解放区的行径；之后，他又表现出克制和让步。在商谈中，陈毅语言犀利而又幽默，有理、有利、有节。雷克上校十分佩服陈毅，他对同行的人说：“像陈毅将军这样有才能的中国军事将领，我还是第一次见到。”在另一次与军调处执行小组美方代表、国民党代表的谈判中，一位态度傲慢的美国少校冷言冷语地对陈毅说，你们中国人真是好战，你们不去争夺，就没这些麻烦了。陈毅不卑不亢地回答：这位先生真是健忘，连自己的国史都不晓得了，你们的南北战争才过去没多少年嘛，难道你认为那场战争是因为好战引起的吗？几句话就把那位少校驳得哑口无言。

1946年4月初，临沂城召开了反奸诉苦工作会议。陈毅在会上指出：山东以反奸诉苦、减租减息为中心的群众运动开展得比较好，取得了很大成绩，

① “和字第二号命令”是军调部于1946年1月20日发布的，规定了实施停战的原则：“所有冲突的双方部队，接到本执行部的停战指示以后，必须立即停火，并施行双方部队的隔离，以保证冲突不再发生。”并具体规定了双方撤离冲突地点一日之路程至少为60华里。这一命令发布不久，各地小组均发生了争论，国民党、美方代表的实际企图是逼共产党军队撤退。

② 李普：《在临沂会见陈毅将军》，见政协山东省临沂县委员会文史资料研究委员会编《临沂文史资料》第4辑，第2页。

但要注意工作中存在的问题。党的政策当前是反奸诉苦、减租减息，而不是土地改革。如何进行土地改革，要等中央的指示。4月19日，驻临沂党政军领导机关及临沂各界人士1万多人，在大众剧场举行“四八”烈士追悼大会，陈毅主祭。他号召全体军民继承叶挺、王若飞、秦邦宪、邓发等烈士遗志，努力工作，为争取和平民主事业的彻底胜利而奋斗。他还为“四八”烈士写了挽联：为千万世开太平幸福，看先烈被难，全国哀悼，将化身亿万，完成中国新历史；让反动派作最后挣扎，想黑暗专政，遍体鳞伤，必每况愈下，走向暴君断头台。他还为叶挺军长作了“东至齐鲁，缅维大业；西望关陕，痛失元戎”的挽联。

1946年6月21日，新四军第二副军长、山东军区第二副司令员罗炳辉病逝于行军途中，陈毅获知噩耗后万分悲痛。23日，华东局、新四军兼山东军区在临沂城为罗炳辉举行了隆重的安葬仪式，陈毅主持安葬仪式并在墓前发表了长篇演讲。他哽咽着说：“当我们与罗副军长永别的时候，我代表中共华东局暨山东八路军、新四军全体指战员，向他致以沉痛的、崇高的革命敬礼！”接着，他怀着悲痛和崇敬的心情，介绍了罗炳辉光辉的、战斗的一生。最后，陈毅坚定地讲道：“罗炳辉同志，你好好地安息吧！我们在你坟前宣誓，在你遗像前许愿：值此内战威胁极端严重之际，我们誓以胜利的保卫民主和平来纪念你……让我们在取得和平民主的最后胜利时，再为罗将军举行隆重的追悼大会！”

1946年7月，陈毅离开临沂城，赴华中地区指挥作战，12月下旬返回临沂。此时，新四军兼山东军区等机关已由临沂城转移到城东北前河湾村（今属河东区）。

第二节　党政机构建设

1945年9月临沂城解放后，兰山境内的党政领导机构也随之进行了迅速建设。9月中旬，中共临沂县委在临沂城重新组建，归属滨海区二地委领导。同时，临沂县政府（原临沂县抗日民主政府）也宣告成立，划归滨海行政公署第二行署。全县先后建有13个区，展开了对地方各项工作的领导。1947年10月，根据斗争形势的需要，滨海地委、专署决定，在临沂县境内沂河以西、祊河以南地区析置临西县。10月，中共临西县委成立；同月29日，临西县政府成立，隶属滨海区。1948 年 10 月 26 日，撤销临西县建置，其辖区仍归临沂县。

一、地方党政机构的重建

1945 年 9 月 11 日，临沂城解放，为地方党政领导机构的重建创造了有利条件。9 月中旬，中共临沂县委以临沂工委为基础在临沂城重新组建，归属滨海区二地委领导。新组成的临沂县委由狄生任书记、刘炬任副书记、唐军任组织部部长、张华任宣传部部长、甘霖任各救会会长，县委委员先后有 14 人。从 1945 年 9 月至 1949 年 9 月，狄生、纪华、刘炬先后任县委书记，洪彦林、刘继忠先后任县委副书记。

在新的临沂县委组建的同时，1945 年 9 月 13 日，新的临沂县人民政权——临沂县政府宣告成立，划归滨海行政公署第二行署。临沂县政府成立后至 1949 年 10 月，张云榭、刘炬先后任县长。临沂县政府先后设有秘书科、民政科（1947 年 2 月至 1948 年 9 月称战勤科）、财粮科（1947 年 2 月分设为财政科和粮食科）、文教科（1948 年 10 月改称教育科）、实业科（1947 年 2 月至 1948 年 9 月改称生产科，后复称实业科）、司法科、公安局、工商管理局（1947 年 2 月停止工作）、邮政局、交通科（1947 年 2 月以后并归实业科）、卫生科、生产推进社、县医院、银行办事处。县政府下辖城关、岔河、茶山、义堂、艾山、朱陈（今属罗庄区）、册山（今属罗庄区）、沂滨（今属河东区）、临东（今属河东区）、汤河（今属河东区）、太平（今属河东区）、洪瑞（今属河东区）、汤头（今属河东区）13 个区公所。

二、地方工作的恢复

刚刚解放的临沂城迅速进入了和平、民主、建设的新阶段，同时也处于国民党发动全面内战的危险之中，这对新组建的临沂县委、县政府来说是严峻的考验。在山东省政府和华东局的直接领导和大力支持下，临沂县委、县政府立即着手恢复本地区各项工作。

在日伪统治时期，临沂城遭到空前浩劫，广大人民生活在水深火热之中。临沂城解放时，城内残垣断壁，一片狼藉。临沂县委重组后，随即领导开展了减租减息、增加工资、反汉奸、反恶霸、反贪污等斗争。1945 年 10 月 11 日，临沂县委组织召开了茶山、汤河、汤头三个区负责人会议和各分区委书记、各救会长联席会议，根据各区在减租减息、反汉奸、反恶霸等斗争中各项工作的开展情况，总结经验，布置了以后的工作，推动了全县各项工作的开展。12月7日，临沂县委召开反奸反霸、减租减息运动大会。会后，县委、县政府、各救会、武装部和公安局，在分设基点，派县委负责人分别到各区掌握情况的同时，并调集大批人员到各区帮助开展运动，发动群众反奸反霸，实行减租减息、增加工资等政策，让广大群众在政治上、经济上真正翻身。到1946年2月，全县13个区974个村（不包括城关区）已有600个村的群众掀起运动高潮。

临沂县政府成立后，立即召开群众大会，宣布民主政府的一切紧急措施。县政府还召开了全城保甲长会议，宣布废除伪政权，取缔保甲制，建立街闾制，新的镇、街民主政权机构纷纷建立，城区设七个镇公所，每镇设正、副镇长各一人，镇以下设街，每街设不脱离生产的正、副街长各一人。随后，城关区公所筹备20万元的赔偿款，调查登记并赔偿群众在攻城期间因服从军事需要而受到的损失。县政府吸收地方开明人士成立救济委员会，对贫苦市民进行救济。除了一般救济，对在解放临沂城战斗中死亡的市民的家属，发给200元安家费及50—100斤的抚恤粮，抗日军政人员家属、工人、贫苦市民等也都享受同等待遇。为了救治在战争中负伤的市民，县政府组织急救所实行免费巡回救治，将伤重者介绍到后方医院进行手术治疗。对俘获的伪组织人员，经过审查，按其犯罪情节轻重，分别予以训练任用、罚以劳役或处以徒刑等处置。其中在临沂战役中被俘的200余名伪组织伤员，经县政府组织医疗、救治后全部被释放，路远的还拿到了路费。在临沂县委、县政府宽大政策的感召下，隐藏起来的伪组织人员纷纷向县政府投递自首书表示悔过，在临沂城解放后的一周内，自首的达到百余人。

为了迅速恢复城区工商经济，临沂县政府工商局派人调查市场需要，从根据地运来大量日用品及工业原料以活跃市场、满足市民需求。敌伪统治时期，本地区食盐供应严重不足。临沂城解放后，县政府立即设法运来4大车食盐，并组织成立运输队，运煤换盐，既解决了运输工人的生活困难，又缓解了城区食盐供应的紧张局面。为减少群众损失，县政府成立了伪币兑换所，两天内即兑换伪币400余万元。为帮助商铺恢复营业，县政府实施无息借贷政策，且贷款总额不加限制，使一部分商户很快获得了急需的营业资金。在县政府贷款政策的扶持下，临沂城1300处商行、摊贩及290多家店铺迅速开业，仅南关靛市街在实施无息贷款政策后，就有100多家商户很快开业。为稳定市场、维护正常的商贸秩序，县政府明令取缔了敌伪时期官办的专营限价、垄断的商会组织，引导建立群众性的商联会。为扶持群众手工业生产、改善群众生活、发展群众合作事业，1945年10月29日，县政府成立了生产推进社，仅20天时间，便发展了纺织妇女307名，贷公纺车147架，同时通过贷款扶持，使1700多架纺车、40多台织袜机转动起来。到1946年5月上旬，全县已发展纺织、油坊、医药、水产、弹花、铁匠、编席、丝织、炭栈、粮食、消费等43个生产合作社，拥有社员7710人、资金96.67万元。临沂县委、县政府实施的一系列工商政策与措施，使城区市场日趋繁荣，人民安居乐业。

在恢复、发展城区工商业的同时，临沂县委、县政府还积极发展文化教育事业。1945年9月下旬，县政府召开了文化界人士座谈会，与会的中小学校长、教员和中西医生愤怒控诉敌伪政权对临沂文化的摧残和愚民教育，共商发展临沂文化事业的大计。为使国民教育、社会教育走上正轨，县文教科成立了教育暂时推行委员会，以团结教育界人士迅速开展工作，同时着手恢复各小学的课程，积极解决招生问题。为解决学校师资不足的问题，采取开办训练班方式，训练知识分子和技术人员。11月中旬，临沂县委布置开展冬学运动，对村干部与积极分子进行文化教育。同时，提出以基点村为核心，结合外围村建立区学的办法，每处区学以5里内村庄为宜，且需灵活掌握上课时间，以免影响生产；每5个村庄选一名干部为班长，督促、带领大家学习。区学教员由能力较强、能解决本地问题的区干部担任，定期召集村干部汇报情况，研究和布置工作。到12月上旬，全县建立了250处冬学，学员达到16380人。为了发展高等教育事业，1945年8月22日，山东省政府决定在临沂建立山东大学（本章第五节有专述），经过积极紧张的筹建，1946年1月5日，山东大学在临沂城举行了隆重的开学典礼。2月，山东大学附属中学也在临沂城成立。

1945年9月19日，临沂县政府召开了宗教界人士会议，县长张云榭详述了民主政府的宗教政策，指出宗教信仰自由是共产党的一贯主张，并表示对美籍基督教士的房产加以修葺和保护。这一宗教政策受到教民们的普遍赞誉。

为缓解市民看病难的问题，1945年12月8日，山东省立临沂医院在考棚街建成，隶属山东省政府卫生总局领导。该医院下设门诊、挂号、候诊、化验、电疗、手术、妇科等科室以及图书馆、山东医务杂志社。该医院属于半营业性质，但挂号费和药费都比较低廉，诊病手续也很简便。“据统计，医院开幕，前来诊病的已有 1575 人，其中群众 122 人，学员 341 人，部队 1112 人。”[①]

1946 年 6 月 26 日全面内战爆发后，临沂县委、县政府号召全县人民掀起参军热潮。9 月 1 日，华东局发出《关于彻底实现土地改革的指示》（即“九一”指示），临沂县委随后领导了全县的土地改革运动（本章第四节有专述）。12 月中下旬，国民党军队大举进犯临沂，全县 60 万人民进入战斗状态。

1947 年 2 月中旬，为了诱敌北上，华东野战军主力全部撤离临沂。随后，国民党军队占领了临沂城，地主还乡团也纷纷回来反攻倒算。在一片白色恐怖之中，临沂县级机关撤到莒南县板泉一带，并建立了城东、城西、城北三个对敌斗争指挥部。2 月下旬，三个指挥部统一组成临沂县对敌斗争指挥部，张云榭、狄生分别担任正、副指挥。此后，指挥部在县委的领导下，组织带领武工队、游击队深入敌后，同国民党军队、还乡团等反动武装开展了艰苦卓绝的斗争，不断给敌人以沉重打击。5 月中旬，在孟良崮大捷的鼓舞下，临沂武工队全面出击，恢复在广大农村的工作。临沂县委在敌占区也适时进行了反倒算斗争，并在全县开展了土改复查运动和生产救灾等工作。

1948 年 8 月，临沂县支前运输团成立，李庆升任团长，临沂县支前运输团随后参加了济南战役、淮海战役的支前工作。10 月 10 日，临沂守敌王洪九部弃城南逃，鲁中南地方部队收复临沂城，城关及附近 10 余万人民重获解放，临沂县委、县政府机关迁回临沂城。10 月 18 日，临沂县委根据地委指示，决定建立临沂县支援前线指挥部，由张云榭任指挥、刘炬任副指挥兼政治部主任，并决定在各区设立支前站，由区长任站长，设专人负责人力兼政治、公路、粮食等工作；各村设生产备荒、拥军支前委员会。10 月 26 日，临沂县政府发出布告：令反动党、团、特、军、政、警、宪兵人员以及还乡团等，立即解散组织，停止活动，向县政府指定机关登记，交出武器及一切反动证件和匿藏的公物，争取宽大处理，违者则从严而论。11 月 1 日，临沂县支前指挥部发出紧急指示，指出大批部队已进驻我县，当前中心工作应以支前为主，各区对粮食加工、调运和保证交通等问题，应以战斗姿态来完成。此后，临沂县党政军民全力投入支前工作。

① 林立：《省立临沂医院成立》，见《大众日报》1945 年 12 月 11 日第四版，转引自山东省卫生史志办公室编《山东卫生历史报刊资料选辑》第 1 辑，1986 年。

1949 年 2 月 15 日，临沂县委召开乡支书记以上干部会议，提出为迎接全国胜利、接管解放区，需抽调大批优秀干部随军南下，开辟江南新解放区。会上，县委宣布了由 92 人组成的南下人员名单，92 人随后经过短暂集训，于 26 日随军南下。至中华人民共和国成立前，临沂县委、县政府带领全县人民积极开展了生产救灾、支援前线、地方政权建设等项工作，以高昂的姿态迎接中华人民共和国的诞生！

三、临西县的设置

1947 年 10 月，根据对敌斗争形势的需要，滨海地委、专署决定在临沂县境内沂河以西、祊河以南地区析置临西县（今兰山区大部）。同月，中共临西县委成立，刘炬任书记。10 月 29 日，临西县政府成立，刘炬兼任县长。临西县大队与县政府同时成立，刘炬兼大队长、政委，亓廷梅任副大队长，王茂森任副政委。临西县政府下设秘书科、实业科、民教科、司法科及财粮局、工商局、邮政局、公安局。临西县辖城关区、朱陈区（今属罗庄区）、册山区（今属罗庄区）、义堂区、艾山区，1948 年 1 月增建唐林区。临西县始建时隶属滨海区，1948 年 3 月划归鲁南区三地委、三专署领导。1948 年 10 月收复临沂城后，于当月 26 日撤销临西县建置，其辖区仍归临沂县。

临西县设立后，临西县委针对当时的斗争形势，于 1947 年 11 月中旬召开了干部、武工队员动员大会，通过诉苦、追悼烈士和工作分析，总结过去对敌斗争的经验教训，增强对敌斗争的信心。

12 月上旬，临西县和苍山县合组建立临苍指挥部，刘炬任政委，赵永萼任指挥，刘东岑任副指挥。临苍指挥部建立后，随即调集地方武装和民兵深入敌后，择机袭扰敌人，并积极开展瓦解敌伪工作。12 月中旬，国民党八十三师十九旅五十七团某营新兵一个班共 10 人向县政府投诚。此时的临西县除了朱陈区部分乡村，其他大部区域皆为游击区和蒋占区，因此，敌后斗争十分艰苦而复杂。临西县委紧紧依靠广大人民群众，组织地方武装深入敌占区打击敌伪，并展开强大的政治攻势瓦解敌军，使形势一天天好转。

1948 年 4 月 19 日，临西基干兵团一部与地方武装在为儿桥一带（今罗庄区沂堂镇境内）伏击了沿台潍公路两侧抢粮的国民党四十四师一部，毙、伤敌军 300 余人。7 月初，艾山区武工队、区中队在费县县大队一部的支持和配合下，深夜摸到城西10多里的朱许村头，迅速将艾山乡公所包围，歼灭乡伪自卫队一部，缴获长短枪20余支，俘获正、副乡长秦中和、王玉明及其随员等30余人，给敌人以沉重打击。临西县各地的伪乡保长、伪自卫队闻讯后惊恐万分，惶惶不可终日。9月16日，临西县大队和武工队配合鲁中南军区十七团、十八团攻克了傅家庄据点，使全境获得解放。

第三节 武装斗争

1946年6月全面内战爆发后，中国共产党及时发出《以自卫战争粉碎蒋介石的进攻》的党内指示。华东局于7月1日颁布政治命令，号召解放区党政军民紧急行动起来，团结一致，争取自卫战争的胜利。遵照上级多次发出的反对内战、准备行动的指示，7月24日，临沂县举行反内战万人大会，号召全县军民紧急动员起来，上好刺刀擦好枪，反动派从哪里发动进攻，就从哪里把它打回去！兰山人民在各级党组织的领导下，立即投入紧张的解放战争中，参军参战，踊跃支前，配合党领导的人民军队同国民党军队及地方反动势力进行了不屈不挠的斗争，为解放战争的胜利做出了重要贡献。

一、军调部“三人小组”在兰山

抗日战争胜利后，蒋介石在美国的支持下，积极准备围攻解放区，全面内战一触即发。为了争取实现和平，毛泽东亲自赴重庆与蒋介石谈判。1946年1月5日，中国共产党和国民党在重庆达成了《关于停止国内军事冲突的协议》；1月10日，双方又签订了《关于停止国内冲突的命令和声明》及《关于建立军事调处执行部的协议》。按照协议，由国共双方及美国各自派代表在北平组成军事调处执行部（简称军调部），负责调处军事冲突、恢复交通、解散伪军武装、遣送日俘和日侨等项工作。军调部设3个委员：美国代表罗勃逊、国民党代表郑介民、中共代表叶剑英。军调部下设32个执行小组，每个小组有美方代表、中共代表、国民党代表各1人（俗称“三人小组”），分赴各冲突地点进行调处工作。

临沂城是当时山东解放区的首府，徐州、济南等地的“三人小组”不断到临沂，与新四军兼山东军区司令员陈毅等领导人晤谈有关问题。1946年1月

30 日，徐州执行小组美方代表黑里斯、中共代表王世英、国民党代表李树正首次飞抵临沂，考察国共双方执行停战情况，并在交际处与新四军兼山东军区参谋长陈士榘等进行了商谈。商谈中，我方坚持解散被我军包围的伪军并收缴其武器，国民党方面则认为伪军应归“国府”改编；我方提出城市开放、实行物资交流政策，国民党方面则不同意开放，企图继续实行对解放区的经济封锁；国民党方面要求迅速修复铁路和主要公路，企图实现其运兵进攻解放区之阴谋，我方则坚持先解散伪军再恢复交通的观点。陈士榘在商谈中据实驳斥了国民党军队的挑衅和造谣，使偏袒国民党的美方代表黑里斯理屈词穷。

1946 年 2 月 2 日，北平军调部济南执行小组美方代表雷克、国民党代表涂叙五、中共代表陈叔亮飞抵临沂，与陈毅专门商谈执行“和字第二号命令”等问题。陈毅在商谈中表达了对“和字第二号命令”的不满，并向“三人小组”提出六条意见，即要求国民党疏散陇海铁路沿线的军队、山东的日军由我军负责解除其武装、被我军包围的伪军应由我军缴械、恢复交通、我方辖区的铁道由我方取得管理权和警卫权等。

图 9-2　陈毅在临沂机场欢迎北平军调部济南执行小组美方代表雷克[1]

① 图片引自颜世峰编著《红色沃土》，黄河出版社 2007 年版，第 69 页。

2月10日，徐州执行小组美方代表黑里斯、中共代表王世英、国民党代表谢慕松由徐州第二次飞抵临沂商谈。因国民党方面没有诚意，有关停战与恢复交通等事项未能取得新进展。但是黑里斯和谢慕松对我军在山东和华中方面坚决执行停战令以及停战后对具体问题的解决所做的努力与热诚表示赞佩，对陈毅司令员针对各种具体问题提出的建议及制止国民党军队最近在华中地区的进攻等问题，均允诺返回徐州后转达有关方面加以处理。

5月24日，济南执行小组美方新任代表台维斯上校、国民党代表文泽上校、第二绥靖公署副参谋长罗幸理、山东省府委员邓继禹及中共代表山东军区外事部长黄远上校等人重抵临沂，陈毅、邝任农、孙鸣岗、梁竹航、刘贯一等前往会见。当晚，陈毅在山东省政府大礼堂举行了欢迎晚会。25日上午，陈毅等在交际处与济南执行小组代表举行正式会谈，就停战、恢复交通和交流物资三个问题交换意见。26日，北平军调部特派员美方代表沙文上校在新四军第四纵队政委曾希圣的陪同下抵达临沂，就停战等三个问题进行了交涉。

6月26日，蒋介石悍然撕毁停战协定，大举围攻中原解放区，全面内战爆发。因此，各地军调部执行小组无法进行正常工作，调处活动就此停止。9月29日，徐州执行小组我方代表王少庸上校及随员12人，奉命返回解放区，到达临沂。10月1日，济南执行小组我方代表亦回到临沂。

二、国民党占领临沂城

1947年初，陈毅、粟裕部主力集结在山东解放区首府临沂附近，因此，蒋介石以为山东的共产党军队“大势已去”，只剩下死守临沂这一条路而没有其他回旋作战的余地了。蒋介石严令国民党军一鼓作气，迅速在山东境内与共产党军队展开决战，不但要占领临沂，还要完全占领山东解放区。为此，国民党军决心发动一次以夺取临沂为目标的“鲁南会战”，参谋总长陈诚到徐州坐镇指挥。陈诚自以为兵多人众、粮草充足，“鲁南会战”胜券在握。为了这次会战，国民党军调集了19个整编师（军）共49个旅近30万人，分南北两线，形成夹击之势。1月下旬，南线由第十九军军长欧震率兵20万作为主要突击集团，依托陇海铁路，自台儿庄、新安镇、城头一线，分三路沿沂河、沭河流域向临沂推进；北线由第二绥靖区副司令官李仙洲率兵6万作为辅助兵团，分别由周村、博山、明水经莱芜、新泰南犯，企图配合南线之敌在临沂围攻华野主力。

根据敌众我寡的形势，华东野战军决定，在战役之初集中主力于沂河、沭河流域，诱敌深入，寻机歼其一路。但陈诚吸取了以往失败的教训，这次采取了集中兵力、密集滚进、稳扎稳打、避免突出分散的战法，进行了自称为“烂葡萄里有硬核桃”的兵力部署，即在南线三路攻击部队的每一路中都以一个精锐的主力师作为骨干，其兵力谨慎地滚动前进，每天推进的行程不超过10千米。因此，我军未能获得战机。与此同时，陈毅、粟裕、谭震林电报中央军委，报告了在临沂外围歼灭敌人的作战方针，拟定先打敌右翼二十五、六十五两师，再引诱七十四师、十一师北进，进行歼击。毛泽东同志1月28日电示，明确提出了“后发制人”的指导思想。2月4日，毛泽东同志电示：“敌愈深进愈好，我愈打得迟愈好；只要你们不求急效，并准备于必要时放弃临沂，则此次我必能胜利。目前敌人策略是诱我早日出击，将我扭打消耗后再稳固地进占临沂。你们切不可上当。”

2月6日晚，华东野战军命第二纵队以突然迅猛的动作向东南挺进。7日，在白塔埠、驼峰地区，一举歼灭敌右路军侧翼由伪军改编的第四十二集团军主力，生擒了叛逆郝鹏举，并有直取海州之势，以吸引敌人主力东援，再寻机消灭东援之敌。不料各路敌军竟置郝军于不顾，右路反而向后退缩。在这种情况下，华东野战军前委决定采取陈毅司令员提出的放弃临沂、秘密转兵北上、歼灭李仙洲集团的大胆设想。

2月10日，华野军决定留第二、第三纵队伪装全军模样，于南线采取宽正面的防御、节节阻击敌人，我军主力部队分三路隐蔽地兼程北上，进至莱芜周围地区集结。同时，部署地方武装进逼兖州，并在运河上架桥，造成我军将西渡运河的假象，以迷惑敌人。2月15日，我军主力撤离临沂城。在撤离之前，我军与地方党组织做了多方面的坚壁清野和疏散准备工作。我军撤离后，城内家家关门闭户，全城静谧，青壮年及老弱妇孺均撤离城区。

华野军于2月15日撤离临沂城，南线的国民党军整编第八十三、第六十五、第十一师分三路于当日占领了这座空城，逃往徐州的王洪九派保安副司令杜庆九率保安第七团亦于当日进入临沂城。2月24日，王洪九从徐州率领大小官员、卫队、眷属还乡进城，当上了国民党临沂绥靖公署专员兼保安司令。这时，逃亡地主等反动分子纷纷成立还乡团，返回临沂。一时间，风云突变，兰山地区陷入白色恐怖之中。

王洪九对他在1945年险些被我军擒获和其父在1946年土改后期被斗争、被镇压之事一直怀恨在心。他一回到临沂，便命令手下匪徒们枪杀了7名共产党员和积极分子。随后，他收拢当地流氓、地主、土匪，从中挑选亲信、爪牙充实特务连、手枪队和“保安团”。他还利用还乡团对广大群众进行疯狂报复，反攻倒算土改果实，血腥屠杀共产党员和基层干部。他在临沂城设立了多处牢狱监所，并在“还乡”一个多月内抓捕、关押民众4000多人，3月20日一天内即活埋130多人。

1947年，王洪九在临沂城杀害革命干部、群众7000多人，每隔5天左右就要枪杀一批群众，杀人地点多在东岳庙西官地周围以及南坛杨家洼官地、三里庄西北角和东北角官地等处。其杀人手段极其残忍，除了枪杀、刀砍、活埋，还有惨无人道的“放天花”“点天灯”“钉耙齿”“下饺子”“拉锯”“点名”“穿沙布大褂”等，无所不用其极。

1948年7月，随着人民解放军与国民党军队即将进行战略决战，王洪九预感到自己的末日来临。在逃离临沂城之前，为绝“后患”，他于7月21日密令所属突击小组和武装便衣特务，从城里到乡村，对革命群众实行了更加疯狂的紧急大搜捕和集体大屠杀。凡是参加过革命工作或接近过革命干部以及支持革命的群众，均受到便衣特务的监视和刺杀。临沂城各监狱关押的群众被分批拉到城北河滩进行杀害。其中一个较大的沙滩连续活埋了3000多人，这就是王洪九在临沂城制造的骇人听闻的“万人坑”。据1948年底的调查数据，王洪九“还乡”1年零8个月，直接、间接杀害革命干部、群众达16000余人。[①]

三、坚持武装斗争

1946年6月26日，蒋介石在美帝国主义的支持下，撕毁停战协定，发动了全面内战。7月4日，国民党军队的两架飞机对临沂城南关教会医院及城东沂河大桥一带进行低空扫射，造成居民8人伤亡。随后，驻徐州地区的国民党军队也大举向鲁南地区进犯。中共临沂县委根据上级党委的部署，进行了普遍的形势教育和战备动员工作。

① 临沂市兰山区地方史志编纂委员会编：《临沂市志》，齐鲁书社1999年版，第381页。

（一）积极备战

1946年7月24日，临沂县举行反内战万人大会，控诉蒋介石发动内战的罪行。张云榭县长和城防司令部铁英政委在会上号召全城军民紧急动员起来，积极做好武装斗争准备。随后，临沂县委充实了地方武装县大队，民兵组织发展到1万多人，保家自卫团员15万人，准备随军执行战勤任务的子弟兵团2000人。11月初，临沂城乡已实行空舍清野策略，城区市民和厂商已疏散三分之二以上，临沂城驻军和民兵在城周围构筑了作战工事。12月9日，临沂县委召开了600余人的全县县区干部大会，总结了半年来土地改革、参军运动的成绩与经验。同时，号召全县干部、民兵队员、自卫团员、工农青妇会员立即进入战斗状态，紧张备战，以迎击国民党军队的进攻，并对壮大武装、民兵联防、空舍清野、拥军支前等工作进行了部署。12月14日，占据峄县、台儿庄等地的国民党军队向临沂方向进犯，先后侵占兰陵、向城等地，迫近临沂，临沂各地紧急进入战斗状态。

1947年1月1日，临沂县独立团成立。14日，由县长张云榭任总队长的支前总队部成立。当月，华东部队实行统一整编，在撤销山东、华中各野战军番号的同时，正式组成以陈毅任司令员、饶漱石任政委的华东军区和以陈毅任司令员兼政委、粟裕任副司令员、谭震林任副政委的华东野战军。

1月下旬，国民党军队向山东解放区首府临沂大举进攻，解放区军民同仇敌忾，在郯城、码头一线同国民党军队交战。2月6日，华野二纵在陈毅的指挥下，于白塔埠一带发起了讨伐叛军郝鹏举的战役。经过两天的激战，歼灭了郝部二、三两个师及一个军部，生俘郝鹏举。战后，华东野战军为了集中兵力歼灭北线进占莱芜的李仙洲集团军，主动撤离临沂，挥师北上。2月15日，在华野撤离临沂城的当天，国民党军队占领了这座空城。

（二）临沂城失陷后的对敌斗争

国民党军队侵占临沂城后无恶不作，各地还乡团也不断制造白色恐怖。临沂县委根据党中央关于深入敌后，广泛开展游击战争，牵制打击敌人，配合正面战场歼敌的指示，为就地坚持斗争、打击敌人，于1947年2月中旬建立了由狄生、王新华负责的城东地区对敌斗争指挥部，由张云榭、刘继忠、曹文华负责的城西地区对敌斗争指挥部，由刘炬、张华、夏锡昌等人负责的城北地区对敌斗争指挥部。2月下旬，为统一领导地方武装，临沂县成立了由张云榭、狄生分任正、副指挥的对敌斗争指挥部，1200 余名民兵与村干部参加了敌后武工队、游击队，坚持对敌斗争。

1947 年 2 月下旬，临西指挥部从斗争实际和群众要求出发，作出了“就地坚持斗争，保护群众利益”和“枪打出头鸟”的决定。各区委根据这一决定精神，带领武工队深入敌占区打击“出头鸟”。2 月底的一天，艾山、城关两支武工队准备攻打艾山乡公所，当队伍行进到密家村东的时候，突然发现逃亡的伪保长手持国民党旗，正带领一群人走出村子。武工队将计就计，装扮成还乡团的模样，伪保长误以为是王洪九的还乡团来了，毕恭毕敬地将武工队带进村子。武工队员列队进入村内一个空场，面对周围聚集来的群众亮明了自己的身份，随即将伪保长捆绑起来，当众宣布了他残害群众、为敌效劳的罪状，然后将他当场处决，为民除害。插进敌占区朱张桥、湖西崖、山前、山后等村的武工队，也在一夜之间抓获伪保长、伪自卫队长 10 余人，将残害百姓的“出头鸟”带到村外镇压。这一系列武装行动有力地震慑了敌人，打击了他们的嚣张气焰。

从 2 月中旬到 3 月中旬，临沂武工队、游击队共作战 150 余次，生俘国民党军 9 人、还乡团 230 余人；攻克朱夏、曲沂、乾沂庄、南屠苏等敌军据点 10 余处，有力地打击了敌人的嚣张气焰，迫使敌顽撤出大岭、小岭、二十里铺、营子等 50 余处据点。4 月中旬，又配合主力部队在临沂外围歼灭国民党军队 1000 多人，缴获小炮 7 门、机枪 3 挺、步枪 31 支、子弹 6700 多发。

随着武装斗争的全面开展，临沂各地也相应展开了强大的对敌政治攻势。每当夜晚降临，各区都派出若干武装小分队，深入到敌占区，散发传单、刷写标语、发公开信、下通牒。同时，还通过地下党的活动，对敌军进行策反、瓦解工作，效果显著。

1947 年 4 月 21 日，临沂县委根据斗争需要，决定变更各武工队的组织，将原来完全以武装斗争为主的战斗班，配备善于战斗又有群众工作经验的同志，开展村庄工作，做到对敌作战与群众工作一起抓。5 月初，为了配合孟良崮战役，临西各区武工队在鲁南军区的统一领导和部署下，协同地方兵团开展了两次大的军事行动。一次是出击临费公路两侧的敌人据点，破坏临沂义堂至费县探沂之间的公路超过 5 千米，直逼临沂城西郊；另一次是出击临沂城南东高都敌人据点，歼敌 100 余人，割敌人军用电话线 250 多公斤，阻断了驻临沂城敌军与城南几个据点的通信联络。这两次军事行动有效地牵制了国民党军队二十五师、二十师各一个旅和六十四师的两个旅，使他们不能及时增援孟良崮战役，为我军夺取孟良崮战役的胜利做出了贡献。孟良崮战役结束后，在孟良崮大捷的鼓舞下，临沂武工队全面出击，恢复在广大农村的工作。城西武工队控制了朱陈、册山、艾山 3 个区的 200 多个村庄。朱陈区已与鲁南恢复区连成一片，武工队的活动区域已经扩大到临沂城。

1947 年 9 月，义堂区武工队于某日夜间插进 10 千米外的敌占区，摸进下坡村，将该村伪自卫队全部包围。经过交战，村伪自卫队四散逃命，武工队缴获步枪 10 余支，并将村伪保长兼伪自卫队长陈文山俘获。为扩大武装斗争的影响、进一步震慑地方反动势力，经过县委批准，武工队在吴家町集上举行公判大会，将罪大恶极的陈文山宣判后公开处决。9 月底，根据大反攻的形势要求，临沂县委召开扩大会议，检查了撤出临沂城后 7 个月的工作，提出了三项任务：一是争取主动打击并大量杀伤敌人，缩小蒋占区，扩大我占区；二是全力动员建设壮大脱产和不脱产的武装；三是今后作战要尽量做到“弹不虚发”，大量培养“神枪手”“爆炸手”，多多缴获敌人武器和物资以补充自己。10 月 1 日，临沂县委将对敌斗争指挥部、独立团团部和人民武装部合并为临沂县总团部，由张云榭任团长、狄生任政委、侯润生任副政委，进一步加强对武装斗争的统一领导。

1947 年 11 月 8 日，临沂县委召开紧急会议，布置收复区工作，并形成了四项决议：一是继续主动向敌人展开军事攻势，开展群众性爆炸战，大量杀伤敌人，扩大我占区；二是大力展开政治攻势，将全国反攻胜利形势向受蒋伪欺骗的人民群众做宣传，坚定必胜信心，并鼓励一切不愿替美蒋屠杀我同胞的蒋伪及土顽、还乡团人员回头向善，准其将功赎罪，重新做人；三是在收复区及新的边沿区，以“反蒋复仇”为主，实行开仓济贫，发动群众普遍展开反倒算运动，把恶霸地主、还乡团从群众手中抢夺的财物退还给农民；四是在边沿以内地区，迅速整理各种组织，恢复社会秩序，加强民兵力量，布置爆炸，准备粉碎蒋顽、还乡团的报复行动。

1948 年初春的一个深夜，义堂区武工队插进敌占区小朱保村，将正在街上巡哨的村伪自卫队长击毙，缴获汤姆式冲锋枪一支。其他伪自卫队员闻讯后四散逃命，伪村长未及逃走便被武工队抓获，押解到后方。4 月 19 日，国民党集结四十四师一五〇旅 3000 多人从临沂城出动，沿台潍公路两侧地区“扫荡”抢粮。

得知情况后，临西基干兵团一部与地方武装在为儿桥一带展开反击，经过一番激战，毙、伤敌军300余人。22日，我军在诸满以东后楼村一带与从临沂城出兵抢掠的国民党保安一团的两个营相遇，我军随即展开攻击，歼敌300余人，缴获机枪7挺、小炮2门、子弹7000余发、粮食5万多公斤。

1948年9月16日，临西县大队和武工队配合鲁中南军区十八团、十七团，攻克临沂城西南重要据点傅家庄，全歼匪自卫大队和三重、傅家庄两伪乡公所及朱陈镇公所，毙、伤敌军30多人，活捉308人。至此，临西县全境获得解放。

在国民党侵占临沂城一年多的时间内，兰山军民团结一心，同仇敌忾，与国民党军队、地方敌对势力进行了顽强不屈的斗争，给国民党军队和还乡团以沉重打击。兰山军民也正是在这艰苦卓绝的斗争中发展了武装，壮大了力量，增强了必胜的信心。

四、收复临沂城

1948年秋，全国解放战争进入第三个年头。经过两年浴血奋战，人民解放军从人员到装备都不断发展壮大，已经做好了与国民党军队大决战的准备。在山东战场上，华东野战军山东兵团于周（村）张（店）、兖州等地歼敌11万人后，控制了胶济铁路全线以及津浦铁路济（南）徐（州）段250余千米。敌人的防御体系全部被我军割裂，仅剩下济南、青岛、烟台、临沂及徐州北面少数据点，且完全处于被我军包围的孤立状态。华东野战军西线兵团、山东兵团及苏北兵团主力集结在鲁南、鲁西，准备与敌军进行最后的决战。收复敌军盘踞的临沂城便成为山东战局的一个重要组成部分。

1948年4月，华东野战军山东兵团连续发起胶济铁路西、中段战役及津浦铁路中段战役，解放周村、张店、兖州等重要地区后，驻守兰山境内的国民党第九绥靖区李良荣部极度恐慌，南撤至江苏省新安镇，兰山境内仅留王洪九部等人防守，临沂城便是他们的主要据点。

1948年5月下旬，国民党张天佐部1万多人从昌潍地区突围而出，南窜临沂，在莒县西南的令旗墩一带被滨海军分区阻击。激战一夜后，滨海军分区歼敌一个团，生俘600多人。接着，滨海军分区又在令旗墩一带截击了昌潍战役中从安丘突围南窜的国民党军队，歼敌1400余人，余敌窜入临沂城。7月，驻兰山境内国民党八十三师十九旅又仓皇南撤，白塔、太平一带被我军收复，周围40余村群众重获解放，临沂地方武装的活动范围已到达独树头附近，距临沂城仅9千米。华东野战军西线兵团外线出击鲁南后，王洪九惧怕我军攻城，自7月20日起，从临沂、莒县、郯城三县抓捕群众6000余人加固临沂城防工事。经过4个多月的整修，临沂城城墙高大宽厚，上面修筑炮台3座，墙基开挖隧道作为进出口，四城门设炮兵指挥所，环城设地堡86座。王洪九妄图据城固守。

1948年9月16日，鲁中南军区决定攻克傅家庄据点。傅家庄据点是王洪九部在临沂城西南20千米处的一个外围重要据点，这里地势险要，碉堡林立，围墙高厚，易守难攻，但此时的守敌已是穷途末路。经过一个多小时的激战，我军顺利攻克傅家庄据点。攻克傅家庄据点后，我军切断了敌军南北交通，钳制了临沂及临沂以南之敌。与此同时，赣榆县独立团在玉皇庙、芝麻墩一带监视敌人，攻打庄店子据点时又得到临沭县独立营的增援，保证了战斗的顺利进行。这些战斗的胜利为收复临沂城扫清了障碍。

随着兰山及周边地区我军和地方武装的强大攻势，王洪九部已被困在临沂城及沂河沿线个别孤立据点里。9月24日解放济南后，我军主力沿津浦铁路南下。在我军的强势震慑下，困守临沂城的王洪九部极度恐慌，惶惶不可终日。10月7日，为使我军主力迅速集结，达到全歼临沂守敌之目的，各控制村一律实行站岗放哨。9日，鲁中南地方部队一部开始向临沂进逼，王洪九深感末日来临，当晚全城戒严。10日拂晓，王洪九率所部5000余人在敌军第二十五师第一〇八旅的接应下仓皇沿临郯公路向南逃窜，其贴身保安部队已溃不成军，各自逃散。逃跑途中，敌军大部被华东野战军鲁中南纵队歼灭在郯南地区。10月10日，临沂城被我军收复。

收复临沂城后，中共鲁中南区党委和临沂县委等机关迁到临沂城内。从此，兰山人民获得彻底解放。

第四节　后方战场

解放战争时期，兰山作为山东重要的革命根据地，成为国民党军队重点进攻的区域之一。兰山人民在各级党组织的领导下，在艰苦卓绝的战争环境中，积极进行减租减息和土地改革运动，一边斗地主分田地，以实现“耕者有其田”的愿望；一边参军参战，踊跃支前，为打败国民党军队的进攻构筑强大的后方战场，也为夺取解放战争的胜利贡献自己的力量。同时，一批优秀干部按照上级指示，为接管江南新解放区毅然随军南下，在极端艰苦、险恶的环境中开展工作，建立属于人民的地方新政权，用自己的青春和热血为江南新解放区的政权建设谱写了壮丽篇章。

一、土地改革

抗战胜利后，兰山人民在中国共产党的领导下，进行了土地制度改革，废除了封建土地所有制，普遍实现了“耕者有其田”。解放战争时期，兰山境内的土改运动大致分为三个阶段：1945 年 8 月至 1946 年 6 月，进行反奸清算、减租减息；1946 年 6 月至 12 月，进行土改运动；1947 年初至 1948 年末，进行土改复查。

（一）反奸清算、减租减息

抗日战争时期，为了团结抗日，我党将没收地主土地的政策改变为减租减息的政策。抗日战争胜利后，中国共产党为了维护和平局面，没有立即实行土改政策，部分新解放区也未来得及实行减租减息、增加工资的政策。抗战胜利后，根据上级指示，临沂新解放区开始开展反奸清算和减租减息斗争，这两种斗争的对象、政策和方式各不相同：反奸清算斗争的对象是汉奸和恶霸地主，基本政策是没收他们的土地和财产，斗争方式是批判、控诉和清算，对有血债的恶霸地主予以镇压；减租减息斗争的对象是一般封建地主，基本政策是让他们减租、减息和增加工资，斗争方式是说理、算账等和平方式。

临沂解放后，中共临沂县委、临沂县政府在未发动群众的地方发动、组织群众开展反奸诉苦运动，并按照“二五减租”“分半减息”的规定，开展减租减息运动。由于临沂城近郊大部分是新解放区，减租减息是与反汉奸、反贪污、反恶霸的群众诉苦清算运动紧密结合在一起进行的。1946 年 2 月 10 日，葛疃村（今属兰山区义堂镇）农救会联合外村佃户到东埠地主“王五胖子”家讲理，当即清算出粮食 500 多公斤。第二天，农救会又集合周围 11 个村的佃户 1500 多人，迫使“新八顷”等 13 家不法地主退还租粮 5097 公斤，找回工资粮 217 公斤。至 2 月底，全县 13 个区 974 个村庄已有 600 多个村庄开展了反奸清算、减租减息斗争，处理斗争果实 700 多万元，没收汉奸粮食 45 万公斤、土地 300 多公顷、钱 55 万余元。获得斗争果实的达 21000 多人，减租佃户 589 户，减租地 972 公顷，增资工人（多为雇农）655 人。全县 80% 的村庄摧毁了伪政权，建立起新的民主政权。4 月底，减租减息运动在全县形成高潮。经过减租减息斗争，临沂县封建势力大大削弱，人民群众的生活有了明显改善，劳苦大众基本掌握了基层政权。

（二）土改运动

兰山境内的土地改革是在反奸诉苦、减租减息运动的基础上进行的。抗战胜利后，人民大众与以蒋介石为代表的大地主大资产阶级的矛盾上升为国内的主要矛盾。为了彻底废除封建土地所有制，完成民主革命的基本任务，1946 年 5 月 4 日，中共中央发出了《关于土地问题的指示》（简称“五四”指示），将减租减息的土地政策改为没收地主土地分配给农民的政策，并明确指出解决解放区的土地问题是我党目前最基本的历史任务，是目前一切工作的最基本的环节。为了贯彻“五四”指示精神，5 月中旬至 6 月初，华东局在临沂城召开了地委书记、军分区司令员以上的高干会议。陈毅在会上作了《如何正确执行中央“五四”指示》的总结发言，提出要坚决贯彻党的政策，把地主阶级首先是大地主、大恶霸、大汉奸的土地拿过来，交给无地或少地的农民，实现“耕者有其田”。

为贯彻“五四”指示和华东局会议精神，6 月 18 日至 27 日，中共临沂县委用 10 天时间召开了县、区干部会议，主要部署开展土地改革工作。会议要求大胆放手发动群众，新区仍以减租减息为主，对大的封建堡垒坚决发动群众减租清算；已进行“双减”的村庄，组织群众转入生产，并彻底进行查减；空白村则仍从反奸诉苦开始；老区则以生产为主，组织发动群众进行土改。7 月 8 日，临沂县委开办县学（党校），对 200 多名积极分子进行土改培训，并组织县委委员、各部门负责人和有群众工作经验的干部，深入村庄，摸索经验。8 月中旬，临沂县委确定以岔河为土改实验区，由县委书记狄生和宣传部部长张华亲自掌握，以便及时指导全县土改工作。县长张云榭则带领实业科长王厚甫、司法科长张垣等到册山区王家对河村设点带面。县机关除了留个别同志处理日常工作，其他人员分别到区、村以加强对土改工作的领导。

1946 年 9 月 12 日，《大众日报》在第二版发表了张华的《临沂县岔河区土地变化与目前土地问题》的长篇调查报告，这是报纸首次公开宣传报道山东省土地改革运动。该调查报告根据对 8 个村的挨户土地调查与统计，列表说明了岔河区阶级划分与土地关系的变化，并充分肯定了岔河区土改的成绩，指出：临沂岔河区在八个月群众反奸与减租清算运动中，土地关系发生了显著的变化，变化的趋势是过去汉奸和封建地主用各种非法手段从农民手中夺去的土地，通过农民的正义讲理斗争回到农民手中，一方面广大贫苦农民（中农在内）的土地大大增加了，赤农渐渐成为占有小块土地的贫农，贫农由于土地增加而渐渐升为中农，中农的土地也有所增加；而另一方面，地主及部分富农土地减少。[①]调查报告还具体分析了岔河区土地关系变化的原因。最后，调查报告也指出了存在的问题：一是现有清算出的土地要迅速分配下去；二是在封建势力仍然统治着的空白村，其土地问题尚未解决；三是要注意保障与确定地权，稳定农民生产情绪。

1946 年 8 月底，华东局又召开了土地会议，于 9 月 1 日发出了《关于彻底实现土地改革的指示》（即"九一"指示），指出目前主要是通过没收、清算、献田等办法，实现"耕者有其田"。为贯彻"九一"指示精神，山东省政府于 10 月 10 日、29 日先后颁布了土改布告和关于实行土地改革的指示，强调必须努力争取在年底以前全部或大部完成土改。根据"九一"指示的要求，临沂县迅速掀起了土改运动高潮。仅岔河区就有 333 公顷土地转入农民手中，55 个村庄的 4 万农民欢庆"土地回家"。10 月底，鲁南我军奋起反击企图进犯临沂之敌。由于战事紧张，支前任务十分繁重，土改只能与自卫战争交叉进行。11 月 14 日，临沂县委召开扩大会议，确定了从全面战争入手贯彻土地改革，结合做好其他工作的方针，土改与反蒋保田、参军支前等结合进行。到 12 月上旬，全县 974 个村庄有 800 个村庄完成了土改，共没收地主土地 5400 公顷、房屋 3600 间、耕畜 1400 头、农具 1800 件、粮食 1218600 公斤。12 月 9 日，临沂县委召开全县干部大会，对土改和参军工作进行总结。12 月 22 日，临沂县委召开了 600 人的县、区干部大会，提出"县不离县，区不离区""斗争就是考验""在艰苦斗争中为人民立功"的口号，号召全县干部、民兵、工农青妇会员和 60 万人民立即进入战斗状态，迎击国民党的进攻。

（三）土改复查

土地改革虽然取得了很大成绩，但存在斗争不彻底、土改果实分配不合理

① 中共山东省委党史研究室编：《解放战争时期山东的土地改革》，山东人民出版社 1993 年版，第 571 页。

等问题。1947年2月1日，中共中央发出《迎接中国革命的新高潮》的指示，指出在未进行土改的地方，必须努力实现"耕者有其田"；在已实行了土改但不够彻底的地方，必须认真检查，实现填平补齐。华东局为贯彻中央指示，先后发布了多份关于土改复查的文件。从1947年初到6月，临沂解放区进行土改复查。但由于临沂解放区大部被国民党军队占领，且随国民党军队跟进的还乡团开始反攻倒算，土改复查工作进展十分困难，只处在准备阶段。

1947年7月7日，华东局发出《关于山东土改复查新指示》（即"七七"指示），指出土改工作中存在的问题，并具体规定了新的土改政策。8月2日，临沂县委召开县、区全体干部大会，总结土改工作，指出"土改的不彻底性"，要求各区干部表明政府态度，交权给农会。会后，全县在敌占区进行了土改复查。义堂、艾山、朱陈、册山等区的地主、还乡团大部分停止了倒算和卖地，使广大农民已失去的土地又重新回到农民手中。8月中旬，临沂县委机关抽调30多人组成工作团，县学250余人组成工作大队，在宣传部部长许肃和各救会会长李庆升的带领下，指导边沿区的土改复查工作。11月8日，临沂县委根据滨海地委《在贯彻土改复查中几个具体问题的决定》，认真检查了土改复查中存在的问题，并召开紧急会议，决定在收复区及新的边沿区，以"反蒋复仇"为主，实行开仓济贫，发动群众展开反倒算运动，把恶霸地主、还乡团从群众手中抢夺的财物退还给群众；在边沿以内地区，迅速整理各种组织，恢复社会秩序，加强民兵武装，粉碎还乡团的报复行动。此后，各地进一步开展了土改复查工作。但由于国民党军队的占领，临沂各地土改复查并不普遍。直到1948年10月临沂全境彻底解放后，该地区的土改复查工作才轰轰烈烈地展开。到中华人民共和国成立前，老区基本上结束土改，恢复区完成了土改，新区开展了减租减息运动，实现了"依靠贫农，团结中农，有步骤地、有分别地消灭封建剥削制度，发展农业生产"的土改总路线。

土地改革是中国民主革命的一项基本任务。在各级党组织的领导下，临沂地区的土改运动取得了巨大的成绩，使广大农民在政治上、经济上得到翻身解放，极大地调动了他们的生产积极性，也使广大农民群众进一步同共产党站在一起，为粉碎国民党军队的进攻、赢得解放战争的胜利创造了最基本的条件，并为中华人民共和国成立后彻底完成土地改革提供了丰富的经验。

二、踊跃参军

解放战争时期，兰山人民在中国共产党的领导下，经过减租减息和土改运动，更加拥护中国共产党，更加热爱人民子弟兵。面对国民党军队的疯狂进攻，兰山人民发扬抗日战争时期保家卫国、参军支前的光荣传统，不断掀起参军参战的热潮，用实际行动诠释了爱党爱军的沂蒙精神。

1946年秋，正当临沂县土改运动轰轰烈烈进行之际，国民党军队开始向鲁南解放区的枣庄、兰陵一带进犯。人民解放军奋起反击，坚决阻止了国民党军队的进攻。虽然临沂县暂时相对稳定，但蒋介石集团发动内战的企图已经暴露无遗。因此，全县人民的和平生活面临战争的严重威胁。为了保卫家乡、保卫土改果实，临沂县在加速进行土改的同时，掀起了反蒋保田、参军参战的热潮。从8月中旬到12月上旬，全县共有3000余名青壮年光荣入伍。这些经过土改斗争锻炼的基层干部、共产党员、民兵和积极分子，都有较高的政治素质和阶级觉悟，他们从自己的翻身解放中切实感受到共产党及其领导的人民军队是真正代表劳苦大众利益的。他们怀着广大翻身农民"坚决跟共产党走，誓与蒋介石拼到底"的共同心愿，积极并自愿报名参军，并对彻底打垮国民党军队充满必胜的信心。

在参军运动中，出现了许多激动人心、感人至深的场面。临沂县大队在8月份补充兵员时，艾山区一位80多岁的老大爷拄着拐杖送孙子参军，嘴里念叨着："俺老了，叫孙子去打吧，咱子子孙孙都去打，还怕蒋介石打不垮？"许多参军青壮年都是在母亲、妻子甚至未婚妻的陪同下到达区里的，场面十分感人。在他们的影响带动下，艾山区报名参军者有500多人。

图9-3　临沂县某村民众向参军青年敬酒①

在参军热潮中，各村对报名入伍的青壮年都做了深入细致的工作。在他们参军入伍之前，区、村都组织举行欢送仪式，给参军入伍的新战士披红戴花。

① 图片引自颜世峰编著《红色沃土》，黄河出版社2007年版，第69页。

同时，当地干部和群众代表也向新战士保证：一定搞好拥军优属，积极组织后方生产，全力支援前线，让子弟兵在部队安心打仗。1946年12月19日，《大众日报》在头版显著位置刊登了临沂3000名农民入伍、临沂师范84位学生上前线的消息，报道了临沂县踊跃参军的盛况。

三、全力支前

1946年6月26日，国民党军队向解放区大举进攻，全面内战爆发。内战爆发前的6月6日，山东省政府发出《为反对内战准备行动》的命令，指出必须克服太平麻痹思想，要求县级以上机关立即整顿组织，以便在必要时迅速转入战时状态。内战爆发后，华东局于8月1日在临沂发出《告同胞同志书》，号召广大人民紧急动员起来，彻底粉碎国民党军队的进攻，保卫和平民主。9月13日，临沂县成立了支援前线指挥部，县长张云榭任指挥，县委书记狄生任政委。各区也随后成立了支前指挥部，由区长、分区委书记、各救会长、人武部长共同组成。到10月初，全县各区均已完成支前常备民工的动员工作。

1947年1月鲁南战役打响后，临沂县委成立了支前总队部，由张云榭县长任总队长、人武部长曹文华任副总队长、县委副书记刘继忠任政委，带领县、区、村各级干部和人民群众全力支援前线。由各区长、武装部长等率领常备民工8000余人、担架1900副、大车250辆、小车1500辆，加入支前大军中。支前民工将50多万公斤粮食及时运送到前方，还修复了60余千米公路、6座桥梁，并且组织了护路队，守卫着全县境内200余千米的公路和电话线。1月17日，县长张云榭、县委副书记刘继忠、人武部长曹文华以及80余名干部，带领5500多名民工、700副担架、500辆小车开赴前线。1月20日大雪过后，他们两次组织慰问团到前线慰问参战子弟兵，将300多头猪，2万多公斤酱菜、咸菜，以及牛羊肉、白糖、香烟等慰问品送到前线。县生产推进社组织城内妇女在一个月内织出毛袜4万余双，艾山、义堂两区妇女赶做军鞋8000双。工商各界踊跃捐款38万多元支援前线。2月中旬，国民党军队占领了临沂城，临沂县委等机关转移到莒南一带，临沂县支援前线指挥部暂时停止了工作。

1948年10月10日，我军收复临沂城后，临沂县委等机关迁到临沂城内。1948年10月18日，在淮海战役打响之前，临沂县再次成立了支援前线指挥部，张云榭任指挥，刘炬任副指挥兼政治部主任。指挥部下设人力部、兵站部、公路部、粮食部四个部。全县13个区设立了支前站，由各区区长任站长；各村也设立了生产备荒、拥军支前委员会。11月上旬，张云榭被调走后，新任县长刘炬任指挥部指挥，李范任政委。支援前线指挥部在军粮加工、调用民工及物资（小车、担架）、保证交通等项工作中，发挥了重要作用。

1948年11月6日夜，淮海战役打响。华东野战军7个纵队，随军行动的支前机关、民管处、俘管处、后方医院，以及成千上万的支前民工，先后通过临沂县境，境内人口最多时达20余万人。为了保障以上人员的食宿和物资转运工作顺利进行，临沂县支前指挥部发出紧急指示，要求各项工作应以支前为中心，以战斗姿态完成粮食加工和调运工作，保证交通运输。随后，县委组织部、县支前指挥部联合发出建立民站工作指示，由县、区派干部采取民办公助等办法，在汤头—朱陈、东哨—朱陈、半程—古城、朱陈—柳庄、贾官庄—白墩5条线路中，沿途每10千米左右设茶水站、民站，在城内西更道设一中心站（即联络站），切实解决过往人员的食宿问题。

1948年11月中旬，淮海战役进展迅速，支前工作也随之进入高潮。16日，接到上级要求调运150万公斤粮食送往前线的指示后，县政府当即召开了区长联席会议进行具体布置，各区粮站相互配合、立即行动，仅用4天时间便动员小车9200辆、民工18400人，在半个月内将150万公斤军粮全部运送完毕。随后，在第二批转运250万公斤军粮的任务下达后，全县又立即组织起7000辆小车、14000名民工，按期将军粮送往指定地点。淮海战役期间，临沂县支前运输团二营四连在连长李秀文的带领下，冒着枪林弹雨，忍着风雨饥寒，随军转战，跨越鲁、苏、皖三省，行程1500多千米，连续八次完成长途调运军粮5.5万公斤的任务，被评为模范远征运输连。

在淮海战役的支前工作中，临沂县委、县政府以及各区委充分发挥了领导和组织作用，还给全体支前民工发出了慰问信，表彰优秀支前民工，并具体帮助民工解决家中困难，激发了全体支前民工的斗志，保障了支前工作的顺利进行。全县人民在全力支援淮海战役中做了大量的战勤工作，共动用民工57544人，常备民工20138人，常备小车9869辆，加工、运输粮食403万公斤，修筑公路244千米，修筑桥梁51座。全县广大妇女也积极行动起来，赶做了6000双军鞋。全县人民大力支前，为淮海战役的胜利做出了巨大的贡献。陈毅曾为此感叹地说："淮海战役是人民群众用小车推出来的！"兰山人民在解放战争期间全力支前，用心血、汗水乃至生命诠释了水乳交融、生死与共的沂蒙精神。

四、干部南下

辽沈、淮海、平津三大战役后，国民党主要军事力量基本被消灭，全国处于革命胜利的前夜。1949 年元旦，新华社发表了《将革命进行到底》的新年献词，向中外宣告人民解放军将渡江南进，把解放战争进行到底，解放全中国。在这种背景下，为迎接全国胜利，华东局根据中共中央的战略部署，决定抽调大批干部组成“华东南下干部纵队”随军南下，接管江南新区政权。1949 年 2 月初，鲁中南区六地委发出指示，决定抽调大批优秀干部，按县级、区级领导机关编制配备齐全，随军南下，开辟江南新解放区。

1949 年 2 月 15 日，中共临沂县委召开乡支书记以上干部会议，对干部南下工作进行了动员和部署。会议中，县委负责人召集 13 个分区委书记拟定了南下干部名单，确定全县南下干部共 92 人，其中县直机关 38 人、妇女干部 7 人；县委委员、宣传部部长许肃负责带领临沂县全体南下干部，于 23 日到地委所在地欢墩埠报到，全区南下干部都集中到这里，等待出发。在全区南下干部动员大会上，地委书记郑子久作了动员报告，鼓励大家服从分配，到江南去解放受苦受难的群众，为全国人民革命事业的顺利发展做出贡献。26 日，南下干部工作团整队出发，边行军边学习。他们先步行到新沂，然后改乘火车经徐州抵达薛城。南下干部团在薛城与枣庄之间的马公村住下，重点学习了党的七届二中全会报告、接管新解放区的各项政策等有关文件，并对这次南下干部队伍进行了组编——以地区为单位编成一个大队，以县为单位编成中队，以区为单位编为班，原则上一个大队接管一个地区，一个中队接管一个县。临沂县南下干部编为四大队四中队，许肃任指导员，颜寿山任中队长，下设 8 个班（接管一个区的干部编为一个班）；中队建立党支部，书记由许肃兼任。

1949 年 4 月中旬，南下干部队伍从马公村出发，身背行李干粮，一路步行，经过徐州到达淮安，在淮安休整了 4 天。4 月 21 日，人民解放军渡过长江后，南下干部队伍立即出发渡江。渡过长江赶到镇江时，下起了大雨，队伍沿着江边连夜冒雨前进。队伍赶到苏州郊区后驻留了 3 天，之后乘小木船继续南下，经过湖州到达杭州时，时间已至 5 月中旬。到达杭州后，南下干部集中学习讨论了4天。随后，临沂南下干部（四中队）85人（有的同志被留在省城、金华地委，另有3人中途掉队）按上级指示乘火车到达金华，准备接管兰溪县；接着又宣布了由临沂南下干部组成的中共兰溪县委、县政府人员名单，许肃任县委书记，颜寿山任县长，黄家琪任组织部部长，彭志明任公安局局长，张利一任民运部部长。5月22日，县委、县政府领导成员奔赴兰溪进行工作。兰溪县委建立以后，在兰溪军事管理委员会、兰溪接管组的共同协助下，立即着手成立党和政府工作机构，建立了城区、永昌、游埠、女埠、马涧、万坛6个区，后又增设了厚仁区，并在全县建立了各乡人民政府。

刚刚获得解放的兰溪县一片混乱，匪患严重。由于兰溪有深山密林，地形复杂，匪特活动猖獗。5月6日兰溪宣告解放之时，大兵团忙于接管城市和准备解放舟山群岛，各军分区及武装部等机构刚刚建立，还难以担负繁重的剿匪任务。于是，各股土匪武装趁机发展，杀人放火，无恶不作，十分猖獗。他们还伏击地方干部，袭击新建的区、乡人民政府，甚至袭扰县城，对新区工作的开展造成了极大的困难。临沂南下干部就是在这种艰难困苦、匪特猖獗的环境中，冒着随时被匪特杀害的危险开展工作的。他们牢记接管新区的重任，紧紧依靠群众，放手发动群众，开展减租减息及剿匪反霸运动，为兰溪区、乡政权的建设付出了极为艰苦的努力，有些干部甚至付出了生命。临沂南下干部魏怀仁、陆兆坤、李传济、冯志冶、张光中几位同志在匪特发动的金（华）兰（溪）汤（溪）系列匪特暴乱中壮烈牺牲。其中，兰溪县民运部副部长魏怀仁，在从女埠到渡渎村的路上，被匪特用锄头和木棍活活打死。兰溪县万坛区区长陆兆坤，7月7日晚获悉一股武装土匪潜入陈村抢掠后，立即带领5名区中队战士和6名区、乡干部前往围剿，刚一进村即与匪徒发生激战。面对疯狂反扑的敌人，他不顾个人安危，冲锋在前，不幸被躲在暗处的匪徒击中腹部。他忍着剧痛，一手捂着伤口，一手举枪射击，终于打退匪徒。随后，他又带领战士奋勇追击，顽强行进70多米后倒下，终因流血过多于次日牺牲。中共女埠区委委员李传济，在回区公所路过毕家村时，被匪特残忍地用竹叶枪在头部戳了七个洞致死，他的尸体被匪特丢入兰江，过了七天才被捞上来……

临沂南下干部用自己的青春和热血为江南新解放区的巩固发展谱写了感人至深的篇章，充分体现了临沂人民无私奉献的沂蒙精神。

第五节　山东文化中心

临沂城解放后，大众日报社、山东画报社等相继进驻临沂城，促进了兰山地区文化事业的发展。1946 年 1 月，山东大学在临沂城创立，这是兰山境内第一所正规的高等学校，结束了兰山地区没有高等学府的历史，揭开了兰山地区教育事业的新篇章。尽管山东大学在临沂城办学的时间很短，但对当时兰山地区的教育事业产生了重要影响，加之大众日报社、山东画报社在兰山的宣传活动，使兰山成为当时山东解放区的文化中心。

一、大众日报社在兰山

1939 年 1 月 1 日，《大众日报》在沂水县王庄正式创刊，成为中共中央山东分局机关报。同年 8 月，大众日报社移驻沂南县，1942 年 1 月移驻莒南县等地。1945 年 9 月临沂城解放后，大众日报社于 9 月 23 日迁驻临沂城。中共中央华东局在兰山成立后，《大众日报》便成为华东局机关报。

大众日报社迁驻临沂城期间，工作场所比较分散，几乎分布在全城几个主要街区。编辑部和秘书处设在北门大街（今沂蒙路北段兰山路至北园路）路东南北相对的两个大院内，报社电台设在北门大街路西的一个小学里，印刷厂设在考棚街靠近电灯公司的一所住宅中，经营科和材料科则设在南门大街原旧商会的办公处。移驻临沂城的第二天，即 1945 年 9 月 24 日，《大众日报》就在临沂城开始出报。由于印刷厂还在搬迁过程中，机器安装等工作尚未就绪，因此开始只出四开两版，第一版为要闻和地方版，第二版为国内国际时事版。10 月 1 日，《大众日报》才恢复为四开一张，每期四个版。

面对蒋介石集团假和谈、真内战的阴谋，1945 年 10 月 14 日，《大众日报》发表了题为《起来，保卫我们的胜利果实，把企图侵犯山东解放区的任何反动势力打出去》的社论，指出山东解放区是山东军民经过浴血奋斗，艰苦缔造起来的。为了这一解放区的缔造，我们曾经与敌人打过一万多次仗，做出了极大的牺牲，人民的死伤、财产的损失是难以计算的。为着我们的民族能够从此在世界上伸腰，为着子子孙孙不当牛马，人民已得的胜利决不能放弃，已经拿到手的胜利果实决不能让反动派夺走。10 月 18 日，《大众日报》又发

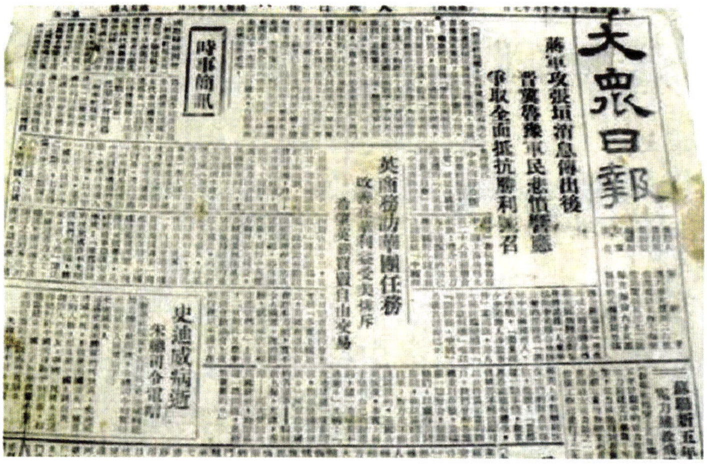
大衆日報
蔣軍攻張垣消息傳出後
晉察冀軍民悲憤警惕
時事簡訊
史迪威病逝

图9-4 大众日报社在临沂城期间发行的《大众日报》（1946年10月17日）

表了题为《粉碎国民党反动派的内战阴谋，坚决保卫山东人民胜利果实》的社论，揭露和抨击国民党李延年部在山东挑起内战的阴谋，再次呼吁全省人民一致奋起，坚决保卫山东人民的胜利果实，争取全国和平、民主、团结的早日实现。

1946年元旦，《大众日报》迎来了报纸创刊七周年和出版1000期纪念。1月2日，报社在临沂城举行了规模空前的盛大集会，纪念自己的这一重要节日。大众日报社、新华社山东分社、新华书店的全体干部及职工，与中共中央华东局、新四军军部暨山东军区、山东省人民政府以及省和临沂县的党政军民各界代表及来宾1300余人参加了集会。陈沂社长在集会上回顾了过去七年报社取得的成就和存在的问题，号召报社全体同志坚持和发扬抗战期间形成的艰苦奋斗的革命精神和光荣革命传统，克服工作中的缺点，在新的胜利形势下为党和人民的革命事业做出更大的贡献。华东局负责人饶漱石、黎玉、舒同和新四军军部暨山东军区政治部代表钱俊瑞等应邀在集会上讲话。他们在讲话中高度赞扬了《大众日报》在抗战期间所取得的巨大成绩和进步，勉励报社同志在新的胜利形势下继承和发扬过去光荣的革命传统，戒骄戒躁，再接再厉，使《大众日报》不仅成为党的宣传工具，而且成为党领导人民群众进行新的革命斗争的强大武器，进一步团结、带领全省人民群众为保卫抗战胜利果实和争取全国和平、民主、团结、进步的早日实现而斗争。

《大众日报》不仅注重宣传党的方针政策，还把典型报道作为重要的宣传报道形式。1946年9月1日，华东局发出《关于彻底实现土地改革的指示》。

随后，《大众日报》对各地的土改运动作了及时、深入的报道。9月12日，《大众日报》在一版上半部的显著位置，通栏发表了题为《打破各种障碍，迅速实现土地改革》的重要社论，并在第二版配合发表了题为《临沂县岔河区土地变化与目前土地问题》的长篇调查报告。这是《大众日报》第一次公开宣传报道山东省土地改革运动。9月27日，《大众日报》又发表题为《学习王家对河的经验教训，迅速实现耕者有其田》的社论，全面总结了临沂县岔河区王家对河完成土改、实现耕者有其田的经验。《大众日报》关于土改的社论及典型报道，对推动山东土改运动的发展发挥了重要作用。

为了培养党的新闻干部，《大众日报》先后开办了两期新闻干部训练班，培养了一群年轻的新闻干部，并将他们充实到报社各部门和各地方报社。后来，这群新闻干部在报社发挥了骨干作用。第一期新闻干部训练班是在1945年7月举办的。第二期新闻干部训练班是在1946年4月至5月举办的，附设在临沂山东大学，学员大部分是刚参加工作的青年学生。后来，这期训练班与北撤山东的华中新闻干校合并，改称为华东新闻干校，由《大众日报》第一副社长恽逸群任校长，副总编辑岳明任副校长，秘书长谢冰岩任教务长。新闻干部训练班的举办，使华东和山东各报社增加了一支生力军。

全面内战爆发后，由于国民党军队对山东解放区的重点进攻，大众日报社时常转移到临沂城郊。1946年11月，大众日报社从临沂城北俄庄、集西迁至莒南良店一带。

二、山东画报社在兰山

《山东画报》于1943年7月在莒南县何家店子村创刊。1945年9月临沂城解放后，山东画报社由莒南县迁进临沂城，工作条件和印刷条件得到较大改善，摄影工作也有很大发展。不久，山东军区一部分主力部队奉命挺进东北，《山东画报》主编及部分编辑也随军到东北解放区工作。山东画报社的领导成员随即进行了调整，由龙实任主编、鲁岩任副主编。

1946年春，山东军区发函给晋察冀军区，要求派人支援《山东画报》。晋察冀画报社委派摄影科副科长郑景康、编辑罗程增等人到山东画报社工作。郑景康到兰山不久就开办了摄影训练班，培养了30余名摄影人才，将他们中的一部分输送到各主力部队做专职摄影人员，一部分留在山东画报社，使部队、

《山东画报》的摄影力量得到补充和加强。不久，又有原在江南新四军工作的吕蒙（继康矛召后任社长）、吴耘、亚明、江有生等来山东画报社工作，使整个山东解放区的美术工作得到加强。

《山东画报》作为面向广大军民的图文并茂的通俗读物，在山东军区政治部的直接领导下，通过美术与摄影，宣传山东军民从扩大解放区到大反攻阶段的战斗胜利、军民血肉相连、新解放城市的建设等情况。1945 年 12 月出版的第 31 期《山东画报》，刊登新闻照片 56 幅，有《鲁南战地通讯》——邹县 300 日军投降，界河一战歼灭吴化文总部及两个师，坚决消灭拒降的日伪军；有《胶东通讯》——坚决保卫我们用鲜血解放的烟台市，烟台在向自由幸福民主繁荣迈进。在国共和谈和双方签署停战协定后，《山东画报》还出版了几期单页画报，内容主要有山东解放区人民拥护和平、临沂万人集会庆祝政协会议成功、军调部三人小组抵鲁调停、解放区人民恢复交通、积极生产建设新家园、揭露国民党破坏停战协定的阴谋和活动等。

1946 年 3 月，《山东画报》因故暂时停刊。1947 年 1 月，山东军区与北上的新四军合并改为华东军区，《山东画报》随后更名为《华东画报》，从第 40 期开始沿前期顺序继续出版，直到 1949 年停刊。

三、山东大学在兰山创立

1945 年 8 月 22 日，山东省政府作出在临沂成立山东大学的决定。为与抗日战争期间迁至四川后停办的山东大学相区别，我们习惯将在临沂城成立的山东大学称为临沂山东大学。

山东省政府决定在临沂成立山东大学，由李澄之任校长、田佩之任副校长、仲星帆任秘书长、仲焕章任教育长。同时设立由黎玉、李澄之、田佩之等 12 人组成的山东大学管理委员会，立即开展筹备与招生工作。经过 4 个月的紧张筹备，1946 年 1 月 5 日，山东大学在临沂城举行隆重的开学典礼，陈毅、黎玉等领导亲临讲话，要求山东大学从实际出发，因陋就简办学，把青年学生培养成为政治、军事、经济、文化人才，为人民大众服务。新成立的山东大学设在临沂城东关教会的经文书院（今考棚街东段原临沂卫校院内），聘请了钱俊瑞、薛暮桥等一大批知名学者为教授，共招收新生 688 人。学校设有预科班，招收高中程度的学生，使其经过半年至一年的学习，再升入本科继续深造。学校还设有速成性质的会计训练班、合作社训练班、邮电训练班、文化训练班等。这些训练班的学员多为在职干部和高小程度的青年，经过三个月至半年的学习后，被分配到各地相关业务部门工作。此外，学校还附设中学一所，由张立吾任校长。

1946 年 4 月初，山东省政府商请苏皖边区政府对临沂山东大学的师资给予支援。后经华中局决定，将华中建设大学一批教师、干部和学生并入临沂山东大学。当月，华中建设大学 400 多名师生在华东局宣传部部长、原华中建设大学校长彭康的率领下来到山东临沂，并入临沂山东大学。华中建设大学师生并入后，学校领导和师资力量得到加强，成立政治、经济、教育、文艺四个系和数学、历史两个教学组，另有预科部、专科部和附属中学。至此，临沂山东大学已有图书 20000 余册，全校学生 1410 人，其中本科学生 726 人、预科学生 362 人、专科学生 322 人。1946 年 5 月，临沂山东大学举行庆祝本科建系和欢迎华中建设大学师生大会，除了有学校 1600 余名师生参加，新四军军长兼山东军区司令员陈毅、华东局宣传部部长彭康、华东军区政治部主任舒同、山东省各厅领导及各地区代表近 300 人也出席了这次盛会。陈毅司令员在大会上发表了重要讲话。他指出，当下临沂山东大学虽然规模不大、设备不足、课程不全、校舍简陋，但我们是革命大学，是新生事物，代表着前进的方向，我们有党的领导，有人民的支持，有正确的教育方针，有全校同志的努力，必定能够战胜各种困难，使临沂山东大学成为一所新型的正规化的大学。同时，他也勉励全体同学为建立独立、富强、自由、民主的新中国而刻苦学习，担当历史的重任。

临沂山东大学坚持从实际出发的教育方针，贯彻理论与实际相结合的教学原则，政治思想教育和业务教育并重。临沂山东大学既注重教育学生树立为人民服务的意识，又注重提高学生的科学文化水平，培养学以致用的人才。预科班主要开设《社会发展史》《中国革命史》《论联合政府》《论人生观》等课程，并有文史方面的业务课，在教学中以社会前进的动力、中国革命和中国共产党、中国革命的前途、改造世界观等为主要内容，教师在课堂中会启发学生进行思考，并与学生进行讨论与总结，使学生打开了思想的窗户，认识了时代真理，提高了政治理论水平。

本科各系组建后，立即根据本科教学要求拟订教学计划和教学大纲等，以专业理论教学为重点，增设基础理论课程。各系共同必修课有《辩证唯物主义》《数学》《中国历史》等。在专业课设置方面，政治系开设《共产党宣言》《国家与革命》《中国革命和中国共产党》《解放区政治建设》等课程；经济系开设《政治经济学》《中国农村经济》《解放区经济政策》等课程；教育系开设《教育概论》《教育思潮》《教育行政》《乡村教育》等课程；文艺系开设《文艺理论》《文艺创作》《文艺政策》《戏剧表演艺术》等课程。教学方法主要是课堂讲授和自学讨论相结合，并坚持理论联系实际。政治系、经济系组织学生进行社会调查；教育系、文艺系组织学生参加社会实践，力求以理论指导实践，在实践中加深对理论的认识，以巩固学习成果。

1946 年 6 月，正当临沂山东大学稳步发展的时候，蒋介石集团撕毁“双十协定”和政协决议，发动全面内战，向解放区展开疯狂进攻，敌机窜入临沂上空进行袭扰。出于安全考虑，临沂山东大学于 8 月份沿临青公路转移至莒南县汀水镇（今属石莲子镇），继续进行教学工作。

临沂山东大学作为解放区的高等学府，在兰山一年左右的时间内，培养了一大批优秀人才。中国人民志愿军一级战斗英雄、特等功臣、原空军司令员王海上将等一大批我党我军的优秀干部，都曾在这所革命大学中经受锻炼，他们为解放战争的胜利和新中国的建设都做出了重要贡献。

四、文艺活动

临沂城解放后，兰山成为山东解放区首府。1945 年 11 月，八路军山东军区文工团与新四军军部文工团合并，成立了华东军区文工团。1946 年 6 月，山东省人民剧团在临沂成立。两大文艺团体加上新成立的山大附中文工团，开展了一系列文艺演出活动，使临沂地区的文艺活动呈现出繁荣局面。

为了给各级文艺团体的文艺演出提供场所，有关部门在考棚街附近建起了一座上面封顶的大众舞台，可以在演出时为演员挡风遮雨，但是观众看演出只能露天而坐。不久，一场大风雨把并不坚固的顶盖吹坏，人们又重新对其进行了修建加固。此后，大众舞台一直是驻临沂城党政军机关、群众团体集会和进行文艺演出的场所。在大众舞台上先后上演过大型话剧《闯王进京》《抓壮丁》、京剧《木兰从军》《反徐州》、小歌剧《夫妻识字》《兄妹开荒》《刘桂英是朵大红花》、大合唱《沂南有个副县长——朱富胜》等节目。

1945 年 11 月新四军到临沂后，山东军区文工团与新四军军部文工团合并为华东军区文工团。1946 年 2 月底，华东军区文工团进驻距临沂城南 5 千米的陈白庄村（今属罗庄区），由张望任团长，李永淮、黄参任副团长，李淦任教导员。文工团下设戏剧、音乐、创作和总务四个专业股。文工团白天排练，晚上便到各村配合减租减息、反奸诉苦和参军运动等中心工作进行演出。他们排练的剧目主要有《占鸡岗》《兄妹开荒》《抗属真光荣》等，这些节目贴近生活、贴近群众、通俗易懂，富有政治性和艺术性，受到了群众的普遍欢迎。文工团曾先后到今兰山境内的义堂、俄庄等地演出。他们在演出中使用的道具都是自己动手临时制作的，比较简单，但很实用；戏台一般是动员群众临时搭起的土台子，在土台子后面扯上一块幕布，土台子中央和前面两个角挂上三盏汽灯。1946年6月，蒋介石悍然撕毁停战协定和政协协议，发动了对解放区的全面进攻，全面内战爆发，华东军区文工团也奉命随军转移。

1946年6月1日，山东省人民剧团在临沂城正式建立，直属山东省文艺协会领导，是当时唯一一个省级艺术表演团体，建团时只有30余人。剧团成立时，山东省文艺协会会长张凌青作了动员报告，指出了剧团的工作纲领和方针任务，明确了面向农村、以普及为主的努力方向，并宣布了剧团的领导班子和组织机构：贾霁任团长，姜立田任副团长，章仪奎任政治指导员，杜桂珍任副政治指导员，林毅（艺）、方徨、李欣（新）担任戏剧教员，刘亚担任音乐教员。剧团演职人员主要来自山东军区政治部文艺工作团文艺训练队和山东省文协在临沂举办的文艺训练班的毕业生。剧团建立后便开始排练部分歌舞戏剧节目，其中包括小放牛《送郎参军》、秧歌剧《兄妹开荒》等，同时还排练了部分合唱歌曲，如《我们大家笑哈哈》《别让它遭灾害》《扛枪拿锄都一样》等。剧团由于刚刚建立，既没有演出器材，又没有专门乐队和乐器，排练与演出主要靠张大经的一把二胡伴奏。

1946年6月6日，山东省政府发布为反对内战准备行动的命令，为确保山东首脑机关的安全，省府及直属单位移驻乡村办公。6月下旬，山东省人民剧团随省文协机关由临沂城转移到临沂城北郊区的徐家屯村。在徐家屯期间，剧团除了继续排练原有节目，又开始排练大型歌剧《改邪归正》、反映军民关系的小话剧《一家人》；没有服装、道具，就从当地村民家里借用。节目排完后首先为本村群众演出，而后又分别为新四军和山东军区后勤部、北海银行、大众日报印刷厂演出。

7月中旬，山东省人民剧团为从苏北转移到山东的新四军进行慰问演出。

当时正值雨季，剧团演员经常冒雨在土台子上演出，晚上就睡在农村的大车棚里。演出的节目主要有《改邪归正》《兄妹开荒》。这是山东省人民剧团建团以来第一次大规模连续演出。尽管演员们大都是初学演戏，但他们演出认真，感情真挚朴素，受到部队首长、指战员和当地群众的热烈欢迎。8月，临沂地区战争形势加剧，山东省人民剧团随省文协等单位转移到莒南县。

1946年初，临沂山东大学成立不久，又组建了山东大学附属中学（简称“山大附中”）。山大附中的领导十分重视文艺宣传工作，专门成立了山大附中文工团，由师范班的班主任卢兼三任团长，音乐教师肖元任副团长，并为文工团配备了全幕布、汽灯等演出用具。山大附中文工团经过一段时间的努力，排练了一大批短小精悍、生动活泼的表演节目。1946年3月，山大附中文工团在临沂城的“大众舞台”演出了秧歌、打花棍、说快板、渔鼓以及大合唱《沂南有个副县长——朱富胜》等，受到观众的热烈欢迎。临沂城的广大群众第一次看到宣传党的方针政策的新文艺节目，倍感亲切，深受鼓舞。此后，山大附中文工团每逢大集便全体出动，通过各种形式搞街头宣传。文工团的文艺辅导组还经常到当地群众中去，辅导业余文艺活动。城关各街道迅速成立了业余宣传队、秧歌队，很快学会了山大附中文工团创作和演出的节目。在文工团的推动下，临沂城的业余文艺活动空前活跃。1946年秋，由于国民党军队重点进攻沂蒙山区，山大附中及山大附中文工团迁往莒南县。

五、临沂革命烈士陵园（华东革命烈士陵园）

1949年2月，为纪念在抗日战争和解放战争中牺牲的华东地区革命烈士，由中共中央华东局提议，山东省人民政府决定在临沂城兴建大型烈士陵园，定名为“临沂革命烈士陵园”。烈士陵园于1949年4月奠基，1950年7月主体建筑——革命烈士纪念塔和烈士纪念堂相继落成，此后又陆续进行修葺和增建。1986年10月，经国家民政部批准，更名为“华东革命烈士陵园”。

临沂革命烈士陵园坐落于临沂城东南部、沂河西岸，坐北朝南，占地15公顷。整体布局为中轴对称式，南北大门与主体建筑革命烈士纪念塔、烈士纪念堂在一条中轴线上，其他建筑物对称布列于两侧。建筑风格为仿古式。

陵园南大门为坊式建筑，高12.8米，朱漆明柱，横枋彩绘，蓝色斗拱，黄色琉璃瓦，整体风格古朴典雅。

革命烈士纪念塔位于陵园中心，为五角亭柱式构筑，塔身高 45 米，挺拔雄伟，由石灰石、花岗岩和钢骨水泥构成，正面为毛泽东题写的“革命烈士纪念塔”七个大字，塔上部为攒尖亭式建筑，顶端嵌有一立体巨型景泰蓝五角红星。塔座为一石质平台，高 2.5 米，周围绕以石槛。基台上为亭式塔墩，周围环接铜质栏杆，五角各立有两条花岗石柱，石柱顶端镶有表现革命战争年代工、农、青、妇、兵进行战斗、生产、放哨等内容的浮雕。亭内五面塔壁上部各镶嵌一幅反映军民斗争生活的大型浅浮雕。浮雕下部亭壁上分别为中共中央华东局、华东军政委员会的题词，山东省政府建塔碑文，鲁中南区党委、行署、军区、军区司令部和政治部题写的碑文，以及刘少奇、朱德、刘伯承、陈毅等老一辈革命家的题词。塔的东南方向为粟裕大将骨灰撒放处。

图 9-5　华东革命烈士陵园革命烈士纪念塔

纪念塔前面是平展宽阔的恭祭场，可容纳 3 万人进行悼念活动。恭祭场两侧分布着造型各异的著名革命烈士墓。东侧自北至南依次为：新四军副军长兼山东军区副司令员罗炳辉将军墓，津浦前线野战军第八师师长兼政委王麓水墓，德国共产党员、国际主义战士、太平洋学会记者汉斯·希伯墓，山东省战工会副主任兼秘书长陈明及其夫人辛锐的合葬墓。西侧自北至南依次为：华东野战军副参谋长张元寿墓，新四军第一师政委兼苏中军区政委刘炎墓，中共特别党员、国民党东北军一一一师师长常恩多墓，革命烈士公墓。

革命烈士纪念堂位于烈士塔北 100 米处，为传统宫殿式建筑。纪念堂面阔

45 米，进深 19.6 米，高 21.4 米，两层飞檐，斗拱交错，顶覆青色琉璃瓦，巍峨壮丽。正面廊檐下悬挂巨匾，上题“革命烈士纪念堂”。纪念堂四周环以回廊，正面并立 14 根明柱，室内以钢筋水泥为栋梁，穹窿顶棚饰以彩塑。纪念堂内迎门为一石碑，石碑正面镌刻周恩来题词“人民革命的烈士们永垂不朽”，背面为任弼时题词“你们的功绩永垂不朽”。碑前两侧陈列着王麓水、赵镈、刘炎、张元寿四位烈士的半身石质浮雕像。纪念堂内陈列着两块巨大的联碑，碑上镌刻着 62576 位烈士的英名，其中县团级以上的烈士 372 名。

纪念堂前东侧是革命战史陈列馆，西侧是烈士事迹陈列馆。革命战史陈列馆为“回”字形平房建筑，正厅宽 4 米，进深 3.5 米，馆内以大量的文字、图片、图表、照片、雕塑和实物，反映了山东革命根据地和华东战场上的主要战斗历史，再现了 1932 年日照武装暴动、1943 年岱崮阻击战、1947 年孟良崮战役等许多影响深远的重要历史事件和光辉战例。烈士事迹陈列馆与革命战史陈列馆对称分布，建筑形制相同，馆内通过大量文字、图片、文物等资料，系统介绍了罗炳辉、赵镈、陈若克及国际共产主义战士汉斯·希伯等 32 位烈士的生平事迹。该馆于 1999 年改建为解放战争纪念馆。

临沂革命烈士陵园于 1977 年被列为省级文物重点保护单位，1986 年 10 月更名为“华东革命烈士陵园”并被国务院批准为第一批全国重点烈士纪念建筑物保护单位，1995 年以来先后被中共中央宣传部、教育部、民政部、文化部、共青团中央等确定为全国爱国主义教育基地和全国爱国主义教育示范基地，2002 年被评为山东省优秀历史建筑群，2014 年 8 月入选第一批国家级抗战纪念设施、遗址名录。

附　录

一、兰山孝文化

古人云“百善孝为先”，孝道为伦理道德之本、行为规范之首，展现了中华民族的伦理思想和优良美德。在中国长达两千多年的封建社会中，儒学长期是主流文化，孝道是这一文化的核心内容之一。儒家学派将“孝悌”作为最高道德原则“仁”的根本来看待，“孝悌也者，其为仁之本也”。兰山人重孝行的历史悠久，古代著名的二十四孝中，属于兰山区的就有两孝：闵子骞的“单衣顺母”和王祥的“卧冰求鲤”。践行孝悌思想是封建社会的行为准则，无论是普通百姓还是上层社会人士，都要加以遵守并身体力行。孝文化长期的熏陶和约束，孕育了兰山人民温和、礼让、谦爱、和谐共济的文化品格和文化心理，这些共有的道德观念和价值追求成为孝文化的载体，成为维系地方稳定的文化纽带，也成为兰山地区的显著文化特征。

孝的本质是一种奉献，孝文化是丰厚的传统文化资源。当今时代，孝文化在兰山仍然有着深厚的社会基础和群众基础。2018 年，“王祥卧鲤”被评为“兰山十大文化符号”之一，可见孝文化在兰山人民心目中的影响力。近年来，兰山区委宣传部、兰山区文明办以及兰山区孝文化研究会等部门与时俱进，积极挖掘孝文化在诠释社会主义核心价值观中的重要作用，进一步继承和弘扬传统孝文化。一方面，通过联合举办“孝道文化与幸福人生”“传承家风、弘扬美德、感恩母亲暨齐鲁园广场首届孝文化节”等大型公益活动，大力弘扬中华传统孝文化，倡导文明风尚，提升公民道德素质，创建和谐幸福家庭。另一方面，在我国古代“二十四孝”之一王祥的出生地白沙埠镇孝友村，扎实开展传统孝道教育，如 2014 年在白沙埠镇孝河文体广场举办了首届孝文化节，又如在白沙埠中心小学，以新孝道教育为依托，开展一系列颇具特色的德育活动等。另外，兰山区还积极谋划壮大以王羲之故居、书圣文化城、鸿儒国际为中心的文化产业带和新商圈，加快以“天下第一孝”为主题的孝河两岸文化旅游开发进程，以期早日形成特色鲜明的文化产业新格局。

二、兰山非物质文化遗产

兰山区历史文化积淀深厚，非物质文化资源丰富。进入21世纪以来，在全球非物质文化遗产保护活动全力开展的大背景下，兰山区政府高度重视非遗项目的挖掘、整理、申报、抢救等各项工作，也取得了丰硕的成果。截至2017年12月，全区共有61项非遗项目申报成功，其中省级项目6项，市级项目17项，区级项目38项，涉及民间文学、传统体育游艺与杂技、曲艺、传统美术、传统医药等多个方面。这些非遗项目彰显了兰山区的文化实力，也成为新时期兰山区提升文化软实力的一张张绚丽的名片。

从兰山区非物质文化遗产名录来看，兰山区的非遗项目呈现出自身的鲜明特色。首先，兰山区的非遗项目类别繁多、丰富多彩，地域特色浓郁。无论是传说故事还是曲艺表演，传统技艺抑或传统医药，它们都深深植根于兰山这片沃土，与兰山的历史、文化紧密相连。如民间文学类的“卧冰求鲤传说”“鞭打芦花”“少年王羲之传说故事”“龟驮城传说”“茶山传说故事”等，大多是关于兰山历史名人和地方风物的传说故事。其次，兰山区的非遗项目具有质朴实用、古朴厚重的美学风格。柳琴戏、弦子戏虽没有昆曲那般细腻委婉、千回百转的唱腔，但亦有韵味无穷的独特腔调。琅琊剪纸、沂蒙布贴画的制作虽未达到巧夺天工、美轮美奂的境界，却独具特色，充分彰显了兰山人民的文化追求。最后，兰山区的非遗项目尤其重视当下的活态传承。以密氏膏药、孟医堂中医针灸等为代表的传统医药，以糁、王氏熟梨、惟一斋八宝豆豉等为代表的传统食品制作工艺，以及工艺美术类非遗项目，都特别重视谱系关系及对传承人的培养。在此基础上，这些非物质文化遗产顺应历史发展的潮流，与时俱进，积极做大市场、提高知名度，既完成了文化遗产传承的历史使命，也提升了经济效益，实现了两者的良性循环和双向互动。

兰山区非物质文化遗产名录

序号	项目名称	类别	级别	批次	时间
1	卧冰求鲤传说	民间文学	省级	一批	2006.12
2	糁制作技艺	传统技艺	省级	三批	2015.03
3	黑虎查拳	传统体育游艺与杂技	省级	三批	2015.03
4	三弦平调	曲艺	省级	四批	2016.03
5	弦子戏	传统戏剧	省级	四批	2016.03
6	琅琊剪纸	传统美术	省级	四批	2016.03
7	兰山童谣	民间文学	市级	一批	2007.08
8	鞭打芦花	民间文学	市级	二批	2009.05
9	少年王羲之传说故事	民间文学	市级	三批	2011.03
10	沂蒙布贴画	传统美术	市级	四批	2014.03
11	竹马秧歌	传统舞蹈	市级	四批	2014.03
12	惟一斋八宝豆豉制作技艺	传统技艺	市级	四批	2014.03
13	王氏熟梨制作技艺	传统技艺	市级	四批	2014.03
14	小二回锅炒鸡制作技艺	传统技艺	市级	四批	2014.03
15	密氏膏药	传统医药	市级	四批	2014.03
16	溜山梆子	传统戏剧	市级	四批	2014.03
17	临沂皮影戏	传统戏剧	市级	四批	2014.03
18	闵子骞的传说	民间文学	市级	五批	2016.12
19	沂蒙面塑	传统美术	市级	五批	2016.12
20	朱氏“鲁作”家具传统制作技艺	传统技艺	市级	五批	2016.12
21	刘氏恒春堂炉甘石炮制法	传统医药	市级	五批	2016.12

（续）

序号	项目名称	类别	级别	批次	时间
22	刘氏恒春堂眼科疗法	传统医药	市级	五批	2016.12
23	七及连术散制作技艺	传统医药	市级	五批	2016.12
24	龟驮城传说	民间文学	区级	一批	2007.08
25	娘娘庙传说	民间文学	区级	一批	2007.08
26	兰山民歌	传统音乐	区级	一批	2007.08
27	曲艺音乐	传统音乐	区级	一批	2007.08
28	双花棍	传统舞蹈	区级	一批	2007.08
29	秧歌扑蝴蝶	传统舞蹈	区级	一批	2007.08
30	渔鼓说唱	曲艺	区级	一批	2007.08
31	沂蒙刻瓷	传统美术	区级	二批	2009.03
32	微刻	传统美术	区级	二批	2009.03
33	碟子舞	传统舞蹈	区级	二批	2009.03
34	花儿团制作技艺	传统技艺	区级	二批	2009.03
35	过门笺制作技艺	传统技艺	区级	二批	2009.03
36	中国结编织技艺	传统技艺	区级	二批	2009.03
37	京剧脸谱制作技艺	传统技艺	区级	二批	2009.03
38	沂蒙刺绣	传统技艺	区级	二批	2009.03
39	兰山方言	民间文学	区级	二批	2011.03
40	艾山的传说	民间文学	区级	三批	2011.03
41	王氏酱菜	传统技艺	区级	三批	2011.03
42	罗成与陷泥河	民间文学	区级	四批	2014.05
43	奶奶炕的传说	民间文学	区级	四批	2014.05

（续）

序号	项目名称	类别	级别	批次	时间
44	五贤祠的来历	民间文学	区级	四批	2014.05
45	甘露寺的由来	民间文学	区级	四批	2014.05
46	方城大锅饼制作技艺	传统技艺	区级	四批	2014.05
47	葛家王坪庄司家烧鸡制作技艺	传统技艺	区级	四批	2014.05
48	华拳	传统体育游艺与杂技	区级	四批	2014.05
49	段氏德兴堂烧烫伤复原膏制作技艺	传统医药	区级	四批	2014.05
50	茶山传说故事	民间文学	区级	五批	2016.03
51	木板、宣纸烙画	传统美术	区级	五批	2016.03
52	密氏正骨法	传统医药	区级	五批	2016.03
53	传统锔艺	传统技艺	区级	六批	2017.12
54	冯记羊肉汤制作技艺	传统技艺	区级	六批	2017.12
55	临沂传统修脚术	传统技艺	区级	六批	2017.12
56	形意拳	传统体育游艺与杂技	区级	六批	2017.12
57	尤氏风湿壮骨帖制作技艺	传统医药	区级	六批	2017.12
58	扣刺拔毒带状疱疹针疗法	传统医药	区级	六批	2017.12
59	尤氏深针刺疗术	传统医药	区级	六批	2017.12
60	孟医堂中医针灸	传统医药	区级	六批	2017.12
61	陈家药酒制作技艺	传统医药	区级	六批	2017.12

糁 又名“肉粥”，是兰山区特有的一种传统名吃，它历史悠久，深受百姓喜爱，被评为“中华名吃”。《说苑·杂言》中有“七日不食，黎羹不糁”的记载，《礼记·内则》称“糁，取牛、羊之肉，三如一，小切之。与稻米二、肉一，合以为饵，煎之”。这里所说的“糁”，很像今天兰山的糁。清康熙年

间《沂州志·祭秩》中就有“糁食”。相传糁是古代西域人的早餐饮料，唐代时传入内地，而临沂糁则是由元大都（今北京）传来的，到了明代，当地人就将这种肉粥直呼为糁了。糁几经改进才逐步成为独具一格的地方风味小吃。糁的用肉，早期仅用牛肉、羊肉，传入内地后兼用鸡肉、鸭肉，后来汉族人又制作了猪肉糁，其中以鸡肉糁味道最佳。糁有四大特点：热、辣、香、肥，其中热是关键。糁不仅美味可口、营养丰富，而且有祛风驱寒、开胃进食、健胃温脾、利尿、止呕等效能。俗话说“开锅糁，刮缸粥”，一碗热糁，再配上临沂地方的面食如锅饼、千层饼、油条之类，就是一种美食享受。制糁工艺一般经选料、制汤、成糁三步，主要用料有肉、麦米、葱、姜、五香粉、盐、面粉等，有的还加入砂仁、公丁香、陈皮、肉桂、紫豆（去皮）、八角茴香、小茴香、玉果、广桂、白芷、良姜、花椒等药料，以增加温脾健胃功能。临沂城解放前，城内有 8 家糁铺，以黄家、刘家的鸡肉糁和陈玉山的牛肉糁最负盛名。1946 年，陈毅同志驻临沂时，曾是黄家糁铺的常客。目前，临沂市区糁铺已有数十家，上海、青岛等地也开设了临沂糁馆，有的饭店、宾馆还聘请了临沂的制糁技师，使糁登上了大雅之堂。

曲艺音乐　兰山曲艺历史悠久，加之受南北各地影响，艺人演唱活动活跃，流行曲艺繁多，演唱书目丰富。兰山区流行的戏剧和曲艺种类主要有柳琴戏、三弦平调、弦子戏、溜山梆子等，其中，三弦平调、弦子戏被评为省级非物质文化遗产，溜山梆子被评为市级非物质文化遗产。

三弦平调　又称“脚打鼓”，是临沂地区特有的曲种。因演唱者多为盲艺人，故俗称“瞎汉腔”。脚打鼓是在三弦节子板和弦子鼓的基础上发展创新的曲种，约产生于1930年前后。当时民间艺人的生活比较困难，盲艺人的处境更是艰辛，他们往往因人多开支大、收入少而难以糊口。当时临沂市汤头镇王町村盲艺人王兰义，在多年演唱三弦节子板的基础上，吸收了弦子鼓的特点，经多次研究实验，创造出三弦平调这种曲艺形式，实现了一人多艺、减少开支的愿望。[①] 此后，盲艺人纷纷拜师学艺，这一曲种迅速流传开来。脚打鼓艺人在演出时，往往口、手、足并用：手操弦乐器（也有的用坠琴或者月琴）进行伴奏，弦乐器多为三弦；右脚蹬节板，左脚蹬打扁鼓，以烘托气氛；艺人以唱为主，夹白叙述，

① 见黄忠、韩忠勤主编《沂蒙大观》，山东大学出版社 2007 年版，第 1187 页。还有一说三弦平调的首创者是临沂盲艺人林安合。

其唱词多为七字句或十字句，杂有很多农家谚语、歇后语等，为群众所喜闻乐见。脚打鼓的曲调以“三通鼓”“凄凉调”为主。后来，以兰山区史管亮、王省三为代表的脚打鼓艺人形成了南路口流派，南路口流派的唱腔吸收了苏北大鼓、山东大鼓的唱腔特点，曲调高亢浑厚。脚打鼓的曲目，中篇和长篇都有，如《王二英思夫》《陈三两爬堂》等，但更多的是富有风趣、寓意深刻的短段和书帽，如《青茶段》《夫妻争灯》《倒翻十字》《铜钱段》等。

弦子戏 即柳子戏，其伴奏乐器以三弦为主，笙、笛为辅，是一个拥有几百支传统音乐曲牌的古老剧种，曲调古老优雅，曾与昆曲齐名，因戏班自制的独特乐器——弦子而得名。弦子戏的剧目大都来源于民间喜闻乐见的传说或神话故事，也有从别的剧种移植过来的。其剧情有劝善惩恶的，有追求婚姻自由的，也有斥责为富不仁、嫌贫爱富的，适合老百姓的艺术追求。有的剧目也含有迷信色彩、报应思想，但大多数剧目是具有积极意义的。弦子戏的角色也分生、旦、净、末，脸谱化妆与京剧差不多。由于其唱腔清越优雅、民歌风味浓郁，戏演出来有热闹有文静、有张有弛、有疏有密，非常吸引人。弦子戏的曲调很独特，既不同于京剧的雄浑，又不同于越剧的缠绵。弦子戏常用的曲牌有十几种，这些曲牌简洁明快、易于流传，有些唱段完全可以当民歌小调来唱，老百姓能听得懂，且易于接受。有些曲牌还被民间吹鼓手吸收，成为婚丧和民间庆典仪式中经常吹奏的乐曲。目前，兰山区有徐庄弦子剧团、临沂工业园区前洞门弦子剧团。徐庄弦子剧团的传统剧目有 30 余个，现在流唱的有 20 余个；前洞门弦子剧团的传统剧目有 30 余个，现在流唱的有 20 余个。

溜山梆子 又称“靠山梆子”，是兰山区汪沟镇流传已久的一种民间曲艺。其主要腔调称为声腔基本调，是在声腔的旋律、节奏、调式特点与曲调式逻辑的基础上提升精华而成的，具有独特的风格和浓郁的地方特色，是该剧种创造唱腔、塑造人物及音乐形象的基础。溜山梆子唱腔的显著特点有三：一是高亢雄壮、气氛热烈，尤其男腔用假声翻高、往里吸气演唱的“立嗓”，清亮高昂，余音萦绕，不论是反映兴致勃勃的情绪还是表现气愤难忍的心情，均能收到良好的效果。二是旋律朴实，行腔流畅，没有大幅度的旋律变化、音符跳跃以及较长的花腔拖腔，演唱起来吐字清晰、节奏明快、如唱似说、质朴自然。三是长于体现正剧，特别是喜剧气氛。溜山梆子表演粗犷豪放，长于夸张。其中花脸特别是大花脸（又叫红头）的“推圆场”，手掌撑开，前后推动，整个身体随之大幅度地前仰后合，靠旗前后摆动，推之见勇，动中见猛，使得舞台人物勇猛威武的形象栩栩如生。旦角的表演也十分优美，特别是小旦的台步小而节奏稍缓，整个身躯从头到脚十分协调地一起扭动，上下浑然一体，别具一番风味。溜山梆子边唱边舞，长于刻画人物、体现剧情、塑造舞台形象、增强艺术感染力，深受观众喜爱和欢迎。目前兰山区汪沟镇溜山梆子的传承人是王英义。

柳琴戏 旧称“拉魂腔”，起源、形成于临沂地区的兰山、郯城一带，属于山东地方戏三大声腔系统之一的肘鼓子系统，因唱腔优美，有拉人魂魄的魅力而得名。柳琴戏起源于何时，没有明晰的文字记载，据专家考证和老艺人的师承关系推算，柳琴戏约起源于清代乾隆年间，距今已有200余年的历史。清代乾隆时期，兰山、郯城一带旱涝灾害不断，贫苦百姓无以为生，只得四处逃荒要饭。为了便于乞讨，百姓就用当地“姑娘腔”“花鼓调”等民歌小调“唱门子”，来代替“叫门子”，艺人管它叫“跑破”。从“唱门子”“跑破”开始，逐渐发展成既有唱腔又有对白和简单即兴表演的二人“对子戏”，此后又经过不断发展和完善，逐步形成了拉魂腔。柳琴戏在各地流传过程中，分别吸收了当地民间演唱艺术和姊妹剧种的营养，形成了一些支派，使柳琴戏从内容到形式更加丰富多彩。但其在剧目、唱腔、表演艺术等方面，仍然保持着早期拉魂腔的基本特色，反映出各路各派和拉魂腔之间的渊源。柳琴戏的剧目目前约有200出，多取材于历史故事和民间传说，大致可分为清宫戏、杨家将戏、薛家将戏、爱情故事戏、生活故事戏、连台本大戏几个门类。其中，表现青年男女爱情和劳动人民生活故事的戏，渗透着对封建礼教的批判，充溢着浓郁的生活气息。柳琴戏常以口语入唱，唱词通俗生动、善于铺陈，尤其长于叙事和刻画人物心理。其唱词讲求韵律，但不像京剧严格；句式基本上是五、七、十字句，但可长可短，少者仅三字，多者可达十五六字。此外，它还有少数格式独特的唱词，如八句娃子、十二句羊子、三句撑、倒脱靴、狗咬狗等，在其他剧种中较为少见。柳琴戏的早期表演艺术比较简单，行当也不完备，以小生、小旦、小丑为主。它没有固定的程式，为数不多的身段亦多系从其他剧种借鉴而来。其表演艺术的特点是粗犷、朴实、生活化，尤其小丑的表演诙谐又不流于庸俗，颇有特色。中华人民共和国成立后，党和政府对柳琴戏给予了极大关怀和支持，将流散各地的拉魂腔艺人组织起来，成立了一些职业剧团，临沂市柳琴剧团就是其中之一。在党的文艺方针和政策的指引下，柳琴戏演出剧目不断丰富，艺术形式日臻完美，同时还造就了一批优秀演员，如临沂市柳琴剧团的李春生、张金兰、邵瑞武等。

琅琊剪纸 剪纸是一种以剪刀或刻刀在纸上剪刻花纹，用于装点生活或配合其他民俗活动的民间艺术。临沂地区的民间剪纸比较普遍，很多地方都有剪纸的传统和习惯。这些剪纸设计美观、工艺精湛。每逢节庆之时，人们常用五颜六色的纸剪成各种各样的图案，用来装饰环境、烘托气氛。琅琊剪纸艺术是兰山区的民间艺术之一，主要作用是装饰，特点是选料易、成本低、技能简、效果优、应用广、雅俗共赏。琅琊剪纸多在嫁娶节庆时广泛用于建筑室内外装饰、家具陈设装饰、生活日用品装饰等方面，具体可用在衣料、被面、门帘、包袱、围兜、头巾、鞋帽、扇子套、荷包、香囊、农产品的晒制底样上。琅琊剪纸品种多、花样全，可作窗花、墙花、灯笼花、过门笺、顶棚花、炕围花、灶头花、喜花、供花、礼花、烛台花、特种剪纸、刺绣底纹等。喜花，多指结婚时用大红纸剪成的喜、福等图案；饼花，是姑娘出嫁时带往婆家的饼上所盖的花；灯花，是姑娘出嫁时带往婆家的灯罩上所盖的花；窗花，是结婚或节庆时用来装饰窗户的花；鞋花，是鞋面上的绣花底样；枕头绣花，指枕头套上的绣花底样，多是成对的；还有荷包花、帽花、肚兜花、手帕花等。琅琊剪纸渗透到人们生活的方方面面，给兰山人民增添了喜庆，带来了乐趣。兰山区剪纸艺术的代表性传承人有王玉桂、王艳俊、林化强等。

兰山童谣 童谣内容浅显自然，体式短小精悍，韵律和谐，语言活泼，对于启发幼儿心智大有裨益，是陪伴幼儿成长的精神食粮。兰山童谣也具有上述共性，不同的是，兰山童谣只有用兰山的方言念唱，韵味方出。如《小鸡嘎嘎》：“小鸡嘎嘎，要吃黄瓜。黄瓜有种，要吃油饼。油饼喷香，要喝鸡汤。鸡汤稀烂，要吃鸡蛋。鸡蛋有皮，要吃牛蹄。牛蹄有毛，要吃樱桃。樱桃有尖，要吃叫蝈，叫蝈吱嘎上了天儿。”土生土长的兰山人，听到这首童谣，或许会忆起小时候老人为自己吟唱时的情景。那时的物质虽然匮乏，但有了童谣的陪伴，孩子们内心是温暖丰盈的。又如《小白菜》：“小白菜，黄又黄，三两岁上没了娘。跟着爹爹还好过，就怕爹爹娶后娘。娶了后娘三年整，添个弟弟比俺强。弟弟吃米俺喝汤，有心不喝饿得慌，端起碗来泪汪汪，想亲娘……”这首兰山童谣唱出了失去母亲的孩子的心理创伤，不禁让人泪奔。具有代表性的兰山童谣还有很多，如《小槐树》《豌豆秧》等。

少年王羲之传说故事　关于王羲之，有以下几个美丽的传说故事。

永字八法的传说。有一天夜里，王羲之在灯下练字，他练了一张又一张，写过的纸铺得满地都是。尽管如此，对自己所写的字，他还是不满足，又练又看，仔细思考。但他实在太疲倦了，就握着笔伏在案上。忽然，一阵清风拂过，一朵白云飘然而至，云朵上有位鹤发银髯的老人，笑呵呵地看着他说："你的字写得不错呀！""哪里，哪里！"王羲之一边让座，一边谦虚地回答。他见这位老人仔仔细细地观看自己写的字，便请教说："老丈啊，请您多多指正。"老人见王羲之一片诚心，说道："你伸过手来。"王羲之心里纳闷，但见老人一本正经，不像开玩笑，便慢慢把手伸了过去。老人笑容可掬地说："我看你诚心诚意学写字，教你领悟一个笔诀，日后自有作用。"老人说完，拿过笔在王羲之的手心里写了一个字，然后点点头说："你会更快进步起来的。"说罢便离开了。王羲之急忙问道："先生家居何处？"只听空中隐约传来一声："天台白云……"王羲之一看手心是个"永"字，他比呀画呀，写呀练呀，终于领悟了：横竖勾，点撇捺，方块字的笔画和结构的诀窍都体现在"永"字上。白云先生教授他的真是好笔诀！此后，王羲之练字更勤奋了，他的书法也更加洒脱奇妙了。

晒书台的来历。王羲之出身书香门第，自幼聪颖好学，自懂事之日起就喜读诗文、亲近书墨，七岁时就写得一笔好字，被人们誉为"神童"。而王羲之并没有把自己看作"神童"，也不满足已有的成绩，而是天天练、天天写，持之以恒，从未间断。他写了一张又一张，写过的纸在家里面摆不开了，就拿到房前高台上晾晒，边晾晒边自我比较，晒干了就把它们收起来，再琢磨比较，总结经验。就这样天长日久写呀晒呀，晒呀写呀……后来人们便把他晾字的高台叫作"晒书台"。

洗砚池的传说。王羲之的家门前有一个池塘，每到春夏之交，这里便莺啼燕语、蛙鸣蝉噪，景色宜人。自从羲之学书以来，这个池塘便成为他每天来洗刷笔砚的场所，天长日久，池塘就被称作"洗砚池"或"泽笔池"。后来，清澈的池水变成了黑色，后人也就有了"临池学书，池水尽墨"之说。王羲之练字刻苦异常，夜间也临池不辍。有一次，池塘里的青蛙叫个不停，弄得他心烦意乱，便大声吼道"我要练字，不要再叫了！"说来也怪，从此以后，洗砚池的青蛙真的不再鼓腹高鸣，只是鼓起肚皮作欲鸣的状态，却不发出声响了，由此还留下了一句歇后语：“洗砚池的蛤蟆——干鼓肚”。

沂蒙布贴画 家住银雀山街道银都社区的石运梅以普通的布料为“笔墨”，通过剪、贴、上色等工序制作的布贴画，展现出了国画的“水墨”效果和意境。布贴画制作过程看似简单，却体现着制作者的匠心独运、耐心细致。画中用布拼贴塑造的花鸟、古木形象逼真，立体的浮雕感有着笔墨不能替代的奇妙效果；有时，仅一只小鸟就要用几十种不同花色、质地的布料拼贴而成，其精细程度令人叹为观止。

惟一斋八宝豆豉制作技艺 始于清嘉庆年间，距今已有200余年的历史。利用此技艺制作的惟一斋八宝豆豉，是兰山区特产，被评为“山东名吃”“中华名吃”，1983年被评为省优质产品，1992年获全国博览精品金奖，1995年获中国名优精品金奖。全国人大常委会原副委员长费孝通品尝后，欣然题词“齐鲁名产，醇厚清香”。该豆豉因用大黑豆、茄子、鲜姜、杏仁、鲜花椒、紫茄叶、香油和白酒八种原料发酵而成，故称“八宝豆豉”。八宝豆豉制作工艺精细，一般于头年茄子成熟季节配料装坛，经日光发酵10—12个月，次年中秋节前后方为成品。启封后，八宝豆豉色泽晶莹，粒粒玑珠，清香四溢。豆豉制作历史悠久，明代《本草纲目》中即有记载：“豉，诸大豆皆可为之，以黑豆者入药。有淡豉、咸豉，治病多用淡豉汁及咸者，当随方法。”八宝豆豉含有丰富的蛋白质、维生素、谷氨酸、赖氨酸、天冬氨酸等营养成分，具有温中健脾、益气补肾、滋补润燥、舒筋活络等保健功效。关于豆豉的由来，相传在清代山东沂州府的垛庄（今属蒙阴县）有位老妈妈，智慧过人。她用大黑豆、茄子、香油作主要原料，腌制出的酱菜非常美味可口，取名豆豉。垛庄的一位酱园师傅彭三，从她手中学到了制作豆豉的技艺。后来，临沂城内的惟一斋酱园慕名将彭师傅聘请到该园制作豆豉，并在实践中不断改进技艺和配方，终于研制成独具一格的临沂风味豆豉。随着科技的发展，惟一斋通过调整配方和人工控制豆豉发酵温度等手段，将发酵周期缩短为6个月，大幅度提高了产量，并保持了原有风味。八宝豆豉以其营养丰富、醇厚清香、去腻爽口、食用方便等特色而具有较高的市场声誉，除了销往本省及京、津、沪等地，还远销日本等国家，成为享誉中外的兰山名吃。

王氏熟梨制作技艺 指“熟梨王”王玉成用祖传数百年的历史秘方烹制熟梨的技艺。王氏熟梨用料讲究、风味独特，为中华一绝。其熟梨酥烂化渣、入口即化、甜香醇厚、子实酥软，并有清痰泻火、润肺止咳、解酒利尿、除烦去躁、养肝益心之功效，对慢性气管炎、哮喘肺热有一定的疗效。王氏熟梨一般在夜幕降临时销售，售卖时配以悠扬的传统售卖歌。人们听到歌声后，纷纷前往购买，食者赞不绝口。陈毅、谷牧、费孝通等名人都曾赞誉过王氏熟梨，多家电视台和报刊都报道过王氏熟梨。王氏熟梨曾被山东省经济贸易委员会评为“山东名吃”，被中国烹饪协会评为“中华名吃”，有“中华熟梨王”的称号。

艾山的传说　传说东海龙王的爱女，嫁给了沂河小龙为妻。婚后，沂河小龙常常毒打龙女，并罚她到艾山牧羊。东海一柳姓书生赶考归来，路经此地，登艾山游览，与龙女相识。他帮龙女捎信给龙王，龙王得以到沂河铲除小龙并救出龙女。从此，沂河中不再有龙，艾山上的羊群失去了主人，也不再吃草喝水，化作了石头。龙女为报柳生救命之恩，以身相许，夫妻二人回到艾山，行云施雨，保护当地禾苗不受旱灾。为此，人们还在艾山脚下为龙女修建了娘娘庙。

据老一辈人说，曾经艾山上到处都长着艾草，艾草的香味使人在十里之外都能闻到。可为什么现在的艾山上一棵艾也没有了呢？原来，在很久以前，艾山前面的一个村庄里有一个名叫王本源的人，家中老少六七口人，全指望他一人开小酒铺过日子。因此，他三天两头地到艾山西边的一个村庄提酒回来卖。某天，他从西庄挑来一坛酒和一些杂货，刚走到艾山下，突然一块小石头从山顶上咕噜滚下来弹到酒坛上，打出了一个手指肚儿大小的窟窿，酒直往外淌。王本源急得直跺脚，见脚下有一棵艾草，他连忙摘下来塞住窟窿，坛子不漏了，可酒却淌了一半，他心里很不是滋味。说来也奇怪，他用这个破酒坛子卖酒，卖了一集了，酒坛里的酒好像一点也没见少。而且人们还说他的酒味儿好，喝了头清目明心爽。于是短时间内，王本源的腰包就鼓了起来，还盖起了三间大屋，全家老少过年时从头到脚换了个崭新。有了钱的王本源，被人掌柜的长掌柜的短地叫着，顿顿都要喝上一壶，高兴时还唱会儿柳琴戏。这天他又喝了两盅，整个人晕乎乎的，越看那个破酒坛子越觉得太没面子，一气之下将它扔到院子里摔碎了，然后换了个新酒坛子，还在酒坛外面贴上了“日进斗金”的红帖，气派得很。可是从此以后，来打酒的人越来越少，人们说他家的酒味变了，过去的老主顾也都绕着他家门走。王本源三夜没合眼，思来想去终于明白过来，过去的酒卖得好，是因为酒里有艾味儿，他连忙提着灯笼到艾山上找艾草，心里想着再补个破坛子又可以发财了。可是他提着灯笼把艾山转了十八圈也没找到一棵艾草，原来这艾草是观音菩萨身边的侍女巧艾所变，她见王本源忘了本，认为这种人不值得可怜，于是一招手，所有的艾草都飘飘悠悠离开了艾山。后来，为了劝化后人，人们仍称没有艾草的艾山为艾山。

三、兰山民俗风情

悠久的历史文化环境和居山傍河的地理环境，造就了兰山民俗质朴厚重、尚实崇德却又不失清新自然的地域特色。这些丰富多彩的风俗习惯，虽然在不同的时代有所变异和发展，也有新习俗的产生和旧习俗的消亡，但总体而言，是世世代代稳定传承的。时至今日，许多风俗仍然深深地影响着兰山人民的衣食住行、婚丧嫁娶甚至为人处世的方式和习惯。

（一）生活习俗

服饰方面，旧时兰山境内部分官商地主多穿绸缎右襟长袍，外穿马褂、短褂、肥腿裤，一般庄户地主则不及。农村居民多穿自己手工纺制的纯棉粗布衣服，俗称“本地布”，其色泽多为青、深蓝、浅蓝等，喜庆节日可能会弄件新点的衣服换上。稍微富裕点的农户冬有棉夏有单，有的冬天能穿上棉长袍，俗称“大袄”。贫困农户深冬才能穿上棉衣，夏天再将棉衣的棉絮掏去，当单衣穿，他们多年穿一件，补丁摞补丁，故有“新三年，旧三年，补补连连又三年”之说。

家具方面，一般农家有吃饭桌、小板凳、长板凳、箱子、橱柜等，富裕人家有八仙桌、太师椅、条几、衣架、顶子床等，色泽多为棕色或黑褐色。炊具中，灶台多是用土坯或石头砌成的烧柴灶，外加风箱，锅、鏊子、勺子为铁质，瓢用葫芦做成，碗、盆、壶、罐多为黑陶。

饮食方面，境内居民习惯同桌共餐，春、夏、秋、冬均一日三餐。旧时穷人多以高粱、地瓜等为主食，口味习惯咸、辣、酸、甜。农家多以咸菜、椒子下饭，故有“待要解馋，椒子和盐”之说。煎饼为兰山人民的家常主食，也是兰山区久负盛名的地方特色食品。烙煎饼的工具主要有三件。一是鏊子，铁制，圆形，有大、中、小三种，中心稍凸，下有三足，足下用柴草或煤炭加热，上面即可烙制煎饼。二是用来推动糊子的手持工具，当地人叫“篦子”，木质板状，弧形，有柄。把糊子放在热鏊子上后，用篦子左右推摊，糊子便薄薄地摊在鏊子面上。也有的用筢子，还有的用竹条，它们作用相同，但烙出来的煎饼各有特点。三是油擦子，当地人叫“油搭子”，是用十几层布缝制的方形擦子，上面渗着食油，用来擦鏊子，为防煎饼粘连鏊子揭不下来。煎饼的制作工艺较复杂。用来烙煎饼的原料叫糊子，它以小麦、高粱、玉米、地瓜干等粮食为原料，经过淘洗、浸泡，然后用石磨磨成糊状物。还有的地方在磨糊子前，放入三分之一或一半的熟料，人们称这样磨出来的糊子好烙，烙出来的煎饼也柔软好吃。磨糊子是很费功夫的事，二三十斤粮食一般要经过两三个小时才能磨好，若磨快了，糊子过粗，烙出来的煎饼自然就不好吃。磨糊子的时候，添料者必须是有经验的老手，要勤添少添，磨出来的糊子才能细腻均匀。沂蒙煎饼最有特色的就菜是渣豆腐和大葱。渣豆腐也是兰山区的小吃，是把白菜叶、萝卜缨、野菜、地瓜秧等洗净剁细，加点豆面和盐，用水煮焖后做成的一种家常菜。煎饼卷渣豆腐，再放上点辣椒面，是贫苦农民填饱肚子的最好饭食。过去农忙时，人们没有时间炒菜，煎饼卷大葱和甜酱是最具风味的吃法。近来有人认为，食用煎饼需要较长时间的咀嚼，因而可生津健胃、促进食欲、促进面部神经运动，有益于保持视觉、听觉和嗅觉神经的健康，减缓衰老。

孝河藕。发源于兰山区北部白沙埠镇的孝河（又称孝感河）。孝河水清澈甜润，河底为黑紫淤泥，河内盛产白莲藕、红莲藕、茭白、菱角、鱼虾等，尤以白莲藕最为出名。孝河藕与沙沟芋头、塘崖大米并称为临沂市的三大土特产，素有“沙沟芋头孝河藕，塘崖大米香满口”的美誉。与其他藕相比，孝河藕节短肥大，表皮润滑有光泽，脆甜适口，细嫩无渣，既可炒炸蒸煮，又可凉拌冷调，花样繁多，味道各异，非一般河藕、塘藕所能比。其叶、莲子若做成荷叶粥、莲子羹，更是滋补佳品、美味佳肴。另外，孝河白莲藕还可入药，有收涩止血、凉血化瘀之效。古往今来，凡有幸尝到孝河白莲藕者，均对其赞不绝口。孝河藕始植于何时，已无从考证，但自古以来，每适收获时节，各地商贩蜂拥云集孝河岸边，争相抢购。孝河藕不仅是美食佳品，其荷花、荷叶也极具观赏价值。每年六七月份，整个孝河“接天莲叶无穷碧，映日荷花别样红”，可使人近观“亭亭净植”，远赏“香远益清”，因而成为著名的游览景点。

锅塌鱼。又名“元宝锅塌鱼”，为兰山区名吃，因形扁、无骨、塌倒而得名，形成于20世纪20年代末30年代初，距今已有近百年的历史。当时临沂名厨高钧的舅父盖京义（也是名厨师）有一次来高家做客，提及孔府剔骨鱼的味道和烹饪技术，高钧十分留意。后来，他用本地肉鲜味美的沂河金鲤鱼，参照孔府剔骨鱼的工艺进行了多次烹饪试验，终于创制了锅塌鱼这道名菜，并开办了泰丰馆。现在，高家后人仍然在经营泰丰馆，锅塌鱼作为一道名菜，在坚守中流传下来。由于锅塌鱼色、香、形诱人，口味甜、咸、鲜，许多人慕名前来品尝。1983 年，时任中国曲艺家协会主席陶钝在品尝了这道名菜之后，称临沂锅塌鱼名不虚传，并说“锅塌鱼是怀才不为人知，盐车下的骥马”。锅塌鱼的制作并不简单，首先需取一条鲤鱼洗净，从背部划开，将大梁骨取出，拔除鱼的大刺，将鱼进行花刀处理；然后下锅进行炸制；第三步是加入葱、姜、蒜末以及盐炖制；最后加入油、糖、味精和料酒等调料进行收汁，一道金黄色的锅塌鱼就做成了。做一道锅塌鱼大约需要 40 分钟，做好锅塌鱼有两个关键：一是选好料，即用鱼必须是当天的新鲜鱼，每条 1 公斤左右；二是将剔骨处理好的鱼入锅烹饪时，要掌握好火候。这样才能做成一种色金黄、形扁圆、味香甜、质嫩软的绝味佳肴。

沂蒙春茶叶。产自风景优美、以万亩桃园著称的李官镇。该镇属暖温带季风性气候，水资源丰富，山体植被良好；境内以丘陵为主，土壤呈微酸性，含有丰富的有机质和微量元素。该镇独特的自然条件非常适宜种植茶树，所产的沂蒙春茶叶具有历史久、规模大、品质好、无公害四大优势，以及叶片厚、滋味浓、香气高、耐冲泡等鲜明特点，深受广大茶叶爱好者好评。该镇现已发展茶园 13.3 公顷，是兰山区最大的茶叶乡镇。“沂蒙春”牌绿茶主要销往北京、上海、济南、青岛、烟台、威海、菏泽、东营等 30 多个城市和地区，深受人们的喜爱。李官镇的沂蒙春雪芽、片翠、松针、碧芽、雀舌、沂蒙绿茶、黄香茶、八宝茶等系列产品，曾在全国农业博览会和中国（芜湖）国际茶叶博览交易会上荣获全国优质奖，并先后被省、市评为优质产品。经中外茶叶专家鉴定，“沂蒙春”牌系列产品原料上乘、加工工艺独特、产品质量优良，实属北方茶叶之精品。

（二）生产习俗

兰山境内居民自古以来以农业为主，崇尚勤劳细作、勤俭持家，历来以“人生天地间，庄户最为先”为信条，有“玩龙玩虎不如玩土”之说。在兰山人眼中，一年四季“面朝黄土背朝天”的庄稼人是“安分守己”之人，“男耕作，女理家”观念世代相传。旧时，农民劳动时间长、强度大，春种、夏锄、秋收、冬藏，一年四季周而复始。春天开始，人们忙于倒粪、送粪，备足土肥，为一年丰收打下基础。接着整地，适时下种，即“谷雨前后，种瓜点豆”。随后便是以锄草、灭虫为主的田间管理，以保证农作物苗全苗旺。夏天因多风雨冰雹，故兰山农民收麦有抢收抢打的习惯，一般是“八分熟十分收”“忙不忙先打场”。麦收后抢墒下种，争日争时。俗话说：“五月田，早一宿高一拳。”如墒情好，下种忌深，素有“五月豆，半边露”之说。夏天锄过地便到了立秋季节，杂草生长开始缓慢，“立了秋的草，棒打倒”，于是出现了“立了秋，挂锄钩”之俗。秋收秋种是一年中最忙的季节，俗话说：“三春不如一秋忙。”这时兰山农民早、午两餐都在地头吃，边收边耕边种，不敢怠慢，因种麦宜早不宜晚，有“白露两边看早麦”“早种麦强起晚施粪”之说。过去，农业生产力低下，农民常说“有饭天给吃”，庄稼长得好便称“神长”，打粮多谓之“神收”，甚至有天旱“祈雨”和久旱逢雨而“敬天”等迷信习俗。

（三）传统节日

辞灶日。也叫“过小年”。旧俗这一日是灶王爷启程回天禀报一年来全家情况的日子，故称“辞灶”。旧时因贫富不等，辞灶的日期不同，有“官辞三（腊月二十三），民辞四，乌龟王八（鸨儿妓女）辞五六”之俗，现一般为腊月二十三。辞灶日的早晨要接灶王爷，需蒸（捞）上三碗米放在茶碗中培起来，插上枣、栗子，香炉中也要装满麸子插上香。辞灶主要是在厨房中进行的，兰山地区的辞灶要拜灶王爷，烧纸、烧香，还要跪着说“上天去多言好事，下界来广降吉祥”。烧纸时，纸中还要包上麸子。另外，要将瓢里装上麸子、枣、栗子、铜钱、糖，放在锅台上，同时还要在锅台上放一碗水。磕完头，就可以把瓢中的食物分给大家吃了。

除夕。指过年的前一天。家家户户在欣喜之中，贴春联（服孝期内不贴或只贴紫、白对联）、贴窗花、糊灯笼，有的还着意倒贴一个“福”字，寓意“福到了”。农具上要贴上“酉”字，有顺利、发财、幸福的意思。大门外贴“出门见喜”，院内贴“满院春光”，室内正面贴“人口平安”，床头贴“身卧福地”或“身体健康”，牲畜圈内贴“六畜兴旺”，等等。旧时除夕日，兰山人民会打满一缸水，抱足三日柴，备足半月饭，寓意“从吃坐穿，一年受用”。农村则要把买来的竹竿放在河水里泡 3—4 个小时，等竹叶变绿了以后，将竹竿插入磨眼中。竹竿上要拴 6 串或 12 串东西，6 串取“六六大顺”的意思，12 串取“拾儿”之意。院内除了要插上竹竿，还要插上桃条，以预防邪魔鬼祟入内。桃条一般插在屋檐下或放在屋顶上，底下放上火纸，用东西压着。傍晚接灶后，在门口放拦门棍，以防邪魔鬼祟强入院内。入夜后秉烛焚香，灯火通明，彻夜不眠，称“守岁”。午夜子时过后，长辈带领子孙发纸马、放鞭炮、祭天地、祀祖宗，保佑家人平安。纸马发过之后，全家老少围坐在桌前吃年夜饭，年夜饭多是水饺，且水饺多为素馅，取素气之意。此时一般不吃蒜，意为不被人算计。人们往往在饺子里按全家人口数包上钱或大枣，谁吃着带钱的饺子，就意味着运气好，来年发财；谁吃着带枣的饺子，一年中便幸福甜蜜。过年要说吉利话，如水饺煮破了不说“破”或“毁”，而说“挣了”；馒头裂了不说“裂纹”，而说“开花”或“笑了”。年夜饭过后，即开始拜年。先是自家晚辈给长辈磕头，长辈给晚辈压岁钱。然后街坊邻居进行互拜，互道“过年好”“恭喜发财”等。拜年有尽早之俗，多在早饭前结束。

春节。农历正月初一，俗称“过年”，是我国最重大的传统节日。俗话说“喝了腊八粥，就把年来数”，腊月初八过后，人们就开始忙年，家家户户择吉日进行卫生大扫除，即粉饰墙壁、扫屋清尘、整理庭院，俗称“扫屋”“扫灰”，以示辞旧迎新。同时要洗澡理发，做新衣，办年货。购置家用时必添碗筷，寓意增添人口、家丁兴旺。节前还要做各种熟食菜肴，这叫“忙年”。菜肴中必须备有鸡、鱼肉，寓意“年年大吉，岁岁有余”。在兰山地区，过新年必须要蒸年糕、做豆腐，以谐“年高”“都福”音，祈求“全家幸福，步步登高”。还要用胡萝卜、白菜心、粉丝等加调料做成“合菜”，象征为人清白、全家和睦、幸福吉祥。

元宵节。农历正月十五，也称“上元节”“灯节”。城乡居民多用黍子面、糯米面或黏高粱面做皮，红糖或白糖做馅制成元宵，当地人俗称“汤圆”或“糖丸子”，象征举家团圆、吉祥如意。傍晚有照灯之俗，即将白面做成的象征12个月或12属相的灯点燃，照射各处，灯光所及，预兆洁净。小孩三五成群手提彩灯，并在大人指导下用面灯照射身体各个部位，寓意心明眼亮、不生疾病。街衢市肆彩灯盈头，并举办撑旱船、踩高跷、骑毛驴、耍龙灯、扭秧歌等民间文艺活动，叫作“闹元宵”。现在，兰山地区每逢元宵节便灯火辉煌、火树银花、五彩缤纷，人们争相观看，热闹气氛年盛一年。

清明节。清明的前一日为“寒食节”。旧时，家家户户在清明时到祖茔添土上坟，俗称“春祭”，以示给祖先修缮房屋和悼念之情。清明节时，早饭需吃鸡蛋，老人吃“荷包蛋”。青少年把鸡蛋煮熟后染成红、绿、黄等色，饭后穿着红绿新衣到野外踏青、爬山、滚鸡蛋，又称“春游”，也有的青少年成群结队到户外放风筝。人们还在门口两边和磨眼里插上柏树、柳树等枝条，还有的用枝条抽打各处，口诵“东墙抽，西墙砸，蝎子、蚰蜒不敢爬”，以预防毒虫咬人。此俗历久不衰。

端午节。农历五月初五，又称“端阳节”。这一日，家家户户在门窗和屋檐上插艾蒿。小孩手足系五色线，或将艾叶等驱虫物缝成“香荷包”戴在胸前，有“五月端午戴艾”之说；或用艾枝汤沐浴，意为避邪驱虫、不生病。端午节当天有吃粽子的习俗，一说是为了纪念战国时期爱国诗人屈原，一说是盛夏到来吃粽子凉快，故有“吃了端午粽，才把棉袄扔”之谚语，此外也有“吃了端午粽，一年不生病”之说。

中秋节。农历八月十五，也叫“仲秋节”，是我国传统的大节日之一。这时，农业年景收歉定局，俗有“七月十五定雨水，八月十五定收成”之谚。欢度“中秋节”也有庆祝农业丰收之意。节前亲友会相互赠月饼，互祝合家团圆。中秋之夜，全家会聚餐。按照兰山地区的习俗，聚餐一般在院子中进行，“玉兔”升起，一家人围坐在院内，摆上月饼，边吃月饼边赏月。正如民谚所说“八月十五月正圆，月饼石榴敬老天；汤圆水饺盛满碗，合家老少庆团圆”。民间还流传着“八月十五下了雨，转过年来雪照灯”之语，意思是说，八月十五这一天如果下雨了，到第二年的正月十五一定会下雪。

重阳节。农历九月初九，旧时多是富裕人家和游手好闲的人游逛登高的日子。有些文人墨客身带茱萸登高饮酒、赏菊赋诗，故有唐代诗人王维《九月九日忆山东兄弟》之诗云：“独在异乡为异客，每逢佳节倍思亲。遥知兄弟登高处，遍插茱萸少一人。”这一日，兰山地区乡间新豆收获，人们多做豆腐、烧豆腐脑、喝豆汁。

（四）时令节气

冬至。农历二十四节气之一，又叫“过冬歇”，俗称“过冬闲”。意为寒冬已到，数“九”开始。九九数完后叫“出九”，九九中以三九最冷，故有“热在中伏，冷在三九”之说。人们在冬至这天上坟祭祖，皆吃水饺取暖，有“冬至饺子夏至面”之说。

腊八节。农历腊月初八。相传腊八节是佛祖释迦牟尼的成道日，佛寺会在此日举行诵经活动。效法佛成道前牧女献糜的传说故事，人们取香谷及果实等造粥供佛，这种粥叫腊八粥，也叫七宝粥。旧时民间有形似金刚力士之人力击腰鼓，驱疫保平安之俗，称为“击腊鼓”。民间有“腊鼓鸣，春草生”的谚语。现在只有吃腊八粥的习惯，而击腊鼓已绝迹。

二月二。传说是土地神的生日，又称“青龙节”，故有“二月二龙抬头”之说，意为百虫惊蛰。“龙抬头”之日，万物复苏，适宜耕作。人们在这一天干炒粮食（多选用黄豆，也可以炒黑豆、玉米、花生、高粱等），叫“炒虫吃”，意为能把庄稼地里的害虫炒死、吃掉。兰山地区炒豆时会拌上红糖或白糖，俗称“糖豆”，寓意“炒死蝎类毒虫，日子过得甜蜜”。二月二又叫围仓囤。这一日，家家将灶灰洒成圆圈，把蜗牛围在中间，形成一层一层的，类似粮囤，然后将五谷放在圆圈内，拿石块或砖压上，寓意五谷丰登、粮食满囤。是日上午，男性青壮年会携带烧纸和糖豆到土地庙祭祀“一庄之主”土地神，故有“土地老爷还熬个二月二”之说。

七月十五。又称“中元节”“盂兰盆节”，被认为是冥界三大重要节日之一。民间有阳间过元宵节、阴间过鬼节的传说。相传，每年从七月一日起阎王就下令打开地狱之门，让那些终年受苦受难被禁锢在地狱的冤魂厉鬼走出地狱，获得短期的游荡，享受人间血食。所以人们称七月为鬼月，认为七月是不吉利的月份，既宜不嫁娶，也不宜搬家。七月十五这一天，人们不去河中捕鱼，而且晚上还会扎纸船，在船上插蜡烛，然后将其拿到河边去放河灯。

（五）婚丧嫁娶

提亲。媒人提亲也叫“说媒”。提亲者多由老年妇女充当，人称媒婆。旧时婚姻讲究“父母之命，媒妁之言”。提亲后父母双方相互了解，若中意则请人查男女生辰八字，按十二属相和金、木、水、火、土五行推算，若两人不相克便选择吉日“下聘传柬”，订下终身。其间两人不见面，全由父母包办，只好“听天由命”，故有“嫁鸡随鸡，嫁狗随狗”和“嫁给当官的是官娘子，跟着杀猪的是捋肠子”之说。

送书子。也叫“定亲”，又称“递小柬”“下聘”“传小启”“过红子”，指双方确定联姻后，男方备好定亲礼（衣料、首饰、现金等）托媒人送往女方家。女方从男方所送衣物中抽取一两件或另购合适礼物作回礼。书子上要写明男女年龄、家长和媒人姓名，双方交换，作为联姻依据。

送日子。男方根据男女双方的命相，查定结婚日期，通知女方，俗称“送日子”。送日子时，需将新娘的冠笄、坐帐及上下轿的面向、男女送客的属相等事宜皆书其上。双方各自通知亲友，亲友便以钱物为礼品相赠，男方称“送礼”，女方称“送填箱”。女方接到“日子”后，开始“忙嫁”。发嫁时，家具、被褥里放上染成各种颜色的花生、核桃、栗子及大枣等。

结婚。也叫“娶媳妇”。结婚前几天选择吉日，男方派人到女方家下“催嫁衣”，送红棉袄、红棉裤、蒙头红、环子（一种首饰）及四色礼。四色礼中一定要包含一对鸡、一对鱼。男方家此时热闹非凡，忙着布置新房、张贴对联和“双喜”、请厨师办酒菜。婚礼前夜，女方家长为新娘收拾陪嫁用品，叫“装柜”，或叫“填箱”。除衣料外，还有团圆饼、压床鞋、点心、香烟、压柜钱、宽心面、葱盐等。新娘发嫁有尽早之俗，新娘还要早起请“上头人”帮忙“上头”，即盘头、戴花、戴盖头，故时间一般选在辰时或卯时。新娘上轿之前，必须倒穿着父亲的鞋，目的是闺女出嫁时不带走娘家的土。送亲者中一般有两个男大客，又称“送客”，一般由新娘的舅、大伯担任。又有小客数人，一般是新娘的兄弟。陪嫁女客中有两人称“看轿的”或“称车的”，多是新娘的嫂子或姐妹。民间流行“姑不娶，姨不嫁”，同时忌讳缺儿少女、无男人的人做陪嫁女客。沿途遇桥、牌坊、庙宇等要贴“青龙贴”，路过村庄要奏乐。花轿到达男方门前，男方要放鞭炮。新郎要着盛装相迎，对轿三鞠躬，“上头人”将新娘搀出轿门。新娘下轿后，有预定人选向新娘头上撒麦麸，麦麸中掺着红枣、栗子、铜钱等物，寓意新郎新娘婚后早生贵子、有钱有福，且撒麸者边撒边说“先撒栗子后撒枣，大的领着小的跑”，意指多生儿女。新娘被两名妇女扶着，新郎新娘男前女后系红绸子，名曰“领红”，然后踏红毡或红席入门庭，拜天地，入洞房。新郎踩床后，要大口吃鸡蛋，旁白：“大口咬着黄，日子过得强。”夜间新郎、新娘同吃宽心面，喝合婚酒。邻里男女老少入洞房“闹房”。洞房内通宵达旦不熄灯，谓之“长明（命）灯”。新郎新娘合房前，由男方的弟弟到洞房送“尿盆”，边送边说：“我为哥嫂送尿盆，嫂子为我早生侄。”新郎新娘入睡后，还有人在房外偷听里边的动静，谓之“听房”。

添喜。城乡居民家中生孩子谓之“添喜”，要挂“红子”。生男孩称大喜，要在大门口挂红布并系上弓箭和书本等物，并在红布的四角缀上铜钱，寓意骑马射箭，即孩子长大后能文能武。生女孩称小喜，要在大门口红布上佩以大蒜，表示精打细算会理财掌家。添喜后，丈夫先到女方娘家报喜，再告知亲友邻居。女方娘家便筹备鸡蛋、白面、小米、点心、红糖、小孩衣服、尿布等物品，择日到男方家去看望祝贺，叫“送米糖”或者“送米粥”。送米糖时，新生儿的舅舅需手持剪刀在新生儿的头上做一剪发的动作，这叫作“剪头”或者“铰头”。亲友邻里要在铰头之前送些鸡蛋、红糖、小儿衣服、长命锁之类，以示祝贺。婴儿在出生百日时，要穿“百岁衣”，也叫“百家衣”，寓意孩子长命百岁。

祝寿。也叫“过生日”“上寿”“做生日”。旧时老人年到花甲便开始祝寿，生日这天儿女以及亲友便带鸡蛋、长寿糕、猪肉、鱼、馒头等物登门“做生日”。主人宴请亲友吃长寿面，喝“百年吉”酒，祝福老人健康长寿。给老人做生日切忌间断，应每年都做，直到老人寿终。否则子女谓之“不孝”，亲友谓之“失交”。

丧葬。旧时人死后全部土葬，婴儿死亡多用破袄一裹，弃于“官地”；少年夭折多用破席子一卷，埋于自家地头，不入祖茔。老人丧葬一般在弥留之际即穿寿衣，咽气后奔告亲友，称“报丧”。随后，死者儿女穿孝服、拄哀杖守灵。男的剃头戴孝帽，身穿白大褂子，腰系苘绳，脚穿白鞋；女的散发，头顶白布，谓之“披麻戴孝”。侄孙多数只戴孝帽、穿白鞋。父母死后，先由长子“指路”一次，然后“报庙”“泼汤”，按死者年龄大小，泼汤有“三顿”“五顿”“七顿”之别。泼汤完毕后是“出殡”，也叫“发丧”，即“摔老盆”。旧时一些高门大户家的老人去世时，还要进行“三祭”，即门前祭、路祭和林前祭。然后由其儿子手扶棺头，领棺入墓穴掩埋成坟，称为“领棺下丧”。晚些时候，要将扎彩匠扎糊的纸人、纸马、纸柜、纸牛等为死者准备之物，抬到土地庙或者村头十字路口烧掉，叫“送盘缠”。考妣死后，儿女不分辈分大小逢人便要磕头，有“死了爹娘矮三辈”之说。接着是“三日坟”（也叫“圆坟”）、“五七坟”，然后是“一个月坟”“百日坟”“头年坟”“二年坟”“三年坟”，接着换孝。上“十年坟”时，一般是“十年坟九年上”。

四、兰山街巷文化

兰山境内的临沂城历代为郡、国、州、县治所，人口密集，是区域政治、经济、文化、军事中心。老城区内路、街、巷星罗棋布，鳞次栉比，其名称富有特色。街巷名称富含文化信息，不但延续了千百年的情感，而且对传承历史文化起到了重要作用。据 1986 年《山东省临沂市地名志》一书的不完全统计，当时临沂老城区的路、街、巷有 193 条，多为百年街巷。从各具特色的街巷名称中，我们既可以了解兰山丰富的物质文化、制度文化，也可以了解中华传统文化形态在兰山的变迁与发展。

（一）类型丰富的名称

街巷作为民众的公共活动空间，承载着人们的生活和记忆。街指比较宽阔、两边有房屋的大道，而巷指建筑物之间比较狭窄弯曲的小路，更多时候指居民居住区的胡同。临沂老城之内的街巷名称极富特色，历代流传下来的街巷名称成为考察兰山文化魅力的重要依据。街巷名称是古地名中的重要类别，而地名是以语言文字形式对各个地域进行区划的标志，是政治、经济、文化的载体，通过对历史遗留古地名的分类，可以更深入了解该地域的自然风貌和历史文化景观。地名可分为描述性地名、记叙性地名、寓托性地名三类，据此，我们可以把临沂老城区街巷名称对应分为三大类：描述性街巷名、记叙性街巷名、寄寓性街巷名。

描述性街巷名主要指反映地理、地形特征及自然资源的街巷名称。街巷作为人们重要的生存环境，它的任何特征都为大众所熟知，自然也就蕴含于街巷名称中。老城区描述性街巷名称主要涉及地貌风物及物产资源。描述地貌风物的街巷名称中，比较有特色的如挑水巷、塘子巷、竹林巷、墙缝巷、北三孔桥西（东）巷、梭头巷、菱角汪巷等，从这些名称中我们可以感知临沂老城区内的地理特色。在描述自然物产的街巷名称中，比较有特色的有潘家园巷、杨家园巷、赵家大园巷、张家大园巷、姜园街、煤山巷、八小集街、窑货市巷、芦花市巷、粮食巷、盐店巷等，从这些街巷名称中我们可以感知兰山自古以来丰富的蔬菜资源和矿产资源，以及兰山商业文化蓬勃发展的气息。

附 -1　石牌坊巷（瑞典 安娜·拉森于 1893 年至 1895 年拍摄）

记叙性街巷名主要指反映历史、文化等特色的名称，这些名称中的很大一部分能够反映出当时历史制度、文化等深层次问题。老城区内记叙性街巷名称

附 -2　张家巷旧貌（现沂州路中段）（李百军于 1980 年拍摄）

主要涉及寺庙堂、古迹名胜、衙署兵营、姓氏家族等类别。记叙寺庙堂类街巷名称，如普照寺巷、东岳庙街、八蜡庙街、关帝庙巷、武庙巷、五贤祠街、魁星阁巷等；记叙古迹名胜类街巷名称，如考棚街、书院街、洗砚池街、鼓楼台巷、庠门里巷、石牌坊巷等；记叙衙署兵营类街巷名称，如兰山路、马号巷、沂兰巷、小教场巷、箭道巷、营坊（房）巷、东（西）更道巷等；记叙姓氏家族类街巷名称，如张家巷、颜巷口街、白家巷、翁家巷、郑家巷、伏家巷、刘宅后巷等。

寄寓性街巷名主要指反映人们情感以及心理期待的，从这类街巷名称中我们可以感知人们的美好情感及意愿。老城区寄寓性街巷名称主要为吉祥嘉言类，如聚福巷、先知巷、正气巷等。老城区的街巷名称蕴含着丰富的文化色彩，对我们认知兰山文化有重要意义。

（二）形态各异的文化

兰山地区保留了大量传统文化遗迹，从现有的街巷名称中就可以窥见兰山历史文化的灿烂。兰山街巷所承载的文化形态涉及范围较广，主要有书院文化、军事文化、宗教文化、建筑文化等。

兰山与儒学发源地靠近，儒学文化一直占据兰山文化的主导地位。儒学的发达为兰山造就了一大批圣贤名士，也为书院文化的发展奠定了基石。书院文化的兴盛在一些街巷名称中可见一斑，如书院街、庠门里巷、黉学前巷、魁星阁巷、考棚街等。书院街因“琅邪书院”而得名，据记载，琅邪书院系清乾隆二十四年沂州知府李希贤率七属捐建。古代学校建筑被称作“庠”或“黉”，《孟子·滕文公上》：“夏曰校，殷曰序，周曰庠，学则三代共之。”《广韵》：“黉，学也。”《后汉书·循吏列传》：“农事既毕，乃令子弟群居，还就黉学。”古代专门用作科举考试的地方，称作考院，也作考棚。

临沂古城地理位置重要，历来为兵家必争之地，从兰山街巷名称中我们可以了解到这一地区的古代军事文化。兰山地区涉及军事文化的街巷有上文提到的马号巷、沂兰巷、小教场巷、箭道巷、兰山路、营坊（房）巷、东（西）更道巷等。马号指养马的处所，箭道指官府所设练习射箭的场所，小教场则为演武校场。从这些地名中，我们可以了解到历史上的兰山在军事方面的重要性。

临沂地理环境优越，古山古水很多，翻阅临沂相关地名志会发现，几乎每座山上都会有一个关于道教或佛教的传说，具有比较典型的宗教文化。宗教信仰对社会生活的影响很大，但在兰山境内，人们除了道教、佛教等宗教信仰，更多的是民间信仰，其中既有对碧霞元君、东岳大帝、玉皇大帝、真武大帝、城隍等自然神的信仰，也有对关帝、地方乡贤名宦等人格神以及龙王、八蜡等灾害神的崇拜。[1]老城区的普照寺巷、东岳庙街、八蜡庙街、关帝庙街等，形象地展示了兰山人民的宗教文化。

附 -3　关帝庙（瑞典 安娜·拉森于 1893 年至 1895 年拍摄）

① 胡梦飞：《明清时期临沂地区民间信仰述略》，载《临沂大学学报》2015 年第 2 期。

老城区内的建筑代表了典型的北方汉民族传统建筑形式，其中的民居院落多为四合院、三合院或兼有临街小铺，这些独具特色的建筑文化也留存在了街巷名称中，如养济院巷。养济院是古代专门赡养孤儿的建筑，据明万历《沂州志》记载，沂州设养济院，在南关。从这些街巷名称中可以感知古人在临沂创造的丰富的物质及精神财富。

（三）特色鲜活的记忆

太公巷。原位于老西门和孔子庙间路北的一条南北走向的街巷，宽约4米，长约1千米，其特点是“又窄又长，南高北低，街口繁华，北端偏僻”。距大街百米处路西旁建有一座小庙，方不过4平方米，高不足3米，底座占去一半，透过上部小小庙门可以看到，里面有一尊姜太公泥塑神像，这条街的名字便由此而来。查阅民国《续修临沂县志》地图，可以看到当时的政府已将太公巷改为幸福街。后来由于战事不断、政权更迭，新名字大多不为群众所知，太公巷的旧称却一直沿袭下来。直到2000年的旧城改造，太公巷才为富民小区所代替。

煤山后巷。原位于旧城东北角，是条不足百米的普通小巷。据《山东省临沂市地名志》记载，煤山后巷为东西走向，西与北城墙根相接，东与鼓楼台巷和东马道巷相连，长75米，宽2米，为土路面。据记载，明朝时已有此巷，因地处煤山之后，故名煤山后巷。这条小巷虽然非常短小，但非常有特色，路南的煤山就是一景。煤山算不上山，只是一块比周围地面高出数米的高地，因那一带地下有煤，开窑挖炭时引起地陷，中间部分凸出来变成高地，故被当地百姓称为煤山。草长莺飞的季节，煤山上爬满绿色蔓草，苍然一座幽山，如水墨画般景色迷人。巷北的水汪也是一景。水汪俗称葫芦汪，南北长二三十米，形状颇似葫芦，因此得名。夏季雨水来临的时候，周围雨水全部流入汪内，汪水暴涨，便流向北城墙根，从城墙下的水眼里汩汩流入城外的涑河中。水汪起到调节水量、抗洪排涝的作用，使周围的群众免遭水淹之苦。旱季的时候，汪水减少，汪底的淤泥裸露出来呈现黄色或棕红色，俗称矸子土，周围百姓常来挖取土和炭泥用，附近的孩子则用它来做泥玩具。据说这条“依山傍水”的小巷旧时倍受煤山南边衙门内的官员们青睐，他们很多居住于此，既为上班近，又为居高临下，视野开阔，景色迷人，还防洪抗涝。1938年春，日军侵占临沂时，煤山后巷一带的房屋被日军炮火毁坏严重，有些流离失所的穷苦人到这里存身，住在破屋烂房中，这里便又成了贫民窟。中华人民共和国成立后，巷内居民拆掉破屋盖起了砖瓦房，过上了幸福日子。2008 年，煤山后巷整体拆迁改造成多层居民楼，小巷消失殆尽。“煤山”一词保留在了煤山社区的名称中。煤山旧址的东南，现在是梅山小区，隶属煤山社区，小区内有数十栋居民楼，楼头上均有“梅山小区”编号。“煤山”和“梅山”两个名称常被当地居民混用，因为谁也说不清它们之间的渊源。

沂兰巷。位于老城东西大街路北、颜巷口街以东、沂州公署旧址以西。巷子初名道门首，意即道台衙门的门前。相传清康熙七年（1668），临沂发生特大地震，兵河道衙门的房屋几乎全部倾倒，只有大堂完整。后来兖东道的官员李煊捐俸修置了瓦屋 20 余间。清末，兵河道被裁，衙门废弃不用，衙门前到东西大街有条约 200 米长的南北小路，百姓便在此选址盖房居住，日久成巷。因巷子位于兵河道衙门的前面，故称之为道门首。中华人民共和国成立后，因道门首东边的衙门曾先后是沂州公署和兰山县衙驻地，便改称沂兰巷。据《山东省临沂市地名志》记载，沂兰巷南起兰山路（原东西大街），北至北三孔桥，长 202 米，宽 5 米。1982 年时，巷内铺设成混凝土路面。解放战争初期，沂兰巷南头路东是山东新华书店门市部，沂兰巷北段路西九弯巷口曾有一座“琅琊第一浴池”。沂兰巷北头是北三孔桥，又名“一步三孔桥”，因为沂兰巷北原是个大水汪，为预防夜间行人不慎落水，人们在汪边建墙挡水，为了排水，又在墙下留有三个排水洞，三个水洞的距离一步就能迈过，故称“一步三孔桥”；因城西南隅还有一处“南三孔桥”，所以称此为“北三孔桥”，北三孔桥是旧城八小景中的一景。沂兰巷到北三孔桥处分成东西两巷，分别称北三孔桥东巷、北三孔桥西巷。东巷在桥的东侧一分为两股，一股北去接小教场巷，一股东去折而北接煤山后巷；西巷在北三孔桥的西侧一分为二，一股北接小教场巷，长 125 米，宽 3 米，一股西接颜巷口街。现在北三孔桥及其东西两巷都已不存在，在其旧址上建成的居民区取名“北三孔桥小区”，约有十余栋六层楼房，据此尚能找到原北三孔桥巷的大体位置。沂兰巷的东旁不远处，旧有一条狱西巷，与沂兰巷南北平行。这条巷子明代以前就存在了，因地处沂州衙署监狱之西，俗称狱西巷。狱西巷南起东西大街，北到旮旯巷，沿旮旯巷向东北走就到了煤山后巷。中华人民共和国成立后，狱西巷在城市改造中消失。

世事更迭，古今变迁。随着临沂城区建设速度的加快以及一系列旧城改造项目的推进，留存下来的古街古巷已为数不多，它们集中分布在沂州路的兰山路至解放路段东侧和东关片区内，以及兰山路的上沂蒙路至富民小区路段两侧，还有少数散落在新建楼群中。越来越多的古街古巷被新修道路取代，甚至连名字也一起消失在历史的洪流中。然而，一街一巷总关情，兰山人民不会忘记那些逝去的古街老巷，它们的名字、街情巷貌，以及兰山人民在街巷中度过的难忘岁月，都将成为人们心中挥之不去的记忆。

五、兰山历史文化名人

兰山区钟灵毓秀，人才辈出，在悠久的历史长河中，这片土地上诞生了无数历史文化名人。其中，既有在一定程度上影响整个历史进程的思想家、政治家、军事家，又有对科技、教育、文化事业的发展做出突出贡献的专家、学者；既有治国有方的良臣，又有守疆卫国的猛将；既有封建士大夫中的佼佼者，又有下层劳动人民中的杰出代表。[①] 尤其魏晋时期的琅琊王氏，堪称当时文化巅峰的代表，他们的书法和文学创作名垂千古。这些历史文化名人是儒家传统思想的践行者，如王祥、王览兄弟的孝悌之道影响久远，颜真卿、颜杲卿兄弟以身殉国之举彪炳史册。他们和千千万万的兰山人民一起，创造了文明，缔造了历史，构成了沂蒙地区人杰地灵的壮丽画卷。他们虽生活在不同的时代，但他们的爱国情怀，他们的人格修养，他们创造的灿烂文化，都是留给后世的宝贵精神财富。

以下为兰山历史文化名人的简介，其中，王吉、臧霸、王骏、王祥、王览、王戎、王衍、王导、王廙、王敦、王羲之、王珣、王洽、王僧达、王僧虔、王俭、王籍、王融、王筠、王褒、颜含、颜协、颜之推、颜之仪、颜延之、颜师古、颜真卿等兰山名贤，在前文第二章、第三章、第四章有专门的介绍和论述，李光仪、孙善师、孙金宣这三名近现代兰山名人，在正文中也有重点介绍，此处不再赘述。

武宣卞皇后（161—230），佚名，琅琊开阳（今临沂市）人，曹丕生母。建安二十四年（219），曹操被封为魏王，拜她为王后。曹丕即帝位后，尊其

① 王万森、周志雄、李建英：《沂蒙文化与现代沂蒙文学》，齐鲁书社2006年版，第7—8页。

为皇太后。明帝曹叡即帝位后，尊其为太皇太后。卞后“怒不变容，喜不失节”，有母仪之德。

张雄飞（约1220—1288），字鹏举，琅琊临沂（今兰山区）人，元代著名政治家。张雄飞一生清正廉洁，在中央先后任侍御使、御史中丞等，主管监察工作，在地方上也担任过重要职务。他不畏权贵、公忠为国、刚直廉慎，曾大力整顿吏治，对元朝初年政治贡献很大。至元二年（1265），张雄飞经廉希宪推荐，觐见元世祖，得世祖喜悦，授同知平阳路转运司事，到任后详加访察，废除了一切腐朽政令。至元十四年（1277），调任荆湖北道宣慰使。至元十六年，张雄飞升任御史中丞。至元二十三年，张雄飞被蒙古贵族王公排挤出中央，任燕南河北道宣慰使，卒于任上。

朱荣（？—1425），字仲华，沂州（今临沂市）人，明初大将。洪武十四年（1381），他以总旗随西平侯沐英征云南，官至副千户，守大宁。明成祖朱棣率部起兵时，他归降朱棣，在滑口袭击孙霖，包围定州，截断南军粮道，经历大小二十余战，论功被授予都督佥事。永乐四年（1406），朱荣随新城侯张辅征交趾，论功升为右都督。永乐八年，随明成祖征阿鲁台，与刘荣并进左都督。永乐十二年，再次随明成祖北征，拜为先锋。永乐十八年，镇守辽东。永乐二十年，复随成祖北征，任前锋，大破兀良哈部。还师后，封武进伯，仍镇辽东。永乐二十二年，他又从军北征。洪熙元年（1425），佩征虏前将军印。

陈玉，生卒年不详，字德卿，沂州（今临沂市）人，明代大臣、诗人，弘治六年（1493）进士，改庶吉士。后授监察御史，清正敢言；任畿内、福建督学，择优取士，不徇私情。累官至右都御史。时太监刘瑾专权，但陈玉秉公办事，不屈从权势，还严词拒绝宁王府的贿赂。当他辞官归家时，皇帝亲写诏书加以褒扬。陈玉工诗，但其诗留存不多。其怀古诗《诸葛武侯祠》通过凭吊古迹，赞颂诸葛亮的功德；其《缆夫谣》则是一首思想性较高、富有时代气息的诗，这首诗不论主题思想或表现手法，都可与俄国画家列宾的《伏尔加河上的纤夫》相媲美。

全胜（1848—1914），字凯臣，又名全立道，兰山县颜家红埠寺村（今属兰山区）人，爱国将领。少时曾做过小本生意，成年后投军，随部驻防兖州。当时黄河经常决口，全胜多次随部队治理黄河。在治河10年间，全胜屡建功业，被提升为游击、管带、左营参将以副将补用。后又多次立战功，以功保举为记名总兵，赐二品衔，驻守济南府。1900 年，八国联军进犯北京、天津时，全胜率部前去京、津勤王，在武清河西与侵略军激战一昼夜，所部伤亡过半，退守通州张家湾。后因清政府吏治腐败，全胜愤然辞官，归隐故里。

董少白（1896—1939），兰山区兰山街道大岭社区人。1923 年，他开始接受马列主义思想。“五卅”惨案发生后，他站在爱国学生和革命群众反帝斗争前列，揭露英、日帝国主义屠杀中国工人的暴行和地主、资本家剥削劳动人民的罪恶。1928 年秋，上海地下党派董少白到浦东电厂做工运工作。1931 年，他又被派到驻西安的东北军警卫二营做兵运工作。1936 年 11 月加入中国共产党，参加了西安事变。1937 年 10 月，受延安抗日军政大学党组织的派遣，董少白回临沂开展工作。次年，建立了中共党组织，发展了张涛等人入党，同时倡组民众抗日队伍，并在庄坞、涌泉一带建立中华民族解放先锋队。八路军山东人民抗日游击第十二支队建立后，董少白任政治部主任。十二支队改编为八路军山东纵队第二支队之后，董少白任参谋长。在 1939 年 6 月日军对鲁南根据地大“扫荡”中，他身先士卒，为掩护部队转移，在梁邱战斗中壮烈牺牲。

李澄之（1901—1966），原名李澄，字若秋，临沂城人，同盟会山东分会会长李光仪之子。1923 年毕业后，在多所高校任英语系讲师。国民党一大后，李澄之加入国民党，并且曾利用国民党的关系，掩护从法国回到北京的陈毅同志。后因发表反蒋言论并抨击国民党右派背叛孙中山先生的三民主义和三大政策，被国民政府撤职并开除国民党党籍。“九一八”事变后，他与中国共产党北平地下党负责人周怡取得联系，为中共工作。1944 年夏，李澄之加入共产党。1945 年 8 月，山东省政府决定在临沂建立山东大学，李澄之任校长。1946 年春，李澄之随以周恩来为首的中共代表团到南京工作。蒋介石发动全面内战后，李澄之回到山东，任山东省人民政府委员、山东大学校长。1948 年 9 月解放济南后，任济南市军事管制委员会文教部部长兼济南市教育局局长。中华人民共和国成立后，李澄之任山东省各界人民代表会议协商委员会副主席兼秘书长等重要职位，被选为全国人民代表大会代表、山东省政协副主席等。

尚明（1905—1972），原名商一恕，字心如，兰山区义堂镇甘露寺村人。1932 年初，受荐到费县教育局任教育委员，同年 4 月加入中国共产党。1933 年，尚明与郭华等人成立中共党支部，他任书记。曾与郭华、商向前等领导罢教斗争、学田斗争，使费县县长任曰瀛被革职。抗日战争全面爆发后，他积极联合地方人士，以朱保、甘露寺为中心，组织抗日联庄会，曾任中共临费县委宣传部部长、县委书记、办事处主任、县长等职。1943 年 4 月赴延安，进中央党校二部学习，其间，他被选为中共“七大”代表。后任滨海区第二专署副专员、竹庭县县长、中共沂蒙地委委员等职。1951 年 7 月调入中央机关工作，先后任财政部监察司副司长、商业部机关党委书记等职。

商向前（1908—1998），原名商天一，字象乾，别名临沂老蚕，兰山区义堂镇商家庄人。1932 年加入中国共产党。抗日战争全面爆发后，他与尚明、郭华等积极抗战。1938 年 10 月，中共临费县委建立，商向前任书记。他组织抗日学生救国团，巩固与发展地方武装，在抱犊崮山区等地打开了新局面。1949 年 4 月，他随军南下，历任杭州市政府秘书主任、杭州市文教局党组书记、杭州市委统战部部长等职。商向前自幼喜爱书法，有深邃的艺术造诣，其书法气势豪迈、笔力苍劲、风格鲜明，1982 年成为中国书法家协会会员。1998 年 5 月 27 日，商向前在杭州逝世。

孙善帅（1910—1933），原名孙镇东，号仁风，兰山区义堂镇桥西村人。中国共产主义青年团山东省特别委员会代理书记。1927 年，孙善帅于临沂山东省立第五中学毕业，到直鲁联军第四师当兵。因不满旧军队的诸种弊端，翌年 3 月解甲回乡。1931 年冬，他加入中国共产党，曾到南京、汉口等地参加党的会议。1932 年春，任共青团济南市委组织委员，下半年任共青团山东省特委宣传部部长。这期间，他积极开展各项工作，发展党员，还经常以中共省委巡视员的身份到益都、临沂等地视察工作，传达党的指示。1933 年 2 月因叛徒出卖，孙善帅等 20 余人被捕。8 月 18 日，与其兄孙善师等共产党员在济南泺口英勇就义，成为“洛口九烈士”之一。

郭华（1912—1994），原名郭丰年，兰山区义堂镇周井铺村人。1933 年，在尚明的介绍下加入中国共产党，后任周井铺党支部书记。抗日战争全面爆发后，郭华积极联合地方人士开展抗日斗争，组织抗日联庄会，为抗战胜利做出了积极贡献。中华人民共和国成立后，曾任山东省公安学校校务科长、山东省公安厅副厅长、宁夏回族自治区高级法院院长等职。1983 年，郭华离职修养，1994 年 10 月在银川逝世。

王剑魂（1915—1973），兰山区南坊街道大里庄人，解放军作家。1938年9月加入中国共产党，10月参加八路军，奔赴抗日前线，从事文艺宣传工作。中华人民共和国成立后，历任海军东海舰队政治部文化部部长、海军宣传部文艺处处长、文艺创作室主任等职，系中国作家协会会员。王剑魂编导的话剧有《糊涂虫》《血泪仇》《李闯王》等，并演出《白毛女》《抓壮丁》等剧目。1960年12月，指导文工团进行《甲午海战》《红珊瑚》等剧的创作。1962年6月，任海政文化部创作室主任，创作了反映革命军人爱情生活的中篇小说《南园瓜香》。

刘炬（1921—2019），原名刘家骏，临沂城人。1938年参加中共领导的抗日团体，1939年加入中国共产党。1947年国民党军队占领临沂城后，临沂县委成立对敌斗争指挥部，刘炬担任领导，率领群众开展游击战争，牵制、打击敌人。1947年12月，临西、苍山两县合组建立临苍指挥部，刘炬任政委。1949年7月，任中共临沂县委书记兼县长，后历任中共中央书记处二办巡视员、中央工交政治部群众工作部副部长、解放军基建工程兵政委等职。

郑惕（1923—2002），临沂城人。1939年加入中国共产党，曾任鲁南军区武工队队长。中华人民共和国成立后，他于1950年被调往胶州地区协调军分区和公安处，围歼由胶州湾登陆的国民党特务百余人。“文革”开始后被停职检查，1968年6月恢复工作。1982年11月任第二炮兵副司令员，1988年9月被授予中将军衔。

张文亮（1925—1959），本姓臧，名文亮，兰山区白沙埠镇白沙埠村人。1939年6月参加革命队伍，1943年加入中国共产党。1945年12月，先后在东北航空军校飞行队、第二航空学校学习。1950年8月，任中国人民解放军空军第十二团第二大队大队长。1953年9月任空军第八师副师长。1959年8月12日，在南京执行夜航任务中因飞机失事牺牲，葬于北京八宝山革命公墓。

胡建隆（1926—2002），兰山区李官镇泉口村人。1944年加入中国共产党。在艰苦的战争岁月里，他组织发动群众开展对敌斗争，带领民众参加了孟良崮战役和淮海战役支前，出色地完成了共产党交给他的各项任务。1947年起先后任中共沂南县河南区委宣传干事、宣传委员、副书记。1952年1月起先后任中共沂水地委整党检查组、中共临沂地委整党检查组组长，临沂地委政研室组长。1978年12月任中共临沂县委书记，1983年11月任中共临沂地区纪委书记、省纪委委员。

兰山历史文化名人一览表

姓名	生卒年	朝代	贡献与影响
王吉	？—前 48	西汉	经学家，能为《邹氏传》，又好梁丘贺《易》，兼通五经
武宣卞皇后	161—230	魏晋	曹丕生母，“怒不变容，喜不失节”，有母仪之德
臧霸	不详	魏晋	三国曹魏时著名大将、琅琊相，死后被追谥为“威侯”
王祥	185—269	西晋	三国曹魏及西晋时大臣。王祥侍奉后母极孝，是“卧冰求鲤”典故主人翁，有“孝圣”之称
王览	206—278	西晋	魏、晋官吏。王祥同父异母弟，王羲之的曾祖。二十四悌之一“王览争鸩”典故主人翁
王戎	234—305	西晋	名士、大臣。“竹林七贤”之一，好清谈
王衍	256—311	西晋	名士、大臣、书法家，好清谈
王敦	266—324	东晋	权臣，助建东晋，后反叛被平定。“澡豆为饭”典故主人翁
王廙	276—322	东晋	书画家、文学家、音乐家，人称“王廙飞白，右军（王羲之）之亚”
王导	276—339	东晋	政治家，东晋开国大臣；书法家，有草书《省示帖》《改朔帖》传世
王羲之	303—361	东晋	书法家，有“书圣”之称。代表作《兰亭序》被誉为“天下第一行书”
王洽	323—358	东晋	书法家，众书通善，尤擅隶、行。从兄王羲之云“弟书遂不减吾”
王献之	344—386	东晋	书法家，与其父王羲之并称“二王”，有草书《鸭头丸帖》《中秋帖》传世，善画，工诗文
王珣	350—401	东晋	书法家，董其昌称其“潇洒古澹，东晋风流，宛然在眼”。其代表作《伯远帖》为乾隆“三希”之一
颜含	约 264—约 356	东晋	东晋名臣，少有操行，以孝闻

（续）

姓名	生卒年	朝代	贡献与影响
颜延之	384—456	南朝宋	文学家，与谢灵运并称“颜谢”
王僧达	423—458	南朝宋	文学家、官员。钟嵘将其诗列为中品，评价为“才力苦弱，故务其清浅，殊得风流媚趣”
王僧虔	426—485	南朝宋、齐	大臣、书法家。其书承祖法，丰厚淳朴而有骨力，以《王琰帖》最为著名
王俭	452—489	南朝齐	文学家、目录学家、谱学家、书法家，有《王文宪集》《七志》
王融	467—493	南朝齐	文学家，“竟陵八友”之一。其诗音韵和谐，颇有风韵
王籍	不详	南朝梁	诗人，兼工诗草。其诗《入若耶溪》“蝉噪林逾静，鸟鸣山更幽”句誉满诗坛
王筠	482—550	南朝梁	文学家、书法家。其诗讲究声律，词句丽逸，有唐律先声。有《洗马》《中书》等集
颜协	498—539	南朝梁	文学家，亦善书法。著有《晋仙传》五篇、《日月灾异图》两卷，惜遇火湮灭
王褒	约 513—576	北周	大臣、诗人、书法家。识量渊通，博览史传，尤工属文，代表作有《渡河北》《出塞》等
颜之仪	523—591	北周	大臣、文学家。直言敢谏，有气节，代表作《神州颂》
颜之推	531—590 以后	北齐	文学家、教育家，其著作《颜氏家训》在封建家庭教育史上有重要影响
颜师古	581—645	唐	经学家、训诂学家、历史学家，有《匡谬正俗》《汉书注》《急就章注》
颜真卿	709—785	唐	名臣、书法家、他的书法被称为“颜体”，与柳公权并称“颜柳”。亦善诗文，宋人辑有《颜鲁公集》
张雄飞	约 1220—1288	元	官员，居官以清正廉洁闻名，为忽必烈所叹赏
朱荣	？—1425	明	明初大将，以战功获封征虏前将军、武进伯
陈玉	不详	明	大臣，清正敢言，不徇私情；诗人，有《诸葛武侯祠》《缆夫谣》等

（续）

姓名	生卒年	朝代	贡献与影响
全胜	1848—1914	清	爱国将领，曾率军与八国联军激战，后辞官归隐
李光仪	1875—1912	清末	最早的同盟会员之一，中国同盟会山东分会会长
孙金宣	1884—1944	近代	临沂最早的共产党员，革命义士
董少白	1896—1939	近代	革命先烈，参加过西安事变，后任八路军山东纵队第二支队参谋长，在对日反“扫荡”中牺牲
李澄之	1901—1966	近现代	革命家、政府官员，曾任山东省人民政府委员、山东大学校长、山东省各界人民代表会议协商委员会副主席等职
孙善师	1904—1933	近代	革命先烈，“泺口九烈士”之一
尚明	1905—1972	近现代	革命家、政府官员，曾任财政部监察司副司长、商业部机关党委书记等职
商向前	1908—1998	近现代	革命者、政府官员，中国书法家协会会员
孙善帅	1910—1933	近代	革命先烈，“泺口九烈士”之一
郭华	1912—1994	近现代	革命者、政府官员，曾任山东省公安厅副厅长、宁夏回族自治区高级法院院长等职
王剑魂	1915—1973	近现代	解放军作家，曾任海军宣传部文艺处处长、文艺创作室主任等职。有《糊涂虫》《血泪仇》《李闯王》等
刘炬	1921—2019	近现代	革命者，政府官员。1949 年任中共临沂县委书记兼县长
郑惕	1923—2002	近现代	革命者、政府官员。1988 年 9 月被授予中将军衔
张文亮	1925—1959	近现代	革命者，曾为中国人民解放军空军第八师副师长
胡建隆	1926—2002	近现代	革命者、政府官员

六、兰山商业文化

临沂兰山商贸活动源远流长，早在春秋战国时期，兰山地区已经有了商业的萌芽。秦朝统一后，由于秦王朝的横征暴敛，各地的经济发展处于停滞甚至倒退状态，兰山也不例外。西汉建立后，汉高祖实行休养生息的利民政策，促进了经济发展，兰山在冶铁、漆器制造、陶器制作等方面都有了长足的进步，在手工业繁荣的基础上，逐步形成了商业城市。宋金元时期，兰山地区的商贸活动兴盛发达。据《宋会要辑稿》载，熙宁十年（1077）以前，年商税额在1万贯以上的有博州城、无棣城、潍州城、沂州城和齐州城。明清时期出现了资本主义萌芽，但由于独特的地理条件和历史传统，这一时期的兰山没有伴随大时代潮流迅速发展，而是保持着传统步伐和本土特色，重农轻商、自给自足。李刚、宋娟在《大话鲁商》中指出，齐鲁商业文化肇始于西周，形成于战国，成熟于两汉，在此后的不同历史阶段，又有所发展与完善。[①] 从临沂银雀山汉墓等出土的文物来看，临沂商贸的发展脉络也大致与此相吻合。总体而言，秦汉直至明清，由于封建统治者实行重农抑商的政策，加之经济重心的逐步南移、战争的破坏等因素，兰山商业贸易虽有所发展，但极其缓慢。

改革开放初期，临沂人从摆地摊开始搞商业，加上政府的引导和推动，临沂兰山的市场、商贸物流不断升级发展，20世纪80年代初，兰山商城应运而生，它是我国最早的专业批发市场和全国最大的商品集散地之一，也是整个临沂商贸的核心。兰山商城的发展历经地摊式农贸市场、西郊大棚底、专业批发市场、临沂批发城、现代国际商贸城五代市场变迁，现已发展成为全国知名的专业市场集群、重要的物流周转中心和商贸批发中心，有“南义乌北临沂”之称。截至2017年，兰山有服装、文体、家电、灯具、副食、建材、板材、塑料等各类专业批发市场86处，营业面积1100万平方米，经营业户5万余家，从业人员30多万人；建有金兰、天源等19处物流园区，2000余条线路辐射全国几乎所有县级以上城市。2017年，实现市场交易额2600亿元，物流总额5680亿元，电商交易额960亿元，展会交易额410亿元，进出口额175亿元。近年来，临沂先后被评为“中国市场名城”“中国物流之都”“中国板材之都”“中国十大市场强市”，兰山商城功不可没。近年来，兰山商城主动融入“一带一路”倡议，进一步完善配套服务体系，努力推进传统物流业转型升级，加快推进电子商务，推动商城转型升级和内外贸一体化发展，全面提升商城综合竞争力。

兰山商贸文化继往开来、兼收并蓄，既有东夷文化的特质，又有鲁文化中敦厚、持重、重礼的精神，还有齐文化中开拓、创新、奋发进取的精神。尤其在现代，在社会主义经济浪潮的冲刷和洗礼下，兰山商贸文化逐渐形成了自强

① 李刚、宋娟：《大话鲁商》，陕西人民出版社2009年版，第3页。

不息、百折不挠，以义致利、义利并重，求实务实、实干苦干，开拓进取、艰苦创业，爱党爱军、顾全大局等新的内容，传达了立场坚定、方向明确的政治信念和吃苦耐劳、发愤图强的精神风貌，传达了解放思想、实事求是、敢闯敢干、争创一流的思想风范和胆识气魄，也传达了坚韧不拔、奋发进取、顾全大局的坚强意志和崇高的价值观念。这也从某一角度揭示了兰山商贸文化是由崇高的理想信念、先进的价值观、坚强的意志品质、合理的道德人格、一流的思想风范等所构成的文化综合体。

综合而言，兰山商贸文化是临沂商贸文化的一张最璀璨的名片，也是兰山从历史文化名城到现代文明商贸城华丽转变的见证。兰山商贸的发展历程、兰山厚重多元的商贸文化，展示了兰山人民全新的时代风采，体现了兰山人民在改革开放大潮下开拓奋进、创新发展的精神风貌。兰山商贸的发展史也是我国改革开放伟大事业的一个缩影，是波澜壮阔的社会主义市场经济历史画卷中的靓丽一笔，更是沂蒙精神在新的历史时代下的丰富与发展。我们坚信，在兰山区委、区政府的合理规划下，在兰山人民的不懈努力下，兰山商贸必将书写更加辉煌的新篇章。

后　记

历史和文化，总是相互交融、无法割舍，它们就像丝线与珍珠串联在一起，共同组成了我们手中这部书。这是兰山区建区20余年以来第一部通览古今、全面系统梳理兰山历史文化的书籍，在兰山历史文化建设史上具有重要的开创意义。

近年来，兰山区不断加大历史文化名城建设力度，《兰山历史文化通览》应运而生。兰山区委宣传部精心组织、全力以赴，聘请省内外著名专家学者精心论证、耐心打磨，共同构建了本书的架构体系；又经过多方考察，邀请了具备专业文化素养和科研创新能力的临沂大学文学院课题组负责具体撰写工作。该书的编纂得到了兰山区委、区政府的高度重视，区领导亲自担任主审，从宏观策划到微观设计，从人员安排到物质保障，从文稿编纂到组织修改，都一一作了详细指导与安排。

《兰山历史文化通览》由周忠元主编，李鹏、王纪明、张泰副主编，全书由绪论、正文和附录组成，其中付玲玲、廖颂举负责撰写绪论和附录，苗守艳负责撰写先秦时期，郑明璋负责撰写秦汉时期，王美雨负责撰写魏晋南北朝时期，刘晓臻负责撰写隋唐时期，王文营负责撰写宋金元时期，刘艳琴负责撰写明清时期，汤欣负责撰写晚清至民国初期，刘绍静负责撰写抗日战争时期，王纪明负责撰写解放战争时期。历经两年多的艰苦努力，30余万字的书稿几易其稿，终于完成。该书收录了从远古至解放战争时期的兰山大事和名人故事，力求尽可能清晰连贯地展现兰山历史文化的发展脉络，尽可能全面地展示各个时期兰山丰厚的历史文化底蕴和群众精神风貌。

编纂这部书，难度大，责任重。编纂过程中，我们始终在思考，作为鲁南苏北区域中心的兰山区，区内大量有影响力的历史事件和文化瑰宝该如何呈现？如何使其既体现史料价值，又具备传播力？编纂中，兰山区委宣传部和临沂大学文学院课题组成员放弃节假日，高效利用时间、广泛搜集资料、实地调研考证，为编纂工作投入了巨大热情和精力。他们通过大量实地调研、资料搜集、整理创作，用专业的视角、严谨的态度对待每一个章节每一篇文稿，保障了这部书作为历史资料的严肃性，同时又用图文并茂、生动有力的细节描写，让沉睡千年的故事再现于世人眼前，给人以身临其境的冲击力。

成稿后，兰山区委宣传部专门组织召开了《兰山历史文化通览》书稿评审会，山东大学教授李桂奎，临沂大学教授曲文军、汲广运，临沂市委党史研究院院长李洪彦等专家亲临现场指导。临沂市政协原副主席刘家骥不顾八旬高龄，亲自审阅文稿，还为本书提供了许多珍贵的临沂老照片。山东大学教授刘占召、《大众日报》文史记者卢昱等多位专家学者也通过信函、电话交流等方式提供了宝贵的建议，对本书的最终成稿起到了重要作用。兰山区党史研究中心、区文化旅游局、区政协办公室、区民政局、区文联等部门单位积极为本书提供资料，对本书的编纂给予了极大支持，社会各界文史爱好者也积极建言献策。没有诸多单位、专家的同心协力和热情支持，要在较短的时间内编辑出版这样一部书是不可能的。在此，向在本书编纂、出版过程中付出辛勤劳动的单位和个人表示衷心的感谢。

书中参考了大量地方文献资料，凡重要的引述或借鉴，一律明确注明出处。个别图片、资料引自公益性网站，为行文方便，并未一一注明出处，特请有关专家、学者予以谅解。由于时间仓促和编者水平所限，书中难免存在纰漏和不当之处，恳请各级领导、各界人士和广大读者不吝赐教，以便再版时能够及时更正，以期更加完善、完美地呈现兰山文化的魅力。

图书在版编目（CIP）数据

兰山历史文化通览 / 中共兰山区委，兰山区人民政府主编 ；周忠元学术主编. -- 济南 ：齐鲁书社，2019.8

ISBN 978-7-5333-4157-2

Ⅰ.①兰… Ⅱ.①中… ②兰… ③周… Ⅲ.①区(城市)－文化史－临沂 Ⅳ.①K295.34

中国版本图书馆CIP数据核字(2019)第173482号

兰山历史文化通览

LANSHAN LISHI WENHUA TONGLAN

中共兰山区委　兰山区人民政府 主编

周忠元 学术主编

主管单位	山东出版传媒股份有限公司
出版发行	齊魯書社
社　　址	济南市英雄山路189号
邮　　编	250002
网　　址	www.qlss.com.cn
电子邮箱	qilupress@126.com
营销中心	（0531）82098521　82098519
印　　刷	山东临沂新华印刷物流集团有限责任公司
开　　本	787mm×1092mm　1/16
印　　张	22
插　　页	3
字　　数	460千
版　　次	2019年8月第1版
印　　次	2019年8月第1次印刷
印　　数	1—3300
标准书号	ISBN 978-7-5333-4157-2
定　　价	158.00元